ROMY SCHNEIDER – BILDER IHRES LEBENS

Der Lebensweg und die künstlerische Entwicklung von Romy Schneider, die 1938 als Rosemarie Magdalena Albach-Retty in Wien geboren wurde und 1982 in Paris starb, haben die Öffentlichkeit und die Medien – von der Regenbogenpresse bis zur seriösen Filmkritik – immer wieder beschäftigt. Romy Schneider, als »Sissy« *der* Publikumsliebling der deutschen Nachkriegs- und Wirtschaftswunderjahre, entwikkelte sich in Frankreich, ihrer Wahlheimat seit 1959, zur ernstzunehmenden Bühnenschauspielerin, zur großen Charakterdarstellerin und schließlich zum international gefragten Weltstar. Talent, Willensstärke und Mut zu radikaler beruflicher Neuorientierung prägten ihr Persönlichkeitsbild, das im Laufe ihrer dreißigjährigen Filmkarriere immer neue, überraschende Facetten hinzugewann.

Der von Renate Seydel mit akribischer Sorgfalt zusammengestellte Band ist die erste umfassende Bildbiographie über Romy Schneider. Siebenhundert zum großen Teil bisher unveröffentlichte Photos, die Textkapitel über ihre Herkunft, ihren Werdegang und ihre achtundfünfzig Filme illustrieren, belegen die Wandlungsfähigkeit und Vielseitigkeit einer Schauspielerin, die *Paris Match* einmal als »das schönste Geschenk seit Marlene Dietrich« feierte. Eine ausführliche Filmographie vervollständigt den Band zum großen Romy-Schneider-Handbuch für Fans und Cineasten.

352 Seiten, 700 teils farbige Abbildungen

Renate Seydel

ROMY SCHNEIDER

Bilder ihres Lebens

Gestaltung von Bernd Meier

Schirmer/Mosel

Dieses Buch ist all denen gewidmet, die die Schauspielerin Romy Schneider verehren und den Menschen Rosemarie Albach kannten.
Ich widme es meinem Sohn Holger und seiner Generation als Beispiel dafür, daß menschliche Bewährung das zu erreichende Ziel voraussetzt.

Renate Seydel

Titelphoto: Helmut Newton

CIP-Titelaufnahme der Deutschen Bibliothek
Romy Schneider : Bilder ihres Lebens / Renate Seydel. –
brosch. Sonderausg. – München : Schirmer-Mosel, 1990
ISBN 3-88814-370-5
NE: Seydel, Renate [Mitverf.]

Lizenzausgabe für den Schirmer/Mosel Verlag München
Gesamtherstellung: Passavia Passau
ISBN 3-88814-370-5

Inhalt

Die Urgroßeltern Romy Schneiders väterlicherseits, der Schauspieler und Regisseur Rudolf Retty und die Sängerin Käte Retty, geborene Schäfer, 1894

Die Großmutter Rosa Albach-Retty (26.12.1874–26.8.1980) mit 19 Jahren
Sie war von 1891 bis 1894 am Deutschen Theater in Berlin engagiert und 55 Jahre am Burgtheater in Wien. 1912 erhielt sie den Titel »Hofschauspielerin«. Nach ihrer Heirat mit Karl Albach 1899 war ihr Bühnenname Rosa Albach-Retty

»Wenn ich meine Jugend überdenke, muß ich sagen, daß sie sehr glücklich gewesen ist. Meine Mutter hatte einen herrlichen Koloratursopran. Nach meiner Geburt verließ sie die Opernbühne und widmete sich nur noch mir und meinem Vater. Ja, meine Mutter ist eine wunderbare Frau gewesen. Taktvoll, klug, gütig, einfühlsam. Sie hatte eine gute Figur und ein feingeschnittenes Gesicht mit schmaler Nase und vollen Lippen. Aber das Faszinierendste an ihr waren ihre großen dunklen Augen.
Mein Vater war ein unerhört fleißiger und begabter Mensch. Heute würde man sagen, ein Allroundtalent. Er ist in Opern und Operetten, in Tragödien und Komödien aufgetreten. Er besaß einen sehr schönen Bariton und konnte hervorragend tanzen. Obendrein war er ein gesuchter Regisseur.
Seinerzeit kamen die Rettys, die damals noch Feretti hießen, von Italien über Österreich-Ungarn nach Deutschland.«

Rosa Albach-Retty: So kurz sind hundert Jahre, München 1978

Die Großeltern, 1896
Karl Walter Albach
(1870–1952),
und Rosa Retty
Rosa Retty lernte den »hochgewachsenen feschen Offizier« auf dem Wiener Weißen-Kreuz-Ball in den Sophiensälen kennen. Aus Liebe zu ihr nahm er seinen Abschied von der Armee und wurde Rechtsanwalt. Sie war 52 Jahre mit ihm verheiratet

Rosa Albach-Retty als Rahel und Josef Kainz als König Alfons in Franz Grillparzers »Jüdin von Toledo«
Mit Kainz hatte sie schon in Berlin auf der Bühne gestanden und in ihrer Zeit am Wiener Burgtheater von 1903–1958. Josef Kainz starb 1910. »Kainz war neben meinem Vater der einzige Lehrmeister, den ich jemals hatte. Zu mir sagte er einmal: Merke dir, Rosi, die höchste Kunst ist nichts anderes als potenzierte Natur.«

Das Burgtheater in Wien
1928 wurde Rosa Albach-Retty Ehrenmitglied des Burgtheaters

»Ich habe mich nie von Schmerzen beherrschen, von Ängsten übermannen lassen. Ich habe nie in Traurigkeit gewühlt. Vielleicht bin ich deshalb so alt geworden. Und so heiter geblieben.
So zu werden war allerdings nicht einfach. Denn nichts ist schwieriger, als sich selbst zu zügeln, das heiße Herz durch den Verstand zu kühlen. Auch auf meinem Weg gab es Kummer und leidenschaftliche Verstrickungen. Aber ich hatte Glück. Ich ging ihn mit meinem Mann. Er hat mich geliebt, verstanden, beschützt. Er gab mir jenen Halt, den man als Frau braucht, wenn man auf der Bühne und im Leben immer den vollen Einsatz wagt. Heute, wenn ich vom Berg meiner mehr als hundert Jahre auf die Landschaft meines Lebens schaue, bin ich verwirrt und fasziniert zugleich. Und sehe in all dem, so irreal, ja verrückt das auch scheinen mag, eine eigenartige Fügung des Schicksals.«

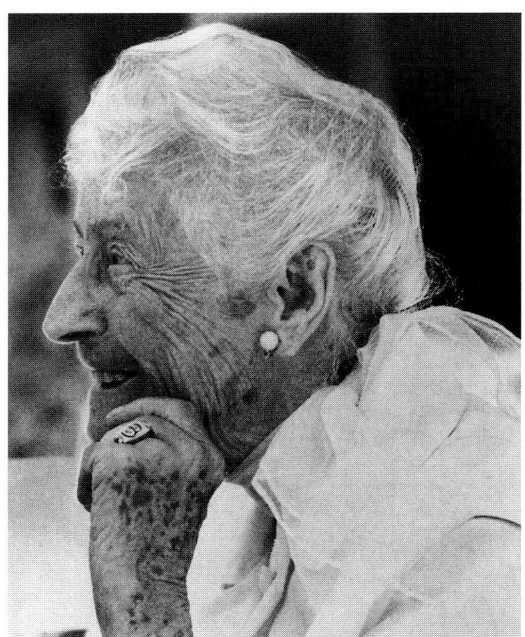

Rosa Albach-Retty und ihr Sohn Wolf (28.5.1906–21.2.1967), der Vater Romy Schneiders
Er erhielt den Namen Wolfgang Helmut Walter. Als Schauspieler nannte er sich Wolf Albach-Retty

Als Marineleutnant in »Charmeuse« von Temple Thurston, gemeinsam mit seiner Mutter Rosa Albach-Retty, 1931
Es war die letzte Rolle an der Wiener Burg bevor seine Filmkarriere begann. Dem Burgtheater gehörte er von 1926 bis 1932 und von 1959 bis zu seinem Tod als Ensemblemitglied an

Rosa Albach-Retty an ihrem 105. Geburtstag, am 26.12.1979

Wolf Albach-Retty in den Filmen »Ich möcht' so gern mit dir allein sein«, 1937, und »Mutterliebe«, 1939 (rechte Seite)

»Mein Sohn Wolf hat nie zu mir ›Mutter‹ oder ›Mama‹, sondern immer nur ›Roserl‹ gesagt. Auch ich nannte meine Mutter bei ihrem Vornamen »Käthchen«. Wie später Romy war er auch als Kind immer darauf bedacht, seinen Willen unter allen Umständen durchzusetzen. Meinen Sohn durch die Mittelschule zu lotsen war Schwerstarbeit. Aber Wolf war begabt. Mit einem wahren Furioso stürzte er sich ins Studium am Reinhardt-Seminar. Mit ihm würde die fünfte Retty-Generation auf der Bühne stehen. Zunächst spielte Wolf kleine Rollen am Burgtheater, und eines Tages stand ich in Schnitzlers ›Fräulein Mizzi‹ zum erstenmal mit ihm gemeinsam auf der Bühne. Wolf war im sechsten Jahr am Burgtheater, als er für den Film entdeckt wurde. Ich wußte, wie fasziniert Wolf vom Film war und von der Aussicht, rasch berühmt zu werden und viel Geld zu verdienen. Wolfs erster Film ›Zwei Herzen und ein Schlag‹ wurde von der Presse und vom Publikum gut aufgenommen, daß man ihm sofort einen mehrjährigen Vertrag anbot. Die Damen haben es unserem Sohn zeitlebens leicht gemacht. Und er konnte schwer nein sagen. Film, Autos und Frauen waren, solange er jung war, die Leitmotive seines Lebens. Als er 1967 starb, hatte ich keine Tränen. Ich war wie versteinert. Sein Verlust war für mich der härteste Schlag meines Lebens.«

Kinderfoto und Geburtsurkunde von Magda Schneider, Romys Mutter
Maria Magdalena Schneider wurde am 17. Mai 1909 in Pfersee, jetzt Augsburg, in der Wohnung Stadtbergerstraße 45 um 12 ½ Uhr geboren. Ihre Mutter ist Maria Schneider, der Vater der Installateur Xaver Schneider. Das Kind erhält die Vornamen Maria Magdalena. Sie nannte sich als Schauspielerin Magda Schneider

Magda Schneider, 1937
(rechte Seite)
Sie kam über den Beruf einer Stenotypistin in einer Augsburger Getreidehandlung und nach der Ausbildung am Konservatorium und an der Ballettschule als Soubrette ans Augsburger Stadttheater. Von dort ans Münchner Theater am Gärtnerplatz, wo sie ihre ersten Bühnenerfolge hatte. Es folgten Gastspiele ans Theater an der Wien. Ihre Filmarbeit begann 1930

»Ich war in meiner Familie ein Außenseiter. Keiner meiner Vorfahren oder Verwandten hatte jemals etwas mit dem Theater zu tun. Mein Vater hatte ein Installationsgeschäft in Augsburg. Als ich ihm das erste Mal sagte, daß ich gerne zum Theater gehen würde, fragte er nur: ›Und sonst hast du keine Wünsche?‹ Schauspielerin, das war nach den einfachen Begriffen der Welt, in der ich aufwuchs, eben kein Beruf. Am besten und am sichersten war es eben, wenn ein junges Mädchen rechtzeitig heiratete. Ich war Mitglied in einem Gesangverein und habe Geige gelernt. Nach der mittleren Reife kam ich ins Leben hinaus, wie man so sagt, nämlich als Schreibmaschinenfräulein in ein Getreidehandelsbüro. Mein eigentliches Leben spielte sich auch ganz jenseits dieser Berufstätigkeit ab. Alle Kräfte und Begabungen, die ich hatte, suchten nach einem Ausweg.«
Magda Schneider: Meine Tochter Romy, München 1957

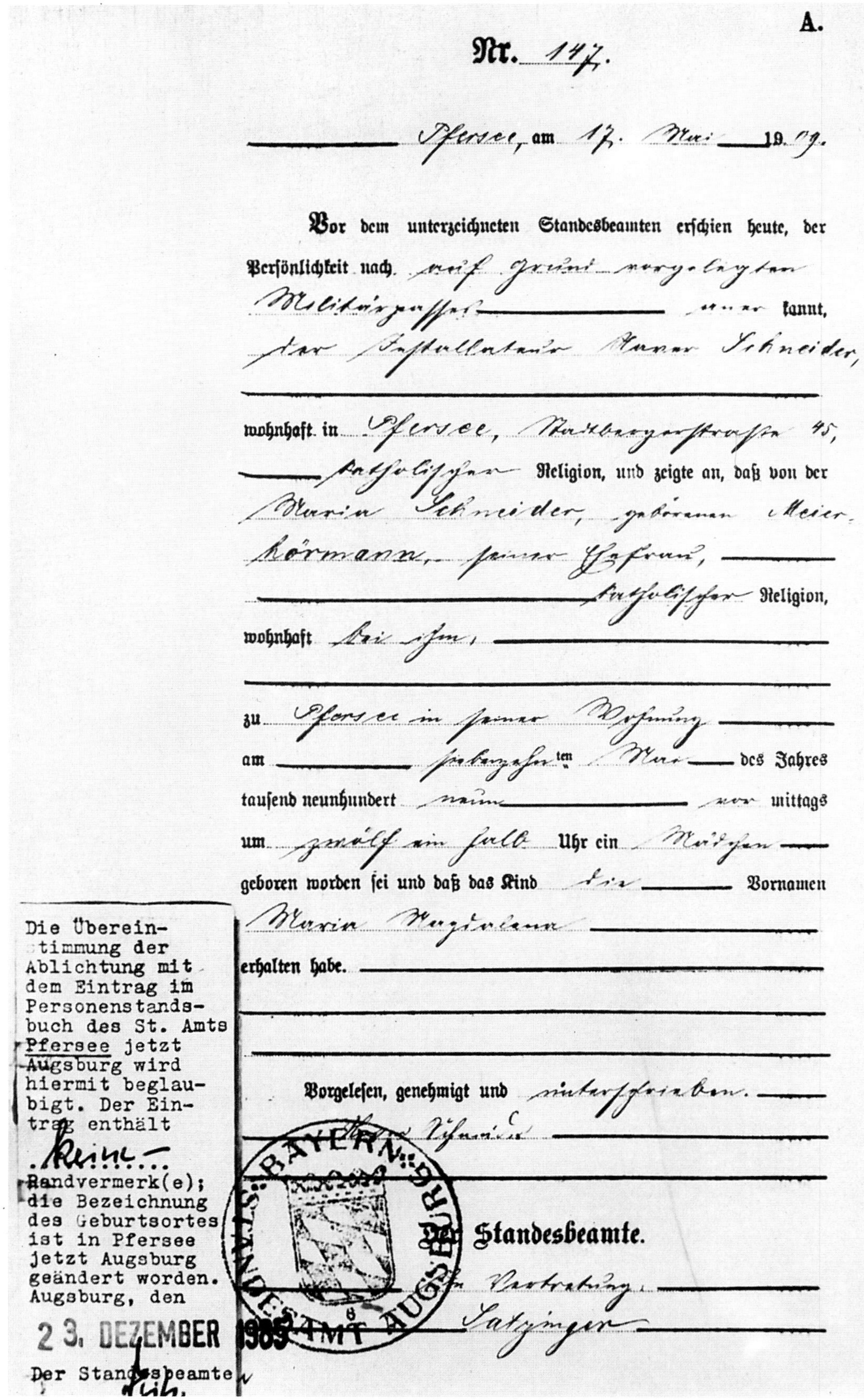

A.

Nr. 147.

Pfersee, am 17. Mai 1909.

Vor dem unterzeichneten Standesbeamten erschien heute, der Persönlichkeit nach auf Grund vorgelegten Militärpasses anerkannt, der Installateur Xaver Schneider, wohnhaft in Pfersee, Stadtbergerstraße 45, katholischer Religion, und zeigte an, daß von der Maria Schneider, geborenen Meier-Körmann, seiner Ehefrau, katholischer Religion, wohnhaft bei ihm, zu Pfersee in seiner Wohnung am siebzehnten Mai des Jahres tausend neunhundert neun vor mittags um zwölf ein halb Uhr ein Mädchen geboren worden sei und daß das Kind die Vornamen Maria Magdalena erhalten habe.

Vorgelesen, genehmigt und unterschrieben.
Xaver Schneider

Der Standesbeamte.
In Vertretung
Satzinger

Die Übereinstimmung der Ablichtung mit dem Eintrag im Personenstandsbuch des St. Amts Pfersee jetzt Augsburg wird hiermit beglaubigt. Der Eintrag enthält keine Randvermerk(e); die Bezeichnung des Geburtsortes ist in Pfersee jetzt Augsburg geändert worden.
Augsburg, den 23. DEZEMBER 1985
Der Standesbeamte

STANDESAMT AUGSBURG BAYERN

Magda Schneider in ihrem ersten Film »Zwei in einem Auto«, 1931
(Fotos oben)
Das Drehbuch schrieb Ernst Marischka, er war später der Regisseur von fünf Filmen mit Romy Schneider, die Regie führte Joe May. Der Film wurde in Paris gedreht

Magda Schneider, privat 1931
(Fotos unten)

Magda Schneider in dem Film »Liebelei«, 1933
(rechte Seite)
Er entstand nach der Novelle von Arthur Schnitzler, die Regie führte Max Ophüls. 1958 spielte Romy diesen Stoff unter dem Titel »Christine«, ihrem ersten Film mit Alain Delon

»Mein zweiter Film war ›Fräulein, falsch verbunden‹. Er wurde ein überzeugender Erfolg, und von dieser Stunde an war es für mich klar, daß ich ganz beim Film bleiben würde. Ich hatte mir die Möglichkeit offengelassen, auf das Angebot des Theaters an der Wien einzugehen, falls meine ersten Schritte beim Film nicht zufriedenstellend ausfallen sollten. Die Kritik, die offene Aufnahme beim Publikum und die Vertragsangebote, die es nun gab, ließen mir die Entscheidung aber nicht schwerfallen. Es folgte Film auf Film. Es war mein Glück, daß meine ersten zwei oder fünf Filme sofort eingeschlagen haben – und den Produzenten viel Geld einbrachten. In den dreißiger Jahren, als ein Streifen nach dem anderen gedreht wurde, mußte ich auch manchen Film machen, den ich lieber abgelehnt hätte. Von diesen meinen Filmen, die ich immer als Trallala-Hopsassa bezeichne, brauche ich also kaum zu reden. Ich bin jedenfalls froh, daß es auch andere gegeben hat, und wenn der Name Magda Schneider damals im deutschen Film ein Begriff geworden ist, dann hoffe ich, daß das auf die besseren Filme zurückzuführen ist. Die Rollen, die ich mit wirklicher Passion spielte, in denen ich aufging, waren nämlich ernsterer Natur.
Ich denke besonders an den Max-Ophüls-Film ›Liebelei‹, den ich als einen Markstein meiner Karriere betrachte. Weil ich zum ersten Mal kein kleines Mädchen mehr zu spielen hatte, keines dieser operettenhaften jungen Dinger, die damals in den Allerweltsfilmen von Erfolg zu Erfolg hüpften. Es war eine Charakterrolle. Dieser Film war überhaupt bemerkenswert, wenn man sich die Darsteller vor Augen hält: Luise Ullrich, Wolfgang Liebeneiner, Willi Eichberger, Gustaf Gründgens, Paul Hörbiger, Olga Tschechowa. Einmal machte ich in anderthalb Jahren sieben Filme und spielte in jedem die Hauptrolle.«

»Entscheidend für meinen Entschluß, den Lockungen Hollywoods zu widerstehen, ist wohl meine Heimatliebe gewesen. Nicht ein falscher Patriotismus, sondern einfach die Tatsache, daß ich mich hier wohl fühle, daß ich unsere Landschaft über alles liebe, die Berge vor allem, und daß ich hier mit meiner ganzen Mentalität verwurzelt bin.
Mein Entschluß, in Deutschland zu bleiben, hatte natürlich auch noch ganz private Gründe. Ich war damals gerade verlobt – mit Wolfgang Albach-Retty, meinem späteren Mann. Es war mir lieber, in den bayrischen Bergen ein Heim nach meinem Geschmack zu schaffen, wohin ich mich nach der Arbeit zurückziehen konnte, um neue Kräfte zu sammeln. So entstand unser Häuschen bei Berchtesgaden, wo Romy ihre Kindheit verbrachte.
Zwischen Berchtesgaden und dem Königssee liegt der Ort Schönau, und diese Gegend ist im wahrsten Sinn des Wortes eine schöne Au. Der Grundstein zu dem Häuschen wurde im Jahre 1936 gelegt. Es erhielt den Namen ›Mariengrund‹, und 1936 konnten wir einziehen. Die ersten ständigen Bewohner waren meine Eltern. Mein Vater, der ein Installationsgeschäft in Augsburg gehabt hatte, überwachte schon den Bau des Hauses, denn ich war ja nach wie vor pausenlos im Film tätig und konnte mich darum nicht kümmern. Als ›Mariengrund‹ fertig war, übersiedelten meine Eltern von Augsburg in dieses Haus.«

Die Filmschauspieler Magda Schneider und Wolf Albach-Retty spielten in vielen Filmen zusammen
Unter anderem in »Geschichten aus dem Wiener Wald« (1934), »Rendezvous in Wien« und »Die Puppenfee« (1936), »Zwei glückliche Menschen« (1943)

In dem Film »Geheimnisse eines alten Hauses«, 1936 (oben)
»Frühlingsluft«, 1938 (unten)

Magda Schneider und Wolf Albach-Retty, 1938

»Wir machten eine ganze Menge Filme zusammen. ›Kind, ich freu mich auf dein Kommen‹, ›Winternachtstraum‹, ›Die Katz im Sack‹, 1935, um nur einige zu nennen. Für das Kinopublikum waren wir bald ein Standardpaar des deutschen Films, ähnlich wie Lilian Harvey und Willy Fritsch. Wolfs erste Partnerin war Lilian Harvey, und der Film hieß ›Zwei Herzen und ein Schlag‹. Mit diesem einen Schlag war Wolf Albach-Retty in der Spitzengarnitur. Wolf Albach-Retty und ich wagten den Schritt. Ich habe es nicht bereut. Wir paßten großartig zusammen. Wir heirateten im Jahr 1937.«

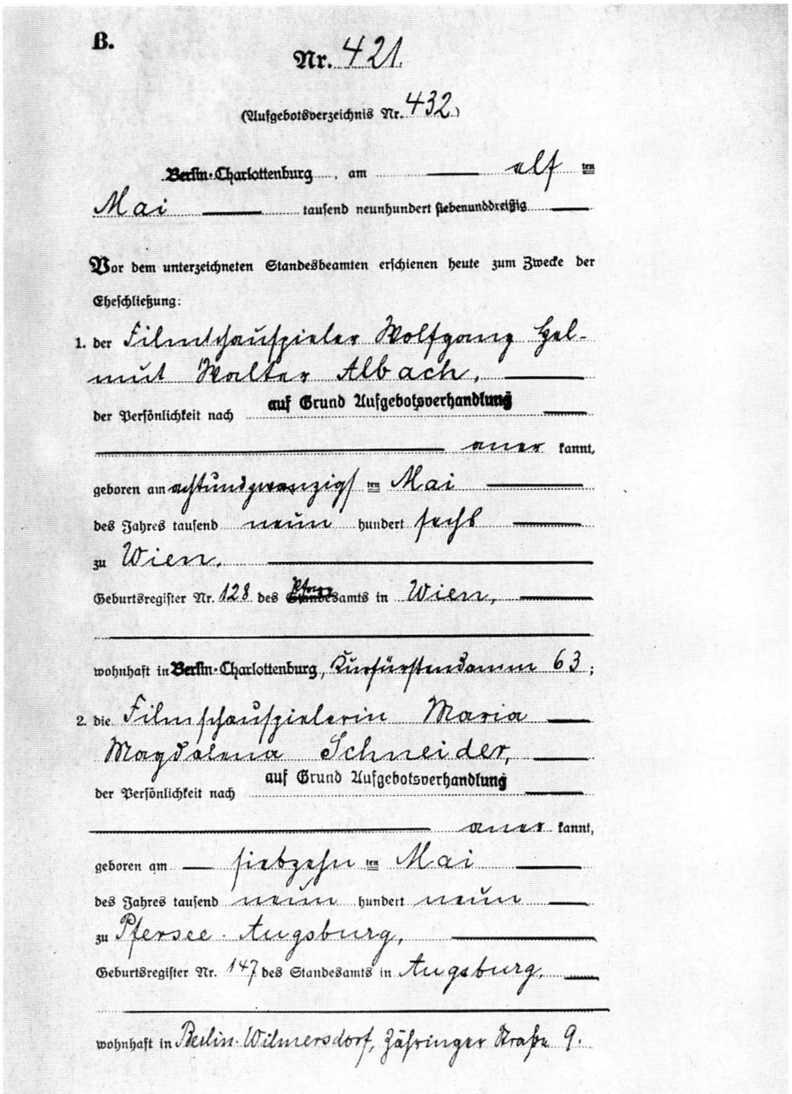

B.

Nr. 421

(Aufgebotsverzeichnis Nr. 432.)

Berlin-Charlottenburg, am elften Mai tausend neunhundert siebenunddreißig

Vor dem unterzeichneten Standesbeamten erschienen heute zum Zwecke der Eheschließung:

1. der Filmschauspieler Wolfgang Helmut Walter Albach,
der Persönlichkeit nach auf Grund Aufgebotsverhandlung anerkannt,
geboren am achtundzwanzigsten Mai
des Jahres tausend neun hundert sechs
zu Wien,
Geburtsregister Nr. 128 des Standesamts in Wien,
wohnhaft in Berlin-Charlottenburg, Kurfürstendamm 63;

2. die Filmschauspielerin Maria Magdalena Schneider,
der Persönlichkeit nach auf Grund Aufgebotsverhandlung anerkannt,
geboren am siebzehnten Mai
des Jahres tausend neun hundert neun
zu Pfersee-Augsburg,
Geburtsregister Nr. 147 des Standesamts in Augsburg,
wohnhaft in Berlin-Wilmersdorf, Zähringer Straße 9.

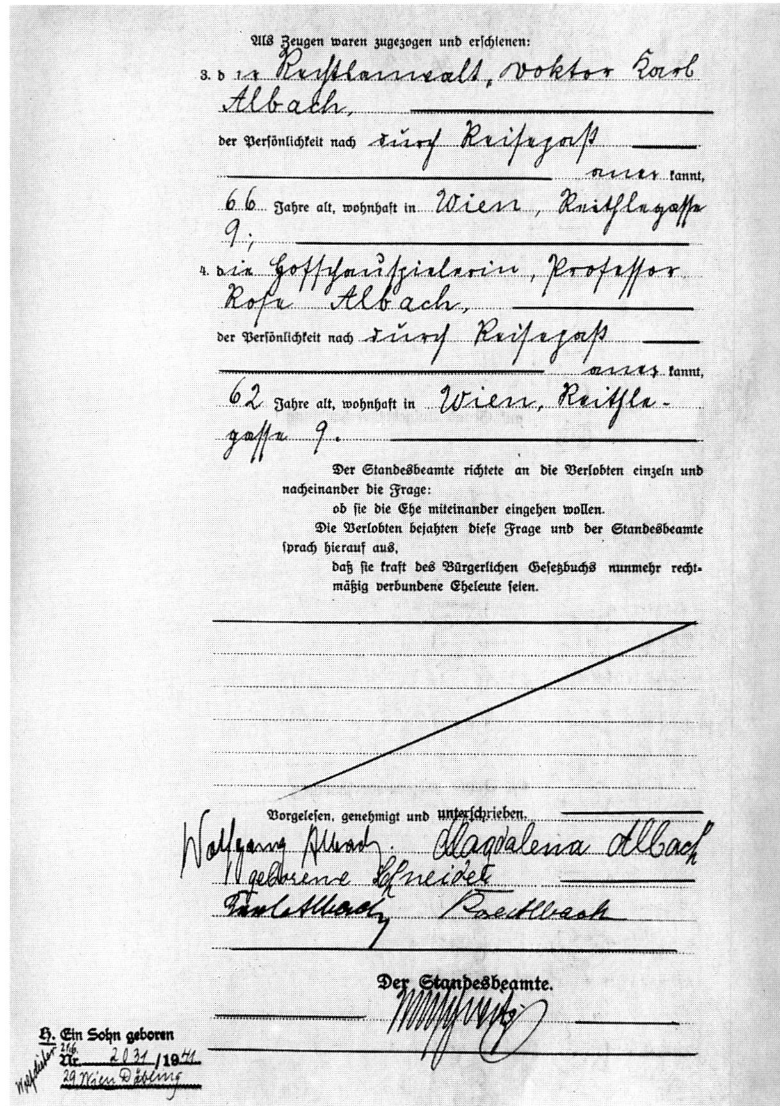

Als Zeugen waren zugezogen und erschienen:

3. der Rechtsanwalt, Doktor Karl Albach,
der Persönlichkeit nach durch Reisepaß anerkannt,
66 Jahre alt, wohnhaft in Wien, Reithlegasse 9;

4. die Hofschauspielerin, Professor Rose Albach,
der Persönlichkeit nach durch Reisepaß anerkannt,
62 Jahre alt, wohnhaft in Wien, Reithlegasse 9.

Der Standesbeamte richtete an die Verlobten einzeln und nacheinander die Frage:
ob sie die Ehe miteinander eingehen wollen.
Die Verlobten bejahten diese Frage und der Standesbeamte sprach hierauf aus,
daß sie kraft des Bürgerlichen Gesetzbuchs nunmehr rechtmäßig verbundene Eheleute seien.

Vorgelesen, genehmigt und unterschrieben.

Wolfgang Albach Magdalena Albach geborene Schneider

Karl Albach Rose Albach

Der Standesbeamte.

H. Ein Sohn geboren
Nr. 2031/1941
29 Wien Döbling

Heiratsurkunde von Magda Schneider und Wolf Albach-Retty, vom 11. Mai 1937
Die Hochzeit fand auf dem Standesamt Berlin-Charlottenburg statt
Der Filmschauspieler Wolfgang Helmut Walter Albach, geboren am 28. Mai 1906 in Wien, wohnhaft in Berlin-Charlottenburg Kurfürstendamm 63, heiratet am 11. Mai 1937 die Filmschauspielerin Maria Magdalena Schneider, geboren am 17. Mai 1909 in Pfersee-Augsburg, wohnhaft in Berlin-Wilmersdorf, Zähringerstraße 9

Als Zeugen zugezogen und erschienen: Der Rechtsanwalt Doktor Karl Albach 66 Jahre alt, wohnhaft in Wien Reithlegasse 9; die Hofschauspielerin Professor Rose Albach 62 Jahre alt, wohnhaft in Wien Reithlegasse 9. Vorgelesen, genehmigt und unterschrieben von: Wolfgang Albach, Magdalena Albach geborene Schneider; Karl Albach, Rose Albach
Der gemeinsame Familienname ist »Albach«

»Meine Ehe mit Wolf Albach-Retty war zunächst einmal eine Zeit wie im siebenten Himmel. Wolf Albach-Retty, der Vater Romys und meines Sohnes Wolfdieter ist im Grunde ein prächtiger Mensch, gut aussehend und von wahrhaft sonnigem Wesen. Beim Film besteht immer die Gefahr der Typisierung. Wolf bekam die Spitzmarke ›Liebenswürdige Jungenhaftigkeit‹, und die blieb an ihm haften, obwohl es ja eigentlich mehr ein ›liebenswerter Lackel‹ war, wenn ich ihn klassifizieren soll. Er liebte es, unbekümmert und zwanglos zu sein. Am liebsten hatte er krachlederne Hosen, fuhr zur Wildschweinjagd nach Ungarn und vermied alle steife Etikette. Die Filmleute aber steckten ihn in einen Frack, in elegante Anzüge und in das entsprechende Milieu. Alles paßte ausgezeichnet zu seinem äußeren Typ.«

Nach der standesamtlichen Trauung in Berlin auf dem Standesamt Charlottenburg wurde das Paar in St. Bartholomä am Königssee kirchlich getraut. Die Feier fand in ihrem Landhaus »Mariengrund« in Berchtesgaden-Schönau am 2. August 1937 statt

»Ich erlebte in jenen Märztagen des Jahres 1938 aber auch eine große Freude. Magda und Wolf teilten mir mit, daß ich im Herbst Großmama werden würde. Welchen Namen sollte das Kind bekommen? Wenn's ein Bub wird, muß er Wolf heißen, erklärte Magda. Mein Sohn legte sich nicht fest. ›Mir is des wurscht. Vielleicht hast du a gute Idee, Roserl?‹ Magdas Mutter hieß Marie. Rosa und Marie? Das war's! Eine Enkelin sollte die Namen von uns Großmüttern tragen. Das Mädchen Rosemarie kam am 23. September 1938 um 21^{45} zur Welt. Mein Mann hatte Magda am frühen Morgen ins Rudolfinerhaus gebracht, denn Wolf filmte in Berlin. Wir sollten ihn, wenn es soweit war, telefonisch verständigen.

Wir sahen Romy noch in derselben Nacht. Mit dem goldblonden Flaum, der sich in vielen kleinen Kringeln um ihr Köpfchen legte, den großen blauen langbewimperten Augen und den zwei Wangengrübchen sah sie wie einer von den Blasengeln aus, die in der kleinen Kirche am Königssee, wo ihre Eltern geheiratet haben, über dem Altar schweben. Auf meine Enkelin war ich genauso stolz wie 32 Jahre vorher auf meinen Sohn. Nun erlebte ich diese glückliche Zeit ein zweites Mal. Immer wenn ihre Eltern in den folgenden fünf Jahren in Wien filmten, war sie bei uns. Oft viele Wochen lang. Hier bekam sie ihre ersten Zähnchen, hier hörte ich sie zum erstenmal Mama und Papa, Oma und Opa sagen. Sie konnte damals kein ›Ö‹ aussprechen. ›Geh nicht weg‹, sie hängte sich an meinen Hals, verkrallte sich in mein Kleid. ›Dieses blüde, blüde Burgtheater nimmt mir meine Oma weg!‹, rief sie weinend.«

Rosa Albach-Retty: So kurz sind hundert Jahre, München 1978

Wien, 1938

Blick auf die Staatsoper

Eines der typischen Frei-luft-Cafés in Wien

Einmarsch deutscher Truppen in Wien, 11. März 1938
Nach der faschistischen deutschen Besetzung Österreichs 1938 wurde die Stadt Wien »Reichsgau Groß-Wien«. Der »Anschluß« Österreichs erfolgte am 11.4.1938. Im zweiten Weltkrieg erlitt Wien starke Zerstörungen.
Es wurde nach mehrtägigen Straßenkämpfen am 13. April 1945 von der Roten Armee befreit und in vier Besatzungszonen aufgeteilt. Am 15.5.1955 wurde der Staatsvertrag unterzeichnet, der Österreich in einen souveränen und gleichberechtigten Staat verwandelte und ihn zur Neutralität verpflichtete

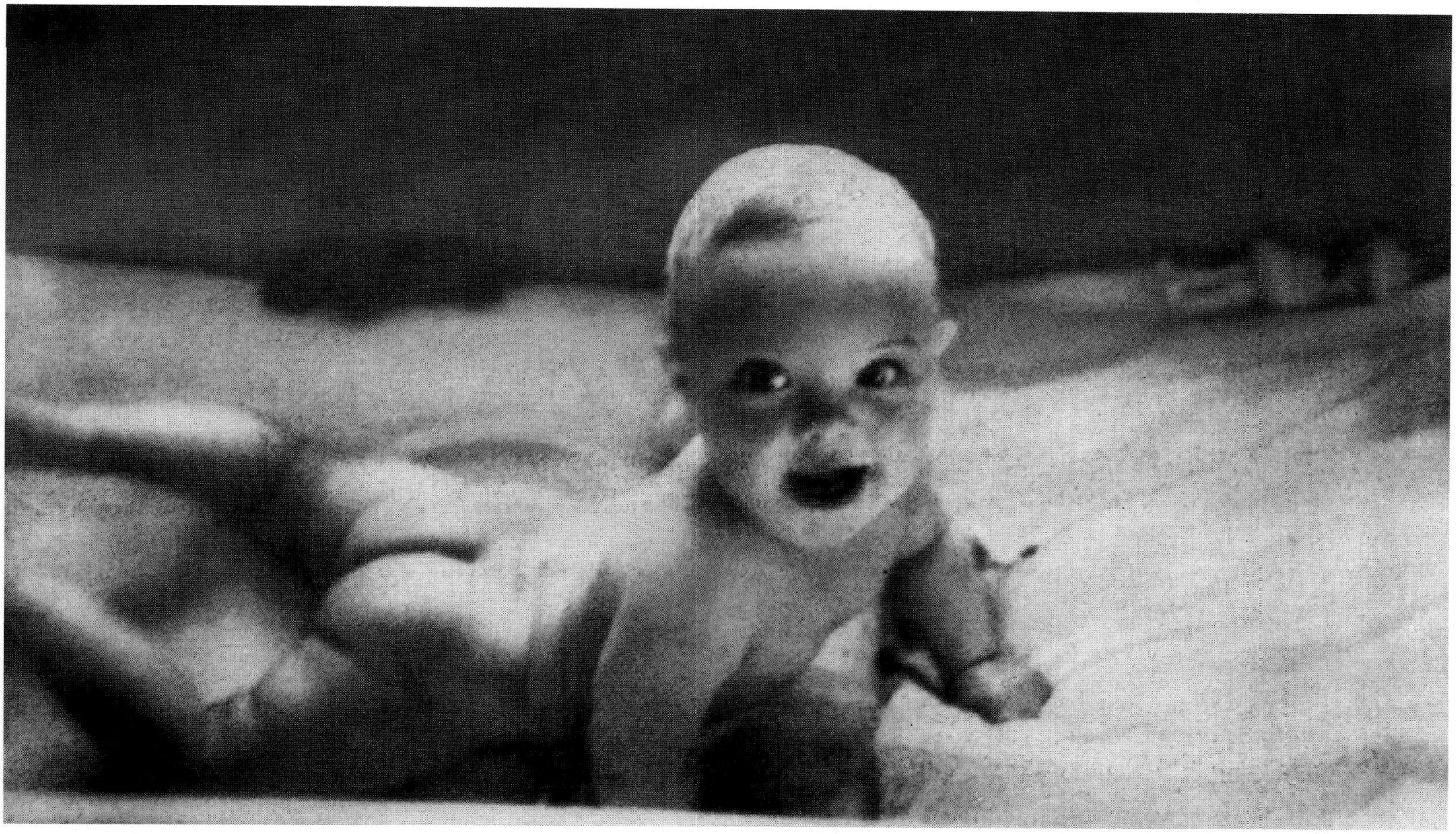

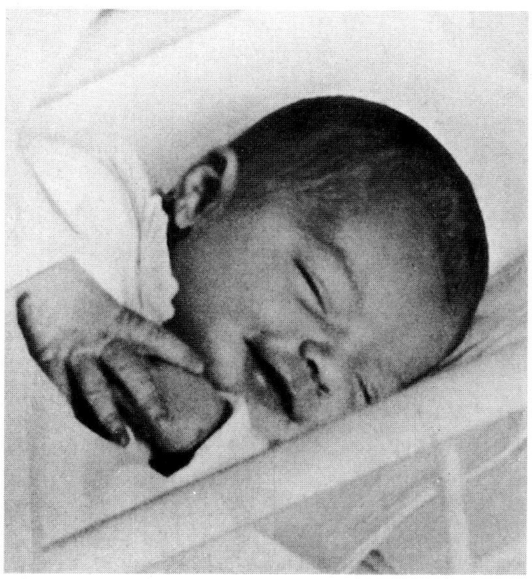

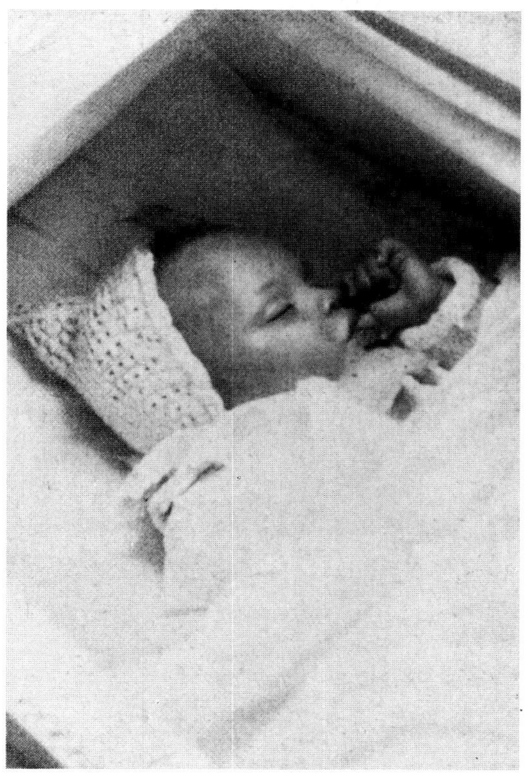

»Romy ist in Wien auf die Welt gekommen. Vier Wochen nach ihrer Geburt brachte ich sie nach ›Mariengrund‹, und hier hat sie die frühen Jahre ihrer Kindheit verbracht. Wenn auch die Eltern meistens fehlten, so bildeten doch die Großeltern den Kern einer Familie. Wie gut, daß es nun ein ›Mariengrund‹ gab, wie gut, daß dort meine Eltern lebten, um sich des kleinen Wesens liebevoll anzunehmen, wie gut, daß sie von allen Sorgen unbeschwert waren und mit ganzem Herzen Vater- und Mutterstelle vertreten konnten, nachdem mein Mann und ich nur zu häufig von zu Hause fort sein mußten. Ich kann meinen Eltern gar nicht genug danken, daß sie in diesen Jahren meiner kleinen Tochter – und später auch meinem Sohn Wolfi – ein Zuhause geschenkt haben, wie ich es bei meinem Hotel- und Reiseleben nie gekonnt hätte.
Im ersten Jahr ihres Lebens stand Romy außerdem unter der Obhut eines Kinderfräuleins, Schwester Hedwig.«

Magda Schneider: Meine Tochter Romy, München 1957

Rosemarie Magdalena Albach, geboren am 23. September 1938. Im ersten Lebensjahr

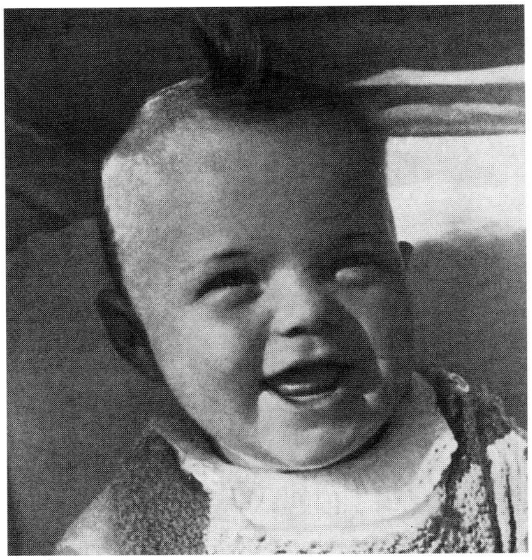

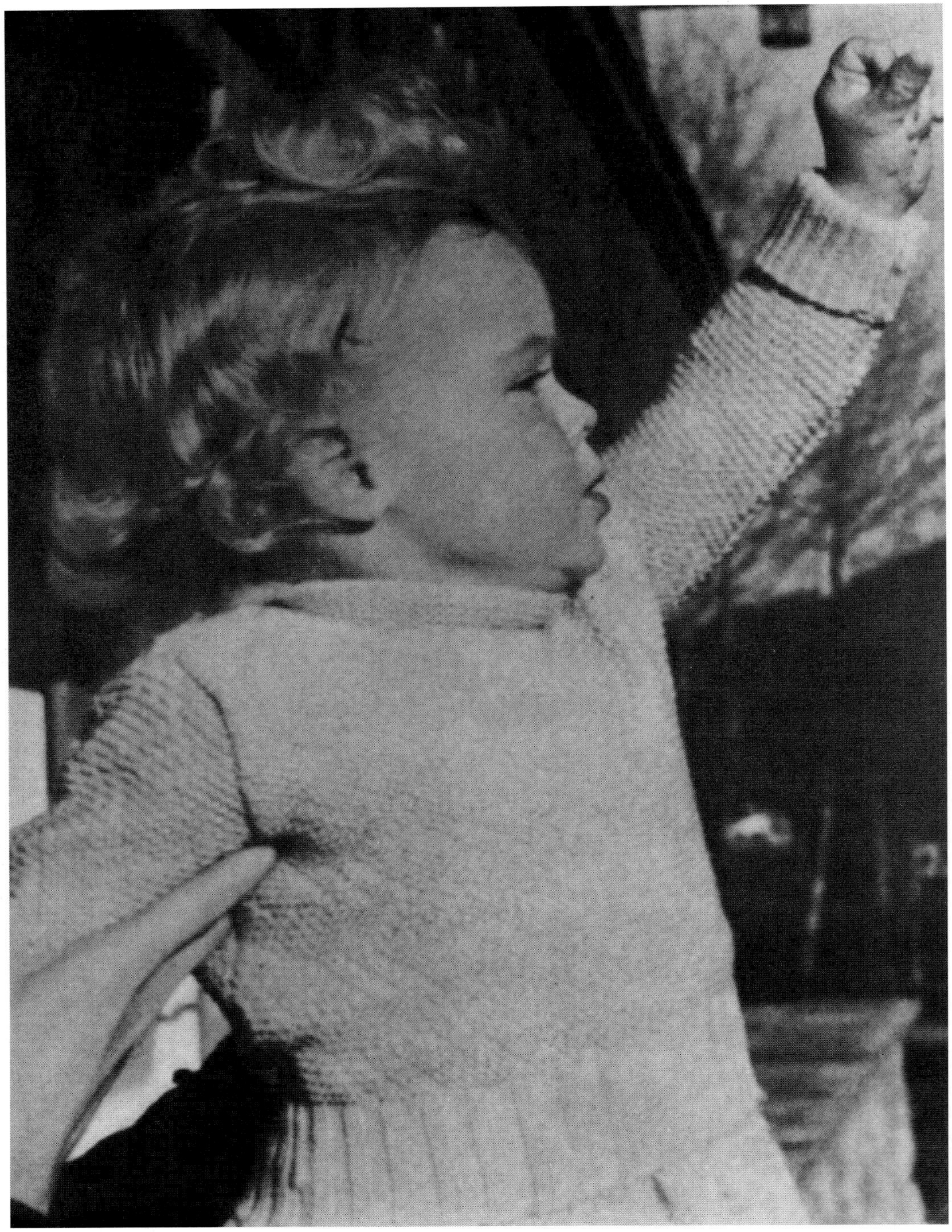

Romy im Alter von einem Jahr, 1939

Mit dem Vater, 1940
Wolf Albach-Retty war ein begeisterter Jäger. Seine kleine Tochter Romy nahm er dabei wie einen Jagdhund im Rucksack mit

Mit der Mutter, 1940

Tagebucheintragungen der Kinderschwester Hedwig, die sie Magda Schneider sandte:

23. März 1939
Nun ist sie ein halbes Jahr alt und verbringt den heutigen Tag in ganz besonders guter Laune. Wir haben herrlichen Sonnenschein und Rosemarie sitzt im Wagen vor dem Haus und jodelt und singt aus Herzenslust in die Welt hinaus ...
29. März
Heute ist unsere Prinzessin nicht besonders guter Laune. Am Nachmittag will sie nicht mehr schlafen, da liegt sie ständig auf dem Bauch im Wagen und schimpft wie ein Rohrspatz, wenn man sie allein läßt, sie will immer Unterhaltung haben ...

Romy in den ersten Lebensjahren

Die Großmutter Rosa Albach-Retty mit ihrer Enkeltochter Romy, Ostern 1940

Magda Schneider und Romy, 1941

»Ich bin überhaupt ein großer Tierfreund. Und besonders Jagdhunde hab' ich gern. Ich bin nämlich ein passionierter Jäger. Romy hat als kleines Mädel eine meiner schönsten Trophäen, einen ausgestopften Fuchs, als Reitpferd benutzt. Er stand in unserem Haus in Berchtesgaden. Wie ausgefranst der Arme bald aussah! Zuerst riß sie ihm vor lauter Liebe ein Ohr aus, dann den Schwanz, dann das zweite Ohr. Aus Liebe, versteht sich. Sie war halt so ein temperamentvolles Kind. Zum Schluß mußte auch noch ein Bein daran glauben. Ich bin im Grunde sehr bürgerlich. Jagen und Bergsteigen ist mir das Allerschönste. Auch die Romy ging leidenschaftlich gern auf die Jagd. ›Gelt, Vati, du nimmst mich mit‹, bettelte sie schon mit vier Jahren. Sie verhielt sich auch immer sehr ruhig und vernünftig, fast wie eine Erwachsene. Nur wenn es einmal etwas später und bereits dunkel wurde, bekam sie es mit der Angst zu tun.«

Wolf Albach-Retty, Wien 1955

»Für mich waren diese kleinen Berichte über das Auf und Ab meines Töchterchens die liebsten Nachrichten. Ich wartete schon immer auf die Post aus Bayern, und wie schön war's erst, wenn ich mich einmal von meiner Filmarbeit in Berlin frei machen konnte, um selbst nach ›Mariengrund‹ zu fahren – und wenn es nur für ein paar Tage war. Wenn ich mir gelegentlich Ruhe gönnen konnte und in ›Mariengrund‹ war, widmete ich mich ganz Romy. Was ich dabei beobachten konnte, schrieb ich ebenfalls in das Album.«

7. Juni 1939
Nun steht sie schon manchmal einige Sekunden ganz frei. Das Gehen ist nur noch eine Frage des Gleichgewichts. Wann wird sie den ersten Schritt ins Leben machen?
12. Juni 1939
Heute hat sie zum erstenmal Mamama und Papapa gesagt.
2. September 1939
Der Krieg ist ausgebrochen.
23. September 1939
Erster Geburtstag. Romy bekam ein Bärchen, einen Puppenwagen, ein Äffchen und einen Brummkreisel. Wir machten viele Fotos an diesem ersten Geburtstag unseres Goldschatzes – Gott schütze ihn uns in aller Zukunft.

»Als sie noch kleiner war und bei meinen Eltern in ›Mariengrund‹ bei Berchtesgaden lebte, gab es keinerlei schauspielerische Anregung für sie. Wir, mein Mann und ich, kamen immer nur für wenige Tage nach Hause. Es waren wirkliche Ferien für uns, eine kurze Zeit der Erholung, und in dieser Zeit wollten wir vom Film und vom Beruf nichts hören und nichts sehen. Das ist begreiflich. Unsere Ferien waren daher ganz auf Ruhe und Ausspannung abgestellt. Romy wußte und fühlte das. Außerdem waren die kurzen Tage unserer Ferien immer mit Wanderungen in den Bergen, mit Spielen oder Nichtstun ausgefüllt. Eben weil ich so wenig Zeit hatte, mich meinen Kindern zu widmen, zählten die Urlaubstage doppelt und dreifach und mußten alles aufwiegen. Das hatte einen ganz bestimmten Vorteil: zwischen meinen Kindern und mir hat es nie den tötenden Alltag gegeben. Jeder der seltenen Tage, die wir zusammen sein konnten, war dadurch ein Festtag.«

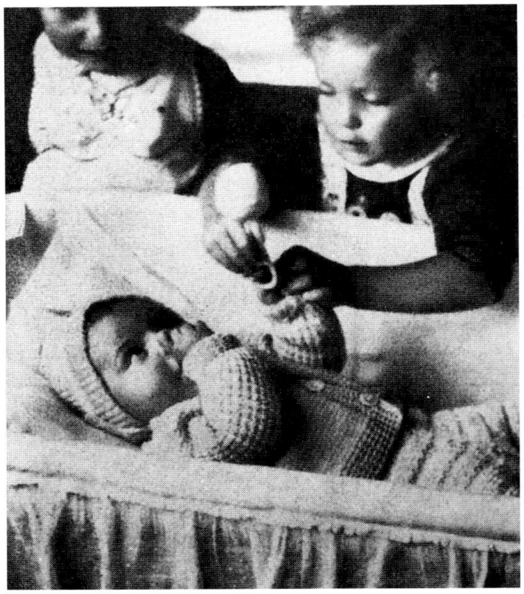

»Ich habe immer versucht, alles von meinen Kindern möglichst fernzuhalten, was sie in einen Zwiespalt hätte bringen oder mit Kummer hätte erfüllen können. Das Unglück unserer Ehe, die so wunderbar begonnen hatte, war wahrscheinlich der Krieg, die ewige Trennung, die sich aus unserer Arbeit ergab. Wir machten viele Filme zusammen, aber sehr häufig waren wir auch in verschiedenen Ateliers beschäftigt – Wolf zum Beispiel in Wien, ich in Berlin. Oft war es so, daß wir uns nur ganz flüchtig ein oder zwei Tage sehen konnten, nur selten hatten wir die Gelegenheit, gemeinsam eine kurze Zeit in ›Mariengrund‹ zu verbringen, in unserem Häuschen bei unserer Tochter Romy. Das waren allerdings selige Tage. Wolf war ein rührender Vater. Er gab sich viel Mühe, seine Unbeholfenheit mit Kindern zu überwinden. Wolf überwand diese Schwierigkeiten durch seinen strahlenden Humor, sein typisches Wesensmerkmal. Für Romy blieb ›Pappi‹ immer ein fernes Wesen – er war ja meistens auch fern –, sie wurde nicht recht warm mit ihm, obwohl auch sie sich viel Mühe gab, mit ihrem ganzen kindlichen Herzen ihren Vater zu lieben. Immerhin trug dieses lose Verhältnis dazu bei, Romy die Trennung nicht allzu schwer zu machen. Sie vollzog sich ganz allmählich, fast unmerklich. Pappis Besuche waren ja ohnehin selten. Dann wurden sie eben noch seltener, und schließlich hörten sie ganz auf. Es war keine fühlbare Trennung von heute auf morgen, und deshalb empfand sie Romy auch anders als ein Kind, das immer mit seinen Eltern zusammenlebt, bis sich diese plötzlich scheiden lassen.«

»Als ihr Brüderchen angekommen war, mein Sohn Wolfi, entwickelte sie sich förmlich zum Tyrannen. Wolfi war in seiner Kindheit dick und schwerfällig wie ein Teddybär, das genaue Gegenteil von Romy. Älter, schneller und mit einer flinken Auffassungsgabe, machte sich Romy ihr Brüderchen ganz untertan. Wolfi war dabei von einer sagenhaften Langmut. Manchmal haben sie zusammen Theater gespielt, und Romy hat Wolfi dabei mit phantastischen Kostümen aus Kleidern, Decken und Handtüchern behangen. Während sie ihn anzog, mußte Wolfi ganz ruhig stehen bleiben. ›Rühr dich nicht.‹ ›Wehe, wenn du weggehst.‹ ›Ich habe dir doch gesagt, du mußt stehen bleiben.‹ So ging das. Ich mußte die Kampfhähne oft trennen, und Romy ließ alle Schimpfwörter los, die sie von den Nachbarsbuben gelernt hatte. ›Mein Bruder soll das sein? Das ist ein Sauhammel ist das, ein ganz gescherter!‹ Natürlich waren sie gleich darauf wieder ein Herz und eine Seele, wie das bei Kindern so ist.«

Linke Seite

Romy und ihr Bruder Wolfdieter, geboren am 21. Juni 1941 in Wien

Magda mit Wolfdieter und Romy, 1943

Rechte Seite

Eines der wenigen Familienbilder: Papa, Mama und die beiden Kinder Romy und Wolfi im Winter 1943
Die Ehe von Magda Schneider und Wolf Albach-Retty wurde 1945 geschieden, die Kinder wurden der Mutter zugesprochen

Romy und ihr Bruder im Garten, Sommer 1944

»Vorausgegangen waren fünf schwere Jahre. Wolf Albach-Retty, den der Film zu einem verwöhnten Liebling des Publikums gemacht hatte, konnte den vielen Verlockungen nicht widerstehen. Die Frauen liefen ihm nach, und eines Tages war ihm eben der Rückweg versperrt. Ich möchte nicht viele Worte machen. Es war die schlimmste Zeit meines Lebens.
Mich schonten die Zeitumstände. Meine Scheidung von Wolf Albach-Retty fiel in das Jahr 1945. Die Menschen hatten andere Sorgen, jeder war mit sich selber beschäftigt und mit seinem nackten Leben. So erfolgte dieser Schritt, der einen bitteren Strich unter einen meiner Lebensabschnitte zog, in aller Stille, ohne Interviews, ohne Photographen und von der Öffentlichkeit so gut wie unbemerkt.«

Der erste Schultag, September 1944

Die Zehnjährige, 1948

Kommunion, 1950

Romy und Wolf in den Ferien, 1952

Rechte Seite

Das Haus »Mariengrund« in Berchtesgaden-Schönau, in dem Romy ihre Kindheit verbrachte

Panorama der Watzmanngruppe bei Berchtesgaden

»Vier Jahre besuchte Romy in Schönau die Volksschule. Am schwersten hatte sie es in der Mathematik. Romy rechnete nicht nur schlecht, sondern auch ausgesprochen ungern. In der Schule schon zeigte sich jedenfalls, daß sie keinen Sinn für abstrakte Begriffe hat. Ihre Lieblingsfächer in der Schule waren alle Gebiete, die musische Anklänge haben oder die Phantasie beflügeln können. Sie hatte gerne Singen und interessierte sich für Heimatkunde und Geschichte. Natürlich zeigte sich ihr Talent am deutlichsten beim Zeichnen und Malen, und das wäre ja später beinahe ihr Beruf geworden. Ganz und gar nicht lagen ihr alle Hausfrauenfächer, zu denen die Mädchen in den damaligen Jahren wohl besonders angehalten wurden. Für Handarbeiten war sie viel zu unruhig.

Als die ersten vier Jahre Volksschule um waren, war für Romy wohl auch die erste, ganz unbeschwerte Kinderzeit vorbei. Sie kam heraus aus dem Idyll von Mariengrund-Schönau in eine ganz andere Welt. Vorbei war die Zeit bei den Großeltern, dem kleinen Bruder und den Nachbarskindern. Das Internat war der erste Schritt zu einer gewissen Selbständigkeit, der erste Schritt in eine ganz andere Umgebung, zu fremden Menschen.«

Das Internat Goldenstein, in dem Rosemarie Albach vier Jahre lebte, vom 1. Juli 1949 bis 12. Juli 1953

Mit 11 Jahren kam Romy ins Internat. Auf dem Foto sind neben ihr ihre Freundinnen Monika und Margit. Als sie das Internat verläßt, ist sie 14 Jahre alt

Ein Klassenfoto von 1951 mit Präfektin Schwester Theresa (erste Reihe 2. von rechts), Pater Hermann Egger und Klassenlehrerin Schwester Augustina (links daneben). Romy steht rechts außen

Das Internat Goldenstein befindet sich in einem Schloß fünf Kilometer nördlich von Salzburg. Von weitem gleicht es einer Festung. Es ist noch immer eine katholische Unterrichtsinstitution, die seit einem Jahrhundert von Augustinernonnen geleitet wird. Die Erzieherinnen waren damals gerade aus England zurückgekehrt, denn die Schule war während der Besetzung Österreichs geschlossen worden. Die Lehrerschaft hatte sich über verschiedene andere religiöse Lehrinstitute Europas verteilt.

Schwester Augustina hatte Romy als Schülerin von ihrem Eintritt ins Internat bis zum Ende ihrer Studien. Sie erinnert sich:

Ich glaube, daß Romy vom ersten Jahr an für mich eine gewisse Zuneigung empfunden hat. Damals konnten die Kinder einmal im Monat nach Hause fahren. Das aber war bei ihr nicht der Fall: Ihre Eltern hatten gerade das Scheidungsverfahren eingeleitet, und Romy war sich selbst überlassen. Magda Schneider setzte ihre Tournee fort und besuchte nur selten ihre Tochter. Ich glaube jedoch, daß das Mädchen bei uns glücklich war. Besonders zufrieden war sie, wenn ich ankündigte, daß wir wieder Theater spielen würden. Ich hatte schnell bemerkt, daß sie ein echtes schauspielerisches Talent besaß. Sie sagte schon damals, daß sie später Schauspielerin werden wollte. Ich unterrichtete sie in Englisch, im Zeichnen und in der Musik, und sie erwies sich in allen drei Fächern als sehr begabt, in denen sie als Zensur immer eine 1 hatte.
Sie besaß ein phantastisches Talent im ornamentalen Zeichnen. Die Mathematik mochte Romy überhaupt nicht. Wenn es sich um das Theater handelte, war alles andere nebensächlich. So ließ sie sich zum Beispiel von ihrem

Vater ein Kostüm aus dem Fundus des Wiener Burgtheaters schicken, um die Rolle des Mephisto zu spielen. Aber ihr Vater hat sie niemals besucht. Das Reisen war übrigens in jener Zeit schwierig. Österreich war wie Deutschland in vier Besatzungszonen aufgeteilt. Das machte das Reisen kompliziert. Die Situation dauerte bis zur Unterzeichnung des Vertrages im Jahre 1955. Als sie uns verließ, war sie vierzehn Jahre alt.
Sie fühlte sich am besten, wenn sie spielte. Wenn ich sagte: jetzt werden wir spielen, begannen ihre Augen sofort zu glänzen. Sie sprang hoch und schrie vor Freude laut auf. Ich ließ damals vier oder fünf Stücke jährlich aufführen, und wenn sie Gelegenheit hatte zu spielen, war ihre Laune ausgezeichnet, und alles, was sie machte, war perfekt. Wenn keine Aufführung in Sicht war, zeigte sie sich verstimmt und hatte schlechte Laune. Romy wohnte mit 16 anderen jungen Mädchen im Rittersaal des Schlosses (dieser Rittersaal ist heute ein Klassenzimmer). Sie war sehr liederlich. Wenn man sie bat, Ordnung zu schaffen, regte sie sich auf. Aber die anderen Mädchen hatten sie gern, weil sie sehr gut Theater spielte. Die heute 75jährige Schwester Esmelda, die für den Schlafsaal verantwortlich war, singt ein Loblied auf Romy: »Sie war immer so freundlich. Sie aß so gern Kuchen, von dem ich ihr heimlich immer ein Stück mehr gab ...« Ich habe sie immer so akzeptiert, wie sie war. Natürlich mußte ich sie zur Ordnung rufen, wenn sie allzu nachlässig war. Aber ich dachte immer, daß sich das mit der Zeit geben würde. Ein einziges Mal, als ihr Sohn David geboren wurde, hat sie mir ein Telegramm geschickt. Sie zeigte selten ihre tiefen Gefühle. Alle anerkannten ihr großes Talent für das Theater und den Tanz. Darin hatte sie immer Erfolg und riß alle mit. Ich glaube auch, daß die anderen Mädchen sie sehr gern hatten. Später sagten sie es mir manchmal. Aber Romy war eher einsam. Sie war unausgeglichen und innerlich mit sich selbst unzufrieden. Sie hatte eine gute Sprachbegabung und ein außergewöhnliches Gedächtnis beim Auswendiglernen. Ich habe sie immer verteidigt, wenn sie Schwierigkeiten mit anderen Lehrerinnen hatte. In ihrem Tagebuch spricht Romy von ihrer ehemaligen Klassenleiterin, Schwester Theresa (vor neun Jahren gestorben), und auch von mir. Wir hatten uns gern, vielleicht gerade wegen des Theaters ... Sie hat mit später echt gefehlt. Ich habe alle ihre Kostüme genäht, mit Ausnahme von zwei, die sie von ihrem Vater erhielt. Sie hatte nicht viele persönliche Dinge. Ihre Mutter schickte ihr nichts, und ich habe sie hier auch nur zwei- oder dreimal gesehen. Ihre Großmutter ist niemals gekommen. Ihr Bruder Wolfdieter war anfangs vielleicht zweimal hier ...

Paris Match vom 6. August 1982

6. Juni 1952
Heute bin ich aus Salzburg zurückgekommen. Ich war endlich mal wieder im Kino. Es gab »Das doppelte Lottchen«. Die beiden Zwillinge haben mir großartig gefallen. Isa und Jutta Günther heißen sie. Für den Film war ein passendes Zwillingspaar gesucht worden. Es hatten sich sehr viele gemeldet. Und da kam man schließlich auf die Schwestern Günther. Schade, daß ich kein Zwilling bin! Sonst hätte ich mich auch beworben!
10. Juni 1952
Wenn es nach mir ginge, würde ich sofort Schauspielerin werden. So wie Mammi. Aber mit ihr habe ich noch nie darüber gesprochen. Als ich ins Internat kam, wurde ich gleich bestürmt. »Was, du bist Romy Albach? Und deine Mutter ist Magda Schneider und dein Vater Wolf Albach-Retty? Erzähl doch mal, wie ist es denn so beim Film?« Was sollte ich nun darauf sagen? Ich war nämlich noch nie in einem Atelier. Die einzigen Filmstars, die ich kannte, waren Richard Häußler und Gustl Gstettenbauer. Die hatten Mammi mal zum Kaffee besucht. Da konnte ich sie sehen. Aber auch nur von weitem.
10. Juli 1952
Unser Internat hat sieben Stockwerke und ist sehr hoch und schmal. Wir haben sechs Schlafsäle. Man kann es sich nicht aussuchen, mit wem man zusammen im Zimmer liegen will. Das wechselt oft.
20. September 1952
Wir haben eine schicke Klassenlehrerin. Monika, Margit und ich mögen sie am liebsten von allen. Sie hat wundervolle Hände. Im Zeichnen haben wir uns neulich Madonnen von Riemenschneider angeschaut. Genau solche Hände wie die hat Frau Augustina auch. Ich habe sie wahnsinnig gern. Sie macht auch mal einen Quatsch mit. Zeichnen tue ich leidenschaftlich gern. Wenn ich nicht Schauspielerin werden kann, dann werde ich Zeichnerin. Frau Augustina läßt mich jetzt als einzige in der Klasse Teller bemalen. Ich habe da einen Tischler in Salzburg. Er wohnt in der Nähe vom Dom. Als ich das letzte Mal in Salzburg war, habe ich mir von ihm Holzteller machen lassen. Die bemale ich jetzt.
1. Oktober 1952
Es ist ein Segen, daß das Internat ein Radio gekauft hat. Ich könnte stundenlang davor sitzen und an den Knöpfen drehen. Ein zauberhaftes Gefühl, so andere Menschen sprechen zu hören, die ganz weit weg wohnen und die man gar nicht versteht. Ich habe riesige Sehnsucht danach, wenigstens ein kleines Stückchen von der Welt kennenzulernen. Hier ist es auch schön. In der Sommerfrische würde ich es mir ganz nett vorstellen. Aber so den ganzen Tag lang im Internat sein müssen, das ist nichts für mich!
10. Oktober 1952
Wenn man im Klassenzimmer sitzt und aus dem Fenster guckt, sieht man Elsbethen. So heißt das Dorf direkt am Internat. Da ist die Kirche, und ringsum hocken die kleinen Häuser wie Küken bei ihrer Glucke ... Man sieht auf die Hauptstraße. Sie führt nach Salzburg, und wenn man immer weiter fährt, dann kommt man nach Wien. Wien! Das muß eine herrliche Stadt sein. Ich kenne sie gar nicht, obwohl ich dort geboren bin. Komisch, ich bin also eine richtige Weanerin! Ich war nur in den ersten vier Wochen dort. Seitdem lebte ich in Berchtesgaden. Da haben wir ein hübsches Haus. Ich war immer schrecklich gern da. Wolfi hat es gut. Der ist immer noch zu

Hause. Ich habe richtige Sehnsucht, mal wieder hinzukommen. So schön wie früher wird es allerdings nie mehr werden. Seit Oma tot ist, fehlt doch etwas im Haus. Sie hat immer so nett gesorgt, wenn Mammi unterwegs war zum Filmen. Ich möchte raus hier. Ich möchte auch etwas von der Welt sehen, und wenn es nur ein ganz kleines Stückchen ist!

13. November 1952

Theaterspielen macht riesigen Spaß. Wir haben ein kleines englisches Stück einstudiert. Ich durfte die Hauptrolle spielen. Dann war ich auch schon mal Mephisto im »Faust«. Augustina macht immer den Regisseur. Wir proben Samstag nachmittags. Schade, daß Mammi nie Zeit hat, um zur Premiere herzukommen und mich zu sehen! Die Eltern von den anderen sind immer da.

14. November 1952

Im Singen bin ich jetzt die Beste. Ich darf im Kirchenchor die Solostimme singen.

1. März 1953

Jetzt ist Weihnachten schon lange vorbei. Als ich nach Berchtesgaden fuhr, mußte ich den Teller, den ich für Mammi bemalt hatte, verzollen! Toll, was? Die dachten tatsächlich, er sei gekauft. Ich werde Kunstgewerblerin, wenn das mit der Schauspielerei nicht klappt!

12. Juli 1953

O weh! 12. Juli 1953. Ein Datum, das ich mir merken muß. Heute komme ich aus der Schule raus. Mit dem, wie sie hier sagen, »kleinen Abitur«. Jetzt habe ich seit Weihnachten nichts mehr eingeschrieben. Aber nun, nachdem die blöde Schule vorbei ist, habe ich ja mehr Zeit. Dann hole ich alles nach.

Wir hatten einen herrlichen Faschingsball und eine tolle Abschiedsfeier. Darüber schreibe ich dann zu Haus. Mein Zeugnis ist gut! Jetzt warte ich auf Herrn Liegl. Der soll mich mit dem Auto abholen und nach Berchtesgaden bringen. Die meisten Mädchen sind schon mit ihren Eltern weggefahren.

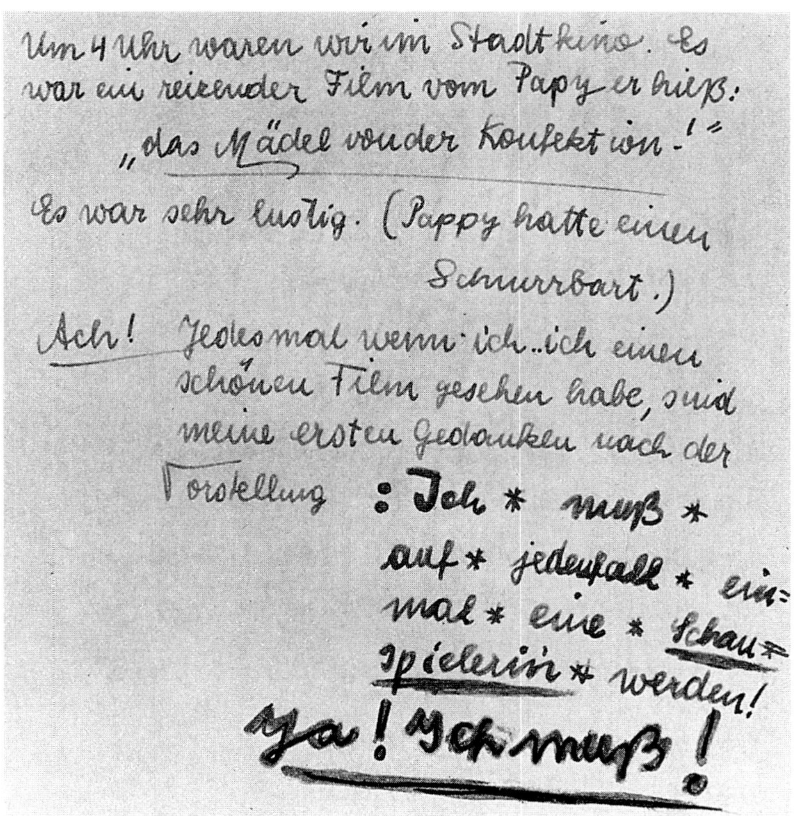

Um 4 Uhr waren wir im Stadtkino. Es war ein reizender Film vom Papy er hieß: „das Mädel von der Konfektion.“

Es war sehr lustig. (Pappy hatte einen Schnurrbart.)

Ach! Jedesmal wenn ich..ich einen schönen Film gesehen habe, sind meine ersten Gedanken nach der Vorstellung: Ich * muß * auf * jedenfall * ein= mal * eine * Schau= spielerin * werden!

Ja! Ich muß!

Seiten aus dem Tagebuch
Zu ihrem 13. Geburtstag, am 23.9.1951, erhält Romy ein Tagebuch aus rotem Leder mit Goldschnittseiten, sie tauft es auf den Namen »Peggy« und vertraut ihm in den vier Internatsjahren ihre Gedanken an, erzählt über Schulerlebnisse, klebt Fotos und Lieder ein. Das Tagebuch spiegelt den Wechsel der Gefühle wider, die Einsamkeit, die Sehnsucht nach einem stabilen Elternhaus, aber auch nach der Theater- und Filmwelt, nach Anerkennung und Liebe, nach Erfolg, nach Geborgenheit und Harmonie

Mit 13 Jahren am Gartenzaun des Internats

In einer Karnevalsaufführung im Teufelskostüm mit ihrer Freundin Trude Reichel
Das Kostüm steuerte ihr Vater aus dem Fundus des Wiener Burgtheaters bei

1. Wenn der weiße Flieder wieder blüht
1953, BRD
Regie: Hans Deppe
Drehbuch: Eberhard Kleindorff, Johanna Sibelius, nach einer Novelle von Fritz Rotter
Musik: Franz Doelle
Lieder: Weil wir uns so verstehn, An einem Tag im Frühling, Stunden voller Seligkeiten, Revue-Fox, Ja, ein Leben ohne dich, Wenn der weiße Flieder wieder blüht
Kamera: Herbert Geier
Produktion: Kurt Ulrich (Berolina Produktion)
Darsteller:
Magda Schneider: Therese Forster
Willy Fritsch: Willy Forster
Romy Schneider-Albach: Evchen Forster
Paul Klinger: Peter Schröder
Albert Florath: Professor Mutzbauer
Nina von Porembsky: Barbara
Götz George: Klaus

Romy, Magda Schneider, die ihre Mutter spielt, und Paul Klinger als Onkel Peter

Wenn der weiße Flieder wieder blüht,
sing' ich dir mein schönstes Liebeslied!
Immer, immer wieder knie' ich vor dir nieder,
trink' mit dir den Duft von weißem Flieder!
Wenn der weiße Flieder wieder blüht,
küss' ich deine roten Lippen müd,
wie im Land der Märchen werden wir ein Pärchen,
wenn der weiße Flieder wieder blüht!

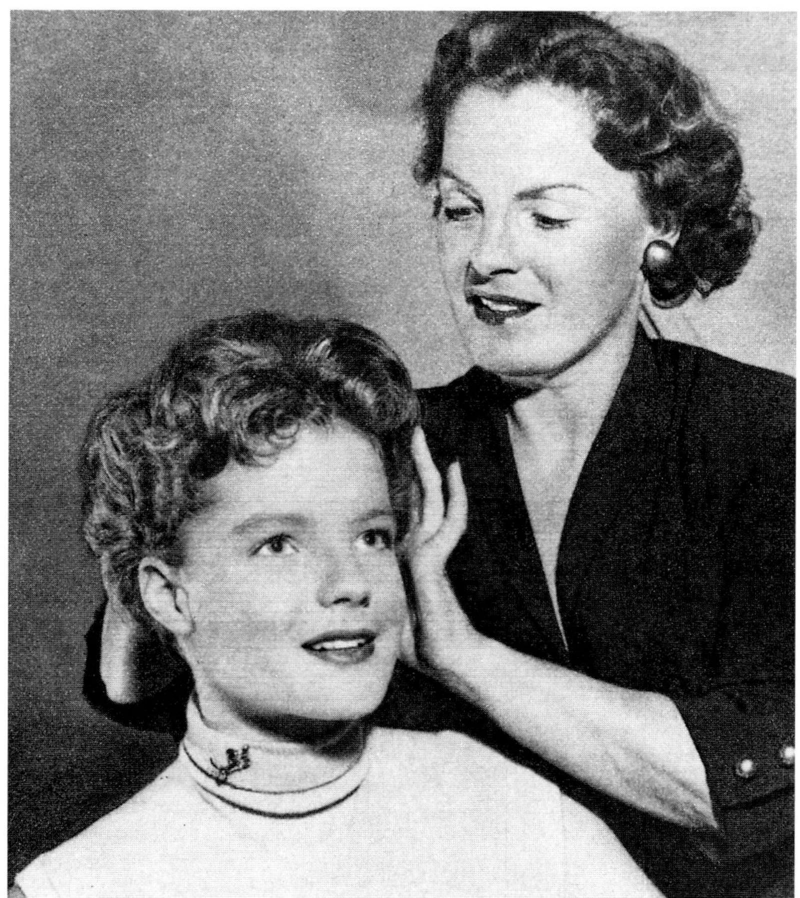

Magda Schneider bereitet hier ihre Tochter auf ihren ersten Auftritt in ihrem ersten Film vor

Romy in »Wenn der weiße Flieder wieder blüht«
Sie ist 15 Jahre alt. Im Darstellerverzeichnis wird sie noch Romy Schneider-Albach genannt, danach: Romy Schneider

Willy Fritsch
Es ist erstaunlich, wie sie ihre Rolle nicht nur spielt, sondern auch innerlich verarbeitet, tatsächlich eine verblüffende Begabung!

Es bleibt das Vergnügen an dem unbefangenen Spiel einer Fünfzehnjährigen. Es ist das die Tochter von Magda Schneider ... Ob Romy Schneider-Albach eine Schauspielerin ist, läßt sich noch nicht übersehen. Hier ist sie eben reizend, ganz reizend.
Filmforum vom Januar 1954

15. Juli 1953
Ich muß gestehen: Ich fühle mich. Ich sitze im Speisewagen und fahre nach München. Ich habe das Hellblaue von Mammi angezogen und den blauen Mantel und die Handschuhe und ihre hochhackigen Schuhe. Sie passen glücklicherweise. Richtig, ich habe noch gar nicht berichtet, wie ich eigentlich dazu komme, so plötzlich nach München zu fahren. Also: wir saßen gestern abend zu Hause im Jagdzimmer und spielten Karten. Plötzlich klingelte das Telefon. Mammi war dran. »Pack deine Koffer und mach dich hübsch. Nimm den Frühzug nach München.« Ich wußte gar nicht, wie mir geschah.

16. Juli 1953
Wenn ich so hoch springen könnte: ich würde jetzt glatt an die Decke hopsen vor Freude! Ich filme, ich fiiilme – wenn alles klappt, heißt es. Das war ein Tag! So, jetzt erst mal der Reihe nach. Der Zug rollte also im Münchner Hauptbahnhof ein. Mammi musterte mich von oben bis unten. »Gut schaust du aus!« lächelte sie. »Bitte, Mammi, spann mich nicht auf die Folter. Wieso darf ich so ohne besonderen Anlaß mitten in der Woche nach München kommen?« Dann erzählte sie mir, was sie gestern erlebt hatte. Sie hatte in München im Büro von einem gewissen Herrn Ulrich gesessen, um das Drehbuch für einen neuen Film in Empfang zu nehmen. Ihr Vertrag war perfekt. »Hör mal, Magda«, sagte er zu Mammi, »hast du nicht eine Tochter, oder ist das ein Sohn?« »Du wirst lachen«, sagte Mammi, »ich hab' beides: eine Tochter und einen Sohn.« »Eine Tochter? Kann die nicht auch im Film mal deine Tochter spielen?« Sie sagte nicht: nein, (die Liebste!). Sie sagte aber auch nicht: ja. Sie sagte erst mal gar nichts, nahm das Drehbuch unter den Arm, fuhr ins Hotel und begann zu lesen. Ihre Rolle und die – Kinder, ich kann es noch gar nicht glauben – und die Rolle, die ich vielleicht spielen darf!!! Ich sollte mich erst einmal vorstellen. Wir sausten in ein Krankenhaus. Plötzlich standen wir in einem Zimmer. Das Zimmer war voller Männer. Ich kannte natürlich keinen davon. Ich war entsetzlich aufgeregt. Im Bett lag ein Mann, von dem bloß das Gesicht zu sehen war und ein riesiges bandagiertes Bein, das in einer großen Schlupfe hing. Kaum war ich drin im Zimmer, da schrie er schon: »Mensch, det isse ja!« Und meinte offensichtlich mich. Er schüttelte mir die Hand. Die anderen Männer auch. Ich machte meine Knickse. Und da stand ich nun. Der Mann im Bett, der Deppe hieß, starrte mich immer so an. Ich wußte überhaupt nicht, wo ich hinsehen sollte. Also kurz und gut: sie

sagten, ich solle doch zu Probeaufnahmen nach Berlin kommen. Probeaufnahmen! Ist das zu fassen? Ich, Romy Albach, zu Probeaufnahmen nach Berlin?

18. August 1953

Wenn ich doch nur diese Probeaufnahmen schon hinter mir hätte! Den Text kann ich schon längst auswendig. Ich kann auch nachfühlen, wie dem Mädchen zumute gewesen sein muß, das ich zu spielen habe. Das Mädchen hört nämlich von ihrer Mammi, daß ihr Vater ein ganz berühmter Schlagersänger sei, von dem sie bisher nur immer ganz von weitem geschwärmt hat. Ich kann mir gut vorstellen, wie ich in einem solchen Fall reagieren würde. Ich kann das bestimmt spielen.

2. September 1953, abends

Na, ich konnte überhaupt nicht mehr denken. Am meisten irritierten mich die vielen Menschen, die im Atelier um uns herumstanden. Es waren mindestens dreißig Leute. Ich dachte immer: wann gehen denn die nun raus? Aber die gehen gar nicht raus. Die bleiben dabei. Die gehören dazu, genau wie die Kamera. Ich hatte immer gedacht, daß man beim Filmen ganz allein ist oder jedenfalls nur mit den Leuten, die gerade mitspielen. Dann ging alles sehr schnell ... Herr Deppe sagte immer: »Nicht in die Kamera schauen!« Ich mußte durch die Tür reingehen, meinen Mantel aufhängen. Und da saß Mammi am Tisch. Und dann sprachen wir beide so, wie ich es gelernt hatte. Plötzlich, auf einmal war's aus. »Fein, Romychen, fein haste det jemacht«, sagte Herr Deppe.

6. September 1953

Es hat geklappt! Es hat geklappt!! Am 8. September fahren Mammi und ich nach Wiesbaden. Es geht los. Ich filme! Toll, einfach toll!!!

Romy, Götz George und Nina von Porembsky in »Wenn der weiße Flieder wieder blüht«

Mit Willy Fritsch und Albert Florath in einer Szene des Films

Mit Willy Fritsch in der Schlußszene, in der noch einmal das »Lied vom weißen Flieder« erklingt

2. Feuerwerk
1954, BRD
Regie: Kurt Hoffmann
Drehbuch: Herbert Witt, Felix Lützkendorf, Günther Neumann nach der Musikkomödie von Erik Charell und Jürg Amstein
Kamera: Günther Anders (Eastmancolor)
Musik: Paul Burkhardt
Lieder: Jürg Amstein und Robert Gilbert, O mein Papa, Virgile, En 1900, T'aimer toute ma vie, Tireli-Tirela
Produktion: Erik Charell
(Neue Deutsche Filmgesellschaft)
Darsteller:
Lilli Palmer: Iduna
Karl Schönböck: Sascha Obolsky
Romy Schneider: Anna Oberholzer
Claus Biederstaedt: Robert
Werner Hinz: Albert Oberholzer
Käte Haack: Karoline
Rudolf Vogel: Gustav
Lina Carstens: Paula
Liesl Karlstadt: Berta
Ernst Waldow: Wilhelm

Romy Schneider mit Werner Hinz (oben) **und Claus Biederstaedt** (unten); **mit Karl Schönböck** (rechte Seite) **in dem Film »Feuerwerk«**

In dieser musikalischen Filmoperette singt Lilli Palmer den weltberühmten Schlager »O mein Papa«

20. Februar 1954
Sie wollen »Feuerwerk« verfilmen, und Lilli Palmer singt »O mein Papa«. Ich habe die Platte auch zu Hause. Ich habe sie bloß schon ewig nicht mehr gespielt, weil man das Lied sowieso dauernd im Radio hört. Ich soll ein junges Mädchen spielen, das von der Zirkusatmosphäre angesteckt ist, das sich einbildet, Artistin werden zu müssen, und das dann hinterher doch zu dem Mann zurückfindet, der ihr schon vorher viel bedeutet hat – einem einfachen Gärtner. Claus Biederstaedt soll diesen Gärtner spielen. Ich kenn ihn zwar nicht. Aber alle, die ihn kennen, sagen, daß er sehr nett ist.

15. Mai 1954
Mein neuer Film wird in Geiselgasteig gedreht. Mammi spielt diesmal nicht mit. Ich fahre also allein nach München.

18. Mai 1954
Ein Film ähnelt im Grunde genommen immer dem anderen. Die Atmosphäre ist dieselbe. Ob das nun in Berlin ist oder in Wiesbaden oder in Geiselgasteig. Auch die Menschen ähneln sich. Sie haben andere Namen. Sie haben andere Gesichter. Aber alle haben sie das gleiche Ziel: sie wollen einen guten Film machen, und jeder glaubt daran, und jeder arbeitet dafür und setzt alles dafür ein, was er hat. Und wenn dann alles fertig ist, wenn man sich am Abend die Proben anschaut von den Szenen, die gerade gedreht wurden, dann ist man zufrieden oder unzufrieden mit sich. Und doch weiß erst jeder, wenn der Film fertig ist, was nun gut ist oder schlecht. Der Film ist eine einzige Überraschung.

20. Mai 1954
Eigentlich ist es ein häßlicher Beruf – Filmschauspielerin. Schauspielerin! Man muß mit ganzem Herzen dabei sein. Und irgendwann darf man es doch wieder nicht. Man sitzt oder man steht oder man schreit oder man weint. Man muß sich richtig gehenlassen, man muß mitleben, wenn man es gut machen will, aber man soll trotzdem Abstand von den Dingen haben, einen klaren Kopf behalten. Ich weiß, daß ich in dieser Schauspielerei aufgehen kann. Es ist wie ein Gift, das man schluckt und an das man sich gewöhnt und das man doch verwünscht. Jetzt bin ich fünfzehn Jahre alt. Ich war bei Omi in Berchtesgaden, ich war in der Schule, ich war im Internat. Und jetzt bin ich plötzlich beim Film. Und zum erstenmal mußte ich etwas spielen, von dem ich eigentlich überhaupt keine Ahnung hatte bis jetzt.

Als Nichte des Zirkusdirektors Obolski (Karl Schönböck) in dem Film »Feuerwerk«

Regisseur Kurt Hoffmann

Internationaler Filmball im Hotel Esplanade in Berlin (West), 9.1.1954
Das charmante Trio hinter der Bar sind: Romy Schneider, Ursula von Manescul und Wera Frydberg (rechte Seite)

Wer sich unterrichten will, wie man ohne künstlerische Ambitionen einen amüsanten Unterhaltungsfilm machen kann, sollte sich unbedingt »Feuerwerk« ansehen. Romy Schneider-Albach liebt ihren Claus Biederstaedt mit derart herziger Natürlichkeit, daß die Komik immer wieder durch Empfindungen aufgefangen wird, denen man sogar traut.
Filmforum vom Oktober 1954

Romy und ihr Großvater Franz Xaver Schneider, Magda Schneiders Vater, in Berchtesgaden-Schönau, 1957
Romy hatte zu dieser Zeit bereits in zwölf Filmen mitgewirkt. Als sie 1949 in das Internat Goldenstein kam, lebte ihre Großmutter Maria Schneider noch, sie starb am 1.8.1951.
Der Großvater starb 1962

»Ich freu mich so irrsinnig auf Berchtesgaden, auf mein eigenes Zimmer, das ich ganz für mich alleine haben kann. Wie schön ist das, wenn man irgendwo ein eigenes Zimmer hat, von dem man weiß, daß es immer da ist. Man kann sich darin verkriechen, die Tür zumachen und allein sein mit sich, ganz für sich. Ich liebe das kleine Zimmer in Berchtesgaden, ich kann mich hinlegen und lesen und meinen eigenen Gedanken nachgehen.«

»Solange ich mich erinnern kann, wurde ich geschulmeistert. Das darfst du, das darfst du nicht, das mußt du, das sollst du nicht. Es war so, als es begann – und es hat eigentlich nie aufgehört. Was ich mir wünsche, ist ein Leben, das mich auf die eigenen Beine stellt, das von mir gelebt und geführt wird, in dem ich tun und lassen kann, was ich will.«

Christliches Gedenken
im Gebete

an die ehrengeachtete Frau

Maria Schneider

geb. Meier-Hörmann

welche am 1. August 1951 im Alter
von 73 Jahren schnell und unerwartet
von uns gegangen ist.

R. I. P.

Vonderthann'sche Buchdruckerei und Verlag, Berchtesgaden

Magda Schneider mit ihrem späteren Mann Hans Herbert Blatzheim und Romy in »Mariengrund«, 1954
Magda Schneider heiratete am 11. Dezember 1953 den Kölner Gastronomen Hans Herbert Blatzheim (1905–1969), Inhaber von Hotelketten, Restaurants und Nachtlokalen, besonders im Rheinland. Romy nannte ihn »Daddy«, später: »der zweite Mann meiner Mutter, Herr Blatzheim«.
Das joviale Rheinländertum des Stiefvaters war ihr zutiefst zuwider.
Er hängte sich mit Macht in die Propagierung seiner Stieftochter, verhandelte selbst mit der Presse, übernahm den gesamten geschäftlichen Teil ihrer Karriere und redigierte eine »Blatzheim-Bilder Zeitung« (BBZ), die alle vierzehn Tage mit einer Auflage von 20300 Exemplaren, neben der Monatszeitschrift »Gourmet«, im eigenen Verlag erschien. Außer der Reklame für die Betriebe der Blatzheim AG (1 Großvarieté, 12 Restaurants, 4 Tanzbars, 1 Vergnügungslokal, 2 Bierkneipen, 3 Hotels und 5 Künstlerkeller »tabu«), die in diesen Zeitschriften enthalten war, erschien immer häufiger auch »Werbe«-Material über die berühmte Stieftochter. Blatzheim verband die eigenen Geschäfte mit denen seiner Stieftochter in unbilliger Weise.

Magda Schneider mit ihrem Vater und ihren beiden Kindern Romy und Wolfdieter im Haus »Mariengrund« in den Sommerferien, August 1954

Magda Schneider
Aber aufpassen werd' ich immer, damit sie nicht über die Stränge schlägt. Sie ist ein nettes Kätzchen, das gelegentlich seine Krallen zeigt, aber dann kriegt sie am besten gleich a Watschn – die ist immer und überall parat!

Die erste Hauptrolle in »Mädchenjahre einer Königin«. Romy spielt Viktoria, Königin von England

Mit Adrian Hoven als Prinz Albert und Magda Schneider als Baronin Lehzen

Der 16. Geburtstag im Atelier in Sievering, 23.9.1954

1. September 1954
Herrgott, hab ich schon wieder lange nichts ins Tagebuch geschrieben! Aber daran sind die Vorbereitungen für die »Mädchenjahre einer Königin« schuld. Sogar in Berchtesgaden mußte ich an meiner Rolle lernen. Jetzt aber sind wir in Wien. Wien! Es ist wie ein Traum. Meine Geburtsstadt. Mir ist richtig rührselig zumute. Wahrscheinlich ist es Einbildung, aber als wir reinkamen in die Stadt, kam ich mir schon gleich ganz heimisch vor. Die Leut' sprechen so nett, es ist alles so gemütlich. Auf »Mädchenjahre« freu ich mich schon schrecklich: meine erste richtige Hauptrolle! Die Viktoria war ja eine tolle Frau. Ich habe mir jetzt mal angeschaut, was sie alles gemacht hat und wie sie regierte. Ein ganzes Zeitalter wurde nach ihr benannt: das viktorianische Zeitalter.
Aber was zuerst so herrlich und großartig aussah, wurde eine ganz ausgemachte Schinderei: die schweren historischen Kostüme wogen viele Kilo, und die aufgesteckten Haare drückten mich ganz schön. Aber ich wuchs in die Rolle hinein. Das Filmen selbst bedeutete für mich jetzt kein technisches Problem mehr; ich lernte alle die Zusammenhänge zwischen Licht, Bild, Ton und Farbe kennen, die Leute vom Aufnahmestab waren reizend zu mir und meine Kollegen auch. Mami und ich wohnten im Hotel Sacher, und ich lernte Wien richtig kennen. Ich sah auch meinen Vater, der Theater spielte, und besuchte meine Großmutter.

3. Mädchenjahre einer Königin
1954, Österreich
Regie: Ernst Marischka
Drehbuch: Ernst Marischka
Kamera: Bruno Mondi (Agfacolor)
Musik: Anton Profes
Produktion: Ernst Marischka
(Erma Film Wien)
Darsteller:
Romy Schneider: Viktoria
Adrian Hoven: Prinz Albert
Magda Schneider: Baronin Lehzen
Karl-Ludwig Diehl: Lord Melbourne
Paul Hörbiger: Prof. Landmann

7. September 1954
Es ist herrlich, eine Hauptrolle zu spielen. Aber schwer. Eigentlich hatte ich gar keine so großen Bedenken. Aber bevor wir mit den »Mädchenjahren einer Königin« anfingen, hat mir der Kameramann noch einmal ins Gewissen geredet. Bruno Mondi versteht etwas davon! Wir sind spazierengegangen beide. Und er hat mir ausgemalt, was mich erwartet. Eine Königin von England spielen! Und Jenny Jugo sei in der ersten Verfilmung von Erich Engel glänzend gewesen, ich müßte mindestens halb so gut sein wie sie. Aber ich bin doch ganz froh, daß ich das alles gehört habe. Schließlich mußten früher die angehenden Filmschauspieler erst einmal jahrelang Schauspielschulen besuchen, ehe man überhaupt daran dachte, ihnen eine Chance zu geben. Und ich komm da so daher und will gleich in einem Atemzug die Rolle der Königin runterspielen – aber ich schaff's – das wär ja gelacht!!
16. September 1954
In ein paar Tagen habe ich Geburtstag. Letztes Jahr in Wiesbaden war es schon toll. Ich bin gespannt, wie es diesmal wird. Sie werden doch wohl daran denken?
24. September 1954
Es war einfach himmlisch. Es war wundervoll. Es war ein Traum. Als ich draußen nach Sievering ins Atelier kam, lag schon so etwas in der Luft. Alles kam mir schon so irgendwie festlich vor, obwohl es doch so aussah wie immer. Und dann plötzlich schwebten die Klänge von »Limelight« durch die Kulissen. Meine Lieblingsplatte! Und dann hatten sie einen riesigen Gabentisch aufgebaut. Alles für mich. Tausend Sachen. Am Abend haben wir im Stadtkrug noch lange gefeiert. Wien ist wundervoll. Mein zweiter Geburtstag in meiner »Heimatstadt«.
Ich bin sehr glücklich!

4. Die Deutschmeister
1955, Österreich
Regie: Ernst Marischka
Drehbuch: Ernst Marischka,
nach Frühlingsparade von Ernst
Marischka und Gustav Holm
Kamera: Bruno Mondi (Agfacolor)
Musik: Komponiert und dirigiert
von Robert Stolz
Produktion: Ernst Marischka
(Erma Film Wien)
Darsteller:
Romy Schneider: Christine Hübner
Magda Schneider: Therese Hübner, ihre Tante
Siegfried Breuer jr.: Wilhelm August Jurek
Hans Moser: Jeremia Swoboda
Paul Hörbiger: Kaiser Franz Joseph
Gretl Schörg: Hansi Führer, die Sängerin
Wolfgang Lukschy: Kaiser Wilhelm II.
Adrienne Gessner: Komtesse Burgstetten
Susi Nicoletti: Nanette, ihre Nichte
Josef Meinrad: Hofrat Hofwirt

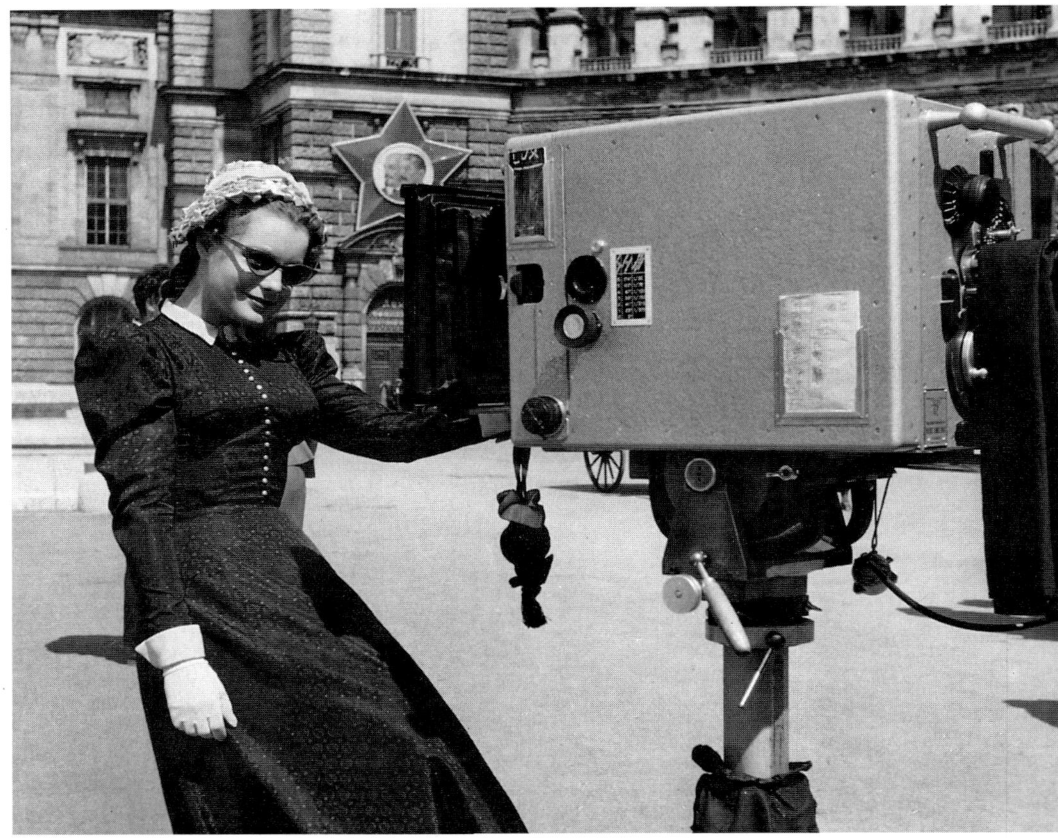

In heiterer Wiener Operettenseligkeit und reizvollen Farben wird eine herzige Geschichte hingetupft, wohl eingebettet in weinfrohe Heurigenstimmung. Weil »sie« den feschen Pauken-Korporal liebt, backt sie im Bäckerladen der Frau Tanten die Noten seiner neuesten Kompositionen in ein Salzstangerl ein, das für das Frühstück Ihrer Höchsten Majestät bestimmt ist. Was Wunder, daß der Marsch zur Frühjahrsparade aus der Taufe gehoben wird. – Romy Schneider, zauberhaft anzuschauen, fügt ihren bisherigen Erfolgen einen neuen hinzu, und ihr G'spusi Siegfried Breuer, tapsig jung, hält tapfer durch. Mit weanerischem Charme verteidigt Magda Schneider Selbständigkeit und Bäckerladen, um zuletzt doch erleichtert in die Arme des schüchtern-liebenswürdigen Hofrates Josef Meinrad zu sinken. Hauchzart karikiert Paul Hörbiger einen gütig-angetrottelten Kaiser, während der unverwüstliche Hans Moser als wohlsituierter Inhaber eines Frisörladens die Lacher aus dem Parkett zaubert. Eine wohltuend angemessene Prise Berliner Pfeffer in all die weaner Zuckrigkeit schüttet routiniert Wolfgang Lukschy als Wilhelm II. Die Regie legt eine Deutschmeister-Frühjahrs-Parade comme il faut hin und weiß nette Gags und muntere kleine Schlenker treffend anzubringen. Alles in allem: Ein Film, der seinen geschäftlichen Weg machen dürfte.
Filmblätter 33, 1955

Bei Dreharbeiten in der Wiener Hofburg

Regisseur Ernst Marischka mit Romy und Magda Schneider während einer Drehpause
Mit Ernst Marischka hatte Magda Schneider 1931 ihren ersten Film »Zwei in einem Auto« gedreht

Romy Schneider mit Siegfried Breuer jr. als verliebter Korporal, dessen Noten sie in die Salzstange einbäckt

Mit Paul Hörbiger als Kaiser Franz Joseph

Romy Schneider wirklich jung und nett.
Abendzeitung vom 20.8.1955

Im Prater blühn wieder die Bäume, und das hübsche Madl (wirklich hübsch: Romy Schneider), die Bürger und der Adel machen in Gemütlichkeit.
Süddeutsche Zeitung vom 22.8.1955

Wien, den 4. März 1955
Mein vierter Film! »Deutschmeister«. Früher war er einmal unter dem Titel »Frühjahrsparade« ein großer Erfolg. Damals spielte Pappi die männliche Hauptrolle. Diesmal ist es Siegfried Breuer junior. Ich hab' den ersten Film in Salzburg gesehen. Pappi war einfach hinreißend. Ich wünschte, daß ich ihm in der Neuverfilmung genausogut gefiele wie er mir damals. Mammi und ich wohnen diesmal im Sacher. Das ist eines der vornehmsten Hotels, das ich kenne. Jetzt bin ich sechzehn Jahre alt. Vielleicht bin ich wirklich eine aufgeblasene Seifenblase, die so recht prall und schillernd vor Glück ist. Und die dann eines Tages mit lautem Knall platzt? Ich bin doch noch jung. Ich kann noch alles lernen! Und ich tu's auch. Vorläufig lerne ich ja nur. Und nebenbei spiele ich mich selbst. Ob das nun die Königin Viktoria ist, die ich darstellen muß, das bin eben ich! Oder jetzt das Mädel vom Land wie im »Deutschmeister«, das bin eben ich! Immer in anderen Variationen. Immer mit einem anderen Text. Aber ich bin's. Und ich bleib's!

Romy Schneider mit Joachim Fuchsberger, den sie beinahe heiratet, (linke Seite) **in dem Film »Der letzte Mann«; mit Hans Albers als Oberkellner und Michael Heltau** (oben)

»Der Filmstoff bestimmt die Typen und nicht umgekehrt – das ist eine Sache, die ich in den drei Jahren gelernt habe. Schließlich habe ich es ja an mir selbst erlebt. Beim ›Letzten Mann‹ sagten sie, daß Hans Albers und ich zusammen eine ganz große Publikumswirkung hätten. Wie kam es? Ganz anders – das Publikum blieb aus.«

5. Der letzte Mann
1955, BRD
Regie: Harald Braun
Kamera: Richard Angst (Agfacolor)
Musik: Werner Eisbrenner
Produktion: Neue Deutsche Filmgesellschaft omnio Films München
Darsteller:
Romy Schneider: Niddy Hövelmann
Hans Albers: Karl Knesebeck
Joachim Fuchsberger: Alwin
Rudolf Forster: Herr Claasen
Michael Heltau: Helmuth Bühler
Camilla Spira: Sabine Hövelmann

1. Juli 1955
Ich verstehe mich wundervoll mit Hans Albers. Ich mag ihn richtig gern. Es gab schon einmal einen Film »Der letzte Mann«. Damals spielte Emil Jannings die Rolle, die diesmal Hans Albers spielen soll. Er ist Oberkellner eines Hotels, der ungekrönte König. Plötzlich stirbt die Besitzerin. Nach ihrem Tod wird alles ganz anders. Albers wird degradiert und muß im Keller den Toilettenwärter spielen, den »letzten Mann« im Hotel. Eine tolle Rolle für Albers – und eine tolle Rolle für mich: meine erste moderne. Bis jetzt war ich ja immer Prinzessin oder eine Königin oder ein Mädel, das zu einer Zeit lebte, als an mich noch nicht zu denken war. Jetzt spiel' ich endlich mal einen Film, der in unserer Zeit handelt.

Ferien in Berchtesgaden, August 1955

»Es ist wundervoll. Es ist fast wie früher. Ich mag die Berge. Ich mag diese grünen Wiesen, und ich könnte die Kühe umarmen, wenn sie mit ihren großen scheppernden Glocken auf den Almen herumlaufen.

Man muß doch auch mal alleine sein.
Das habe ich manchmal sogar sehr nötig.

Ich bin halt ein Nerverl. Mir ist alles zuzutrauen. Heute bin ich verrückt vor Glück. Morgen will ich mein ganzes Leben umkrempeln, übermorgen lasse ich mich von Minderwertigkeitskomplexen und Depressionen auffressen. Dann finde ich mich wieder umwerfend, unwiderstehlich und bin das seligste Wesen unter der Sonne.

Es wird am besten sein, wenn ich einfach verschwinde auf eine Insel, immer nur komme, um einen Film zu drehen, und dann ganz schnell wieder türme. Dann kann mir überhaupt nichts passieren. Dann weiß ich nichts von Marktwert und sonstigen Begriffen, die verdächtig nach Viehmarkt riechen.

Manchmal wurde ich gefragt, was ich mir wünsche. Ich würde mir wünschen, einmal eine Woche irgendwohin zu fahren und in einer Ecke zu sein, wo mich niemand kennt und wo ich tun und lassen kann, was ich will, ohne daß fotografiert wird.«

6. Sissi
1955, Österreich
Drehbuch und Regie: Ernst Marischka
Kamera: Bruno Mondi (Agfacolor)
Musik: Anton Profes
Produktion: Ernst Marischka
(Erma Film Wien)
Darsteller:
Romy Schneider: Prinzessin Elisabeth von Bayern, genannt Sissi
Karlheinz Böhm: Kaiser Franz Joseph
Magda Schneider: Herzogin Ludovika von Bayern
Gustav Knuth: Herzog Max von Bayern
Uta Franz: Prinzessin Helene
Vilma Degischer: Erzherzogin Sophie
Josef Meinrad: Gendarmerie-Major Böckl

Mit Regisseur Ernst Marischka in einer Drehpause

Romy Schneider als Prinzessin Elisabeth von Bayern, genannt »Sissi«, künftige Kaiserin von Österreich und Königin von Ungarn, in dem österreichischen Film »Sissi«

Am 15.5.1955 kam es zur Unterzeichnung des Staatsvertrages, der Österreich in einen souveränen und gleichberechtigten Staat verwandelte und es verpflichtete, sich an kein Militärbündnis anzuschließen. Ende 1955 zogen alle Besatzungstruppen aus Österreich ab, es erfolgte eine starke wirtschaftliche Belebung.
Mit der hitlerfaschistischen Besetzung Österreichs 1938 waren die Voraussetzungen für eine eigenständige nationale Filmproduktion nicht mehr gegeben. Einige Filmschaffende emigrierten, andere ließen sich in den deutschen Propagandaapparat einspannen. Nach der Befreiung kamen die österreichischen Ateliers vorübergehend in die Verwaltung der Siegermächte: Wien-Film am Rosenhügel bis 1955 in sowjetische, Wien-Film Sievering, die Schönbrunn-Ateliers in amerikanische Verwaltung. Der österreichische Film begann 1945 recht erfolgversprechend; aber wegen des geringen Auslandabsatzes, des Besucherrückgangs und vor allem wegen der erhöhten Einfuhr ausländischer Filme geriet er bald in eine schwierige Lage. Die österreichische Produktion blieb im wesentlichen auf oberflächliche Unterhaltungsfilme beschränkt, Bauernkomödien und Musiklustspiele. Mit der Selbständigkeit Österreichs 1955 entstand eine Reihe von Filmen über die ehemalige österreichisch-ungarische Monarchie, so die »Sissi«-Serie, sie festigte die Traumphantasien über das »gute alte Wien«, die k. u. k. Monarchie, war zugleich aber auch Ausdruck des Suchens nach einer eigenen nationalen Identität.
Was mag da näherliegen, als das Leben der Kaiserin Elisabeth (1837–1898), die 1854 Kaiser Franz Joseph geheiratet hatte, zu verfilmen? Als Kaiserin Sissi vom Volk geliebt, erwarb sie sich auch als Königin von Ungarn (seit 1867) durch ihren politischen Ausgleichswillen große Sympathien. Die feinsinnige und gebildete Kaiserin, die unter anderem die Werke Heinrich Heines glühend verehrte, war zugleich eigensinnig und von widersprüchlichem Charakter.
Als Regisseur Ernst Marischka sich 1955 entschließt, »Sissi« mit Romy Schneider als Hauptdarstellerin zu drehen, besteht in Österreich eine starke Tendenz zu verträumten, sentimentalen Filmen. Diese Strömung nutzt Marischka in hohem Maße aus, wobei er es mit der historischen Wahrheit nicht so genau nimmt. Das wirkliche Leben der Elisabeth ist für ihn zu problemgeladen, als daß er es nicht romantisieren müßte. Die Österreicher sehnen sich nach der großen alten Zeit, in der es noch Gemütlichkeit gab, diesen Zustand des Wohlbefindens. Alle unangenehmen und problematischen Episoden im Leben der Elisabeth werden fortgelassen. Was übrigbleibt sind große Emotionen und romantische Begebenheiten. Er läßt kein Detail aus, um den kaiserlichen Prunk nachzugestalten, und läßt besondere Sorgfalt bei der Wahl der Kostüme, der musikalischen Untermalung und der Orte walten, wo die Kaiserin lebte. Alles bis ins kleinste Detail ist darauf angelegt, kaiserlichen Prunk wiedererstehen zu lassen und Romys Charme zu unterstreichen, die man zu einer Puppe gemacht hat. Marischka will dem Zuschauer die prächtigste aller Reisen und die herzergreifendste aller Fluchten in eine »ruhmreiche« Vergangenheit bieten. (Schloß Schönbrunn, der Stephansdom, die oberbayrischen Seen, die Donau ...) Der Film hat in Österreich und später in allen Ländern einen außerordentlichen Erfolg und löst einen Romy-Boom aus, der in den verschiedensten Lebensbereichen seinen Ausdruck findet.
1956 entsteht »Sissi, die junge Kaiserin« in gleicher Besetzung. Romy kann sich eine Fortsetzung von »Sissi« nicht vorstellen und wehrt sich bereits gegen die verlogene Idealisierung der Heldin. Für Millionen junger Mädchen wird Sissi aber zum Idol.
Als Romy »Sissi« dreht, ist sie 17 Jahre alt.

Romy Schneider

O ja, ich habe es schon manchmal sehr genossen für alle im Studio die Prinzessin zu sein.

Sissi hing mir wie ein Klotz am Bein. Sissi lächelte selig, wenn ich Lust hatte zu weinen und zu leiden. In Wien, Paris, Rom, wenn ich ein großes Kaufhaus betrat, ja sogar im Hotel, zeigte man mit dem Finger auf mich: ›Schau, Sissi‹. Ich kam mir wie ein österreichischer Schmarrn vor, den man verschlingen wollte.

Sie pappt mir an wie Grießbrei.

Mir hing diese Person zum Halse raus. Ich bedaure die Serie nicht, denn ich habe ihr auch viel zu verdanken. Aber für mein Streben nach Rollen, die meiner Person gleichstanden, waren diese Filme wie eine Ohrfeige. Hinzu kam der Erfolg, den ich nicht verstand. Ich war plötzlich nicht mehr Romy, sondern nur noch Sissi, die jungfräuliche Königin des deutschen Films.

Regisseur Ernst Marischka

Du wirst alle jungen Mädchen Europas zum Träumen bringen.

Die große Überraschung aber ist Romy Schneider. Was ich bisher selbst nicht glaubte, bestätigt sich Tag für Tag im Atelier: hier wächst eine Schauspielerin mit Profil und Format heran. Romy bringt mehr mit als ihre Jugend und ein erträglich hübsches Gesicht. Sie ist – wenn man dies von einem Menschen dieses Alters sagen kann – schon jetzt eine kleine Persönlichkeit.

20. August 1955
Wir sind wieder in Wien. Wir sind wieder im Hotel Sacher. Und ich fühle mich hier schon fast wie zu Hause. Ich habe wieder die gleiche Garderobe draußen in den Ateliers von Sievering, die ich schon bei »Mädchenjahre« bewohnte. Den Pförtner kenne ich, viele von den Statisten, von Film zu Film fühlt man sich heimeliger. Karlheinz Böhm ist diesmal der Kaiser meines Herzens. Ich verstehe mich auch mit ihm ganz gut. Im Film angele ich ihn mir im wahren Sinn des Wortes. Ich fische an einem Bach, er, der Kaiser, kommt dahergefahren auf der Straße, ich werfe meine Rute aus, schwupp, sitzt ihm die Angel am Rockaufschlag, und er lernt mich kennen.
24. September 1955
Ich bin siebzehn Jahre alt geworden. Wenn man den Drehbuchautoren trauen darf, beginnt ja dann das Leben. Ich bin gespannt! Es war wundervoll. Wir haben mit der ganzen Belegschaft bei den Heurigen gefeiert. »Die Heurigen« – das ist eine wundervolle Institution hier in Wien. Wenn's den richtigen Wein gibt, so jetzt, in den kommenden Monaten, dann ist manchmal ganz Wien ausgestorben. Alles sitzt draußen in den Weinlokalen und trinkt »an Heurigen«. Wir waren draußen bei Anton Karas, das ist der Zitherspieler aus dem Film »Der dritte Mann«. Er hat in Grinzing ein Lokal aufgemacht. Alles war mit Lampions geschmückt, es war eine märchenhafte Stimmung. Von Mammi habe ich einen Satz Koffer ganz in weinrot geschenkt bekommen. Mit Monogramm R. S.
26. September 1955
Ich muß Qualen leiden. Weil die Sissi in ihrer Jugend lange schwarze Haare getragen hat, müssen meine jetzt natürlich auch länger sein. Ich trag' also eine Perücke. Ein blödes Gefühl. So ungewohnt und anstrengend vor allen Dingen. Das ist vielleicht ein Gewicht, das ich da dauernd mit mir herumzuschleppen habe! Wenn man's nicht gewohnt ist, so wie ich, kriegt man bald Genickstarre.
30. September 1955
Außenaufnahmen an der Donau. Der Ernstl hat das herrlich hingezaubert. Ich fahre auf einem Donaudampfschiffahrtsdampfer die Donau hinunter, das Volk steht an den Ufern und winkt seiner zukünftigen Kaiserin zu – mir also im Film. Das muß man sich mal vorstellen, die vielen Leute, die dort als Statisten stehen und winken und klatschen und jubeln! Die muß man dort alle erst einmal hinbekommen!

Romy als Prinzessin Elisabeth von Bayern mit dem jungen österreichischen Thronfolger Franz Joseph (Karlheinz Böhm) in dem österreichischen Film »Sissi«

2. Oktober 1955
Die Dreharbeiten dauern diesmal endlos lange. Wir werden nicht fertig und werden nicht fertig. Und das ist schließlich nicht nur eine Zeitfrage. Jeder Drehtag kostet ein ungeheures Geld. Allein die Ausleuchtung der Szenen schluckt Unsummen. Ich bin versorgt, wenn ich mein Taschengeld habe. Mammi hat es neulich erst wieder erhöht.
3. Oktober 1955
Es ist ausgesprochen kalt und unfreundlich hier in Wien. Die Donau ist nicht blau, sondern grau und verhutzelt. Der Steffel duckt sich zwischen den Häusern, als fröstele er. Wien ist doch etwas verändert, seit die Besatzungstruppen abgezogen sind. Man spürt richtig, daß es sich seiner alten Stellung als Hauptstadt Österreichs wieder recht bewußt wird. Das Burgtheater wird wieder eröffnet. Die Staatsoper.
2. November 1955
Wir sind immer noch in Wien. Der Ernstl muß noch ein paar Szenen für die Sissi drehen, die er unbedingt noch einbauen will. Weil sie seiner Meinung nach dem Film gefehlt haben. Wir drehen also weiter. Wenn man das geahnt hätte!
4. November 1955
Noch eine besonders freudige Überraschung: eine Zeitschrift hat eine Publikumsumfrage nach den beliebtesten deutschen Filmschauspielern veranstaltet. Das Ergebnis hat mich glatt erschlagen: Ich stehe dort an zweiter Stelle, gleich hinter Maria Schell und vor Ruth Leuwerik!
5. November 1955
Zuletzt haben wir die Hochzeitsszenen gedreht. Für mich ist ein Brautkleid angefertigt worden: Ein Traum von einem Kleid! In so einem ähnlichen Kleid möchte ich einmal auf meiner Hochzeit tanzen!
8. November 1955
Endlich wieder zu Hause. Wien ist wundervoll, schöner als Köln. Aber zu Hause bleibt zu Hause. Es ist immer das gleiche mit mir. Jetzt habe ich Ferien. Bald ist Weihnachten, dann Neujahr, die Zeit verfliegt. Ich könnte jetzt glücklich darüber sein, endlich einmal wieder richtig ausspannen zu können. Und in Gedanken liebäugele ich bereits mit neuen Filmplänen. Wieso man immer unzufrieden sein muß mit dem, was man hat?!

Romy Schneider in der Wiener Hofburg vor dem Winterhalter-Gemälde der Kaiserin Elisabeth
Die Kaiserin wurde 1837 geboren und 1898 in Genf ermordet. Kaiser Franz Joseph lebte von 1830 bis 1916.
Als die Dreharbeiten beginnen, ist Romy 16 Jahre alt.
Die historische Figur Elisabeth, Kaiserin von Österreich, Königin von Ungarn und Böhmen war eine der gebildetsten und interessantesten Frauen ihrer Zeit, vor allem aber eine Frau, die sich von den Vorurteilen ihres Standes und ihrer Zeit zu befreien vermochte. Elisabeth hatte den Kaiserthron der Habsburger nicht erstrebt. Sie liebte ihn nicht, und deshalb war sie nicht bereit, das zu erfüllen, was man von einer Herrscherin erwartete. Sie war im Herzen Republikanerin, bezeichnete die altehrwürdige Monarchie als »vergangner Pracht Skelett« und als Eichbaum, der fallen müsse, da er »sich überlebt« habe. Sie geißelte die Auswüchse des aristokratischen Systems, verhöhnte Könige und Fürsten

Der Schleier wird an der sechs Kilo schweren Perücke aufgesteckt

»Ich bin nun einmal gegen diese klischierten Vorstellungen vom Filmliebespaar: Die Erinnerung an Lilian Harvey und Willy Fritsch bestimmt hier die Kassenwunschträume. Aber Willy Fritsch hat mich vor dieser Serie gewarnt. Er sagte: ›Du wirst der Sklave dieser Serien, und die Vorstellung, daß du Teil eines Liebespaares bist, mit dem die dicken Kassen gemacht werden sollen, kann ein Alpdruck werden.‹

Ich kann nicht mehr geben, als mir das Drehbuch erlaubt. Aber ich bin der Meinung, daß die Klischierung auf ›sentimentale Königin‹ oder ›enttäuschte Kaiserin‹ das Törichtste ist, was ich auf die Dauer betreiben kann.

Ich erinnere mich, daß ich zu jener Zeit Zuschriften von Menschen aller Altersgruppen bekommen habe. Ob die Leute sich mit Sissi identifiziert haben, weiß ich nicht. Es waren Menschen, die eben gern an eine bestimmte Epoche, eine Wiener Gefühlsseligkeit zurückdachten, denn man kann wahrhaftig nicht behaupten, daß es sich hier um einen historischen Film über die österreichische Kaiserin handelt. Sissi ließ die Leute träumen, aber ich glaube nicht, daß sie sich mit ihr identifizierten.

Ich bin weder lieb noch herzig, und ich möchte endlich beweisen, daß ich eine Vollblutschauspielerin bin, die sich nicht auf bestimmte Rollen festlegen läßt. Ich werde alles versuchen, um von meinem Sissi-Image loszukommen.«

7. Sissi, die junge Kaiserin
1956, Österreich
Drehbuch und Regie: Ernst Marischka
Darsteller:
Romy Schneider: Sissi, Kaiserin Elisabeth
Karlheinz Böhm: Kaiser Franz Joseph
Gustav Knuth: Herzog Max von Bayern
Magda Schneider: Herzogin Ludovika von Bayern
Josef Meinrad: Oberst Böckl
Senta Wengraf: Gräfin Bellegarde

»Bei den Stoffen ist es nun so, daß ich von vielen historischen Liebesgeschichten festgenagelt werden soll. Seit ›Sissi‹ soll ich, wenn es nach ihnen ging, alle sentimentalen Liebesgeschichten der letzten acht Jahrhunderte spielen. Dann kommen die nächsten Geschichten: Romy, das naive Kind. Aber dann kommt die dritte Gruppe, die ständig im Angriff ist (die Verleiher und Produzenten), die mit mir die dicke Kasse machen möchte. Das sind dann die Filme auf Nummer sicher, die genauso auf Kasse gedreht werden sollen wie die Vorgänger.
Ich wollte ›Sissi‹ II nicht drehen. Ich hatte erklärt: ›Nein‹, und es hieß – im Frühjahr 1956 – ›Sissi‹ II würde nicht gedreht werden. Ich kam zu meinen Eltern in das oberbayrische Sanatorium, in dem sie eine Entschlakkungskur machten, und da erfuhr ich, daß ›Sissi‹ II nach ›Kitty und die große Welt‹ doch gedreht werden sollte. Ich platzte beinahe. Aber ich fragte und erfuhr, der Verleiher hätte das arrangiert. Ich ließ mich mit Herbert Tischendorf verbinden, nahm alle Kraft zusammen und erklärte ruhig und gelassen: ›Ich spiele ‚Sissi' II nicht.‹ Ich war es wirklich leid, daß immer über meinen Kopf entschieden wurde. Aber wenn ich am Anfang auch sehr mutig war, so war am Ende Herbert Tischendorf doch der Stärkere. Zwar sagte er zuerst: ›Wie redest du denn mit mir‹, um dann zu erklären: ›Ich habe überhaupt keine Zeit, mich mit solchen Kleinigkeiten abzugeben ...‹ Immerhin, Herbert Tischendorf kam an, und dann wurde ich natürlich doch in die Knie gezwungen. Aber ich handelte wenigstens mit ›Sissi‹ II einen Lieblingsstoff heraus: ›Robinson soll nicht sterben‹ mit Horst Buchholz. Zwar hatte ich den Eindruck, als ob der Stoff immer wieder vertagt werden sollte. Aber ich hatte mir die Zusage für ›Robinson‹ schriftlich geben lassen und blieb zum ersten Mal in meinem Leben hart. Ich war fest entschlossen, diesen Film durchzusetzen, und nahm alle Mühen auf mich.«

Romy Schneider als Kaiserin Elisabeth, genannt Sissi, mit Magda Schneider als ihre Mutter Herzogin Ludovika von Bayern und Josef Meinrad als Oberst Josef Böckl (links unten)

Mit Gustav Knuth als ihr Vater Max von Bayern und Senta Wengraf als Gräfin Bellegarde (rechts unten)

Mit Karlheinz Böhm als Kaiser Franz Joseph (rechts)

Magda Schneider

Sag doch was: Los, lächle!

Romy ist ein Mädel wie jedes andere –, nur, daß sie halt etwas härter arbeitet, etwas berühmter ist, etwas reicher, etwas umworbener.

Das Kind ist ja noch sehr verspielt, aber das ist ja ihr gutes Recht. Andererseits ist sie schon eine richtige Besessene, und sie weiß, daß das Filmen keine Spielerei, sondern harte Arbeit ist.
Es kommt jetzt darauf an, ihr Naturtalent auf ein festes Fundament zu stellen.

Romy Schneider

Ich will niemandem weh tun, ich habe meiner Mutter zu danken und keinen Vorwurf zu machen.

»Schlagobers fürs Gemüt« war in den frühen fünfziger Jahren die Devise meiner Mutter und Manager.

Ich spürte immer die Hand in der Taille.

Ich erinnere mich genau, wie ich nach dem ersten Film zu meiner Mutter sagte: Ich will die Größte werden, ich werde nie halbe Sachen machen.

Romy Schneider mit ihrer Mutter Magda Schneider, 1955 und 1956

»Die gemeinsame Arbeit in immerhin sechs Filmen hat uns in einer ganz anderen Weise zusammengebracht, als dies etwa bei anderen Mädchen meines Alters üblich ist. Die vielen alltäglichen Probleme, die jeder Film mit sich bringt, von der Frisur bis zum Kleid, von dem Make up bis zum zeitraubenden Anprobieren der Kleider und Frisuren – das alles gibt soviel Anlaß zu Gesprächen, die weit über den Rahmen dessen hinausgehen, was ein junges achtzehnjähriges Mädchen mit seiner Mama zu erörtern hat, so daß hier neben dieser Mutter-Kind-Beziehung parallel bereits eine Beziehung besteht, wie sie eine ältere mit einer jüngeren Kollegin verbindet, z. B. Kleidersorgen, die wir dauernd haben, weil es uns nicht gestattet ist, auch nur ein Kleid auf zwei verschiedenen Veranstaltungen zu tragen. Es gibt auch für eine Mutter mitunter ein herbes, vielleicht sogar bitteres Gefühl, wenn sie sehen muß, daß eine jüngere sie verdrängt, und wenn es zehnmal die eigene und einzige Tochter ist.«

»Ich war nie das sichere junge Mädchen, für das alle Welt mich hielt. Im Grunde genommen war ich zu dieser Sissi-Zeit immer ein kleines Monster – aggressiv und herrisch zu denen, die mich umgaben. Warum? Aus Angst und Unsicherheit. Ich spürte, daß ich eben viele Dinge um mich herum nicht durchschaute, daß es aber besser gewesen wäre, wenn ich es gekonnt hätte. Ich wußte damals, ich war nicht unbegabt, ich hatte, wie man sagt, Blut geleckt an diesem Geschäft. Ich war erst 18, aber ich mußte versuchen, den Weg, den ich mir einmal so sehr gewünscht hatte, allein weiterzugehen.«

Romy Schneider mit Claus Biederstaedt und Hardy Krüger, 1955

Münchner Fasching, 17.2.1956
Mit Toni Sailer, dem dreifachen Weltmeister im alpinen Skilauf, an der Schießbude im Hotel Bayrischer Hof

Zum 18. Geburtstag, 23.9.1956
Nach bestandener Fahrprüfung als Geschenk ein rosenholzfarbener Ghia-Karmann, Nummernschild K-Au 900, zugelassen in Köln

Romy Schneider, 1956

Berliner Filmball, anläßlich des Filmfestivals, 5.7.1956
Romy mit Claus Biederstaedt und Frank Holms

Filmball im Hotel Esplanade Berlin (West), 7.1.1956
Romy im hellblauen Abendkleid mit Margit Saad

»Ich habe etwas gelernt, was ich noch vor einem Jahr für völlig ausgeschlossen hielt: Ich kann auf einem Ball oder auf einer repräsentativen Veranstaltung vollkommen abschalten. Dann merke ich gar nicht, daß ich angestarrt werde, daß sich die Leute anstoßen und mein Kleid auseinandernehmen und sich ausmalen, aus wieviel Meter Stoff es zusammengesetzt ist oder was es gekostet haben mag. Dann kann ich so fröhlich und vergnügt sein, wie jedes andere Mädchen, und auf dem ersten Ball in diesem Winter, auf dem Berliner Filmball, war es mir, als wäre ich wirklich ganz allein auf einem Ball. Wir waren alle so fröhlich und ausgelassen, daß ich mir vorstellen kann, so könnte es auch auf einem Tanzstundenball sein – wie ich ihn noch nie kennengelernt habe.«

»Da waren die Bälle, auf denen ich nun zu erscheinen hatte, auch wenn es mir nicht immer Spaß machte. Sie waren Verpflichtungen oder zwangsweise Repräsentation und ich merkte, daß ich nicht so sein durfte wie jedes andere Mädchen von siebzehn Jahren.«

8. Kitty und die große Welt
1956, BRD
Regie: Alfred Weidenmann
Drehbuch: Herbert Reinecker
Kamera: Helmut Ashley (Eastmancolor)
Musik: Hans Martin Majewski
Produktion: Wilhelm Sperber (Rhombus Film)
Darsteller:
Romy Schneider: Kitty Dupont
Karlheinz Böhm: Robert Ashlin
O. E. Hasse: Sir William Ashlin
Peer Schmidt: Boris Malewsky
Charles Regnier: Jeannot

Das Hübscheste an diesem runden hübschen Lustspiel ist sein Montageauftakt, das leise Lächeln über den lauten Wirbel um die internationalen Konferenzen. Was dann kommt, ist von Alfred Weidenmann in dezent-fröhlichen Farben akkurat, federleicht und graziös auf die Leinwand getupft: die reizende Episode der reizenden kleinen Maniküre Kitty mit dem britischen Außenminister, der, seinen lästigen Beschützern entwischt, vor dem besonnten Genfer Panorama einmal das Hier-bin-ich-Mensch-Gefühl genießt. Wobei freilich die Kitty-Komödie (mit Karlheinz Böhm und dem sehr lustigen Peer Schmidt) neben der des Ministers verblaßt wie der Mond neben der Sonne, beziehungsweise wie Romy Schneiders simple Lieblichkeit neben O. E. Hasses vielschichtiger Liebenswürdigkeit.
Süddeutsche Zeitung vom 20. 9. 1956

Linke Seite

Romy Schneider mit Karlheinz Böhm, Peer Schmidt und Charles Regnier in einer Szene des Films »Kitty und die große Welt«

Romy Schneider und Karlheinz Böhm

Rechte Seite

Mit Peer Schmidt und Karlheinz Böhm

Der Außenminister (O.E. Hasse) und die Maniküre aus dem Genfer Frisiersalon in der Filmkomödie »Kitty und die große Welt«

Regisseur Alfred Weidenmann mit Romy Schneider

Regisseur Alfred Weidenmann
In unserer Zeit der Halbstarken und des Rock 'n' Roll ist der Erfolg von Romy Schneider ein besonders gutes Zeichen. Das Erfreulichste, was einem Regisseur begegnen kann, ist ein Mensch, der mit Fleiß und natürlicher Begabung bei der Arbeit mitmacht. Romy hat ihren Charakter und ihr Herz auch in den Erfolg mit hinübergenommen, und ihre Hauptbegabung ist es, auch vor der Kamera ihre Natürlichkeit nie zu verlieren. Irgendwie im Unterbewußtsein des Publikums ist Romy Schneider das junge Mädchen von heute, wie es sich junge Männer von heute zur Frau wünschen, und die anderen jungen Mädchen wünschen sich, diesem Ideal möglichst nahezukommen. Das halte ich für einen der tieferen Gründe für Romys Erfolg.

Kameramann Helmut Ashley
Es gibt einige Schauspielerinnen, die nichts mit Skandalen und Skandälchen und ähnlichen Scherzen zu tun haben – und das sind die angenehmsten Mitarbeiterinnen, wenn sie vor der Kamera stehen. Romy Schneider gehört zu ihnen. Romys natürlicher Charme, mit dem sie sich das Publikum erobert hat, nimmt nach kurzer Zeit auch alle Mitarbeiter und Kollegen beim Film gefangen – selbst die skeptischen und abgebrühten. Sie ist immer gut aufgelegt und kennt keine Müdigkeit. Für mich als Kameramann ist es wichtig, daß Romy sehr präzise und genau arbeitet. Sie fotografiert sich übrigens ausgezeichnet.

9. Robinson soll nicht sterben
1956, BRD
Regie: Josef von Baky
Drehbuch: Emil Burri, Johannes Mario Simmel nach dem Bühnenstück von Friedrich Forster
Kamera: Günther Anders (Agfacolor)
Produktion: Georg Richter (Neue Deutsche Filmgesellschaft)
Darsteller:
Romy Schneider: Maud Cantley
Horst Buchholz: Tom Defoe
Erich Ponto: Daniel Defoe
Magda Schneider: Mrs. Cantley
Mathias Wieman: King George II
Gustav Knuth: Carlton Heep
Gert Fröbe: Mr. Gillis

»Filmen – das ist halt immer außer der anstrengenden Arbeit auch noch ein großes Abenteuer für mich. Vor allem, weil man mir so wunderbar verschiedene Rollen gibt und mich in kein bestimmtes Rollenfach hineingepreßt hat. Und nun muß ich als Maud Cantley sogar im Lumpenröckchen vor den dampfenden Kesseln einer englischen Wollwäscherei des frühen 18. Jahrhunderts stehen! Doch denken Sie nur nicht, daß mir das weniger Freude machte als die anderen Rollen. Im Gegenteil, ich finde es einfach herrlich, daß ich nach dem jungen Mädchen von heut in der ›Kitty‹ und im ›Letzten Mann‹, nach der Prinzessin und der Kaiserin ›Sissi‹ auch einmal das einfache Mädchen aus dem Londoner Armeleuteviertel spielen darf.«

»›Robinson soll nicht sterben‹ wurde der erste Film, in dem ich ganz anders sein konnte – ein zerlumptes junges Mädchen, mit kleinen Zöpfen und ein armes Luder auch noch. Josef von Baky war großartig. Es war und ist ein herrlicher Film: er fällt für mich völlig aus dem Rahmen, und den Leuten im Verleih trat der Angstschweiß auf die Stirn, weil sie fürchteten, dieser Film könne durchfallen, weil ich nun nicht als Traumkaiserin auftrete und weil eben nicht alles auf Glanz und Gloria aufgebaut ist. Ich finde aber, wenn ich es nicht schaffe, auch einen Film zu halten, der einmal ganz anders gemacht ist, dann kann ich den Ofen dichtmachen. Ich habe immer erklärt: Wenn ich nur Kaiserinnen spielen kann, dann hat es keinen Sinn. Soviel Kaiserinnen gibt es gar nicht, die ich spielen könnte. Ich muß schließlich auch einmal etwas anderes spielen können.«

Romy Schneider als das tapfere Mädchen Maud, Magda Schneider als ihre Mutter, Mathias Wieman als König und Erich Ponto in seiner letzten Rolle als Dichter Daniel Defoe

»Mein neuester Film liegt auch außerhalb des Schemas. Ich kann mir nicht helfen – ich war so glücklich bei der Arbeit, daß ich alle Bedenken verlor. Bei ›Robinson soll nicht sterben‹ hatte ich das Gefühl, daß alle anderen Filme nichts waren als eine Vorbereitung auf diesen Film. Ich bin jetzt so weit, daß ich weiß, wie es weitergehen muß. Nur – meine Wünsche und Vorstellungen lassen sich nicht mit den Forderungen der Produzenten und Verleiher vereinbaren.
Wenn es so ist, daß die Zeit, die ich hinter mir habe, meine Lehrlingszeit war, dann war ›Robinson soll nicht sterben‹ meine Gesellenprüfung.«

Horst Buchholz als Tom Defoe, der Sohn des Dichters, und Mario Adorf in »Robinson soll nicht sterben«

Neue Leipziger Zeitung vom 19.9.1932 zur Uraufführung am Alten Stadttheater in Leipzig:
Dieser Einfall ist wunderschön! Jugend rettet ihren Lieblingsdichter. Der Beifall wollte kein Ende nehmen.

Selma Lagerlöf:
Dieses Stück ist für jedes Alter, es muß den Empfänglichen so ergreifen, wie es mich ergriffen hat! Jugend tritt für ihren Dichter ein als Helfer und Retter! Das ist schön!
Gut Marbacka/Värmland, 1934

Gerhart Hauptmann:
»Robinson soll nicht sterben« ist ein Juwel! Ein Schwächling bin ich nicht, eines aber steht fest, ich habe selten so von Herzen geweint wie im letzten Viertel des Werkes, dem ich die deutsche Unsterblichkeit weissage. Dank!
Wiesenstein-Agnetendorf, 28. August 1942

Kameramann Günther Anders
Ich sehe Romys bisherige Filme, die ganz auf ihrer strahlenden Jugend aufgebaut waren, als tastende Versuche an. Die Zukunft steht erst noch vor ihr, wenn sie einmal schwierigere Aufgaben bekommt. Romy ist unglaublich fleißig und sehr begabt. Deshalb kann man ihrer Entwicklung mit großer Hoffnung entgegensehen, wenn sie in guten Händen bleibt. Romy ist blendend zu fotografieren. Was mich bei ihr am meisten beeindruckt, ist, daß sie trotz ihrer großen Erfolge bescheiden geblieben ist. Man kann sich mit ihr sehr gut über ernste Probleme unterhalten, und das zeigt mir, daß sie nicht oberflächlich ist und daß ihre Entwicklung auch beim Film eine ernst zu nehmende Richtung einschlägt.

Kostümbildnerin Charlotte Flemming-Anders
Als Kostümbildnerin hat man es manchmal mit den Damen nicht leicht. Mit Romy Schneider war es eine Freude zu arbeiten. Die Kostüme, die sie in ihrem neuen »Robinson«-Film trägt, sind englisches Rokoko aus den Jahren 1725 bis 1730 und gehören einer armen Wollarbeiterin aus den Slums. Bei den Kostümproben läßt Romy alles mit sich geschehen. Sie redet nicht dazwischen, sie ist gut erzogen, immer höflich, immer pünktlich und von einer engelhaften Geduld. Ich glaube, sie würde ohne Widerspruch auch zwanzigmal das gleiche Kostüm probieren, wenn es notwendig wäre. Das sind Eigenschaften, die heute nur noch selten anzutreffen sind.

Filmpublizist Joe Hembus
Romy Schneider, die ich hier zum ersten Mal erlebte, hatte überhaupt keine Ähnlichkeit mit all den anderen deutschen Stars dieser Tage, und sie trug ihr Herz immer offen, und das war ein schöner Anblick.

Emil Burri und Johannes Mario Simmel an Friedrich Forster, 15.1.1957
Ihr Stück ist international und zeitlos. Was geschieht, kann immer und überall geschehen. Wir haben uns in ihre kleine, tapfere Maud Cantley verliebt, die kaum lesen und schreiben kann und doch gegen die Welt der Erwachsenen durchsetzt, daß das Gute siegt – obwohl sie dazu bis zum König von England gehen muß. Wir haben ihren großen alten Aufklärer Daniel Defoe bewundert, der lieber im Elend lebt als im Reichtum, weil er der Ansicht ist, daß die Mächtigen nicht immer auch die Gerechten sind. Uns hat der Traum von jener Insel der Wärme und Schönheit gepackt, die es irgendwo in der Welt für jeden von uns gibt.

»Ich habe mich mit Horst Buchholz gleich gut verstanden. Mir gefiel sein Mut, für sich einzustehen. Immer sagt er, was er denkt. Auch wenn es den werten Erwachsenen nicht gefällt. Mir hat er ein paarmal gesagt: ›Romy, das verstehst du nicht, dazu geht es dir viel zu gut.‹

Ich werde immer wieder gefragt, mit wem ich am liebsten spiele – logischerweise ist mir jeder Partner gleich lieb. Denn das habe ich schließlich gelernt, daß beim Film der Vertrag über alles geht. Aber Horst Buchholz ist schließlich mit seinen zweiundzwanzig Jahren der jüngste und damit doch der, der mir am nächsten gewesen ist. Von Siegfried Breuer jr. abgesehen. Aber Breuer ist Wiener und Horst Buchholz ist Berliner – da liegt eben nun doch ein großer Unterschied.

Ich bin kein Kind mehr und kein Backfisch. Die Filmarbeit, die von mir verlangt wird, ist die gleiche, wie sie jeder erwachsene Schauspieler leisten muß. Im Atelier fragt niemand danach, wie alt ich bin und was ich bin: dort wird verlangt, daß ich von morgens bis zum Abend ›da‹ bin, meine Einstellungen abdrehe.

Ich hatte mich mit Horst Buchholz bei ›Robinson soll nicht sterben‹ angefreundet – er ist ein Pfundskerl, mit allen Schwächen und Tugenden. Wir hatten in München verabredet, daß wir auf dem Berliner Filmball ganz groß tanzen wollten. Wir haben dann auf dem Filmball getanzt, daß es nur so zischte. Horst tanzt großartig, und ich tanze gern. Die Kompanie Bildberichter, die da war, wollte endlich einmal andere Fotos knipsen, als nur immer Horst Buchholz und mich. Mammi fuhr mit mir Schlitten, weil ich keine Rücksicht auf diese Verpflichtungen genommen hatte, die, was ich einsehe, auch Firmenverpflichtungen waren.«

Die erste Liebe: Horst Buchholz

Vor Beginn der Dreharbeiten in München-Geiselgasteig zu »Robinson soll nicht sterben« auf dem Rummelplatz der Auer Dult, München 1956

10. Monpti
1957, BRD
Regie: Helmut Käutner
Drehbuch: Helmut Käutner nach dem Roman von Gabor von Vaszary
Kamera: Heinz Pehlke (Agfacolor)
Musik: Bernhard Eichhorn
Produktion: Georg Richter
(Neue Deutsche Filmgesellschaft)
Darsteller:
Romy Schneider: Anne-Claire
Horst Buchholz: Monpti

Regisseur Helmut Käutner
Romy ist in einer bezaubernden Phase ihrer Entwicklung. Das Liebenswerte dabei ist, daß der ganze jugendliche Charme, der ganze Zauber ihrer kindlichen Unbefangenheit bisher erhalten geblieben ist. Ich habe selten einen deutschen Star gesehen, der so beliebt ist und so schlicht und einfach und dem nichts dergleichen in den Kopf gestiegen ist; denn würde dies so sein, dann würde wahrscheinlich die Entwicklung zur Schauspielerin verschüttet werden. Es ist eine Riesenfreude, mit ihr zu arbeiten!

Filmpublizist Joe Hembus
Am 1. Mai 1957 landete das »Monpti«-Team in Paris, für die meisten war es der erste Flug mit einem Jet gewesen. Es war alles sehr sonnig, am sonnigsten war Romy, eingehüllt in ihre wunderbare Freundlichkeit, aus der gelegentlich ohne ersichtlichen Anlaß Protuberanzen wilder, glücklicher Heiterkeit hervorbrachen. Sie war 18 und zum erstenmal in Paris, noch dazu, um eine Pariserin zu spielen. Ich war 24, als Pressemann zu dieser glücklichen Mission kommandiert. Alles war paradiesisch. Beim Lunch unter den blühenden Bäumen des Jardin du Luxembourg kam uns Marcel Carné besuchen. Der Film selbst war dann leider ein richtiger Käutner-Film: dieser Regisseur hat nie den Mut aufgebracht, der Kraft einer ganz einfachen Geschichte zu vertrauen. Trotzdem war ich so beeindruckt, daß ich, als ich wenige Monate später heiratete, wild entschlossen war, zum schwarzen Anzug einen schneeweißen Schlips zu tragen, denselben wie Hotte Buchholz im Film. Das aber hat die Braut verhindert.

Romy Schneider als Anne-Claire und Horst Buchholz als ungarischer Zeichner in Paris

Gérard

Helmut Käutner wußte genau, was er diesem zauberhaften Stoff schuldig ist. Dieser Film kann nicht allein von den Schauspielern leben – Romy Schneider hat mit der Verkörperung der jungen Anne-Claire wohl ihre bisher stärkste Rolle gefunden – er lebt zuerst von der pariserischen Atmosphäre.
Tagesspiegel vom 21.7.1957

Für Romy Schneider ist's fast ein Debüt, so beifallsumrauscht sie seit Jahren auch ist – ein Debüt als Schauspielerin höheren Formates, als man's bisher von ihr verlangt hat. »Robinson soll nicht sterben« war der Übergang, »Monpti« war der Beweis ihres wirklichen Könnens. Manchmal freilich scheinen beide Darsteller, infolge Unterspielens, ein wenig kühl. Aber besser zu kühl als zu süß.
Süddeutsche Zeitung vom 16.9.1957

Anne-Claire ist Romy Schneider mit so viel natürlicher Grazie und natürlichem Charme, daß auch Romy-Skeptiker sich geschlagen geben müssen. Horst Buchholz kommt gegen sie nicht auf.
Frankfurter Allgemeine Zeitung vom 16.9.1957

Und die Attraktion für die Teenager? Horst Buchholz und Romy Schneider? Daß Romy heftig küßt, sich (fast) entkleidet und tapfer ihre Jungfräulichkeit verteidigt, daß sie gar sterben muß, erregte und bestürzte ihre Verehrer schon vor der Premiere. Nun, Romy Schneider spielt unter Käutners Obhut das siebzehnjährige Jungfräulein recht überzeugend und auch beträchtlich anmutig. Aber glaubt man ihr Paris? Gleichviel – hier weist sie Können aus wie bisher noch nicht.
Der Abend vom 1.10.1957

Helmut Käutner erzählt dieses Nichts einer Liebesgeschichte zwischen einem hungernden Studenten und einer blutjungen Näherin mit jener leisen Wehmut, die Vaszarys Humor sein Glitzern gibt, und er nimmt ihr mit trokken karikierendem Kommentar die Rührseligkeit. Romy Schneider ist eine Augen- und Ohrenweide – schon ihre Stimme hat Schmelz. Die »Sissi« von einst ist nun kein Teenager mehr und doch auch noch keine Frau, sie steht an der Schwelle zur Liebe und nimmt sich umarmenswert aus zwischen Tür und Angel … »Monpti« – etwas zum Lächeln unter Tränen. Mit süßer Brise von der Seine. Für Verliebte und solche, die noch daran glauben.
Montagsecho vom 7.10.1957

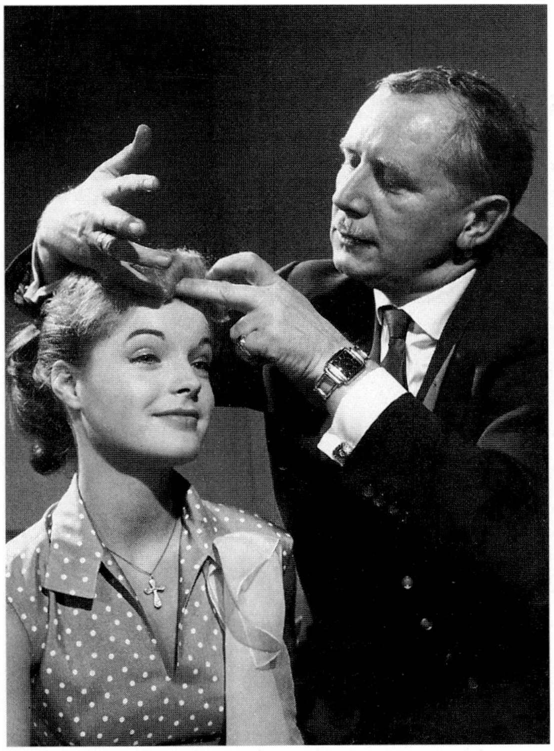

Romy Schneider und Horst Buchholz in »Monpti« (linke Seite)

Regisseur Helmut Käutner mit Romy und Horst Buchholz bei Außenaufnahmen im Jardin du Luxembourg

Horst Buchholz
Durch unfachmännisches Lob kann man einer Schauspielerin sehr schaden. Das zeigen viele Presseartikel über »unsere liebe Romy« in ihrer Wirkung auf den Leserkreis, der gleichzeitig unser Publikum ist. Ich kenne Romy besser. Romy ist nicht nur »ein liebes Mädel, das durch seinen jugendlichen Charme die Kinogänger für sich gewinnt« – Romy ist sehr begabt, sehr fleißig und in der Arbeit wie kaum eine Schauspielerin rücksichtslos gegen sich selbst. Beim Einleuchten einer Szene zu unserem neuen Film »Monpti« stand Romy anderthalb Stunden regungslos auf einem Fleck. Wir alle, ob Kollegen oder Männer vom Stab, konnten sie einfach nur bewundern.

COMMERZBANK
Schultheiss
JUWELEN
Romy Schneider
MAGDA

Romy Schneider mit ihrer Mutter Magda Schneider und ihrem Stiefvater »Daddy« Blatzheim zur Premierenfahrt des Films »Monpti«

Mit Max Schmeling (Mitte) **und mit Willy Fritsch und Horst Buchholz beim Internationalen Filmball, 29. 6. 1957**

Bei der Ankunft von der Menge bestürmt

»Es ist ein großer Irrtum, wenn die Leute glauben, ich hätte etwas vom Leben geschenkt erhalten.

Ich bin nicht zuckersüß. Ich bin ungeduldig, eigensinnig, nervös. Als es bis vor zwei Jahren immer nur brave, niedliche Rollen für mich gab, wurde mir bei dem Wort ›herzig‹ geradezu übel. Und wenn es immer wieder hieß ›Ist sie nicht süß?‹, hätte ich am liebsten gebissen …

In meinem Privatleben verlangte man immer von mir. Man verlangte und verlangte. Ich war wie ein Hund. Ich habe ›schön‹ gemacht, bis ich Krämpfe bekam.

Verdammt noch mal, mein Privatleben gehört mir ganz allein.

Einmal bist du oben, und dann bist du unten und wirst wie eine heiße Kartoffel zertreten.

Ich habe mich daran gewöhnt, seit meinem 17. Lebensjahr wie eine Ware beliebig verkauft und verpackt zu werden. Ich glaube, das ist einfach der Preis einer Karriere, die mit 15 begonnen hat – in einem Alter, in dem man sich nicht zu wehren weiß und noch keine eigene Meinung hat.

Ich will mich nicht völlig den Mechanismen einer Vermarktung meiner Person überlassen.«

11. Scampolo
1957, BRD
Regie: Alfred Weidenmann
Drehbuch: Ilse Lotz-Dupont,
Franz Höllering, Herbert Reinecker
nach der Komödie von Dario Niccodemi
Kamera: Bruno Mondi (Agfacolor)
Produktion: Rhombus Films
Darsteller:
Romy Schneider: Scampolo
Paul Hubschmid: Roberto Costa
Viktor de Kowa: Minister
Elisabeth Flickenschildt: Marietta

»Scampolo ist ungeheuer temperamentvoll, und so etwas habe ich ja noch nie gespielt. Ich muß in jeder Drehminute ›da sein‹. In ihrer Aktivität ist Scampolo eine Art weiblicher Krull. Und sie hat eine Nase für alles. Und ein sehr munteres Mundwerk.

Ich habe inzwischen gelernt, nach dem Lesen eines Drehbuchs wenigstens eine Vorstellung zu haben, wie ein solcher Film sein könnte.

Eine ausgebildete Schauspielerin wie Maria Schell hat eine große Spielweite, die kann ich noch gar nicht haben, und es wäre ausgemachter Blödsinn, wenn ich behaupten würde, ich könnte schon echte dramatische Rollen spielen. Aber ich kann mich daraufhin entwickeln. Das ist das, was ich will.«

Man kann dem Film »Scampolo« bescheinigen, daß er nicht ohne Witz gemacht und flott gespielt ist. Es handelt sich um eine operettenhafte Geschichte auf Ischia, wo ein scheues, ziemlich obdachloses Mädchen, das sich seine Lire als Fremdenführerin in Baptistes Autobus verdient, eine reizende Liebesgeschichte mit einem fast ebenso mittellosen Architekten hat. Scampolo ist Romy Schneider, und es ist dem Kritiker ein Vergnügen, der vielgefeierten jungen Dame für diesen Film Temperament und sogar Charme zu quittieren. Paul Hubschmid ist mit Anstand der tumbe Architektentor. Das Sight-seeing-people wird in unterdrehten Szenen von großer Lustigkeit tüchtig »auf den Arm genommen«. Regie: der bewährte alte Hase Weidenmann.
Frankfurter Allgemeine Zeitung vom 28.4.1958

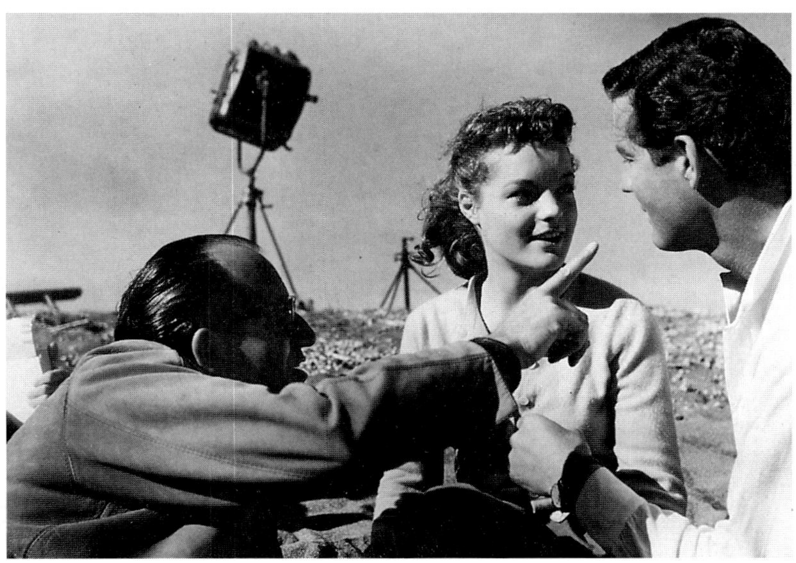

Romy Schneider als Fremdenführerin in dem Film »Scampolo«

Mit Regisseur Alfred Weidenmann und Paul Hubschmid als Architekt bei Dreharbeiten des Films auf der Insel Ischia im Golf von Neapel

12. Schicksalsjahre einer Kaiserin
1957, Österreich
Drehbuch und Regie: Ernst Marischka
Kamera: Bruno Mondi (Agfacolor)
Musik: Anton Profes
Produktion: Ernst Marischka
(Erma Film Wien)
Darsteller:
Romy Schneider: Kaiserin Elisabeth
Karlheinz Böhm: Kaiser Franz Joseph
Magda Schneider: Herzogin Ludovika
Gustav Knuth: Herzog Max

Jetzt hat also die achtzehnjährige Romy Schneider, Deutschlands Filmstar Nr. 1, in »Sissi Nummer III« ihre früheren Triumphe wiederholt: in 129 Kopien ist der Film gleichzeitig aufgeführt worden und hat damit alle Rekorde weit hinter sich gelassen. Es verlohnt sich allmählich, meine ich, das Romy-Phänomen ein wenig näher zu betrachten.
Daß es die Filme nicht sind, die Magda Schneiders liebreizende Kleine groß gemacht haben, muß vorerst wohl festgestellt werden. Auch wissen zumindest die Kritiker, daß unter den unbekümmerten Geschichtsfälschungen der »Filmschaffenden« keine unbekümmerter ist als die um Österreichs Kaiserin Sissi: die Liebesgeschichte zwischen der absonderlichen Elisabeth und dem kühlen Franzl würde in Wahrheit nicht einmal für den kürzesten Kurzfilm ausreichen und war eine recht triste Angelegenheit. Das Romy-Phänomen ist um so phänomenaler.
Es läßt sich überhaupt nur auf eine Art erklären. Wenn wir diese Romy sehen, fallen uns allen die gleichen Adjektiva ein – sauber und naiv, jungfräulich und mädchenhaft: lauter Adjektiva, die vor kurzem noch tief im Kurs standen. Sie ist eine gestrige, ja vorgestrige Mädchenerscheinung, die Romy; das aber ist ja das glückliche Gesetz der Zeit, daß das Vorgestrige unfehlbar wieder modern wird, wenn es nur vorgestern halbwegs echt gewesen ist. Wir werfen mit Begriffen wie »Epoche der Halbstarken« und Zeitalter des »Rock 'n' Roll« leichtfertig um uns, aber ebenso berechtigt wäre es, von einer Romy-Ära zu sprechen. Vielleicht repräsentiert Françoise Sagans »Bonjour tristesse« noch das, was die heutige Jugend tut, aber sicher repräsentiert Romy Schneider schon das, wonach sie sich sehnt. Was geschieht, ist im gleichen Augenblick vergangen. Es gibt nichts Moderneres als die Sehnsucht.
Wiesbadener Tageblatt vom 12. 1. 1957

Regisseur Ernst Marischka

Ich werde Romy nicht zwingen, die Sissi noch ein drittes Mal zu spielen, wenn sie nicht will. Ich möchte nur eines sagen: Romy kann in ihrem ganzen Leben spielen, was sie will – sie wird nie mehr durch eine Rolle so emporgetragen werden wie durch Sissi.

Ich nehme Romys Äußerungen aber nicht weiter ernst. Beide (Magda und Romy) haben ja überhaupt keine Ahnung, was im Sissi-III-Drehbuch stehen wird. Sie haben sich beide auch seinerzeit schon bei Sissi II geweigert, zu spielen, bevor sie noch wußten, was in dem Film vorkommt.

Auch als das Drehbuch schon lange fertig war, gab es lange Debatten, weil man Romy nicht als junge Mutter zeigen und das Kind aus dem Film heraushaben wollte. Man bildete sich ein, es würde Romys Erfolg schmälern, weil sie für das Publikum taufrisch bleiben muß. Erst nachher haben alle gesehen, welchen Erfolg Romy gerade als junge Mutter hatte.

Romy Schneider

Wenn man zwei- oder dreimal dieselbe Person spielt, wird sie zu einer Art Zwangskorsett ... Nicht, daß ich die »Sissi«-Serie bedauere, ich verdanke den drei Filmen sehr viel, aber schon beim zweiten hatte ich nicht mehr viel Lust, weiterzumachen. Damals wurde ich aber doch noch sehr von den Menschen um mich herum beeinflußt, unter anderem von meiner Mutter ...

Man schlug mir einen vierten »Sissi«-Film für eine Million DM vor, aber ich lehnte ab. Irgend etwas kochte und sträubte sich in mir: die echte Schneider wahrscheinlich!

»Sissi« – künstlerisch wertvoll

Das österreichische Unterrichtsministerium hat sich nachdrücklich in den Meinungsstreit um die beiden »Sissi«-Filme eingeschaltet. Er war durch ein Interview Romy Schneiders mit der Abendzeitung entstanden. Romy hatte darin erklärt, daß sie den dritten Teil von »Sissi« nicht drehen wolle. Das österreichische Unterrichtsministerium hat »Sissi, die junge Kaiserin« jetzt als »künstlerisch wertvoll« ausgezeichnet und Produzent Ernst Marischka den Rücken gestärkt. Interessant ist auch die Begründung: »Nach Auffassung der Kommission stellt ›Sissi, die junge Kaiserin‹ innerhalb des Genres des spezifischen Wiener Films eine ernst zu nehmende künstlerische Gesamtleistung dar, wobei die Feststellung gemacht werden konnte, daß der Film keine wesentlichen historischen Fehler oder geschichtlichen Verzeichnungen aufweist. Schließlich war für die Entscheidung der Kommission auch die positive Aussage des Films, der die Werte des Herzens und der Menschlichkeit als charakteristische Merkmale österreichischer Wesensart überzeugend zur Darstellung bringt, mitbestimmend.«
Die zweite Ehrung, die diesem Film zuteil wurde, ist seine Benennung als Beitrag Österreichs für die Filmfestspiele in Cannes. Die »Österreichische Film- und Kinozeitung« schreibt: »Damit wurde einem einwandfreien und doch publikumsnahen heimischen Film endlich auch von offizieller Seite die verdiente künstlerische Anerkennung zuteil. Mit der Nominierung von ›Sissi II‹ nach Cannes hat das Unterrichtsministerium ebenfalls die richtige Entscheidung getroffen, daß Österreich vor aller Welt dokumentieren soll, daß dieser auf der ganzen Welt erfolgreiche Film ein Werk der österreichischen Filmindustrie ist.«
Dagegen läßt sich nicht viel sagen. Abgesehen davon, ist nach Beilegung der Meinungsverschiedenheiten zwischen Sissi-Romy und ihrem Produzenten jetzt der Weg frei für »Sissi III«.

Abendzeitung vom 11.4.1957

Romy und Magda Schneider in »Schicksalsjahre einer Kaiserin«

Der Siegeszug von »Sissi«

In den Erfolgsmappen des Münchner Herzog-Filmverleihs und der Wiener Erma-Filmproduktion stapeln sich die Telegramme für die beiden »Sissi«-Filme aus dem europäischen Ausland. Den beiden Filmen ist es gelungen, zum erstenmal seit Ende des Krieges für den deutschsprachigen Film einen echten Erfolg zu verbuchen, am überzeugendsten in Frankreich, wo die Presse – deutschsprachigen Filmen gegenüber sonst nicht gerade sehr freundlich – die beiden Filme außerordentlich freundlich kritisierte. Dabei ist der Erfolg nicht allein auf Paris beschränkt, sondern setzt sich fast noch stärker in der Provinz fort. In Nizza beispielsweise erzielte »Sissi« die größten Einnahmen seit Bestehen der Kinematographie. Ähnliche Ergebnisse werden aus Nord-, Süd- und Mittelfrankreich gemeldet. Auch in anderen Ländern, in denen es dem deutschsprachigen Film bisher nicht gelungen ist, Fuß zu fassen – wie Irland, Finnland, Portugal und Spanien –, werden Laufzeiten erzielt, wie sie bisher nur stärkste amerikanische Filme aufzuweisen hatten. In Belgien, Dänemark und Holland sind ebenfalls gute Kassen zu verzeichnen. Mit Interesse werden jetzt die Ergebnisse aus Italien erwartet. Tatsächlich: »Sissi« ist im europäischen und außereuropäischen Ausland ein Erfolg, wie ihn der deutschsprachige Film seit dem Ende des Krieges nicht aufzuweisen hatte. An vereinzelten Plätzen schlug er sogar den bisherigen Rekordhalter »Vom Winde verweht«. Die Nennung des Films als österreichischer Beitrag bei den Filmfestspielen in Cannes wird noch ein weiteres erreichen. Wie immer man auch zu dem Film stehen und seine Qualitäten beurteilen mag: Ich bin sicher, daß er in Cannes einen weit nachhaltigeren Eindruck hinterlassen wird als beispielsweise der Beitrag der Bundesrepublik, »Rose Bernd«. »Sissi« und »Sissi, die junge Kaiserin« sind haargenau das, was man sich im Ausland seit Jahrzehnten vom deutschsprachigen Film erwartet: die hundertprozentige Masche von Herz, Gemüt und unseren Schlössern nebst dazugehöriger Landschaft. Die Österreicher wachen eifersüchtig darüber, daß dieser Film, der sich anschickt, Europa zu erobern, auch unter der richtigen Flagge, nämlich der rotweißroten Österreichs, läuft. Und da bin ich der Meinung: Ehre wem Ehre gebührt. In diesem Fall gebührt sie den Österreichern.

Abendzeitung vom 15.5.1957

Romy und Magda Schneider reisen nach New York, 13.1.1958
Mit 13 Koffern fliegt Romy Schneider in Begleitung ihrer Mutter vom Flugplatz München-Riem zu einer dreiwöchigen Reise in die Vereinigten Staaten anläßlich der englischsprachigen Premiere ihres Films »Mädchenjahre einer Königin« (The Story of Vicky), der in 400 amerikanischen Städten gleichzeitig gestartet wird. Nach zwei Wochen Aufenthalt in New York verbringt Romy die letzten acht Tage in Hollywood

Von der Aussichtsplattform des Rockefeller-Wolkenkratzers betrachtet sie New York
(links)

Bei einem ersten Bummel am Time Square
Beide bestaunen die gewaltigen Wolkenkratzer der Millionenstadt. Im Hintergrund die Leuchtreklame des New-Yorker Revuetheaters

Hollywood, Besuch in Disney Land
In Hollywood besichtigt Romy Schneider die MGM-Studios, die Disney-Studios und den riesigen Vergnügungspark

Empfang zu ihren Ehren in Hollywood
Zusammentreffen mit Fritzi Massary, der unvergessenen großen Diva der Berliner Operettenzeit

»Nach fünf Tagen in New York hatte ich bereits 6 Fernsehsendungen und 14 Interviews gegeben. Dann gab ich es auf, weiterzuzählen. Auf einer Party in Hollywood schüttelten wir die Hände mit der unvergessenen Fritzi Massary, dem Regisseur William Dieterle, dem Produzenten Gottfried Reinhardt. Was mir am besten gefallen hat? Interessant war auf alle Fälle die großartige Aufführung des Broadway-Erfolges ›My Fair Lady‹, der Wiener Opernball und der ›Rosenkavalier‹ in der Metropolitan unter Professor Karl Böhm. Nicht ganz einverstanden war ich mit der Reklame, die um mich gemacht wurde.«

13. Mädchen in Uniform
1958, BRD/Frankreich
Regie: Geza Radvanyi
Drehbuch: Franz Höllering, F. D. Andam nach dem gleichnamigen Roman von Christa Winsloe
Kamera: Werner Krien (Eastmancolor)
Musik: Peter Sandloff
Produktion Gloria CCC-Film Berlin/Films Modernes und Emile Nathan S. N. C. Paris
Darsteller:
Romy Schneider: Manuela von Meinhardis
Lilli Palmer: Fräulein von Bernburg
Therese Giehse: Oberin
Sabine Sinjen: Ilse von Westhagen
Christine Kaufmann: Mia

Regisseur Geza Radvanyi
Romy ist die vollkommene Besetzung dieser Rolle. Ich wüßte nicht eine zweite Schauspielerin in Deutschland, die für diese Rolle so prädestiniert wäre.

Die lieblich herbe Romy Schneider und die souverän frauliche Lilli Palmer enttäuschen auch ein anspruchsvolles Parkett nicht: das lesbische Spiel kommt durchaus dezent und geschmackvoll über die Runden. Alles in allem eine saubere Arbeit, der man Anerkennung nicht versagen kann.
Neue Berliner Woche vom 10. 10. 1958

Die Neufassung von »Mädchen in Uniform« ist um einiges zahmer und glatter als der schwarz-weiße Vorgänger von 1931. Das Glockenspiel der Potsdamer Garnisonkirche »Üb immer Treu und Redlichkeit« ist nicht mehr Weltanschauung, sondern nur noch Gleichnis. Der Abstand von der Hohenzollern-Ära ist schon zu groß. Geza Radvanyi gibt das Problem entschärft in hübschem, publikumssicherem Dekor. Schauspielerisch geht der Film zu etwa gleichen Teilen an Romy Schneider und Lilli Palmer. Romy geht erfreulich aus sich heraus. Sie macht aus der anlehnungsbedürftig höheren Tochter einen runden Charakter. Intelligent und mit sicherem Gefühl für das Delikate ihrer Rolle legt Lilli Palmer ihre Lehrerin an.
Spandauer Volksblatt vom 16. 10. 1958

Romy Schneider spielt das Mädchen Manuela, das an dem starren Erziehungssystem zu zerbrechen droht in dem Film »Mädchen in Uniform«. Lilli Palmer als Fräulein von Bernburg, die für alle Mädchen in Uniform in diesem preußischen Erziehungsheim um 1910 eine verstehende und behutsam lenkende Lehrerin sein will

Positiv zu werten in diesem Film sind zwei schauspielerische Leistungen: Lilli Palmer als angeschwärmte Lehrerin und Romy Schneider als das Mädchen, das sich nach dem Tod der Mutter in ihrem verwaisten Liebesbedürfnis dieser Erzieherin zuwendet und im Überschwang der Gefühle fast eine Katastrophe herbeiführt. Frau Palmer entwickelt wiederum ein wirklich nobles kultiviertes Spiel, und Romy Schneider überrascht hier (nach den vielen Rollen, in denen sie kindlich-süßen Charme entwickeln mußte) mit einer imponierenden darstellerischen Eindringlichkeit. Sie wirkt echt in ihrer anfänglichen Scheu und ihrer seelischen Verklemmung, aber auch in ihren späteren Gefühlsausbrüchen. Negativ zu beurteilen ist die grobe Verzeichnung des Milieus. Was wir da sehen ist mehr ein Zuchthaus als ein adliges Mädchen-Internat. Die Vorsteherin (Therese Giehse) ist keine Oberin, eher ein knotiger Oberfeldwebel.
Bilanz: der alte Film mit Dorothea Wieck und Hertha Thiele, der einst so entschlossen gegen den geistigen Drill und die aus starren Vorurteilen erwachsene Härte anging, war ungleich erschütternder und erregender. Der Regisseur Geza Radvanyi verzeichnet die Atmosphäre, er wird langatmig und weckt weniger Teilnahme als Mißtrauen an der Ehrlichkeit der Aussage und der Berechtigung der Anklage. Nur Lilli Palmer und Romy Schneider gelingt es, uns menschlich anzusprechen. Dafür sei beiden gedankt.
Der Tag vom 16. 10. 1958

Nicht mehr die Vorlage – Schicksal einer jungen Adligen im Mädchenpensionat, das einer Militärakademie gleicht – macht diese Wiederverfilmung sehenswert, sondern neben Lilli Palmer diesmal wirklich das Spiel Romy Schneiders.
Tagesspiegel vom 26. 10. 1958

Der Film, für den Geza Radvanyi verantwortlich zeichnet, hat solide Qualitäten. Man folgt der Handlung mit großer Aufmerksamkeit, denn die Dramatik des Themas wird geschickt herausgearbeitet. Lilli Palmers und Romy Schneiders eindrucksvolle Leistung verleihen dem Film seine wahre Bedeutung.
Ciné-Revue vom November 1958

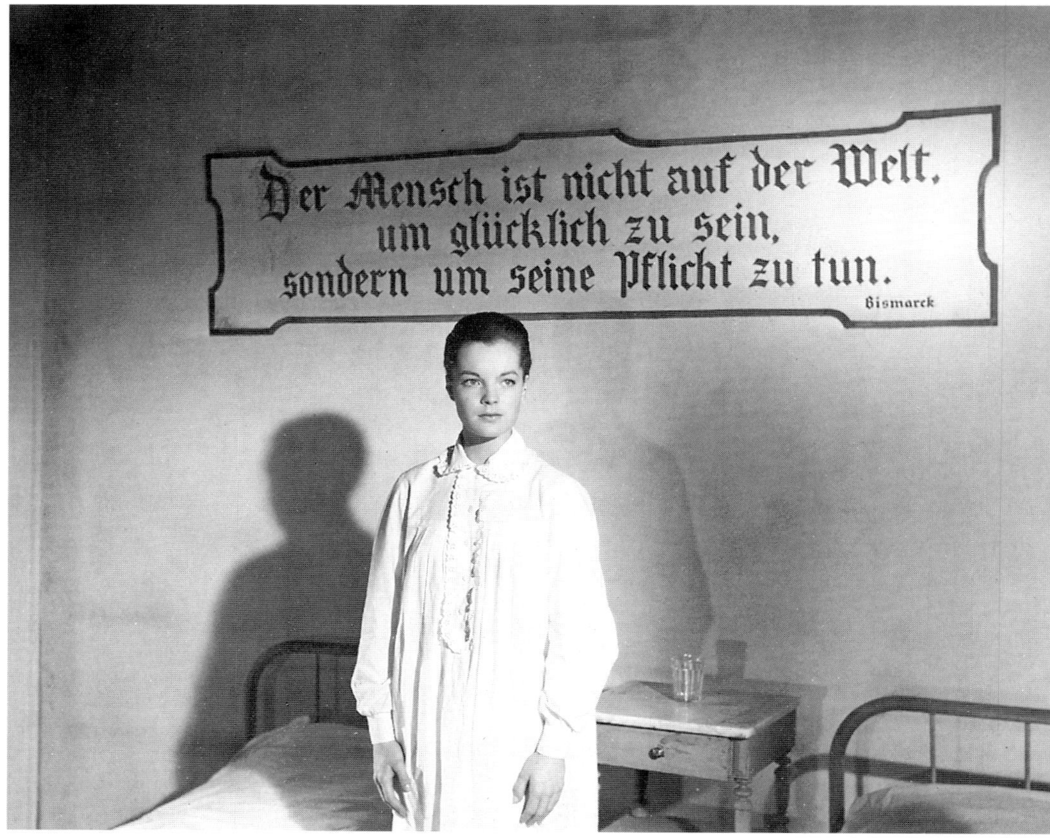

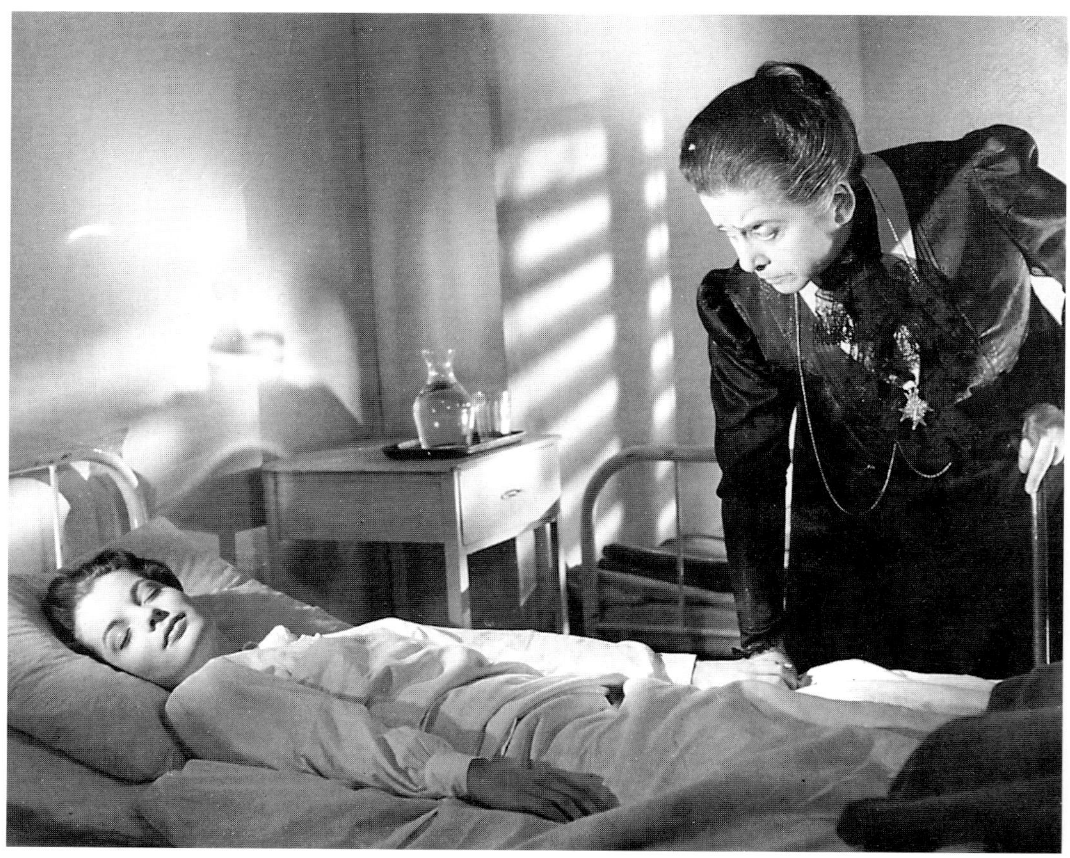

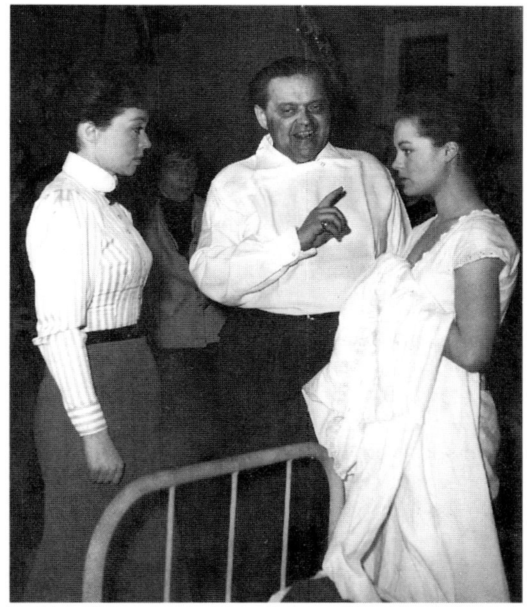

Romy Schneider mit Therese Giehse in dem Film »Mädchen in Uniform« (links)

Vorbereitung der Dreharbeiten (rechts)
Der ungarische Regisseur Geza Radvanyi mit den beiden Hauptdarstellerinnen

Lilli Palmer und Romy Schneider
Romy arbeitet während der Dreharbeiten in Berlin und Hamburg bis zur Erschöpfung und wird schließlich in einer Woche zweimal ohnmächtig.
Es ist ihr 13. Film, sie ist 19 Jahre alt

14. Christine
1958, Frankreich/Italien
Regie: Pierre Gaspard-Huit
Drehbuch: Pierre Gaspard-Huit, Hans Wilhelm nach Arthur Schnitzlers Liebelei
Kamera: Christian Matras (Eastmancolor)
Musik: Georges Auric
Produktion: Michel Safra (Speva Films/Play-art Paris, Rizzoli Films Rom)
Darsteller:
Romy Schneider: Christine Weiring
Alain Delon: Franz Lobheimer
Jean-Claude Brialy: Theo Kaiser
Sophie Grimaldi: Mizzi

»Und dann kam Alain Delon. Ich erinnere mich an jede Einzelheit. Wir hatten bei einer französischen Produktion den Vertrag für den Film ›Liebelei‹ unterschrieben. Wir flogen nach Paris. Die Filmproduktion hatte auf dem Flughafen für die Presse ein Treffen mit meinem Partner Alain Delon arrangiert. Unten vor der Rolltreppe stand ein zu schöner, zu wohlfrisierter, zu junger Bursche, mit Schlips und Kragen und einem übertrieben modischen Anzug: Alain Delon. Er sprach nicht englisch, ich sprach nicht französisch. Wir unterhielten uns in einer Sprachen-Melange. In Paris erst lernte ich den wahren Alain kennen. Einen Verrückten. Einen blutjungen Burschen in Bluejeans und Sporthemd, einen ungekämmten, schnellsprechenden, wilden Knaben, der immer zu spät ins Atelier kam, mit einem Rennauto durch Paris sauste – ein Alain, von dem man sich die ungeheuerlichsten Geschichten erzählte. Ich mochte ihn immer noch nicht. Es herrschte ständig Kriegszustand zwischen Alain und mir. Wir stritten uns, daß die Fetzen flogen. Und Jean-Claude Brialy stand dazwischen, vergeblich bemüht, zu vermitteln. In diese Zeit fiel der Filmball in Brüssel. Zusammen mit Alain fuhr ich im Zug von Paris nach Brüssel. Und zum erstenmal stritten wir uns nicht. Wir flirteten. Als ich in Paris aus dem Zug stieg, sah mich meine Mutter nur kurz und forschend an: ›O je – Dich hat's erwischt.‹ An diesem Abend kam es zur offenen Auseinandersetzung mit meiner Familie.«

Romy Schneider als Christine und Alain Delon als Leutnant Fritz in dem Film »Christine«

Romy und Alain bei Dreharbeiten zu »Christine«
Der Film wurde zuerst in den Ateliers von Boulogne, später in Wien gedreht. Es kommt dem Film das Verdienst zu, die leidenschaftliche Begegnung Romys mit Alain Delon herbeigeführt zu haben, die in der Folgezeit die Karriere der jungen Schauspielerin beeinflussen wird. Für Romy bedeutet die Rolle der Christine den Start im Ausland. Alain Delon (8. 11. 1935) ist 23 Jahre alt, es ist sein dritter Film und seine erste Hauptrolle

Mit Regisseur Pierre Gaspard-Huit

Szene aus »Christine« Romy mit Alain Delon, Jean-Claude Brialy und Sophie Grimaldi

Die angenehme Überraschung dieses Films ist Romy Schneider. Zwar wußte man seit »Mädchen in Uniform«, daß Fräulein Schneider den »Sissi«-Niederungen mit Erfolg entkommen ist. Aber hier spielt sie sich munter in den Vordergrund. Ihr Partner Alain Delon vermag nur schnieke traurig auszusehen. Romy Schneider aber gibt ihrer Christine Leben. Sie ist nicht nur ein reizendes junges Geschöpf, sie sieht nicht nur bezaubernd aus – sie kann tatsächlich fröhlich, verlegen und traurig sein.
Der Abend vom 20.12.1958

Romy Schneider erweist sich jetzt als eine ernst zu nehmende Künstlerin. Ein heiterer, naturhafter Charme kommt ihrer Christine im großen Teil des Films zugute. Das Sentimentale, die Gefahr der Rolle, ist durchaus von ihr vermieden. Sophie Grimaldi ist ihre Freundin Mizzi, von einer harmlosen, sehr wienerischen Lebenslust, Alain Delon gibt den Leutnant Fritz, jung, sympathisch und ehrlich. Jean-Claude Brialy (Theodor) trifft überraschend den wienerischen Charme.
Der Tag vom 21.12.1958

AIR
FRANCE

Romy und Alain in Paris, Juli 1958
Gemeinsame Ausflüge in die Umgebung von Paris mit Alains kleinem grünen M.-G.-Sportwagen, Rendezvous auf den Terrassen der intimen Restaurants in Saint-Germain-de Prés, Theaterbesuche und Spaziergänge lassen Sympathie, Freundschaft, Flirt und die große Liebe entstehen

Romy und Alain auf dem Flughafen in Orly

Unter der Haube bei Alexandre, dem Pariser Coiffeur, Juli 1958

Bei einem echten Wiener Walzer in einer Bar in Wien, 11.9.1958

Jean-Claude Brialy
Als sie nach Paris kam zu »Christine« begrüßte ich sie mit Delon auf dem Flugplatz. Sie ist die Gangway heruntergekommen, und ich habe ein junges Mädchen gesehen wie auf den Postkarten vom Rhein, ein etwas molliges Mädchen mit sehr schönen Augen und einer sehr schönen Stimme. Das, was mir am meisten an ihr aufgefallen ist, war ihr Bedürfnis nach Liebe. Wenn sie liebte, liebte sie hemmungslos, wahnsinnig. Sie gab alles auf, ihr Haus, ihr Geld, alles. Sie war bereit, dem Mann, den sie liebte, ihre Karriere zu opfern. Trotzdem, sie hat nie aufgehört, nach der Liebe zu suchen. Nicht nach jener Art von Liebe, wie sie Delon ihr geben konnte, sondern nach einer Liebe, die mit Freundschaft und Vertrauen verbunden war.

Françoise Sagan
Sie erlebte mit Alain, was nur wenigen jungen Mädchen vergönnt ist: eine wahre junge Liebe. Er war der Mann ihres Lebens, und sie hätte alles drum gegeben, um ihn heiraten zu können.

Jean Cocteau
Alain ist frei von Moral und Unmoral.

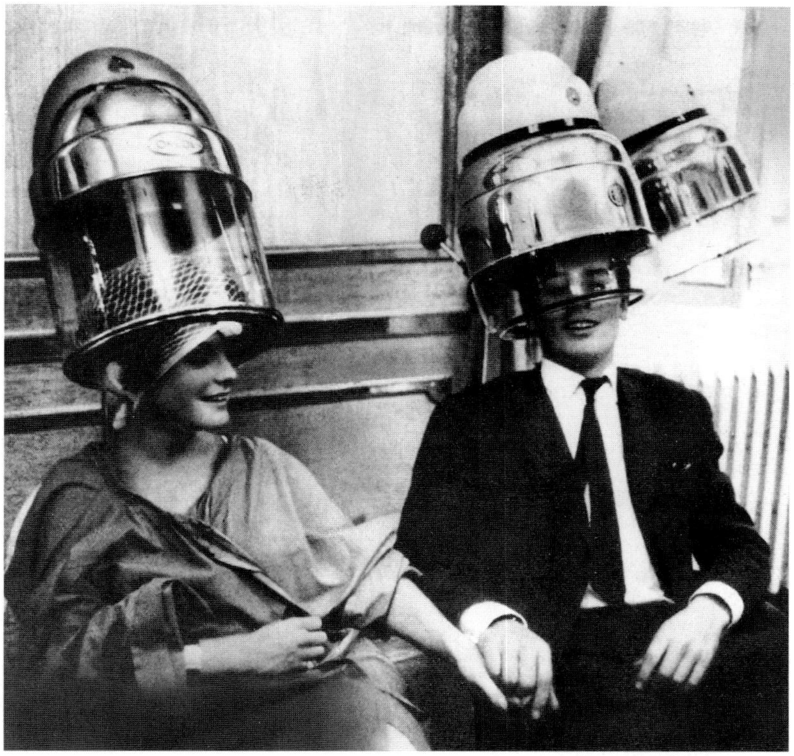

Alain Delon über Romy

Romy ist eine wirkliche Frau. Zu allem, was mich immer mit ihr verbindet, kommen Respekt und Bewunderung.

Ich habe sie immer geliebt. Für mich bedeutet sie 24 Jahre meines Lebens und meines Herzens.

Romy ist nie ein gewöhnliches Mädchen gewesen.

Sie hat mich mit ihrer Reinheit erobert. Romy ist unschuldig auch angesichts der schlechtesten Dinge. Das ist eine ganz außergewöhnliche – so verfängliche wie überwältigende – Eigenschaft, die mich nach und nach aus der Fassung gebracht hat.

Romy ist einer der wunderbarsten Menschen, den ich kenne.

Die Erinnerung, die ich von ihr bewahre ... Das ist ihr Lächeln. Das einer funkelnden Romy. Es erleuchtet sie, es verwandelt sie. Es war das Lächeln ihrer Seele.

Romy über Alain Delon

Er war ausschlaggebend für mein ganzes Leben.

Er gab meinem Leben eine neue Richtung.

Ja, ich bin glücklich. Ich habe soviel bezahlen müssen, daß ich jetzt erst weiß, was Glück ist. Ich bin sehr glücklich. Und ich bin sehr dankbar, was immer auch kommen mag. Alain bin ich dankbar und den Freunden. Das Schöne ist, daß keiner einem mehr weh tun will, wenn man es hier zu etwas gebracht hat. Das habe ich in Deutschland nie kennengelernt.

Ich war 19 Jahre alt, ich setzte zum ersten Mal meinen Fuß auf Pariser Pflaster, und ich wollte eine große Liebe zu jemandem erleben, den ich anbetete. Für mich war Paris zuerst Alain Delon.

Vor ihm wußte ich nichts ...

Ich gehe immer aufs Ganze. Ich führe eine Sache bis zu Ende. Ich verschwende mich. Ich liebe mit ganzem Herzen. So ist das.

15. Die Halbzarte
1958, Österreich
Regie: Rolf Thiele
Drehbuch: Hans Jacoby, Fritz Rotter
Kamera: Klaus von Rautenfeld (Agfacolor)
Musik: Hans Martin Majewski
Dekorationen: Bele Bachem
Produktion: Cosmopol Film Wien
Darsteller:
Romy Schneider: Nicole Dassau und Eva
Carlos Thompson: Mr. Dott
Magda Schneider: Frau Dassau
Rudolf Forster: Hofrat von Leitner

»Gebt mir doch endlich einmal eine Rolle, in der ich zeigen kann, wozu ich wirklich fähig bin. Ich kann mehr als nur süßlich oder halbzart lächeln!«

Der Titel erinnert an Schokolade, und so drängt sich das Beiwort »bitter« auf. Bitter, daß Regisseur Rolf Thiele wieder in oftmals bezaubernden Ansätzen steckenblieb. Wurde bereits im Skript geschludert oder während der Dreherei? Darf's für 'n Groschen mehr sein?, scheinen die Schauspieler dauernd ihren Regisseur gefragt zu haben. Da wird angeflickt und überspielt, dort ein Loch gestopft; es herrscht eine Zufälligkeit, die ungeformt, liederlich erscheint. Ein durchaus jungfräuliches, ja etepetetes Mädchen beschließt ein verruchtes Theaterstück zu schreiben. Riesenerfolg. Aus den USA eilt ein Manager herbei: 25000 Dollar winken, wenn die Kleine ihr inkognito lüftet. Sie tut's, nimmt die Brille von der Nase, zieht statt dessen Ponys ins Gesicht und ... eine verruchte Romy Schneider, total entsissit, steht vor uns. Und vor Carlos Thompson, der das Reine in ihr wittert und nicht nachläßt, bis es sich entpuppt.
Telegraf vom 18.4.1959

»Romy Schneider in einer ganz neuen pikanten Rolle«, so hieß es in den Ankündigungen dieses Wiener Films. Man sieht keine »neue« Romy, sondern nur eine anders frisierte mit einer kecken Stirnlocke über dem nichtssagenden Kindergesicht. Mit wenig Erfolg gebärdet sie sich als ein Vamplein. Sie wirkt hilflos in jeder Situation. Das Ganze ist so verkrampft, so ohne Charme, daß selbst die fanatischen Romy-Schneider-Verehrerinnen verwirrt und enttäuscht das Kino verlassen.
Der Tag vom 18.4.1959

Linke Seite

Romy Schneider als Buchhändlerin und angehende Schriftstellerin mit Carlos Thompson als Verleger in dem Film »Die Halbzarte«

Rechte Seite

Alain Delon besucht Romy bei den Dreharbeiten zu »Ein Engel auf Erden«

Als Stewardeß in dem Film »Ein Engel auf Erden«

16. Ein Engel auf Erden
1959, BRD/Frankreich
Regie: Geza Radvanyi
Drehbuch: René Barjavel, Geza Radvanyi
Kamera: Roger Hubert (Eastmancolor)
Musik: Jean Wiener
Produktion: CCC Film Berlin/
Regina-Critérion Film Paris
Darsteller:
Romy Schneider: Engel und Stewardeß
Henri Vidal: Pierre Chaillot, Rennfahrer

»Für zehn Mark würde ich arbeiten, wenn ein Regisseur mir einen guten Film anbietet. Es kommt mir gar nicht auf die Gage an. Wenn in dem Film eine Rolle drin wäre, die mir künstlerisch etwas abverlangt, dann würde ich sofort unterschreiben. Warum sollte mir jemand verheimlichen, daß zum Beispiel ›Die Halbzarte‹ beim Publikum nicht richtig angekommen ist? Es war ein Versuch, eine ganz neue Rolle. Nicht jedes Experiment klappt auf Anhieb. Ich wußte, was geschrieben wurde. Auch bei ›Engel auf Erden‹, mit dem ich fast noch weniger Glück hatte ... Ich mußte mich um die Kritiken kümmern, um zu wissen, was nicht ›gefragt‹ ist. Aber kein Kritiker kann mir natürlich in meiner Situation ein hundertprozentiges Rezept geben, was ich tun soll, um zu gefallen ...«

Kritikerstimmen:

Romy Schneider in der Doppelrolle der Stewardeß-Schutzengel paßt nicht ganz in das muntere Treiben.

Im übrigen ist Radvanyi in diesem Film mehr auf betuliche Rührung, denn auf leichten ironischen Komödienpfiff bedacht. Und Romy Schneider als himmlische Verliebte und Henri Vidal (in seiner letzten Filmrolle) als der ihr irdisch Verfallene sind zwar sympathisch, aber bar aller Spiellaune und allen Charmes.

Romy Schneider kann man die leicht flügellahme Engel-Ausführung wohl nicht in die Hochhackigen schieben. Sie hat meistens traurig und gedämpft zu schauen und entfaltet weder Flügel noch sonst was.

In der Rolle der verliebten Stewardeß und des englischen Schutzgeistes fungiert Romy Schneider. Sie macht's auf ihre Art – recht herzig und rührend, freilich ohne den weiblichen Esprit, der für diese Doppelrolle nötig erscheint.

Guerlain
66
POINT
SONY

METRO
TABAC
DEJEUNERS · DINERS

»Wir drehten die Außenaufnahmen von ›Liebelei‹ in Wien. Meine Mutter und ich wohnten im Hotel Sacher. Auch Alain wohnte dort. Nach dem letzten Drehtag brachte ich Alain zum Flughafen Schwechat. Er küßte mich zum Abschied, dann drehte er sich um und ging die Treppe hinauf. Die Tür wurde hinter ihm geschlossen, ich sah sein Gesicht noch einmal hinter einer Scheibe – dann rollte die Maschine an den Start. Ich sah sie nicht mehr abfliegen. Ich konnte nichts sehen; zuviel Wasser in den Augen. Am nächsten Tag sollte ich nach Köln fliegen, nach Hause, mich dort erholen bis zum nächsten Film, ein ganz normales bürgerliches Leben führen, ausruhen, spazierengehen, Autogrammkarten unterschreiben, Drehbücher lesen ... Ich konnte es nicht. Ich flog nicht nach Köln. Ich kaufte mir eine Flugkarte Wien–Paris. Ich landete in Paris und rief Alain von Orly aus an. Erst als ich den Hörer auf die Gabel gelegt hatte, begriff ich, was mit mir geschehen war. Ich war frei. Ich war ausgebrochen. Ich hatte das Band, das mich bisher an mein Elternhaus gefesselt hatte, endgültig durchgeschnitten. Ich war glücklich, denn in einem Punkt hatte ich mich nicht getäuscht: meine Liebe zu Delon beruhte auf Gegenseitigkeit. In Paris erfuhr ich, daß es ihm genauso ergangen war wie mir. Die Trennung ertrugen wir beide nicht. Wir gehörten zusammen – und jetzt waren wir zusammen. Beide jung, beide überschwenglich. Dies war die eine Seite der Medaille: Liebe, Leidenschaft und ein unbändiges Freiheitsgefühl. Die andere Seite entdeckte ich später. Als der erste Rausch vorüber war.«

»Ich hatte alle Brücken hinter mir abgebrochen, und ich hatte mich vom Einfluß meiner Mutter und meines Stiefvaters befreit; und trotzdem fand ich innerlich keine Ruhe. Ich hing sozusagen zwischen den Welten, der, aus der ich kam, einer Welt geordneten Bürgertums, gehegt, umsorgt und stets von guten Ratschlägen begleitet, und der Welt, in die ich strebte. Das war Paris, die Theater, der intellektuelle Film, die abenteuerlichen Projekte großer Regisseure, und die so viel freiere Jugend, die das Geld verachtete ... diese schillernde Welt zog mich an, während ich mich gleichzeitig vor ihr fürchtete.«

Romy Schneider und Alain Delon in Paris, 1959

»Im März 1959 traf ich mich mit meiner Mutter und mit meinem Stiefvater in unserem Haus in Morcote bei Lugano. Hans-Herbert Blatzheim hatte sich offensichtlich mit meiner Beziehung zu Alain Delon abgefunden. Wenn es schon nicht zu ändern war, sollte das Ganze wenigstens eine Form bekommen. Also beschloß er, eine ›Verlobung‹ zu arrangieren. Ich reiste von Paris nach Lugano und erfuhr dort von Daddy: ›Morgen findet eure Verlobung statt. Ich habe die Presse schon informiert. Alain wird hierherkommen.‹ Ich begreife heute noch nicht, wie Daddy es fertiggebracht hat, Alain zu dieser Verlobung zu überreden. Weshalb gab sich dieser unbürgerliche Franzose zu einer solchen Farce her? Ich kannte ihn – und ich zweifelte an diesem 22. März 1959 in Lugano bis zur letzten Minute daran, ob er wirklich auftauchen würde. Alain kam tatsächlich. Wir ›feierten‹ Verlobung, die Familie stellte sich vereint den Fotografen, jeder gab ein paar markige Sätze von sich. Mammi zum Beispiel sagte: ›An Heirat ist vorläufig nicht zu denken. Die Kinder sollen sich erst einmal richtig kennenlernen.‹ Die Kinder kannten sich schon ganz gut. Sie kannten besonders die Kluft, die sie trennte. Zwischen Alain und mir lag eine Welt. Alain drückt das in seinem Buch so aus: ›Sie stammt aus der Gesellschaftsschicht, die ich auf der ganzen Welt am meisten hasse. Sie kann nichts dafür, aber sie ist unglücklicherweise von ihr geprägt. Ich konnte nicht in fünf Jahren das auslöschen, was ihr zwanzig Jahre lang eingetrichtert worden war. Ebenso wie es in mir zwei, drei, ja vier Alain Delons gibt, gab es in ihr immer zwei Romy Schneiders. Die eine Romy liebte ich mehr als alles auf der Welt, die andere Romy haßte ich ebenso stark.‹ So ähnlich sehe ich auch die Dinge. Niemand kann aus seiner Haut. Niemand kann alle Einflüsse einfach abschütteln, die ihn von Kindheit an geprägt haben. Alain konnte es nicht, ich konnte es nicht. Und deshalb war schon am Anfang unserer Beziehung das Ende unausbleiblich. Nur wußten wir das damals noch nicht, oder wollten es nicht wahrhaben – ich jedenfalls nicht. Wir bezogen Alains Haus in der Avenue Messine. Von Heirat war nicht die Rede. Das schien uns beiden nicht wichtig. Eine Formalität – nicht mehr. Er war mein Mann, ich war seine Frau, wir brauchten keine Papiere.«

Die Verlobung von Romy Schneider und Alain Delon in der Villa Maro in Morcote am Luganer See, 22. März 1959

Das erste gemeinsame Weihnachtsfest in Lugano, 1959

»Zuerst ging alles gut. Mit der Familie war ich einigermaßen versöhnt, in Paris fand ich mich zurecht. Ich lernte die Sprache, ich fand Freunde. Außerdem hatte ich zu tun: Ich erfüllte die Verträge, die ich vorher noch abgeschlossen hatte, die Filme ›Ein Engel auf Erden‹, ›Die schöne Lügnerin‹, ›Katja‹. Und dann kam nichts mehr. In Deutschland war ich abgeschrieben, in Frankreich war ich noch nicht angeschrieben. Als Schauspielerin gab es mich nicht. Ich war bekannt als lebenslustige Begleiterin des kommenden Weltstars Alain Delon. Alain raste von einem großen Film zum anderen. Ich saß zu Hause. Das Blatt hatte sich gewendet: Als ich Alain kennenlernte, war er der Anfänger mit einigen Hoffnungen. Ich war bereits eine erfolgreiche Schauspielerin. Oder sagen wir: ich hatte mehr berufliche Erfahrung als er. Jetzt trafen wir abends im Künstlerlokal Elysée Matignon die großen Regisseure – sie unterhielten sich mit Alain über die nächsten Projekte. Für mich hatten sie ein paar freundliche Worte übrig. Ich war deprimiert. Gereizt reagierte ich auf jede neue Erfolgsnachricht, auf jede Mitteilung über einen schönen Vertrag, den Alain erhielt. Ich war eine Schauspielerin und wollte arbeiten. Zum erstenmal in meinem Leben wurde ich eifersüchtig auf den Erfolg.«

»Diesmal war es wirklich Leidenschaft, und ich bereue nichts. Ich tat es, um bei dem Mann zu sein, den ich liebte und vergötterte.

Er hat mich aus meiner Verzweiflung gerettet. Er hat mir den Mut gegeben, von neuem anzufangen. Ohne ihn hätte ich niemals durchgehalten.

Ich fühle französisch, so wie ich lebe, wie ich liebe, wie ich mich kleide, wie ich schlafe, wie ich zu der Frau wurde, die ich jetzt bin.

Ich hatte mein Schicksal selbst geschmiedet, und ich bereue nichts. Ich wollte immer modern und hart sein – kein Traumbild vergangener glanzvoller Kaiser-Tage, sondern einfach eine junge Frau. Ich mußte davonlaufen – von Deutschland und von den Millionen-Rollen. Als ich es endlich tat, warf man mit Steinen nach mir ...«

Romy Schneider und Alain Delon in Paris, Sommer 1959

Spaghetti-Abendessen in Giggi Fazis Restaurant in Rom, 7.10.1959 und beim Tanz auf dem Münchner Filmball, 20.3.1959

17. Die schöne Lügnerin
(La Belle et l'Empereur)
1959, BRD / Frankreich
Regie: Axel von Ambesser
Drehbuch: Maria Matray, Answald Krüger, nach der Komödie von Just Scheu und Ernst Nebhut
Kamera: Christian Matras (Eastmancolor)
Musik: Bernhard Eichhorn
Produktion: Gyula Trebitsch (Real Film Hamburg / Regina S. A. Paris)
Darsteller:
Romy Schneider: Fanny Emmetsrieder
Jean-Claude Pascal: Zar Alexander I.
Helmut Lohner: Martin, Graf Waldau
Charles Regnier: Fürst Metternich
Hans Moser: Fannys Großvater

Dies ist die ganz und gar unernste Geschichte von der süßen Wiener Korsettmacherin, die aus Ärger über ihren Liebsten, einen Grafen im Dienste des Fürsten Metternich, der sich ihr gegenüber als Diener ausgibt, in den diplomatischen Wirbel des Wiener Kongresses gerät und erst unfreiwillig, dann mutwillig Verwirrung unter den hohen Herrschaften stiftet. Romy Schneider ist hier ins Sissi-Kostüm zurückgekehrt, aber glücklicherweise nicht so verkitscht worden. Drehbuch und Regie lassen sie genau das sein, was sie ist: ein nettes, einfaches junges Mädchen, anständig, lieb und sauber und voller naiver Koketterie. Regisseur Axel von Ambesser hat sie klug geführt, genau bis an die Grenze ihres Talents. Um ihre Lieblichkeit herum drehen sich die Herren: der sympathische, bewegliche Helmut Lohner als ihr Liebster, Jean-Claude Pascal als amüsierter und amüsanter Zar, Charles Regnier als schlauer Metternich aus dem Lustspielbuch, Josef Meinrad und Helmut Qualtinger als alberne Geheimpolizei und der nach Herzenslust raunzende Hans Moser als ihr herziger Großpapa. Die ganze harmlos-fröhliche Nichtigkeit ist in angenehm bunten und hübsch fotografierten Dekorationen und Kostümen angerichtet und hat meist leichten Walzertakt. Ambesser beweist, daß man solche kleinen Unterhaltungsfilme auch mit Geschmack und Augenzwinkern anrichten kann und daß die Leute durch mimisches Können und Wortpointen sogar viel besser unterhalten und erheitert werden.
Telegraf vom 13.9.1959

Romy Schneider als Korsettmacherin Fanny mit Jean-Claude Pascal als Zar Alexander I. (links) **und mit Helmut Lohner als Graf Waldau in dem Film »Die schöne Lügnerin«, der im Atelier in Hamburg-Wandsbeck gedreht wurde**

Im Gespräch mit Jean-Claude Pascal

Regisseur
Axel von Ambesser
Sie war unser größtes schauspielerisches Talent und nicht nur von der Leinwand herunter charmant und bestrickend, sondern auch in der Zusammenarbeit. Ich habe leider nur einen Film mit ihr gemacht. In meiner Erinnerung ist diese Arbeit wie ein Champagnerfrühstück verlaufen.

Romy Schneider
Wenn eine Schauspielerin mit den Besten ihres Fachs zusammenarbeiten will, muß sie bereit sein, in anderen Ländern zu arbeiten, und mindestens zwei Sprachen sprechen.

Ich werde in jedem Winkel dieser Erde filmen, wenn das Drehbuch gut genug ist.

Es kamen zwei bittere Jahre, wo nichts war, wo ich nur flennte ... Wenn ein Angebot kam, war es immer dasselbe, das alte ...

Ich kann nur sagen, daß ich künftig sehr viel weniger filmen werde. In Paris vielleicht, nächstes Jahr. Aber ich muß erst die Bücher genau studieren, sonst interessiert mich nur Theater. Ich habe mir jedenfalls vorgenommen, alles abzusagen, was keinen künstlerischen Wert hat.

Die lange Pause von sieben Monaten – ich habe sie bewußt forciert. Was man da alles behauptet hat! Aber für mich war nur eins wichtig: die Arbeit an mir selbst. Und es ist schon was herausgekommen dabei, glaube ich.

Romy Schneider und Curd Jürgens in »Katja«

Vor der Dreharbeit (rechts)

»Ich bin kein junges Mädchen mehr – und ich bin noch keine richtige Frau. Für dieses Stadium gibt es keine Rollen. Die kleinen Hupferl-Rollen genügen nicht mehr. Wenn mir einer sagt, ›Du hast doch Charme, du mußt nur reizend, hübsch und nett sein‹, dann wird mir schon schlecht ...
Gut, meine letzten drei Filme ›Engel auf Erden‹, ›Die schöne Lügnerin‹, ›Katja‹, waren kein Erfolg ...
Immer hab ich auf die Fachleute gehört, immer mehr mußte ich ein unschuldiges, reines frisches Ding spielen ... Wie mir das zum Hals heraushängt! Mein Gefühl war dagegen. Den ›Engel auf Erden‹ hab ich nie im Kino gesehen – vielleicht war ich zu feige dazu ...
Dann heißt es, ich hätte nur Alain Delon im Kopf gehabt. Jeder hackt auf mir herum. Ich geniere mich nicht zu sagen, daß ich ihn liebe. Ich stehe zu ihm. Es heißt, Herr Delon will nur mein Geld. Von mir hat er bis heute noch nichts verlangt ... Jetzt ist der Moment, wo ich nicht filmen will. Ich habe sieben Jahre keine Ferien gemacht. Weil ich zum ersten Mal seit Herbst ausruhe, sagt man, ich bin fertig ... Aber selbst wenn mich alle vergessen – ich komme wieder. Ich bin nicht pressiert.«

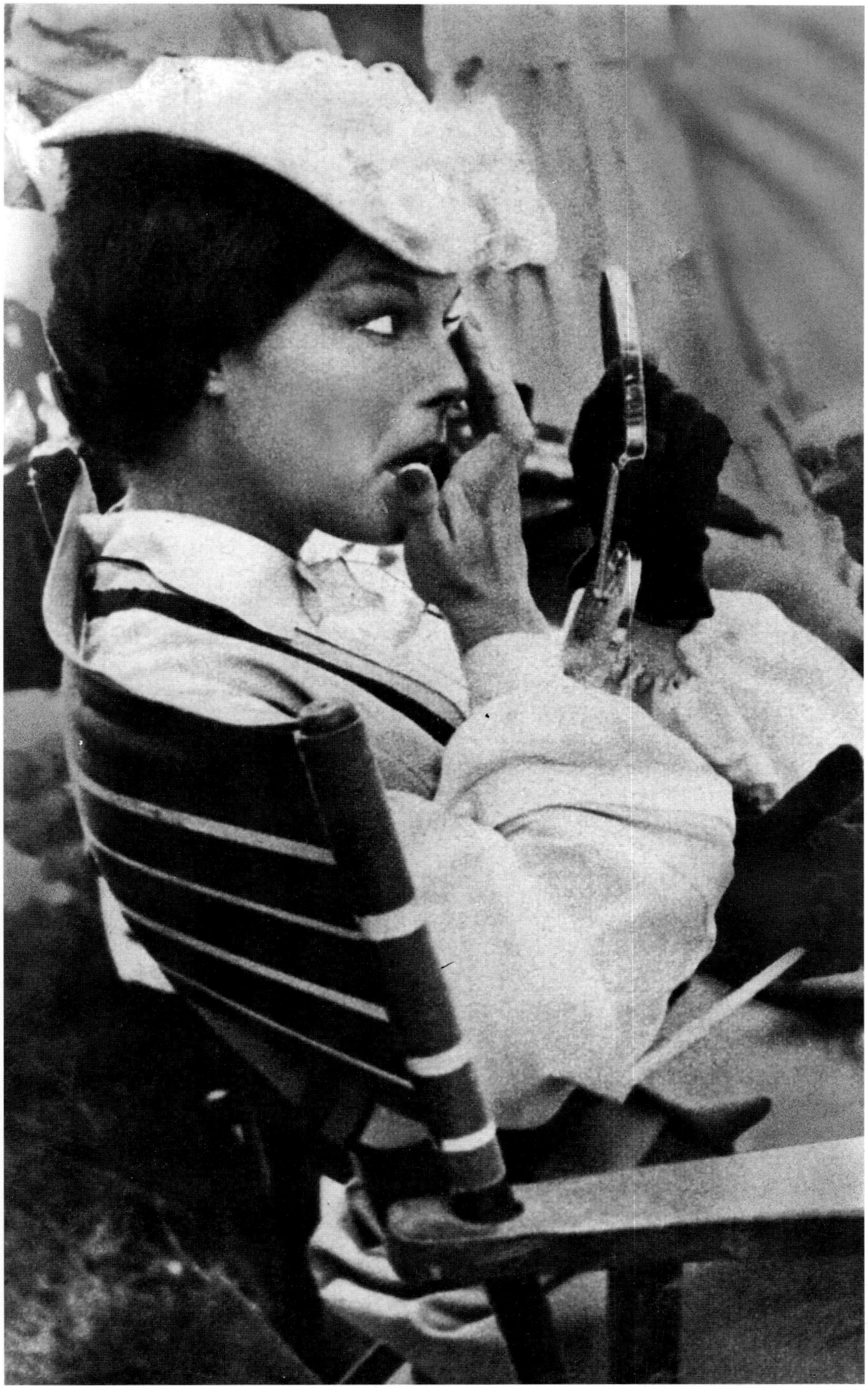

18. Katja
(Katja – die ungekrönte Kaiserin)
1959, Frankreich
Regie: Robert Siodmak
Drehbuch: Charles Spaak nach dem Roman der Prinzessin Bibesco
Kamera: Michel Kelber (Eastmancolor)
Musik: Joseph Kosma
Produktion: Michel Safra
(Speva Films Paris)
Darsteller:
Romy Schneider: Katja Dolgoruki
Curd Jürgens: Zar Alexander II.

»Die deutschen Filmstudios haben jetzt keine Bedeutung mehr. Meine Heimat ist Frankreich. Ich will ganz französisch sein in der Art wie ich lebe, liebe, schlafe und mich anziehe. Seit meinem fünfzehnten Lebensjahr habe ich nie die Möglichkeit gehabt, mein Alter wirklich zu leben. Ich mußte mich immer älter geben, als ich war. Das Viertel Wiener Blut in mir macht mich jedoch sentimental. Ich liebe Männer, die mir die Hand küssen. Ich hasse den Twist und liebe den Walzer, und ich fahre lieber in einem offenen Landauer in die Oper als in einem dicken Auto.

Der Niedergang meiner Karriere in Deutschland ist ein großes Glück für mich gewesen. Ich habe dadurch erst gelernt, daß es das Wichtigste ist, auf die richtigen Aufgaben zu warten und nicht auf so viele Ratgeber zu hören, die einen zu Dingen überreden, die einem gar nicht gut tun. Es ging damals immer nur um Geld, Geld, Geld. Ich hörte viele Ratschläge und fragte mich verzweifelt: Wer hat nun eigentlich recht? Die Presse? Oder die Produzenten? Oder meine Familie?

Filmarbeit ist heutzutage international. Wer sich nicht in der ganzen Welt ausbreitet und sich anpaßt, kommt nicht mit. Es gibt nur gute und schlechte Schauspieler, Nationalität spielt dabei keine Rolle. Es gibt leider auch Stars, die keine Schauspieler und – leider, leider – gute Schauspieler, die keine Stars werden. Ich möchte weiter an mir arbeiten und möglichst viel auf der Bühne stehen. Das fehlt mir.

Jahre und jahrelang saß ich im Loch. Der Alain, der hat gearbeitet, gearbeitet, gearbeitet, und ich bin halb krepiert daneben, weil ich erstens eifersüchtig war und zweitens dachte: Eines Tages vielleicht kannst du mit Visconti arbeiten, eines Tages mit René Clément, eines Tages mit dem oder dem. Aber wann?«

Regisseur Robert Siodmak
Ich gebe zu, daß ich zunächst sehr skeptisch war, ob Romy diese Rolle bewältigen würde. Ich hatte so viele gegensätzliche Meinungen über sie gehört, ohne mir ein rechtes Bild machen zu können. Jetzt habe ich zum ersten Mal mit ihr gearbeitet und weiß nun, daß sie nicht nur Talent hat, sondern auf dem besten Wege ist, eine gute Schauspielerin zu werden. Wenn sie weiter so hart an sich arbeitet wie bisher, steht einer internationalen Karriere eigentlich nichts mehr im Wege.

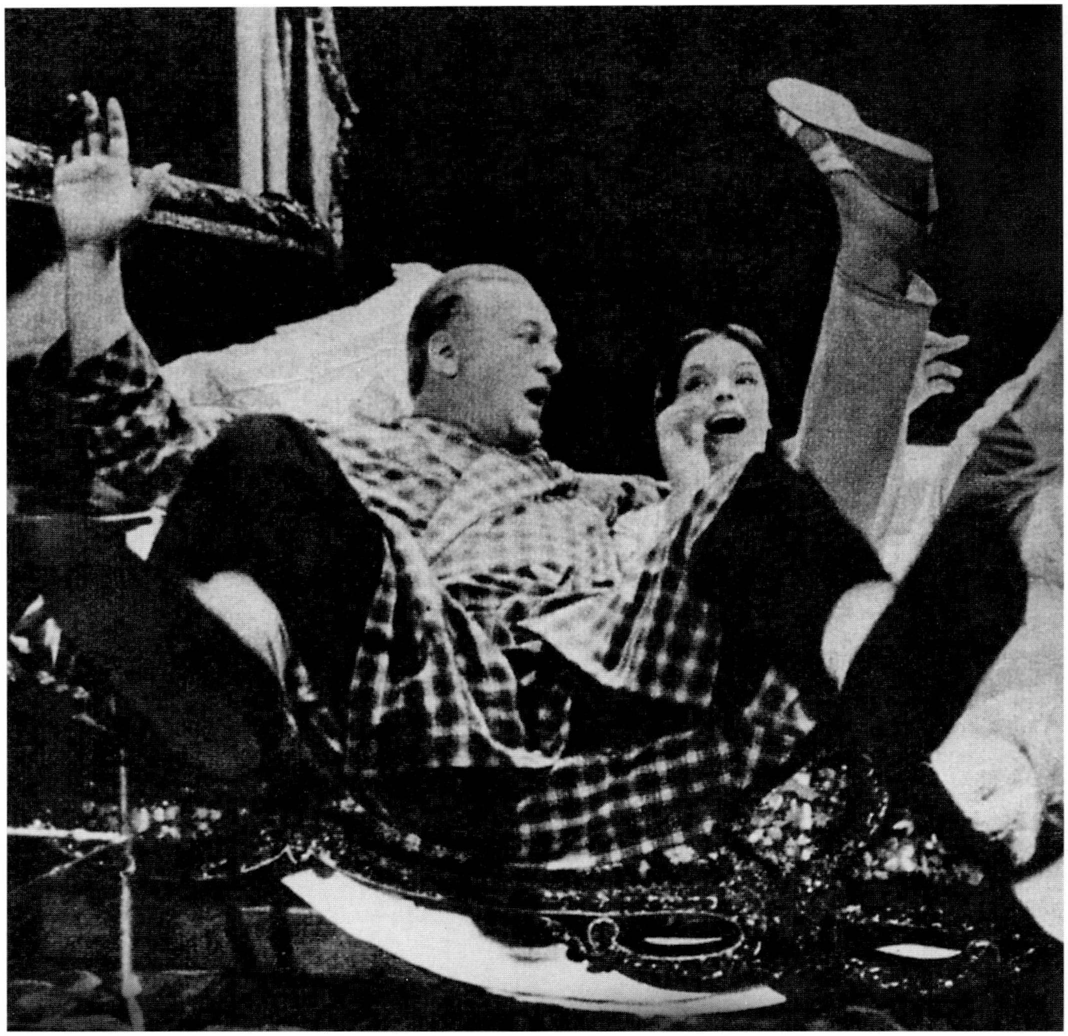

Romy Schneider und Curd Jürgens in den Studios von Boulogne während der Dreharbeiten zu »Katja«, August 1959

Der 21. Geburtstag, 23.9.1959

Romy spielt die Prinzessin Katja Dolgoruki, Curd Jürgens ist Zar Alexander II.

Curd Jürgens
Spiele moderne junge Mädchen, Mädchen wie du. Und vor allem: Keine Experimente! Achte auf ein gutes Drehbuch!

»Wir haben doch Zeit und sind ja erst 8 Monate verlobt, in denen wir uns nur selten gesehen haben. Als ich in Hamburg drehte, war Alain in Paris im Atelier, und als ich in Paris für ›Katja‹ sein mußte, hatte Alain in Rom einen Vertrag zu erfüllen. Wir wollen es mit dem alten und weisen Sprichwort halten: Drum prüfe, wer sich ewig bindet!
Vorerst mache ich Pause, auf jeden Fall bis zum Frühjahr 1960. Ich nehme mir genügend Zeit, um über meine kommende Arbeit nachzudenken. Niemand weiß besser als ich, daß ich es nicht leicht haben werde. Zunächst will ich mich durch einen Berg von Stoffen lesen, und außerdem habe ich mir vorgenommen, meine Sprachkenntnisse zu vervollkommnen. Auf die Bühne werde ich erst gehen, wenn ich ein mir entsprechendes Stück, einen Regisseur und das Vertrauen zu mir selbst gefunden habe, um das Publikum nicht zu enttäuschen.«

Der Film »Katja« forderte mehrere Monate Vorbereitung und zehn Wochen Drehzeit; zahlreiche Szenen zeichnen sich durch große Komparserie aus. Dank dieser Qualitäten und der hervorragenden Besetzung fand er begeisterte Aufnahme. Die Ähnlichkeit mit den »Sissi«-Filmen ist offensichtlich, und Romy glaubt, wieder in das alte Klischee gezwungen zu werden. Sie hat aber auch das Gefühl, von nun an ihr Schicksal selbst in die Hand nehmen zu können. »Katja« bedeutet einen Wendepunkt in ihrem Leben. Unter dem Einfluß der Menschen um Alain verfeinert und kultiviert sie ihren Geschmack, und der Rat der neuen Freunde hilft ihr, sich über ihre Ziele klar zu werden.

Regisseur Fritz Kortner mit Romy Schneider, Barbara Rütting und Peter Arens in dem Fernsehfilm »Die Sendung der Lysistrata«

Romy Schneider

Ich spüre die Arbeit gar nicht. Mir gefällt nicht nur die Rolle, mir gefällt vor allem das Stück, die Aussage, die dort gemacht wird. Es ist schön, für den Frieden zu spielen. Hoffentlich kommt der Fernsehfilm auch in diesem Sinne beim Publikum an.

Ich bin glücklich über diese Chance. Genau das habe ich gewollt: eine ernsthafte Schauspielerin werden.

Im Augenblick denke ich nur an meine Arbeit bei Kortner. Es ist doch auch ein Kompliment für einen Schauspieler, wenn er von Kortner geholt wird. Für mich bedeutet es jedenfalls ein großes Kompliment. Er ist ein herrlicher Mensch. Ich habe ihn bist jetzt nur liebenswert gefunden. Man kann sich auf ihn verlassen. Und er macht echte Schauspieler aus den Leuten, mit denen er arbeitet. Er ist eines unserer letzten Genies.

Regisseur Fritz Kortner

Die Rolle verlangt nach ihr. Ich will nicht den Star Romy Schneider, sondern die Schauspielerin Romy Schneider. Von mir wird nur jemand eingestellt, der etwas kann. Und Romy kann etwas.
Romy ist sehr begabt. Sicher hatte sie Pech, daß man sie falsch im Film einsetzte. Ich bin überzeugt, daß dieses junge Mädchen seinen Weg machen wird, sei es nun beim Fernsehen oder eines Tages auf der Bühne.

Ich bin dagegen, daß man mich nun vielleicht als Retter Romy Schneiders hinstellt. Aber trotzdem bin ich der Meinung, daß sie eine sehr begabte und disziplinierte Schauspielerin ist ...

Lysistrata
Die Sendung der Lysistrata
1960, BRD Fernsehen
und Filmpremiere in München
Drehbuch und Regie: Fritz Kortner
nach Aristophanes
Kamera: Wolfgang Zeh
Musik: Herbert Brun
Produktion: Gyula Trebitsch
Darsteller:
Barbara Rütting: Lysistrata / Agnes Salbach
Romy Schneider: Myrrhine / Uschi Hellwig
Karin Kernke: Kalonike
Ruth Kubitschek: Lampito
Peter Arens: Kinesias / Hans Flims
Wolfgang Kieling: Dr. Salbach

Antimilitaristisch? Das ist ja wunderbar!
Die Entscheidung westdeutscher Fernsehmanager, die von Fritz Kortner besorgte Inszenierung der »Lysistrata« von Aristophanes in den Bereichen der Sender München, Stuttgart, Baden-Baden und Köln zu unterdrükken, hat Unruhe unter den von dieser diktatorischen Entscheidung betroffenen westdeutschen Fernsehern ausgelöst. Auch in einigen Zeitungen kommt das Unbehagen über die Zensurgelüste der Parteigänger Adenauers zum Ausdruck. Die Hamburger »Welt am Sonntag« hatte einige der Beteiligten befragt. Der Hauptabteilungsleiter im Norddeutschen Rundfunk, Monk, erklärte: »Ich kenne den Film sehr genau. Weder in Wort noch im Bild wird irgendwie das sittliche Empfinden verletzt.« Der Hamburger Filmproduzent Gyula Trebitsch, von der REAL-Film, äußerte, daß diese Sendung mit viel Liebe und Sorgfalt vorbereitet worden sei. Eine Schädigung der Moral liege nicht vor. Außerdem sei der Regisseur Fritz Kortner eine Persönlichkeit, die ein Recht auf Meinungsäußerung habe. Dagegen meinte einer der »Lysistrata«-Unterdrücker, Dr. Münster: »Sowohl die Pazifisten wie ihre Gegner werden desavouriert.« Dr. Bausch, Intendant in Stuttgart, stößt in das gleiche Horn. Ihm ist Stück und Inszenierung »politisch zu einseitig«. Fritz Kortner hatte den Ehestreit der Athenerinnen mit einer modernen Rahmenhandlung umgeben, die auf die westdeutschen Verhältnisse anspielt.
Neben Barbara Rütting gehört Romy Schneider zu den Hauptdarstellerinnen des Fernsehfilms. Fritz Kortner hatte ihr eine neue Chance gegeben, weil die westdeutschen Filmproduzenten die junge Darstellerin vor über einem Jahr mit einem Schlage boykottierten, als sich herausstellte, daß die mit ihr hergestellten Schnulzenfilme kein Geschäft mehr waren. Hier ist die Meinung von Romy Schneider: »Unmoralisch? Das ist der größte Unsinn, den ich je gehört habe. Ich weiß nicht, wo man da etwas Unmoralisches entdecken kann. Und man sagt, er sei zu antimilitaristisch? Ist das möglich? Das ist ja wunderbar!«
Neues Deutschland von 19. 12. 1960

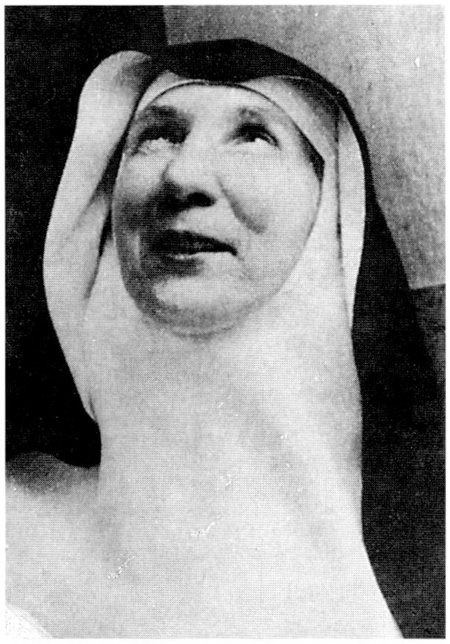

Schwester Augustina, Lehrerin im Internat Goldenstein
Ihre Eltern waren geschieden, und beide kümmerten sich nicht besonders um sie. Als sie uns verließ, war sie 14 Jahre alt. Sie hat mit ihrer Mutter in dem Film »Wenn der weiße Flieder wieder blüht« gespielt. Sie hat mir damals einen Brief geschrieben, in dem sie mir mitteilte, daß es ein wunderbares Erlebnis für sie gewesen sei. Es war ein sehr langer Brief, in dem ein Satz mich besonders bewegt hat: »Ich glaube, wenn man erst einmal Blut geleckt hat, kommt man davon nicht mehr los.« Sie hat mir danach nicht mehr geschrieben. Als sie nach Frankreich gegangen ist, haben wir jeden Kontakt zu ihr verloren. Einmal erzählte man in ihrer Gegenwart, daß ihre Mutter in einem für Jugendliche verbotenen Film spielte. Sie warf mit lauter Stimme ein: »Und warum nicht?« Dann ging sie hinaus und knallte die Tür hinter sich zu.

Carl-Ludwig Diehl (1896–1958), Filmpartner in »Mädchenjahre einer Königin«, 1954
Vor einigen Jährchen drehte ich unter Joe Mays Regie einen Film in Paris. Er hieß »Zwei in einem Auto«, und als Hauptdarstellerin war eine junge unbekannte Schauspielerin engagiert: Magda Schneider. Da stand in seiner unverbrauchten Jugend, in seiner bestrickenden Natürlichkeit ein Menschenkind vor der Kamera, das mit seinem unübersehbaren Charme das Publikum begeistern mußte. Vor wieder einigen Jährchen – aber diesmal sind es wirklich nur einige – drehte ich unter Ernst Marischkas Regie einen Film in Wien. Er hieß »Mädchenjahre einer Königin«, und als Hauptdarstellerin wurde wiederum eine junge liebreizende Schauspielerin engagiert: Romy Schneider. Und es war für mich ein beglückendes Erlebnis, in der Tochter all das wiederzufinden, was der Mutter zu einem so steilen Aufstieg verholfen hatte.

Kurt Hoffmann (1910), Regisseur von »Feuerwerk«, 1953
Romy ist noch keine große Schauspielerin, aber sie strahlt mit ihrer Persönlichkeit überzeugend von der Leinwand. Darin möchte ich sie und ihren Erfolg mit Renate Müller vergleichen. Der Unterschied zwischen Theater und Film ist, daß auf der Leinwand nicht das Können, sondern die Persönlichkeit ausschlaggebend ist. Und so jung Romy auch ist, sie stellt eben schon heute eine Persönlichkeit dar.

Adrian Hoven (1922–1981), Filmpartner in »Mädchenjahre einer Königin«, 1954
Ich kann mich noch sehr genau an den Tag und den Augenblick erinnern, an dem ich Romy kennenlernte. Es war eine etwas ungewöhnliche Situation: wir trafen uns nämlich beim Reiten. Ich will ehrlich zugeben, daß ich vor Beginn der Dreharbeiten gespannter denn je auf diese Zusammenarbeit war. Es ist wohl überflüssig, über Romy Schneiders Begabung ein Wort zu verlieren. Was sie aber für jeden Kollegen liebens- und ungewöhnlich schätzenswert macht, das ist ihre natürliche Art, ihr bezaubernder Charme, ihr immer absolut kollegiales Wesen, ihre beispielhafte Disziplin, ihre Bescheidenheit und ihre wirklich bestechende Klugheit. Ich möchte ohne Übertreibung behaupten, daß Romy trotz ihrer Jugend schon heute zu den interessantesten Persönlichkeiten des Films gehört.

Claus Biederstaedt, Filmpartner in »Feuerwerk«, 1954
Romy gehört zu den Menschen, denen alles zufällt. Und dennoch ist sie unerhört fleißig. Sie war meine bisher angenehmste Partnerin. Als ich zum erstenmal mit ihr spielte, war sie ein Kind von sechzehn Jahren. Aber schon damals spürte man etwas von dem, was den Erfolg des Schauspielers ausmacht: die persönliche Ausstrahlung auf das Publikum. Es ist wirklich erstaunlich, daß dieses Mädchen trotz der ungeheuren Popularität eine nette Person geblieben ist. Von mir erhielt Romy übrigens den ersten Filmkuß ihres Lebens. Sie war damals ganz erschüttert, daß sie ihn mir vor aller Öffentlichkeit geben sollte, und hat sich lange dagegen gesträubt. Als es geschehen war, lief sie schnell hinaus und fragte mich dann später ganz schüchtern: Liebst du mich jetzt noch? Ich werde das nie vergessen.

Ernst Marischka, Regisseur der Filme »Mädchenjahre einer Königin«, 1954; »Deutschmeister«, 1955; »Sissi«, 1955; »Sissi, die junge Kaiserin«, 1956; »Schicksalsjahre einer Kaiserin«, 1957
Mit Romy zu arbeiten ist ein Vergnügen. Und da Romy noch dazu Star Nummer eins ist und Geld bringt, ein doppeltes Vergnügen. Sie hat bewiesen, daß sie nicht nur ein talentiertes Mädchen, sondern eine großartige Schauspielerin ist. Romy kann das Publikum lachen und weinen machen. Obwohl sie nie einen privaten Schauspielunterricht genoß und auch keine Theaterschule besuchte, trifft sie auf Anhieb den Charakter einer Rolle. Und das zu erleben ist für jeden Regisseur ein Vergnügen. Romy als Mensch ist ebenso bezaubernd wie als Schauspielerin. Ich kenne sie nun schon einige Jahre und kann nur feststellen, daß alle Erfolge und Triumphe sie nicht verändert haben. Mit einem Wort: Romy ist ein Schatz!

Josef von Baky (1902–1966), Regisseur von »Robinson soll nicht sterben«, 1956
Ich kann von mir behaupten, daß Romy ihren allerersten Film bei mir gedreht hat. Romy war allerdings damals noch nicht geboren. Das war 1938, und der Film hieß »Frau am Scheidewege«. Magda Schneider spielte darin die Hauptrolle. Während der langen Dreharbeiten machte sich Romy immer stärker bemerkbar, und ich bekam schon allmählich Sorgen, ob wir mit dem Film noch rechtzeitig fertig würden. Aber es klappte. Ich bin heute noch der Überzeugung, daß Romy deshalb so gut geraten ist, weil wir Magda damals so oft mit ungarischer Salami versorgten. Aber Spaß beiseite: Ich habe als Regisseur mit Romy nur gute Erfahrungen gemacht. Sie ist unkompliziert und läßt sich leicht führen. Ihr Erfolgssystem? Romy ist menschlich sympathisch und natürlich. Das erklärt alles.

Rolf Thiele (1918), Regisseur von »Die Halbzarte«, 1958
Als ich sie damals kennenlernte, habe ich mich ziemlich bald geniert. Ich war unter festem Ufa-Vertrag und hatte da eine nicht ausgereifte, dümmliche Komödie zu machen. Und Romy war keine Sissi im Sinne der Filme, sondern eher wie die echte Sissi – ein Geschöpf von ratloser Verwegenheit. Als Schauspielerin war sie ein unausschöpfbares Wesen – ein Gottesgeschenk für einen Regisseur.

Axel von Ambesser (1910), Regisseur von »Die schöne Lügnerin«, 1959
Sie kann eigentlich von Glück reden, daß sie nicht auf mich gehört hat. Ich habe ihr damals, als wir »Die schöne Lügnerin« drehten, gesagt: »Romy, bleib bei diesen Schaumwolken-Traumrollen. Du hast damit Erfolg, das Publikum will dich so, liebt dich so. Was will eine Schauspielerin mehr?« Romy wollte damals – mein Gott, es war 1959, und sie war hinreißende 20 Jahre Liebreiz – moderne Rollen spielen. Weg von Sissi, weg von der süßen, ewig Liebenden in wechselnden Kostümen. Ich traute es ihr zu. Ich war und bin ein Romy-Fan. Sie ist ein außerordentliches Talent. Präzise, diszipliniert. Keine Karriere-Maschine, keine Ehrgeiz-Bestie. Sie war schon ganz jung eine vitale Begabung. Fleißig, konzentrationsfähig, fast besessen von dem Beruf. Ich traute der Romy zu, auch große Charakterrollen zu spielen. Schade nur, daß sie sich von der Bühne abgewandt hat. Nun ja, sie ist ein Kind ihrer Generation ... Man hat sie damals, Anfang der sechziger Jahre, verfolgt und beleidigt. Von dummen, uninformierten und jungen Schreibern wurde sie als »Schlechteste Schauspielerin des Jahres« ausgezeichnet. Man nannte sie doofes Huhn, dumme Gans. Es war ein großes Glück für sie, daß sie Alain Delon kannte und liebte, und ihre Freundschaft mit Visconti war mehr wert als alles andere. Diese Männer haben ihr das Leben gerettet, ihr Leben als Schauspielerin. Ich hatte sie damals falsch beraten, weil ich der Meinung war, daß sie der süße Mädeltyp war, der keine Problemrollen spielen sollte. Ha, ein Dreivierteljahr später stand sie mit Delon in Paris auf der Bühne und hatte einen Riesenerfolg mit »Schade, daß sie eine Dirne ist ...« – perfekt französisch sprechend, bitteschön! Romys Weltkarriere begann in Frankreich, ohne Zweifel. Ich wußte, daß sie eine hundertprozentige Schauspielerin ist. Daß sie allerdings eine derartige Karriere gemacht hat, darüber kann ich nur bewundernd staunen. Außer mir hielten noch zwei sehr kompetente Herren – nämlich Gustaf Gründgens und Fritz Kortner – die Romy für das größte Talent der deutschen Bühne ... Wir haben uns nicht geirrt. Großartig, ganz großartig, diese Frau. Ich sehe sie in meiner Erinnerung immer noch als Backfisch voller Seligkeit, wenn Alain Delon sie während der Dreharbeiten zu unserem Film »Die schöne Lügnerin« besuchte. Ihre Abkehr von Deutschland war eine Trotzreaktion auf die saudummen, beleidigenden Berichte, die über sie erschienen.

Gustaf Gründgens (1899–1963), Schauspieler, Regisseur, Intendant
Soweit ich die jungen Schauspieler beurteilen kann, glaube ich nicht, daß es am Mangel von Fleiß und Disziplin liegt. Ich war sogar bei den jungen Leuten, mit denen ich jetzt gearbeitet habe, überrascht, wie fleißig und wie diszipliniert sie waren. Vielleicht liegt es an etwas anderem, und das trifft die jungen Leute nicht, sondern es trifft ein bißchen die Bedenkenlosigkeit, mit der man ein Gesicht auf die Leinwand bannt, ohne sich hernach darum zu kümmern. Das Gesicht – im Augenblick paßt das. Was dann mit dem Geschöpf geschieht in ein, zwei Jahren, ist leider nicht mehr interessant, weil es inzwischen wieder neue Gesichter sind, die für den Moment gerade passen. Ich finde, ein paar junge Karrieren haben völlig unverdient aufgehört. Ich halte es zum Beispiel für einen Skandal – einen Skandal, wiederhole ich –, was mit dieser entzückenden Romy Schneider geschieht. Ich kann es gar nicht verstehen, ich finde auch die Brutalität unbeschreiblich, mit der man mit einem jungen Mädchen – mein Gott, sie ist 21 geworden – umspringt. Ich würde mich gar nicht wundern, wenn sie einen Knacks für das Leben bekommt. Schauen Sie, man hat sie hochgeputscht, »Sissi« mit ihr gemacht, Millionen an ihr verdient, und man kann doch nicht erwarten, daß ein junges Mädchen nun von sich aus den richtigen Stoff wählt. Sie kommt ja aber auch wieder, gut. Aber ich muß noch einmal sagen: es scheint mir, es liegt ein bißchen mehr an der Art, wie diese begabten Leute behandelt werden.

Theaterprobe mit Luchino Visconti, Théâtre de Paris, 1961

Das Stück schrieb John Ford, ein Zeitgenosse Shakespeares; es behandelt die Geschwisterliebe. Bruder und Schwester gehen an ihrer Leidenschaft zugrunde. Die Handlung spielt im Jahre 1540 in Parma. Die Darsteller tragen kostbare Renaissance-Kostüme

Romy und Alain vor dem Théâtre de Paris

Romy Schneider als Annabella und Alain Delon als ihr Bruder Giovanni in dem Drama »Schade, daß sie eine Dirne ist« (rechte Seite)

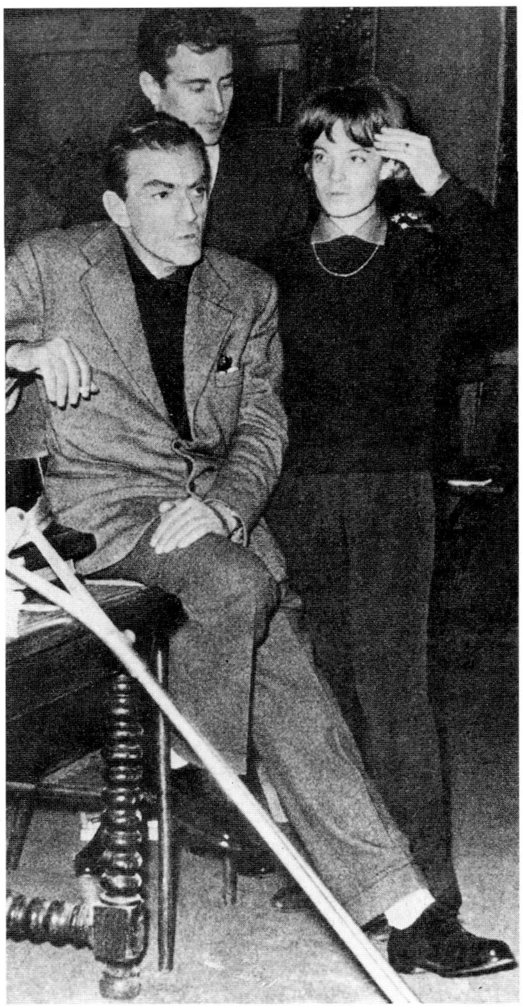

Schade, daß sie eine Dirne ist
(Dommage qu'elle soit une putain)
1961, Spiel in 2 Akten von John Ford
Inszenierung: Luchino Visconti
Französische Fassung von Georges Baume
Bühnenbild: Luchino Visconti
unter Mitwirkung von Jerry Macc
und Stéphane Iscovesco
Musik: Nino Rota und Palestrina,
Estrienne du Tertre, Giraldo Fantini,
Carlo Gesualdo de Venoza, Frescobaldi
Darsteller:
Romy Schneider: Annabella
Alain Delon: Giovanni
Valentine Tessier: Putana
Pierre Asso: Bruder Bonaventura
Daniel Sorano: Vasquès
Lucien Baroux: Donado
Silvia Montfort: Hippolyta
Premiere: Paris, 29. März 1961
im Théâtre de Paris
120 Aufführungen

»Mein Leben lang werde ich nicht vergessen, wie ich Luchino Visconti kennenlernte. Dieser Mann hat mehr für mich getan als irgendein anderer nach der sauren Zeit. Ich sehe mich noch in der Halle seines prächtigen Hauses in der Via Salaria stehen, behaftet mit einer ganz dummen, kleinmädchenhaften Schüchternheit. In der ersten Viertelstunde bin ich schon hingerissen von ihm. Aber er zeigt seinen Widerstand gegen mich ziemlich deutlich. Ich registriere: Wahrscheinlich ist er eifersüchtig auf mich. Alain ist sein Schützling, er will etwas aus ihm machen, er duldet niemand neben sich, der Alain ablenken könnte. Damals plante er, in Paris ein Stück für mich und mit Alain zu produzieren: ›Schade, daß sie eine Dirne ist‹ von John Ford. Ich trug lange, dunkle Haare mit einem Mittelscheitel. Das wirkte ein bißchen altertümlich. Vielleicht war es diese Frisur, die Luchino auf die Idee brachte. Denn das Stück spielte im England der Renaissance. Visconti sah mich prüfend an. ›Wie wär's denn, Romina, wenn du die Partnerin von Alain in dem Stück spielen würdest? Du wärst die ideale Besetzung.‹ Ich lachte. ›Du lieber Himmel – ich habe noch nie in meinem Leben auf der Bühne gestanden.‹ Ein Mädchen ohne jede Bühnenerfahrung soll ausgerechnet in einem englischen Stück in französischer Sprache mit einem italienischen Regisseur auftreten? Die Kritiker würden mich in der Luft zerreißen.

›Ich kann nicht Französisch, ich kann mich auf der Bühne nicht bewegen – das wäre doch künstlerischer Selbstmord!‹

›Du hast also keinen Mut, Romina?‹ Er hatte meinen wunden Punkt berührt. Ich bin nicht ängstlich. Mutlosigkeit halte ich für ein Gebrechen.

›Am Mut liegt es nicht‹, sagte ich, ›ich weiß nur, daß ich es nicht kann.‹

›Ich werde dich nach Paris schicken, Romina, damit du die Bühnensprache lernst. Wenn du die Sprache beherrschst, fangen wir mit den Proben an.‹

Bei Mademoiselle Guyot in Paris nahm ich Stunden in Phonetik und Diktion. Sie fing ganz von vorne an, als hätte ich nie ein Wort Französisch gesprochen. Tag und Nacht übte sie mit mir. Kein Mensch glaubte an mich und meine Chance. Entsetzlich die Erinnerung an den ersten Probeabend im Théâtre de Paris. Visconti probt vier Wochen lang nur am Tisch: Die Schauspieler sitzen rundherum (Alain und mich setzte er möglichst weit auseinander) und lesen ihre Rollen laut. Als die Reihe an mich kam, brachte ich kein Wort heraus. Es wurde nur ein heiseres Krächzen, ein Gestammel. Etwas Ähnliches hatte ich noch nie erlebt. Ich war zu Tode blamiert. Die anderen gingen mit einem Schweigen über diese Sache hinweg, als hätten sie nichts anderes erwartet. Ich merkte, daß ich es nicht schaffen würde. Und dann würden sie tatsächlich alle recht haben, die mich gewarnt hatten. Alle. Tout Paris.

Nie im Leben werde ich den Tag vergessen, an dem ich zum erstenmal das große Abenteuer erlebte: das Gefühl, eine Schauspielerin zu sein. Unten im Parkett des riesigen Théâtre de Paris 1350 leere Sitzplätze – nur ein Platz in der fünften Reihe ist in diesen Wochen zu Beginn des Jahres 1961 besetzt: Am Regiepult Luchino Visconti, jetzt kein Freund mehr, sondern ein kalter, sachlicher Beobachter, dessen Schweigen alles ausdrücken kann: Verachtung – Enttäuschung – Wut... Er sagt kein Wort. Und ich getraue mich nicht, ihn zu fragen, wie er mich findet. Ich fühle mich als Versager. Und dieses Gefühl steigert sich von Tag zu Tag wie ein Alptraum. Alain kann mir nicht helfen. Niemand kann das außer Luchino. Alain ist ein Filmmensch; es reizt ihn zwar, auch die Bühne zu erobern – aber das Theater braucht er nicht. Ich fühle mich beladen mit Tradition – und diese Tradition verpflichtet. Ich denke an meine Großmutter, die herrliche, unvergessene Burgschauspielerin Rosa Albach-Retty, die noch mit 85 Jahren stolz und würdig ihr Publikum fesselt. Sie wollte immer, daß ich Theater spiele. Sie hat immer zugeraten, aber ich hatte nicht den Mut gehabt. Jetzt muß ich ihn haben – ich muß Theater spielen und noch dazu in einer fremden Sprache. Ich denke an meinen Vater Wolf Albach-Retty und an meine Mutter. Ich denke: Du darfst ihnen keine Schande machen.

Zur ersten richtigen Probe komme ich in Hosen. Luchino Visconti aber besteht darauf, daß ich einen Reifrock überziehe. Der Reifrock soll mir helfen, mich als Annabella zu fühlen. Nach all den Reifröcken in meinen früheren Kostümfilmen ist das kein Problem. Ich habe mich immer als die Figur gefühlt, deren Kostüm ich trug. Die ›richtigen‹ Bewegungen kamen dann von ganz allein. Aber jetzt – jetzt nützte mir das alles nichts. Ich tapste über die Bühne – war sie kilometerlang? Ich wußte nicht, was ich mit meinen Armen, meinen Händen anfangen sollte. Sie hingen nutzlos an mir herunter, lästig und linkisch. Und dabei wußte ich die ganze Zeit: Du könntest es schaffen, du bist trainiert genug. Irgend etwas hemmte mich.

Visconti hatte sich während der Proben schwer am Knie verletzt, er mußte am Stock gehen. Nun saß er unten, die Hände auf den Stockknauf gelegt, und beobachtete mich. In der großen Wahnsinnsszene des Stücks wurde mein irres Gelächter zu einem blöden Wimmern – ich kam nicht über die Rampe. Visconti sagte wenig, nur hin und wieder: ›Ich höre dich nicht ...‹ Es war seine Taktik. Er wollte mich quälen, mich fertigmachen – um das Letzte herauszuholen. Nach einem langen Satz, den ich in italienisch zu sprechen hatte, lehnte er sich in seinen Stuhl zurück und lachte. Visconti lachte über mich! Mir schien es der Abgrund zu sein. Aber es sollte noch schlimmer kommen. Ich mußte ein italienisches Lied singen, das ich bei einem Komponisten einstudiert hatte. Tagelang hatte Visconti die Probe immer kurz vor dem Lied abgebrochen. Am 62. Tag der Proben sagte er plötzlich: ›Weiter ...‹

›Können wir das nicht morgen machen? Ich kann das Lied noch nicht.‹ Einen Augenblick lang lähmendes Schweigen. Dann brach das Gewitter los: ›Wenn du das Lied nicht sofort singst, sofort, dann brauchst du es nie zu singen. Nie mehr in deinem Leben. Du kannst nach Hause gehen!‹ Sein Stock wies unmißverständlich zur Tür. ›Au revoir, Mademoiselle ...‹ Viscontis Blick konnte ich in diesem Moment nicht standhalten. Ich sang. Ich sang mit einer ganz dünnen, flatternden Stimme – ein gescholtenes Kind mit Gänsehaut. Und Visconti befahl nur: ›Weiter, weiter!‹

Ich war so fertig, daß ich nicht einmal Champagner trinken konnte, der mich sonst immer aufmuntert. Dieses entsetzliche Gefühl der Minderwertigkeit ...

Am Nachmittag arbeitete ich allein mit Visconti, dem Regie-Assistenten Jerry Macc und Daniel Sorano. Ich fing immer wieder von vorne an. Visconti schwieg. Zehnmal, zwanzigmal hörte er sich mein Gestammel an. Auf einmal löste sich etwas in mir. Ich kann diese Empfindung heute noch, in der Erinnerung, genau registrieren. Der Druck in meinem Kopf schwand, ich pumpte die Lungen voll Luft, ich veränderte mich innerlich und äußerlich. Von einer Sekunde auf die andere war ich nicht mehr Romy Schneider. Ich war Annabella. Nur Annabella, überhaupt nicht mehr Romy Schneider.

Ich schreie den Satz heraus, ich singe das Lied mit voller Stimme, ich bewege mich, wie sich Annabella bewegt, ich spreche nach dem Lied weiter, ich breche nicht mehr ab, spreche den ganzen Dialog, bin allein auf der Welt, interessiere mich nicht für den Regisseur, den Partner, das Theater. Ich bin frei.

Und dann ist es zu Ende. Ich setze mich mitten

Premiere im Théâtre de Paris, 29.3.1961

Luchino Visconti über Romy

Das Theater liegt ihr im Blut, und außerdem sieht sie Delon ähnlich. Man könnte meinen, sie seien Geschwister. Die beiden sind die richtige Besetzung.

Romy ist eine der genialsten Schauspielerinnen Europas.

Romy ist einer der letzten echten Weltstars.

Romy Schneider über Visconti

Visconti war mein eigentlicher Lehrer. Er war ungeheuer anspruchsvoll, er hat mir Disziplin und einen festen Willen und das Wissen beigebracht, daß man nie genug an sich arbeiten kann.

Visconti! Sie können sich nicht vorstellen, was dieses Stück mich gekostet hat. Welche Kraft, welche Überwindung, welche Verzweiflung, welches Lampenfieber. Das war eine ehrliche Leistung. Die einzige in meinem Leben, auf die ich stolz bin.
Wer mit Visconti gearbeitet hat, dem kann nichts mehr passieren. Er ist der härteste Regisseur, den man sich denken kann, und der beste Lehrmeister. Ihm verdanke ich es, wenn ich heute jedes Atelier ohne Angst betrete.
Ich bin ein anderer Mensch geworden.

Ingrid Bergman

Sie waren wunderbar. Und ich weiß, was Sie vorher ausgestanden haben müssen. Ich habe als junges Mädchen in Schweden Theater gespielt und dann viele Jahre später hier in diesem Theater wieder angefangen. Ich kenne die Angst ...

auf der Bühne auf den Boden, lasse mich fallen und flenne hemmungslos. ›Wir hören auf‹, sagt Visconti. Er humpelt über die Bühne, beugt sich zu mir, legt mir die Hand auf die Schulter.
›Nicht schlecht, Romina ...‹ Ein großes Kompliment von einem Mann, der nie lobt.
Ich ging in das kleine Bistro neben dem Theater, ›Chez Pied‹ in der Rue Blanche. Während ich auf Alain wartete, der Kostüme probierte, ließ ich mich vollaufen. Keine Ahnung mehr, was ich getrunken habe, Champagner, Rotwein, Whisky? Ich war sehr glücklich und sehr beschwipst. Ich wußte: Dies ist dein Beruf.
In Paris spielt man zuerst an drei Tagen vor geladenem Publikum – Künstlern, Schriftstellern, Professoren. Dann kommt die öffentliche Generalprobe, dann erst die Premiere, le gala. Die drei ersten Vorstellungen liefen einigermaßen. Visconti saß in der Loge. Ich spürte sein Vertrauen und seine Kraft, die sich auf mich übertrug. Bei der Generalprobe fühlte ich mich allerdings elend und krank. Ich hielt

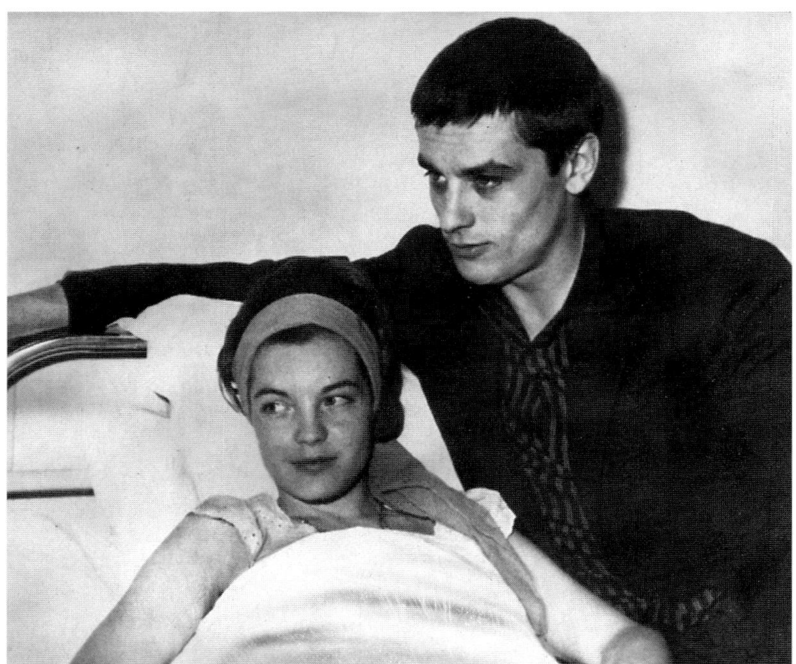

Nach der Premiere, 29.3.1961
Romy Schneider mit Luchino Visconti und Alain Delon, im Hintergrund links Alains Mutter und Magda Schneider (rechts)

Alain Delon besucht Romy in der Pariser Klinik Ambroise Pare
Am Tage der Generalprobe, am 8. März, muß sie sich einer Blinddarmoperation unterziehen

es für Lampenfieber. Kaum war der Vorhang gefallen, rannte ich in die Garderobe, feuerte die Perücke in die Ecke – und in diesem Augenblick kam der Schmerz zum erstenmal. Ein sonderbares Gefühl im Bauch. Während ich mich dann abschminkte, überkam mich der Schmerz zum zweitenmal. Ich lief gebückt in der Garderobe herum. Meine Mutter, die zur Generalprobe nach Paris gekommen war, malte den Teufel an die Wand: ›Hoffentlich ist es nicht der Blinddarm.‹ Dann fuhren wir alle zusammen auf einen Schluck in den Künstlerclub Elisée Matignon. Kaum hatten wir uns im Club niedergelassen, wurden die Schmerzen teuflisch und absolut unerträglich. Alain brachte mich nach Hause. Er mußte mich die sechs Treppen zu unserer Wohnung am Quai Malaquais hinauftragen. Und dabei der Gedanke: Du darfst nicht krank werden. Auf dem Spiel steht die teuerste Premiere, die Paris erleben soll, 600000 Mark (60 Millionen alte Francs) hatte die Inszenierung bisher verschlungen. Alain rief Professor Millet an, der sofort erschien. Verdacht auf Blinddarmentzündung. Also doch …

In den Tagen nach der Operation lernte ich Paris und meine Freunde von einer neuen Seite kennen, die ich nach der Katastrophe nicht vermutet hätte: Ich wurde mit Blumen überschüttet, man tröstete mich. Die schönste Erinnerung: Jean Cocteau schickte mir eine Zeichnung ins Krankenzimmer: ›Frankreich befiehlt dir, gesund zu werden.‹ – Fünf Tage Krankenhaus, zehn Tage Urlaub – dann setzten wir die Premiere an: für den 29. März 1961. Mein Gesicht schillerte noch in vielen Farben, mein Bauch war vorsichtshalber bandagiert, ich mußte mich ja schließlich über die Bühne schleudern lassen! Ich war nervös wie noch nie. Obwohl ich ausdrücklich gebeten hatte, mir nicht zu sagen, wer bei der Premiere dabei sein würde, brach ein Kollege das Schweigen. Es machte mich wahnsinnig. Sie waren alle gekommen: Ingrid Bergman, Anna Magnani, Jean Marais, Jean Cocteau, Curd Jürgens, Shirley McLain, Michèle Morgan, die berühmtesten Regisseure von Frankreich und viele Kollegen. Im Zuschauerraum saßen auch meine Mutter und mein Bruder.

Ein Kritiker zog das Resümee dieses Abends: ›Man jubelte Romy Schneider zu, die – kaum den Messern des Chirurgen entronnen – hier höchst anmutig durch das Messer ihres geliebten Bruders stirbt. Sie war die entfesselte Schamlosigkeit selbst und gleichzeitig die Verkörperung rührendster Reinheit, jung, schön, zärtlich …‹ Im ganzen war es ein großer Erfolg. Der Kampf dieser Wochen, die Verzweiflung hatten sich gelohnt. Ich war sehr stolz an diesem Abend.

Dann kam Alain in die Garderobe – Alain, der sich mit meiner Mutter nicht verstanden hatte. Er war klatschnaß nach der anstrengenden Fechtszene. Aber so wie er war, rannte er auf Mammi zu und nahm sie in die Arme. Mit einer Hand deutete er stolz auf mich: ›Heute ist sie die Königin von Paris – meine Königin!‹ Ich war glücklich, glücklich. Das war einer der ganz großen Augenblicke in meinem Beruf.

»Ende März feierten wir Abschied von Regisseur Luchino Visconti. Alain und ich aßen mit ihm im Hotel Berkley in Paris. Luchino erzählte uns von einem neuen Filmplan: Er wollte nach einer Novelle von Maupassant einen modernen Sketch für den Episodenfilm ›Boccaccio 70‹ drehen. Titel: ›Der Job‹. Inhalt: Eine junge Gräfin entdeckt, daß ihr Mann, Graf Ottavio, in einen Callgirl-Skandal verwickelt ist. Von nun an kassiert die junge Gräfin von ihrem Mann für eheliche Hingabe einen hohen Scheck ... Wir verabschiedeten uns. Bereits eine Woche später erhielt ich ein Telegramm: ›Willst du für mich die Rolle in ‚Boccaccio' spielen? Luchino.‹ Ich hielt das für einen Irrtum. Ich wußte ja, daß Visconti die Rolle ganz anders besetzen wollte. Ich war nicht der Typ. Aber zwei Tage später rief Visconti aus Rom an. Erbittert. Böse. ›Du kannst gefälligst antworten, wenn du ein Telegramm von mir bekommst, Romina. Nein, kein Scherz, kein Irrtum. Ich habe mir die Sache überlegt. Es ist viel appetitlicher, wenn die Rolle von einer sehr jungen Frau gespielt wird ...‹ Natürlich sagte ich zu. Es war meine Chance, nun auch im Film zu neuen Fronten durchzustoßen. Der Film wurde während der Pariser Theaterferien gedreht. Im Atelier herrschte die gediegene Atmosphäre, die Luchino so liebt. Er hatte aus seinem Haus die schönsten Bilder und Teppiche für die Dekoration genommen. Er hatte extra weißgoldene antike Türen aus einem Palazzo in Florenz kommen lassen, um seiner ›Gräfin‹ den rechten Rahmen zu geben. In diesen Rahmen stellte er mich, in kostbaren Kleidern und auch ohne. Und sah und fotografierte mich so, wie mich noch kein anderer Regisseur gesehen und fotografiert hatte.«

Romy Schneider mit Regisseur Luchino Visconti und Alain Delon in Paris, März 1961

Das Stück »Schade, daß sie eine Dirne ist« läuft anderthalb Jahre vor ausverkauftem Haus. Im August 1961 steht Romy Schneider unter Viscontis Regie vor der Kamera, in dem Episodenfilm »Boccaccio 70«.

»Als der Film zu Ende war, lud mich Luchino in sein Haus ein. Und nach dem Essen steckte er mir mit einer unendlich zärtlichen Geste einen wertvollen Ring an den Finger, ein Erbstück seiner Mutter.«

19. Boccaccio 70
1961, Italien / Frankreich
Zweite Episode: Der Job / Il Lavoro
Regie: Luchino Visconti
Drehbuch: Luchino Visconti,
Suso Cechi d'Amico, nach der Novelle
Au bord du lit von Guy de Maupassant
Kamera: Giuseppe Rotunno (Eastmancolor)
Frisuren für Romy Schneider: Alexandre
Kostüme für Romy Schneider: Coco Chanel
Produktion: Carlo Ponti, Antonio Cervi
(Concordia Compagnia Cinematografica
Cineriz Rom / Francinex Gray Films Paris)
Darsteller:
Romy Schneider: Pupé
Thomas Milian: Graf Ottavio
Paolo Stoppa: Rechtsanwalt Zacchi

Ein Kammerspiel, mit auserlesenem Geschmack für Licht und Schatten, in einem einzigen luxuriösen Dekor ins Bild gesetzt, rollt etwas mühsam und redselig an. Visconti konzentriert sich ganz auf die Neuformung der Romy Schneider. Er hat erreicht, was vor ihm keinem Routinier gelang.
Die Tat, Zürich,
vom 17.5.1962

Romy Schneider beweist als die »Frau Gräfin«, was bereits seit »Monpti« außer Zweifel stand: daß sie das Zeug zu einer bedeutenden Darstellerin besitzt.
Neue Zürcher Zeitung
vom 24.5.1962

Regisseur Luchino Visconti mit Romy Schneider
(links oben)

Mit Thomas Milian in dem Episodenfilm »Boccaccio 70«
(unten)

Romy Schneider als Gräfin in »Boccaccio 70«
(rechts)

Das zweite Stück ist von Luchino Visconti inszeniert, es heißt »Der Job« und ist die intelligenteste Story von allen. Hier ist nicht Situation und Aktion zu finden, hier wird dramaturgische Akrobatik mit einem Thema aus der Gesellschaft des »süßen Lebens« getrieben. Man nimmt darin das Striptease Romy Schneiders am Telefon als keineswegs so wichtige Episode, wie sie gemacht wird – sie ist im Grunde kaum nötig. Auch ohne dieses Regiemätzchen beweist die Darstellerin, daß sie eine großartige Entwicklung hinter sich hat. Sie ist bewußt und gescheit, sie läßt die Figur des verwöhnten Wesens ganz in der Schwebe zwischen Nervosität, Impuls und Berechnung. Die Aktricen der anderen Filme spielen ihren Typ – Romy Schneider spielt eine Rolle: ein von Katzen umgebenes Geschöpf zwischen Anmut, Natur und Dekadenz, zwischen Kälte und Caprice. Sie steht nun gewiß in der ersten Reihe.
Frankfurter Allgemeine Zeitung vom 7.8.1962

Romy Schneider vermag in »Der Job«, bei dem Luchino Visconti Regie führte, in jeder Beziehung zu überzeugen. In »Der Job« wird in eine morbide Gesellschaft hineingeleuchtet. Relativ lange Sequenzen sind ein bewußtes Gestaltungsmittel und dienen dazu, sinnlos geführte Leben zu enthüllen. Die Schlußpointe ist ein echter dramaturgischer Einfall.
Berliner Zeitung vom 6.7.1965

Luchino Visconti, der nach der Theaterarbeit mit Romy Schneider unwiderruflich von ihrem schauspielerischen Talent und von ihrer Persönlichkeit überzeugt ist, hat sich entschlossen, eine Episode des von Carlo Ponti produzierten Films »Boccaccio 70« zu inszenieren. Er schreibt eine scharfe Satire auf das Großbürgertum und gibt ihr den Titel »Der Job«. Er modernisiert die Handlung und transportiert sie in die sechziger Jahre, mitten in die Wohlstandsgesellschaft. Die Rolle der Pupé, der Heldin, bietet er Romy Schneider an. Sie ist erst 23 Jahre alt, aber in ihr schlummert ein großes Talent. Visconti erklärt ihr, wie sie sich konzentrieren und ihrer wirklichen Verführungsmacht bewußt werden muß. Er vertraut sie seiner Freundin Coco Chanel an, die die junge Schauspielerin in die Geheimnisse der Eleganz einweiht und sie lehrt, richtig zu gehen, zu sprechen und echten Charme zu verbreiten. Und es gelingt ihm in seiner typischen diktatorischen Beharrlichkeit, sie von den Zweifeln und der Skepsis gegenüber dieser für sie total fremden und neuen Rolle zu befreien. Dank dieser frivolen und ein wenig perversen Gräfin verleiht sie ihrer Auflehnung gegen eine allzu starre bürgerliche Erziehung Ausdruck und wirft ihre eigenen Vorurteile über Bord. Zum ersten Mal ist sie bereit, sich vor der Kamera völlig nackt auszuziehen. Die Dreharbeiten in den Studios von Paoli in Rom dauern von August bis September 1961, Visconti läßt in der Villa Tiburtina das prunkvollste Appartement einrichten, das jemals für einen Film verwendet wurde. Unter seiner Aufsicht installieren die Techniker Teppiche und kostbare Gewebe, die Möbel werden in Mailand und Neapel geliehen, Gemälde berühmter Meister stammen von seinen eigenen Vorfahren, Sophia Loren stellt zwei Marmorbüsten von Sarah Bernhardt zur Verfügung. Während der fünfwöchigen Drehzeit werden täglich 300 Rosen aus Holland direkt eingeflogen. In dieser Atmosphäre des extremen Luxus schafft Visconti eines seiner schönsten Werke.

Im Jahr darauf ist Italien auf dem Festival in Cannes mit »Boccaccio 70« vertreten. Amerikanische Produzenten und Verleiher sind gefesselt von Romys Darstellung – sie wird mehr »sexy« beurteilt als Sophia Loren und Anita Ekberg, damals als Superstars angesehen. Produzent Walter Wanger telegrafiert an Visconti: »Nie war eine Rolle so auf eine Schauspielerin zugeschnitten, nie wurde eine Schauspielerin so gut geführt wie hier.«

Striptease am Telefon in »Boccaccio 70«
Romy Schneider spielt die Ehefrau eines Grafen, der in einen Callgirl-Skandal verwickelt ist

»Ich habe mich nicht nackt gefühlt. Ich hatte nie vorher so etwas getan. Aber manchmal muß man es tun, wenn die Szene es verlangt und wenn man mit einem so guten Regisseur wie Visconti zusammenarbeitet. Heute ziehen sich viele Schauspielerinnen nur der Sensation halber aus. Ich würde so etwas nie tun. Niemals.«

Times
Sie hat das Zeug, die größte Hure seit den Zeiten der Ptolemäer zu spielen.

New York Times
Sie hat eine Entkleidungsszene bewältigt, die zu den gewagtesten Striptease-Shows der Filmgeschichte gehört.

Il Giorno
Romy ist die Beste.

20. Der Kampf auf der Insel (Le combat dans l'île)
1961, Frankreich
Regie: Alain Cavalier
Drehbuch: Alain Cavalier
Kamera: Pierre Lhomme (schwarzweiß)
Musik: Serge Nigg
Produktion: Nouvelles Editions de Films Paris
Darsteller:
Romy Schneider: Anne
Jean-Louis Trintignant: Clément
Henri Serre: Paul

Romy Schneider ist sensationell in ihrer Wandlung zur imponierenden Schauspielerin. Jede ihrer Szenen hat Faszination. Man muß sie sehen, wie sie sich zwischen zwei so eigenwilligen Partnern wie Jean-Louis Trintignant und Henri Serre behauptet.
Hamburger Abendblatt vom 1. 9. 1962

Eine Schauspielerführung von großer Sensibilität, in der vor allem Romy Schneider brilliert, die bereits von Visconti verwandelt wurde.
Les Cahiers du Cinéma vom November 1962

Romy Schneider ist hier die große Schauspielerin, die mit einem Blick oder einem Lächeln spricht, das, jenseits von Sissi, sich im köstlichen »Monpti« bereits andeutete. Plötzlich ist sie unter uns die moderne junge Frau, alltäglich und zugleich poetisch.
Cinéma 62

Romy Schneider bei Dreharbeiten des Films »Der Kampf auf der Insel«

Regisseur Alain Cavalier
Das Publikum wird sich von einer aufregenden Liebesgeschichte fesseln lassen, es wird aber auch bemerken, daß es sich hier um einen Film über eine politische Situation handelt.

Jean-Louis Trintignant
Sie ist eine der schwierigsten Darstellerinnen, die ich kenne, aber auch eine der außergewöhnlichsten. Sie ist großartig.

Die Wohnung von Louis Malle liegt im siebenten Stock des Hauses Rue Boissière 84 in Paris. Und in diesem Zwei-Zimmer-Appartement des Regisseurs entsteht gegenwärtig ein neuer Film, der alle Kennzeichen der Marke »Neue Welle« trägt. Malles ehemaliger Assistent, der 30jährige Alain Cavalier dreht seinen Film »Der Kampf auf der Insel« nicht nur in der Wohnung seines Ex-Chefs, der solange ins Hotel gezogen ist. Er dreht sein Spielfilm-Debüt auch mit dessen Geld.

Was diesen Film besonders interessant macht, ist der Umstand, daß seine weibliche Hauptrolle Romy Schneider spielt. Eine Romy Schneider freilich, die man kaum wiedererkennt, wenn man sie zum letzten Mal als »Halbzarte« oder als »Mädchen in Uniform« gesehen hat. Romy Schneider, der wir hier in Louis Malles Wohnung und als Partnerin von Jean-Louis Trintignant wiederbegegnen, ist eine erwachsene junge Frau. Welche Achtung sich Romy Schneider heute in Frankreich errungen hat, zeigt die Tatsache, daß sie in Cavaliers Film die Idealverkörperung der Französin schlechthin spielt. »Wir haben in Frankreich keine junge Schauspielerin, die diese Rolle so hätte spielen können, wie wir es uns vorstellen«, sagte Louis Malle.

Tagesspiegel vom 11. 2. 1962

Mit Jean-Louis Trintignant als ihrem Ehemann und Henri Serre als dessen Freund, den sie liebt

»Es gibt drei Menschen, die mein Leben entscheidend verwandelt haben: Alain, Visconti und Coco Chanel.

Als ich zum ersten Mal zu Madame Chanel kam, sagte sie: ›Sie sind ein kleiner gesunder Pummel.‹ Das stimmte. Ich hatte immer Hunger. Die Chanel hat mir Disziplin beigebracht. Heute habe ich meinen Magen erzogen. Obgleich ich gern esse und trinke, ist er ganz klein. Man kann das lernen. Man kann alles lernen.

Heute verbringe ich den ganzen Nachmittag in ihrer Wohnung. Wir sind befreundet, und ich kann stundenlang zuhören, wenn diese Frau aus ihrem Leben erzählt.«

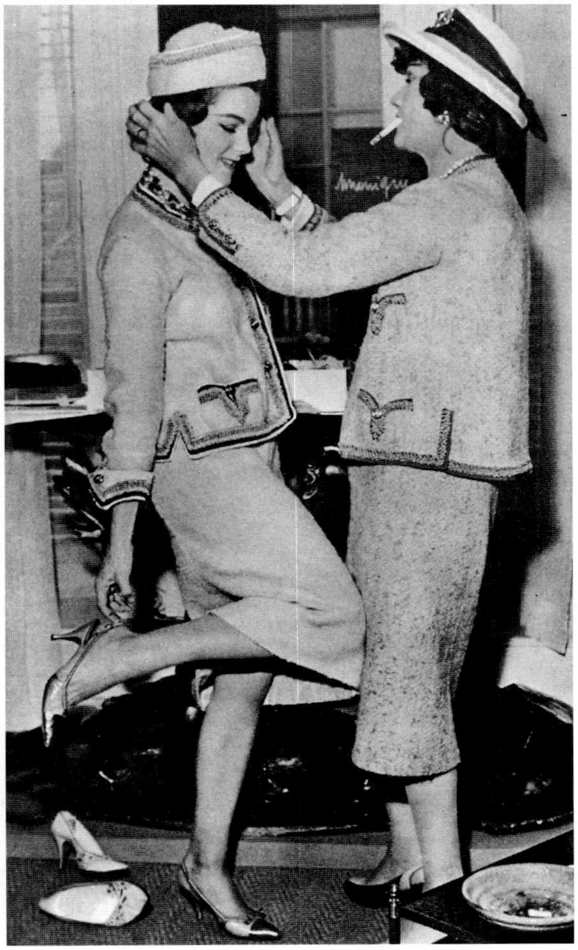

Linke Seite

Filmfestspiele in Cannes, 5.5.1959
Romy Schneider mit ihrer Mutter Magda Schneider und mit Jean Cocteau auf dem Weg zum Festivalkino. Der Film »Die Halbzarte« läuft als österreichischer Festspielbeitrag

Romy Schneider mit Renato Salvatori, 1960
Er spielte 1960 mit Alain Delon in dem Film »Rocco und seine Brüder« unter der Regie von Luchino Visconti

Die sowjetische Kulturministerin Jekaterina Furzewa mit Romy Schneider und Marcel Marceau, Paris, 11.5.1961

Rechte Seite

Filmfestspiele in Cannes, Mai 1962
Sophia Loren mit Romy Schneider und Alain Delon bei der Ankunft auf dem Flugplatz von Nizza

Anprobe bei Coco Chanel, Paris, 1961
Die Grande Mademoiselle der Haute Couture hat Romy »zu einer echten Pariserin« gemacht

Romy Schneider als Nina in Tschechows »Möwe« bei einem Pariser Gastspiel in Baden-Baden, 8.1.1962

Mit ihrem Partner Sacha Pitoëff als Trigorin

Blitzschneller Kostümwechsel in ungeheizten Garderoben
Lange Reisewege, eine kleine Gage auf dieser fünfmonatigen Tournee per Bahn und Bus können sie nicht davon abhalten, sich in der französischen Sprache auf der Bühne weiter zu vervollkommnen

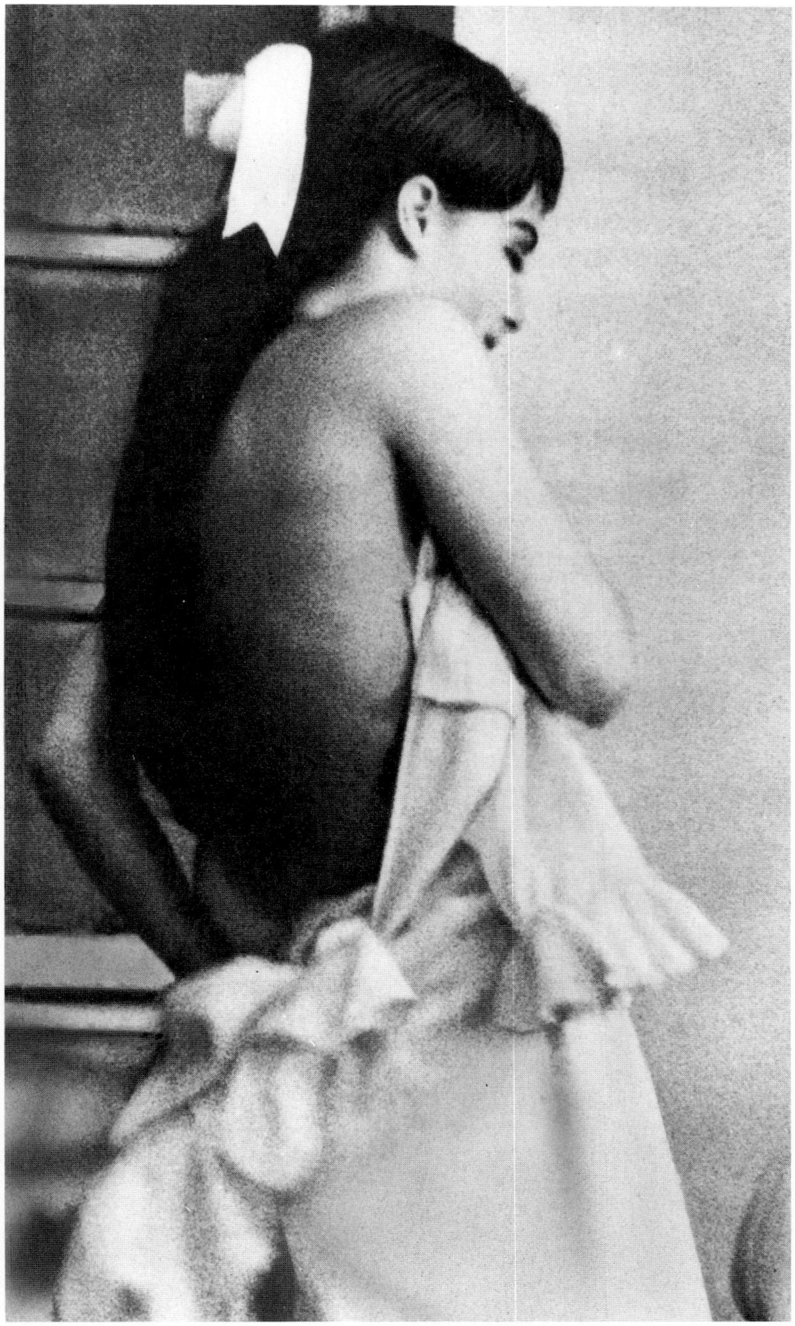

Die Möwe
1962
Stück in vier Akten von Anton Tschechow
Inszenierung: Sacha Pitoëff
Darsteller:
Romy Schneider: Nina
Sacha Pietoëff: Trigorin
Tournee mit dem Ensemble Georges Herbert – Sacha Pitoëff von Januar bis Mai 1962 durch die französische Provinz, Belgien, die Schweiz, Marokko, Libanon, Luxemburg und Portugal. 100 Aufführungen

»Ich habe einmal auf einer deutschen Bühne Theater gespielt. In Baden-Baden. In einem russischen Stück in französischer Sprache. Es war auf der Vier-Monate-Tournee mit Tschechows melancholischer Komödie ›Die Möwe‹ unter der Regie von Sacha Pitoëff. Ich freute mich auf die Tournee und auf die Rolle der Nina. Ich wollte damals mit aller Gewalt das Sissi-Bild von mir zerstören, wollte endlich und ganz und gar den Stempel abwaschen, den man mir aufgedrückt hatte. Inzwischen habe ich längst gelernt mit Sissi zu leben. Ich habe mich sogar sehr gefreut, als ich jetzt beim Karneval in Rio de Janeiro von den Zeitungen und vom Publikum nicht nur wegen meiner Rolle in ›Boccaccio 70‹ gefeiert wurde, sondern auch noch als ›Heldin‹ der drei Sissi-Filme. Zu Beginn meiner ernsthaften Karriere damals dachte ich da anders. Es stellte sich nämlich heraus, daß das Publikum in der französischen Provinz auch ein Sissi-Stück erwartete. Statt dessen wurde den Leuten mit Tschechows ›Möwe‹ ein schwieriges russisches Stück vorgeführt. Wir fuhren mit Bahn und Autobus durch das Land, spielten zuerst in einem winzigen Nest bei Lyon und dann fast jeden Tag in einem anderen Ort, in kleinen Theatersälen, Kinos oder ähnlichem. Oft hatten wir alle das Gefühl vor Schlafenden zu spielen. Die Leute saßen auf ihren Händen, betrachteten uns voller Erstaunen – nur manchmal flackerte etwas auf, manchmal packten wir das Publikum – und dann waren wir unbändig stolz.«

Große rote Plakate mit einer weißen Möwe, deren Flügel Romys Namen in schwarzen Großbuchstaben tragen, künden das Theaterereignis an. In ihrer von Bewunderern belagerten Loge sagt Romy einmal zu ihrer Garderobiere: »Ich wünschte, sie kämen wegen Nina und nicht wegen Sissi. Dann hätte ich etwas erreicht.« Trotz Lampenfieber und Überanstrengung gibt Romy ihr Bestes und fürchtet dabei ständig, den in sie gesetzten Erwartungen nicht zu entsprechen. In Avignon wird sie im April in eine Klinik eingeliefert. Aber schon bald ist sie wieder auf den Beinen, und die Tournee kann fortgesetzt werden. Die Wochenzeitschrift Jours de France stellt fest: daß »erst eine kleine Österreicherin vom Film kommen mußte, um auf den bescheidenen Bühnen der Provinz diesem Meisterwerk des russischen Dramatikers zum Triumph zu verhelfen«.

21. Der Prozeß / Le procès
1962, Frankreich / BRD / Italien
Drehbuch und Regie: Orson Welles nach dem Roman von Franz Kafka
Kamera: Edmond Richard (schwarzweiß)
Musik: Jean Ledrut
Produktion: Alexandre und Michel Salkind (Europa Productions Paris / Hisa Film München / Fi. C. it. Rom)
Darsteller:
Anthony Perkins: Joseph K.
Jeanne Moreau: Frl. Bürstner
Elsa Martinelli: Hilda
Romy Schneider: Leni
Madeleine Robinson: Frau Grubach
Orson Welles: Anwalt Hastler

»Wenn Orson Welles mich bitten würde, eine unbedeutende kleine Rolle zu spielen oder die Hauptrolle ohne Gage – ich würde sofort alles stehen- und liegenlassen und akzeptieren. Wann er will und wo er will. Meine zehn Drehtage mit ihm beim ›Prozeß‹ gehören zu den größten Erinnerungen meines Lebens.«

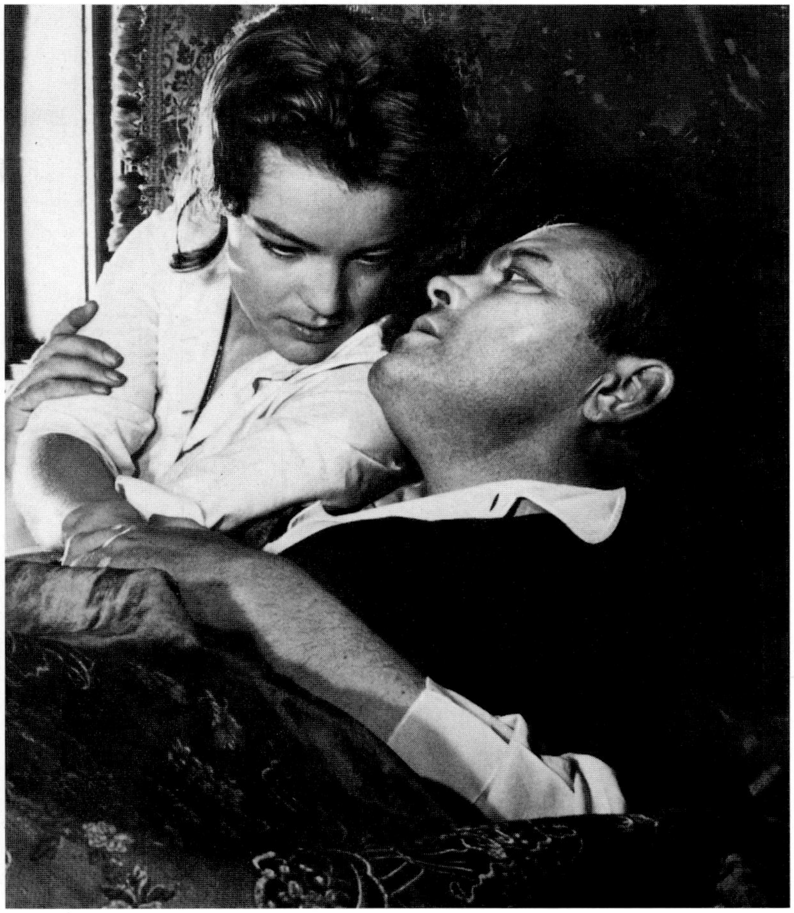

Romy Schneider als Dienstmädchen Leni mit Orson Welles als Anwalt im »Prozeß«
Die Dreharbeiten beginnen am 26. März 1962 in den Ateliers von Boulogne, werden dann in Globus, Dubrava und Zagreb in Jugoslawien und in den Hallen des alten verlassenen Bahnhofs Gare d'Orsay in Paris fortgesetzt, wo sie am 5. Juni enden. Der Film begeistert die Intellektuellen, verblüfft aber das breite Publikum.
Am 13. Juni 1963, ein Jahr nach der Fertigstellung des Films, erhält Romy in Frankreich den Preis als »beste ausländische Darstellerin« für ihre Leistung in »Der Prozeß«. Bei der gleichen Gelegenheit wird sie mit dem Kristallstern der »Académie du Cinéma« ausgezeichnet. Romy Schneider ist zur Darstellerin von internationalem Format geworden

Mein Freund Orson Welles
Von Jean Cocteau
Orson Welles ist ein Riese mit einem Kindergesicht, ein Baum voller Vögel und Schatten; ein Kettenhund, der sich losgerissen hat und in einem Blumenbeet schlafen geht. Ein fleißiger Bummelant, ein weiser Verrückter, eine Insel der Einsamkeit, gegen die die Menschheit anbrandet; ein Student, der während der Vorlesungen schläft. Er hat die Attitüde, mit halbgeschlossenen Augen seine eigene Kraft zu bewachen.
Nach außen sieht es aus, als ob er sich treiben ließe. Diese Gebärde der Lässigkeit und des schläfrigen Bären schützt ihn vor dem kalten Fieber der Filmleute. Eine Attitüde, die ihn schließlich aus Hollywood aus- und anderen Ländern zugetrieben hat.

Romy Schneider: Die ranke, hochbeinige Hexe versteht sich mit Katzenaugen, raschen stelzenden Schritten, drängenden Gebärden und Flüstersätzen auf elementare Verführung. Eine vorzügliche schauspielerische Leistung.
Frankfurter Allgemeine Zeitung vom 1.7.1963

Orson Welles hat Romy Schneider, eine passionierte Schauspielerin von unbestreitbarer Ausstrahlung, sehr gut geführt.
Cinématographie Française, 1964

»Sein Angebot erreichte mich nach der monatelangen Theatertournee mit Tschechows ›Möwe‹. Ich war Orson nie begegnet, als er mir telegrafisch eine Rolle in dem Film ›Der Prozeß‹ (nach Kafka) offerierte. Drei Tage vor Drehbeginn saß ich mit Freunden im Künstlerclub Elysées Matignon, als plötzlich ein Berg die Treppe herunterstieg, ein gewaltiger Mensch. Neben ihm schlank, zierlich und unglaublich jung wirkend, Marlene Dietrich. Sie setzten sich an einen Tisch gegenüber. Mir puckerte das Herz, ich hatte zuviel Wildes über diesen Mann gehört, ich wollte sofort gehen. Die anderen lachten mich aus: ›Du bist doch idiotisch – drei Tage vor Drehbeginn. Geh hin zu ihm, stelle dich vor, sag, wer du bist ...‹ Ich traute mich nicht. Statt dessen ging ich, wie ein Backfisch, der einen jungen Mann auf sich aufmerksam machen will, betont langsam zur Toilette. Aufdem Rückweg bemerkte mich Orson offenbar. Von jetzt an starrte er dauernd zu mir herüber, mit finsterem Blick. Ganz offensichtlich: Er flirtete.
Und ebenso offensichtlich: Marlene Dietrich paßte das gar nicht. Wie er mir später sagte, hatte sie ihm mehrfach ›befohlen‹: ›Stop looking at the child!‹ – Hör auf, dieses Kind da anzustarren!
Schon am nächsten Tag trafen wir uns bei der Kostümprobe. Der Berg kam auf mich zu und sprach: ›Hallo, Leni ...‹ Von Anfang an nannte er mich nicht Romy, immer nur Leni. ›You are Leni – vergiß es nie: Du bist Leni, niemand anders ...‹ Wir waren uns vom ersten Augenblick an sympathisch.
Tony Perkins spielte im Film den Josef K., Akim Tamiroff den Bloch, für die Rolle des Staatsanwalts hatte Orson noch keinen Schauspieler gefunden. Er selbst hatte geschworen, nie wieder als Schauspieler aufzutreten. Aber während der Leseproben sprach er die Rolle des Hastler. Ich las meine Rolle – und hörte zwischendrin zweimal auf, um zu fragen, ob ich gut sei. Das konnte Orson nicht ertragen. Er wurde sehr böse: ›Don't you stop. I Stop!‹ Während er die Rolle las, dachte ich: Eigentlich wäre er die ideale Besetzung für den Staatsanwalt. Es gibt keinen besseren Schauspieler dafür. Sag es ihm doch einfach, dachte ich mir, auch wenn er dich schon zweimal angeschrien hat. Dann las ich wieder – und plötzlich brach es aus mir heraus: ›Orson, es gibt nur einen Mann, der die Rolle so spielen kann – Sie!‹
›Halt den Mund‹, schrie er. ›Lies weiter!‹ Ich blieb hartnäckig. ›Ich möchte, daß Sie die Rolle spielen, Orson ...‹ Akim und Tony sagten kein Wort. Nur aus ihren Blicken las ich ihre Gedanken: Die Kleine muß verrückt geworden sein. Man spricht nicht so mit Orson Welles. Orson erklärte mir mit der bärbeißigen Sanftmut einer Krankenschwester, die einen Verrückten beruhigen will, er werde keine Rolle spielen, er habe genug Verantwortung für den ganzen Film zu tragen: ›Und nun Schluß mit dem Unsinn, Leni, lies weiter!‹
Wir lasen das ganze Stück an diesem Nachmittag noch zweimal durch. Als ich dran war, sah er mich groß an, stoppte mich plötzlich: ›Allright, Leni, I'll do it‹ – Ich werde spielen. Einen Augenblick lang war ich fassungslos, dann sprang ich auf und schrie: ›Ich habe gewonnen. Er spielt ...‹ Für meine Idee schenkte er mir einen Dollar. Es war das schönste Geld, das ich je verdient habe. Ich war sehr stolz, daß ich ein bißchen Einfluß auf diesen großen Mann hatte. Der Produzent des Films allerdings brach bei der Nachricht zusammen, daß Orson nun auch noch eine Rolle übernehmen würde. ›Oh Gott‹, stöhnte er, ›jetzt wird es ganz furchtbar ...‹ Er hatte genug Sorgen mit Orson, denn Orson ist zwar ein Genie, aber völlig undiszipliniert. Er kommt und geht, wann er will, Termine sind ihm ein Greuel. Kostenvoranschläge ein Buch mit sieben Siegeln. Als Regisseur machte Orson Welles aus mir wieder etwas ganz Neues. Ich spielte völlig ungeschminkt, oft häßlich. Bei einer Großaufnahme habe ich mich in der Vorführung zum erstenmal auf der Leinwand nicht erkannt – und das war für mich als Schauspielerin eine enorme Befriedigung und Bestätigung. Ich war Leni! Ich war also richtig! Ich weiß nicht, ob ich klargemacht habe, was in dieser Zeit in mir vorging: Ich fand mich plötzlich auf einer neuen Stufe der Leiter, einer Stufe, die man mich in Deutschland nicht betreten lassen wollte. Aus Mangel an Gelegenheit, aus Furcht vor dem Risiko oder weil niemand an mich glaubte? Ich dachte an Fritz Kortner, der mir während der Arbeit zu ›Lysistrata‹ den schönen, ermunternden Satz gesagt hatte: ›Der Teufel soll Sie holen, wenn Sie nichts aus Ihrem Talent machen ...‹«

Orson Welles
Sie ist die beste Schauspielerin ihrer Generation.

Romy Schneider und Anthony Perkins in »Der Prozeß«

22. Die Sieger (The Victors)
1962, USA
Regie: Carl Foreman
Drehbuch: Carl Foreman nach dem Roman The Human Kind von Alexander Baron
Kamera: Christopher Challis (schwarzweiß Panavision)
Musik: Sol Kaplan mit dem Londoner Symphonie Orchester
Produktion: Carl Foreman (Highroad Productions)
Darsteller:
George Hamilton: Trower
James Mitchum: Crogan
Peter Fonda: Weaver
Rosanna Schiaffino: Maria
Romy Schneider: Regine
Melina Mercouri: Magda
Jeanne Moreau: Französin
Michael Callan: Elridge

»Ich bin zum erstenmal in London, spiele meinen ersten Film in englischer Sprache. Non, non, non, mein Englisch ist nicht so gut wie mein Französisch. Aber ich muß sowieso mit Akzent sprechen. In dem Film ›Die Sieger‹, in dem ich zusammen mit Melina Mercouri, George Hamilton und Rosanna Schiaffino auftreten werde, spiele ich eine Belgierin – eine Rolle voll Temperament, wild, sexy. Ein-, zweimal im Jahr bin ich gewöhnlich in Deutschland; aber in Paris bin ich daheim, das ist mein Zuhause. Nein, Heimweh habe ich nicht – oder doch um Weihnachten herum, wenn ich an den Schnee denke, die weißen Berge, an Bayern, wo ich aufgewachsen bin. Ich würde auch gern wieder in Deutschland drehen; mir sind viele Filmangebote gemacht worden, aber keine annehmbaren.
Ich leide sehr unter Lampenfieber. Ich hatte das große Glück, in letzter Zeit mit großen Regisseuren zusammenzuarbeiten. Regelrechten Schauspielunterricht habe ich nie gehabt, ich glaube auch nicht an Schauspielschulen. Talent kann man nicht lernen. Aber wenn man Talent hat, kann man das rein Technische lernen, wie man auf der Bühne zu gehen hat, wie man im Film sprechen muß. Hier in England werde ich nur zwei Wochen filmen, dann gehe ich heim auf Weihnachtsurlaub in mein Haus bei Paris. Im Frühjahr werde ich wieder in Frankreich arbeiten.«

Dreharbeiten zu dem Film »Die Sieger« in den Ateliers von Shepperton in London, Frühjahr 1962
Romy Schneider mit Michael Callan und George Hamilton

Eine Ausnahme in diesem mißliebigen Reigen schöner Frauen macht allein Romy Schneider, die, fast ohne Worte, eine junge Geigerin von undurchschaubarem Reiz spielt. Sie muß, da ihre ganze Familie verschleppt worden ist, sich vor amerikanischen Truppen produzieren und wird in kurzer Zeit von einem cleveren Soldaten aus einem vereinsamten jungen Mädchen in eine Amüsierdame verwandelt. Allein durch die veränderte Motorik, durch ihr Lachen macht Romy Schneider diesen Wandel vorbildlich knapp sichtbar. Carl Foreman, der Regisseur von »Zwölf Uhr mittags«, ist ein Meister der stummen, atmosphärisch geladenen Szene.
Frankfurter Allgemeine Zeitung vom 2.3.1964

Geigenunterricht bei David McCallum
Romy spielt die Rolle der Regine, der kleinen belgischen Geigerin, und nimmt dafür Geigenunterricht; sie spielt mit Anmut und Präzision eine »Humoreske« von Antonín Dvořák. »Ich muß in meinem Film Geige spielen. Ich habe das nie zuvor getan. Es macht Freude.«

George Hamilton
Wenn eine Rolle von ihr verlangen würde, den Ärmelkanal zu durchschwimmen – ich bin sicher, sie würde es, ohne zu zögern, tun.

Regisseur Carl Foreman
Romy ist die vielversprechendste Schauspielerin in Europa. Sie wird ein internationaler großer Star. Romy spielt so gut, daß sie den mitwirkenden Akteuren aus Hollywood noch eine ganze Menge beibrachte. Sie ist ein echter Profi, sie kennt alle Kameraeinstellungen und weiß sie zu nutzen.
Romy ist erschreckend ehrgeizig.

23. Der Kardinal (The Cardinal)
1963, USA
Regie: Otto Preminger
Drehbuch: Robert Dozier nach dem gleichnamigen Roman von Henry Morton Robinson
Kamera: Leon Shamroy
(Technicolor-Panavision)
Musik: Jerome Moross
Produktion: Otto Preminger (Gamma)
Darsteller:
Tom Tryon: Stephen Farmoyle
Romy Schneider: Anne-Marie Ledebur
Raf Vallone: Kardinal Quarenghi
John Huston: Kardinal Glennon
Burgess Meredith: Pater Halley
Josef Meinrad: Kardinal Innitzer

Die Ereignisse vom März 1938 – die Besetzung Österreichs durch Hitlers Truppen – wirken ein auf das Geschehen im Film »Der Kardinal«. Das ist ein Einfall des Regisseurs und Produzenten Otto Preminger (»Bonjour tristesse«, »Porgy and Bess«, »Exodus«). Der Roman beschreibt den Aufstieg eines einfachen Priesters nach schweren inneren Anfechtungen zum Kardinal. Der Priester reist in Zivilkleidern nach Wien, wo er ein schönes Mädchen (Romy Schneider) kennenlernt, das ihn seinem Beruf abwendig zu machen sucht.
Die Welt am Sonntag vom 31.3.1963

Romy Schneider spielt die Anne-Marie – deren erste und einzige Liebe der Kardinal ist. Die weibliche Hauptrolle, aber keine besonders große Rolle. Sie hat sie ganz im Griff, arbeitet mit Mitteln, die für eine junge Schauspielerin erstaunlich nuanciert sind, und macht durch ihre zarte Attraktion die Szenen mit dem Priester ebenso glaubhaft wie erträglich.
Hamburger Abendblatt vom 21.12.1963

Romy Schneider verbindet jetzt die einstige, ihr zum Verhängnis gewordene Süße mit der am französischen Dialog geschulten Knappheit und Raschheit, sie weiß alle gefährliche Sentimentalität, die in ihrer Rolle lagert, zu vermeiden.
Frankfurter Allgemeine Zeitung vom 18.1.1964

Romy Schneider als Anne-Marie und Tom Tryon als Priester in dem Film »Der Kardinal«
Die Aufnahmen finden in Boston, Stamford (Neuengland), Hollywood, im Vatikan in Rom und in Wien statt, wo sie Ende April 1963 abgeschlossen werden. Romy trifft in ihrer Heimatstadt Wien mit ihren Eltern zusammen.
Mit einem Gala-Abend am 19. Dezember 1963 in der Pariser Oper läuft »Der Kardinal« in Frankreich an

Regisseur Otto Preminger mit Romy Schneider und Tom Tryon bei den Dreharbeiten in Wien

Regisseur Otto Preminger
Sie ist eine gute Schauspielerin. Ich kenne Romy. Ich habe mit ihr ihren 21. Geburtstag in Wien gefeiert. Ich kannte ihren Vater, ihre Großmutter, Romy vereint deren Talent und noch einiges mehr ... Ich konnte die ganze Breite ihres Talents aber erst ermessen, als ich mit ihr arbeitete.
Sie hat eine unwahrscheinliche Ausstrahlung und Wandlungsfähigkeit, genau das, was ich für meinen neuen Film »Der Kardinal« brauche.
Sie ist Wienerin, in dem richtigen Alter, und ich hatte sie in zwei Filmen gesehen. Ich fand sie für die Rolle richtig.
Erst muß sie hier durch die Mauer. Das Publikum kennt sie noch nicht wirklich. Wenn sie es schafft, kann sie ein ganz großer internationaler Star werden.

»Ich bin 'ne alte sentimentale Wienerin – ohne in der Vergangenheit zu leben. Das wäre sinnlos. Aber es gibt so Momente, da denk' ich gern zurück ...

Ich weiß aber auch, wieviel Glück ich hatte. Und wieviel Glück zu diesem Beruf gehört. Aber es gehört noch etwas mehr dazu. Und das hab ich ganz allein getan! Mit sehr viel Arbeit ...

Ich liebe meinen Beruf, ohne ihn kann ich wohl nicht leben, und er ist nun leider mal kein bürgerlicher Beruf. Das ist die eine Seite. Die andere Seite ist, daß ich ein Mädchen bin, das sich immer nach einem normalen bürgerlichen Leben gesehnt hat, das das braucht wie eine Pflanze ihr richtiges Klima. Nun bringen Sie mal diese beiden Veranlagungen auf einen richtigen Nenner.

Was mich vorantreibt? Vielleicht, weil ich mich immer wieder von neuem bestätigen muß. Alles, was ich tue, mache ich nur unter diesem Gesichtspunkt: Was kann ich, was bin ich wert, kann ich noch besser werden. Natürlich versucht man auch als Mensch besser zu werden. Nur – was heißt das? Man müßte versuchen, ein völlig guter Mensch zu werden, aber hat es das jemals gegeben – einen Menschen, der nur gut ist?«

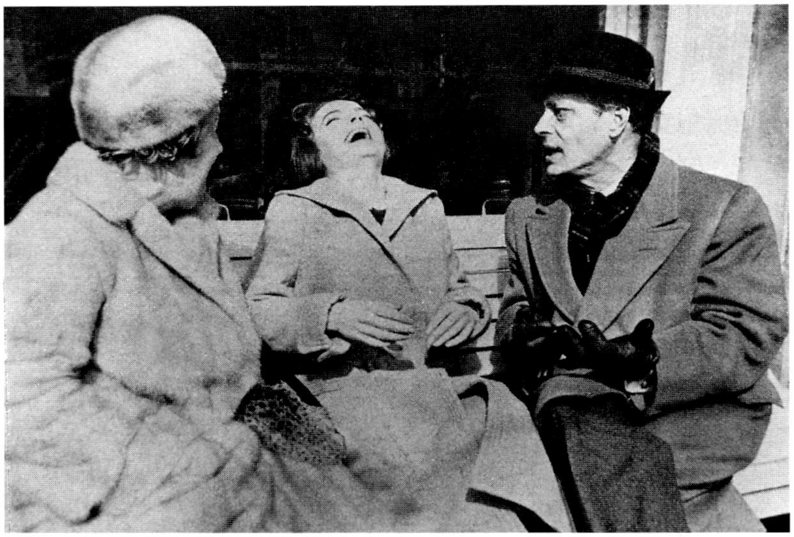

Wien, 26.3.1963
Während der Dreharbeiten zu dem Film »Der Kardinal« unter der Regie von Otto Preminger trifft Romy Schneider ihre Eltern in Wien.
»Das ist das erstemal, daß ich meine Eltern zusammen sehe.«

»Kindheit? Basta, aus, vorbei, eh nichts mehr zu ändern, vergessen.«

Wolf Albach-Retty
Ich möchte nicht in den Verdacht geraten, aus der Karriere meiner Tochter für mich Profit zu schlagen. Das ist der Hauptgrund, warum ich mich streng zurückgehalten habe ... Sonst aber stehe ich mit meiner Tochter in bestem Einvernehmen. Ich liebe sie sehr, und ich weiß, daß auch Romy sehr an mir hängt. Wir sehen uns, wann immer sich eine Gelegenheit bietet ...

»Mein wirklicher Vater war wirklich kein Vater. Leider. Heute meine ich aber, er ist zu früh gestorben. Vielleicht wäre er später mehr ein Vater für mich gewesen, als ich ihn brauchte, als immer dieser andere um mich herum war. Mein Vater sagte zu mir damals: Ist doch egal, reg di nit auf, ich finde den auch widerlich, den anderen, reg di nit auf.
Als junges Mädchen saß ich am liebsten im Zimmer von meinem Vater, der ja nicht mehr im Haus war, der meine Mutter verlassen hatte. Da war ich ganz allein. Ich wußte, ich saß im Zimmer von jemand, der mich sehr liebte.
Der Vater war sehr leger, der wollte zwar auch nie Kinder, der wollte immer nur Frauen. Aber er war ganz anders als Alain. Acht Jahre hat meine Mutter auf ihn gewartet und seine Ufa-Kostüme in den Schränken auf dem Dachboden gepflegt.
Ich habe ihn erst wieder richtig erlebt, als wir zusammen in dem Preminger-Film ›Kardinal‹ spielten. Er hat es vor allem für mich gemacht, denn die Gage war nicht sehr hoch. Wir haben ein einziges Mal zusammen gespielt, und es war ein superber Kontakt. Ich war 25 oder 26. Er spielte wie üblich den Baron mit Smoking, und er war sehr schön. Ich glaube, daß meine Mutter nie einen Mann so geliebt hat. Sie hat umsonst gewartet mit den Koffern auf dem Boden, er kam halt nicht zurück. Er ist an zwei Herzinfarkten gestorben, weil er aus meiner Sicht an diesem merkwürdigen, krankhaften, unentwegten Lampenfieber ein Leben lang gelitten hat. Das habe ich von ihm geerbt. Er hatte seinen ersten Infarkt während einer Aufführung im Wiener Akademie-Theater, und ich saß mit meinem Bruder Wolfi in der ersten Reihe. Aber er hat weitergespielt und ist erst nach der Vorstellung ins Krankenhaus gefahren, der liebe Depperte. Später hat er als erstes mit seinem Hund am Telefon gesprochen. Das letzte Mal habe ich ihn in einem Wiener Krankenhaus gesehen. Ich mußte draußen warten, ich durfte das Zimmer nicht betreten, bis er sich gekämmt hatte. Dann unternahm er eine Riesenanstrengung, mich sitzend zu empfangen.«

Stern vom 23.4.1981

24. Leih mir deinen Mann
(Good Neighbour Sam)
1963/64, USA
Regie: David Swift
Drehbuch: James Fritzell, Everett Greenbaum und David Swift nach dem gleichnamigen Roman von Jack Finney
Kamera: Burnett Guffey (Technicolor)
Musik: Frank Devol
Produktion: David Swift (Columbia)
Darsteller:
Jack Lemmon: Sam Bissell
Romy Schneider: Janet Lagerlof
Michael Connors: Howard Ebbets
Edward G. Robinson: Simon Nurdlinger

»Ich fühle mich hundertprozentig zu Hause in beiden Sprachen. ›Good Neighbour Sam‹ ist mein erstes Lustspiel, und bekanntlich gibt es nichts Schwierigeres als Lustspielrollen. Aber Jack Lemmon ist mein Lehrmeister, und einen besseren gibt es nicht. Ich habe in drei Monaten hier in Hollywood nichts gesehen, bin nicht ausgegangen, sondern habe nur gearbeitet. Morgens um fünf Uhr klingelt immer das Telefon ›Romy, aufstehen‹. In Paris ist die Drehzeit eine angenehmere. Von zwölf Uhr mittags bis acht Uhr abends. Das frühe Aufstehen ist schrecklich. Wie sieht eine Frau um fünf Uhr in der Frühe aus! Sonst würde mich das nicht stören. Ich bin immer pünktlich da. Wenn nicht jeder Tag dieser Arbeit mit Lachen anfinge – Jack Lemmon bringt einen immer wieder zum Lachen –, wäre es sehr schwer, aber so geht's!«

»Ich mußte hier sehr hart arbeiten, und ich war nervös. Es war meine erste Komödienrolle, noch dazu neben einem Jack Lemmon. Meine Mutter sagte oft zu mir: leg die Beine hoch und entspanne dich, aber das kann ich nicht. Ich bin auch zu aggressiv, rede immer drauflos. Außerdem bin ich eine ganz schlechte Diplomatin und im Leben eine ebenso schlechte Schauspielerin. Ich habe eine sehr dünne Haut. Man verletzt mich rasch. Ich bin nicht wegen Geld zum Film gegangen. Ich habe von klein auf allen Luxus gehabt. Zwei Jahre war ich arbeitslos, für mich die Hölle. Wenn mir damals nicht Alain Delon geholfen hätte, weiß ich nicht, was geworden wäre. Ich bin doch am glücklichsten, wenn ich arbeite!«

Romy Schneider mit Edward G. Robinson und Jack Lemmon in der Hollywood-Komödie »Leih mir deinen Mann«

Romy Schneider
Das ist eine großartige Stadt. Ich bin dort sehr herzlich empfangen worden. Vielleicht werde ich durch Hollywood eine ganz neue Romy Schneider. Wir werden ja sehen. Den größten Einfluß auf meine Entwicklung dort hatte die Komödie »Guter Nachbar Sam«. Es war ein neues Fach für mich. Eine wirkliche Bereicherung, die mich glücklich machte. Vor allem begeisterte mich mein Partner Jack Lemmon, einer der begabtesten, liebenswertesten und charmantesten Kollegen, mit denen ich je zusammenarbeitete. Er hat mir das Neuland Hollywood so leicht gemacht. Er ist wirklich ein feiner Kerl.

Jack Lemmon
Allein durch ihre Anwesenheit ist sie in Hollywood Mittelpunkt.

Michael Connors
Sie war eine der wärmsten und sensibelsten Frauen, die ich je gekannt habe, und damals schon ungeheuer professionell.

Bei Romy Schneider stellt man fest, daß ihre sympathische Begabung zwar spielerisch aufgelockert erscheint, deswegen aber keineswegs spielerisch-motorisch funktioniert. Aber mit Chic und Anstand trägt sie stets ein neues Tag- bzw. Nachtgewand, denn sie ist ja eine Millionenerbin. An seinem Aufwand erstickt der Film.
Der Kurier vom 2. 10. 1964

Als Romy Schneider in Hollywood dreht, verliert sie ihren Charme und ihre Ungezwungenheit. Man hat gegen ihre Natur gehandelt, indem man aus ihr eine ausgelassene, unwiderstehliche Schauspielerin machen wollte. Sie wirkt jedesmal lächerlich, wenn sie aus falscher Kehle lacht und herumhüpft, indem sie Darstellerinnen mit viel »Pep« à la Doris Day zu imitieren sucht.
Cinéma 65

»Das Alleinsein zwischen den Filmen fällt mir schwerer als früher. Der Film vermittelt mir die Intensität, die ich brauche, damit es mir gut geht.
Mein Arbeitsfeld und mein Zuhause ist Frankreich.
Es ist mir, ehrlich, vollkommen gleichgültig, was Menschen, die mich nicht leiden mögen, gegen mich sagen. Ich muß ich selbst bleiben, ein Mensch mit einer Haut wie eine Kokosnuß: die mild ist, süß, und dieses Fleisch unter der Schale schmeckt gut.
Die Filmleute wissen, daß ich pünktlich bin, keinen Termin verpasse, keine Launen habe und selbst, wenn ich müde bin, da bin, wie das Zirkuspferd, wenn es die Trompete hört. Ich lebe, wie ich leben muß. Ich gebe meinen Gefühlen nach, auch wenn ich mich irre. Jeder Mensch hat das Recht auf Irrtum. Ich sage meine Meinung – zur Politik, zu Büchern, zu Filmen, zu Menschen. Wem es nicht paßt, der braucht nicht hinzuhören, und ich zwinge niemanden, meiner Meinung zu sein. Und wissen Sie, wenn ich Filme drehe, verdiene ich Geld, viel Geld. Und eben dieses Geld macht mich sicher. In dieser Scheißwelt gilt nur der, der Geld hat, und wer Geld hat, der kann alles sagen – und ich sage es eben. Das mögen viele Leute nicht. Und wer Geld hat, der darf tun, was er bezahlen kann – und das mache ich eben auch: ich bezahle, und ich denke an die alten Ungarn, die einst davon lebten, daß sie nur Herren und Knechte anerkannten. Das habe ich von der alten Frau Albach-Retty: ›Kind‹, hat sie gesagt, ›laß dich nicht unterbuttern. Du bist es, die buttert.‹«

»Ich selbst finde erst jetzt und viele Jahre nach meinen frühreifen Welterfolgen zu mir, zu der Freiheit eines erwachsenen Menschen. Meine neue Freiheit, das ist der Versuch, neue Gedanken zu denken. Das ist meine einzige Möglichkeit, mich zu verändern – wenigstens eine kleine, um aus dieser Sackgasse herauszukommen, in der man als ›Markenartikel Romy Schneider‹ festsitzt. Ich meine einfach Idolfiguren fallen eines Tages von der Leiter, und dann ist aus Versehen ein unwirkliches Leben zu Ende gelebt.«

»Ich brauche einen Platz für mich, mit einem Zimmer für mich allein. Und an die Wände dieses Zimmers werde ich Fotos all der Menschen hängen, die ich geliebt habe und die ich liebe.«

Romy Schneider in Hollywood, 1962–1965
Sie erhält von der Columbia einen Siebenjahresvertrag für sieben Filme. Davon bedeutet jeder Film eine Millionengage. Im Herbst 1963 bezieht sie mit acht Angestellten eine Luxusvilla in Beverly Hills, dem Wohnviertel Hollywoods

»Ich war immer wie ein Schwamm, aus dem man den letzten Tropfen herausquetschte. Niemals durfte ich toben, mich wie ein Mensch benehmen. Immer hackte man auf mir herum.
Was sollen diese Einladungen? Gelage, auf denen man angeblich zum Star gemacht wird, lehne ich ab. Denn langweilen kann ich mich besser allein. Sowieso habe ich keine Zeit für solchen Unsinn.
Ich weiß, daß mit mir nicht leicht umzugehen ist. Manchmal glaube ich, daß ich mir zuviel abverlange. Wenn auch mein Privatleben wichtiger ist, so könnte ich doch meinen Beruf kaum aufgeben. Vielleicht werde ich eines Tages sagen: Genug, heiraten, Kinder haben und mein Leben dem Mann widmen, den ich liebe. Aber vorstellen kann ich es mir nicht.
Ich lebe mit dem Mann, den ich liebe.
In meiner Wohnung in Monte Carlo werde ich bald wieder mit ihm auf der Terrasse sitzen, Leute beobachten und aufs Meer hinausschauen. Oft gehe ich abends schon um neun ins Bett.
Mit meinen Büchern, meinen Schallplatten und meinen Hunden. Erst dann werde ich wieder richtig glücklich sein.
Ein Trauschein ist nur ein Fetzen Papier.«

Romy Schneider auf einem Cocktailempfang der Columbia-Film im Beverly Hills Hotel, Hollywood 1963
Ihr Kollege Jack Lemmon hat ihr zu Ehren einen Empfang veranstaltet, unter den Gästen sind William Wyler, Otto Preminger, Charlton Heston, Edward G. Robinson und James Mason

Im Gespräch mit dem Regisseur William Wyler und dem Schauspieler James Mason

Am Swimmingpool der Luxusvilla
(rechte Seite)

»Nach einem Film bin ich völlig erschöpft, gehe aufs Land, will mit keinem reden, doch nach ein paar Wochen sehe ich mich schon nach einer neuen Rolle um. Ich bin nun 25 Jahre, habe viele Erfahrungen gesammelt, und das ist der einzige Vorteil aus meiner Zeit der Enttäuschungen. Diese Erfahrungen beim Filmen machten mich ganz sicher. Doch in Hollywood war ich das, unter uns, im Anfang nicht. Ich wollte doch nicht als Maus ankommen! Jack Lemmon war ein herrlicher Partner, das Beste an meiner Rolle – aber manchmal spürte man doch den ganz großen Star ... Ich habe von ihm sehr, sehr viel gelernt. Mit ihm gab es täglich Gelächter, aber neben ihm fühlt man sich auch unbedeutend ... Ich muß mich ändern! Aber ich bin nun mal, wie ich bin, vielleicht schwierig, doch mit Schwierigen komme ich am besten aus, mit Kortner, Orson Welles. Ich will es gar nicht einfach haben! Ich tue immer alles, was mir einleuchtet. Aber ich kann nicht ertragen, herumgestoßen zu werden und Sachen zu tun, die ich innerlich ablehne. Ich bin die schlechteste Verliererin der Welt. Das war ich schon als Kind bei den albernsten Spielen. Ich bin nicht ein Mensch, der mit einem anderen völlig verwachsen kann. Ich will für mich leben können.«

Austern, Sekt und Küsse

Und dann kam Romy! Es war nachmittags 6 Uhr, und ihretwegen – aber auch wegen der als Gäste erscheinenden Top-Stars – wimmelte es im Rodeo Room von Fotografen und Presse, einheimische und einige Ausländer, die man sehr gesiebt hatte. Romy trug kleidsame Pagenfrisur, fast kein Make-up, ein schwarzes, enges Pailettenkleid, das ihre nun schlanken, hübschen Beine zeigte, und sie lächelte sehr charmant mit flirrenden grünen Augen nach allen Seiten. Wo sie ging und stand umflockten sie die Männer, nahmen sie in die Arme, küßten sie à la Hollywood, und Romy schien durch ihren Erfolg, die Bewunderung, die Komplimente wie berauscht. Sie sah ein bißchen aus wie Nixe in Trauer, sehr »sexy« nebenher. Und alle Top-Stars ließen sich mit ihr fotografieren; Charlton Heston in artigem dunkelblauem Anzug, Warren Beatty mit dunkler Jacke zu grauen Hosen. Als dieses Paar unter die Scheinwerfer geriet, knallten fast die Birnen durch. Der reizende alte Edward G. Robinson war auch da und James Mason mit Schnurrbart. Auch der hübsche junge Mike Callan war da, und seine entzükkende junge Frau ließ ihn nicht aus den Augen, als er Romy in den Arm nahm. Muskelmann Vince Edwards, der junge Doktor vom Fernsehen, teilte seine Sympathie zwischen Romy Schneider und dem fabelhaften Luxusbüfett mit Austern, Hummerhäppchen, den tollsten Magenfreuden, an denen auch Otto Preminger knabberte. »Austern und Sekt«, sagte er schmunzelnd, »sind was zum Schlankbleiben, wenn man auf Diät gesetzt ist.« Elegante Diät!
Gegenüber an der Bar floß französischer Sekt um die Wette mit einheimischen Drinks in die Gläser. Außerdem wimmelte es von Vip's (Very important persons ... sehr bedeutenden Leuten), Columbia-Bossen, Regisseuren, und ganz in Rosa mit edler weißer Pelzstola die nunmehr blondbraune Loualla Parsons. Sie war immer Romys Freundin.
Romy trat den Weg zu ihr an, mit allen, die ihr huldigten, und im Pfauenschwanz dieser Suite befanden sich große Stars. Die Party war ein voller Erfolg, Romy von ihrem großen Empfang wie berauscht und nicht wegzubringen ... Doch ob sie es nun mit solchem Schwung auch beim großen US-Publikum schafft, muß ihr kommender Film »Good Neighbour Sam« mit Jack Lemmon erweisen –, und das weiß sie auch.

Rheinische Post vom 2. 11. 1963

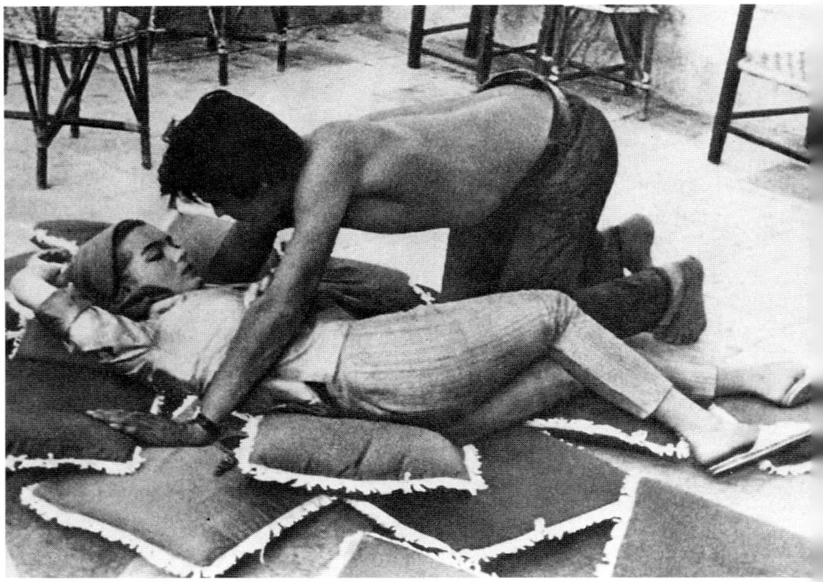

Romy Schneider und Alain Delon in den Jahren 1960 bis 1963

»Der wichtigste Mann in meinem Leben war und ist Alain Delon. Wenn ich ihn brauche, ist seine Hand immer für mich da ... Auch heute noch ist Alain der einzige Mann, auf den ich rechnen kann. Er würde mir jederzeit helfen. Nur Alain hat mich als Frau geformt. Er hat mich zwar verlassen und mir einen großen Schmerz zugefügt, doch dadurch bin ich gereift. Alles andere zählt nicht. Er hat mich erst zur Schauspielerin gemacht, indem er mich in wichtige Kreise in Paris und Rom einführte. Durch ihn lernte ich berühmte Regisseure wie beispielsweise Chabrol und Visconti kennen.«

Trennung von Romy Schneider und Alain Delon, Paris 18.12.1963

»Er hat mich unentwegt betrogen. Ich war zu Dreharbeiten in Amerika. Ich kam zurück, die Wohnung in der Avenue de Messine war leer, niemand mehr da. Da stand ein Rosenstrauß, daneben lag ein Zettel, da stand drauf: ›Ich bin mit Natalie nach Mexiko, alles Gute, Alain.‹«

Vier Jahre, acht Monate und 24 Tage waren seit der Verlobung in Lugano vergangen. Alain heiratete im August 1964 die Schauspielerin Nathalie Barthélemy. Sein Sohn Anthony George Alain wurde am 1.10.1964 geboren.

»Und dann begann das scheußlichste Jahr meines Lebens, das Jahr zwischen Herbst 1963 und Herbst 1964. Ich erinnere mich genau, wie es anfing: Vor dem Hollywood-Film ›Leih mir deinen Mann‹ verbrachte ich zusammen mit meinem Bruder Wolfi, der in Basel Medizin studiert, ein paar Wochen in Monte Carlo. Wir waren sehr glücklich zusammen, denn wir verstehen uns wunderbar. Nur ein Schatten trübte die Zeit: Alain drehte einen Film in Madrid – und ich sah in allen Zeitungen das gleiche Bild: Alain in seinem Klappstuhl mit der Aufschrift ›Alain Delon‹ und auf seinen Knien ein Mädchen, das einen großen Hut trug. Wenn Alain und ich telefonierten, und wir telefonierten nach wie vor fast jeden Tag – dann lachte er alles weg. Eines Abends wartete ich gerade auf die Verbindung mit Madrid – da trat er selbst plötzlich ins Zimmer und erschreckte mich. Er hatte viel Sinn für solche Überraschungen. Es war unsere vorletzte Begegnung vor der Trennung – und ich kann eines noch heute nicht begreifen: Er war wie immer, er benahm sich, als sei nichts geschehen. Die letzte Begegnung fand in Rom statt. Alain brachte mich an das Flugzeug nach Hollywood. Während der ersten Tage in Hollywood telefonierten wir wie üblich miteinander. Nichts schien sich geändert zu haben. Nur eines: In den Zeitungen häuften sich die Gerüchte. Es war von einer Verlobung mit Nathalie Barthélemy die Rede – dem Mädchen mit dem Hut. Dann kam unser gemeinsamer Freund und Agent George Baum nach Hollywood. Ich hatte immer mit dem Ende gerechnet, aber ich hatte nicht damit gerechnet, daß es so überraschend kommen würde. George sagte: ›Ich habe einen Brief für Sie, Romy.‹ Er war zwölf oder fünfzehn Seiten lang, und die letzten Seiten waren ein bißchen verwischt. Ich las und begriff und begriff einfach nicht. Ich habe den Brief nicht beantwortet. Es blieb nichts mehr zu sagen. Ich gebe zu, daß ich Monate sehr gelitten habe, warum sollte ich mich deshalb schämen. Unser Beruf hat mehr zu unserer Trennung beigetragen, als Alain wahrhaben will. Nach der Liebe mit Alain war ich verbraucht, verloren, geschunden.«

Romy Schneider und Alain Delon im Jahr der Trennung, 1963

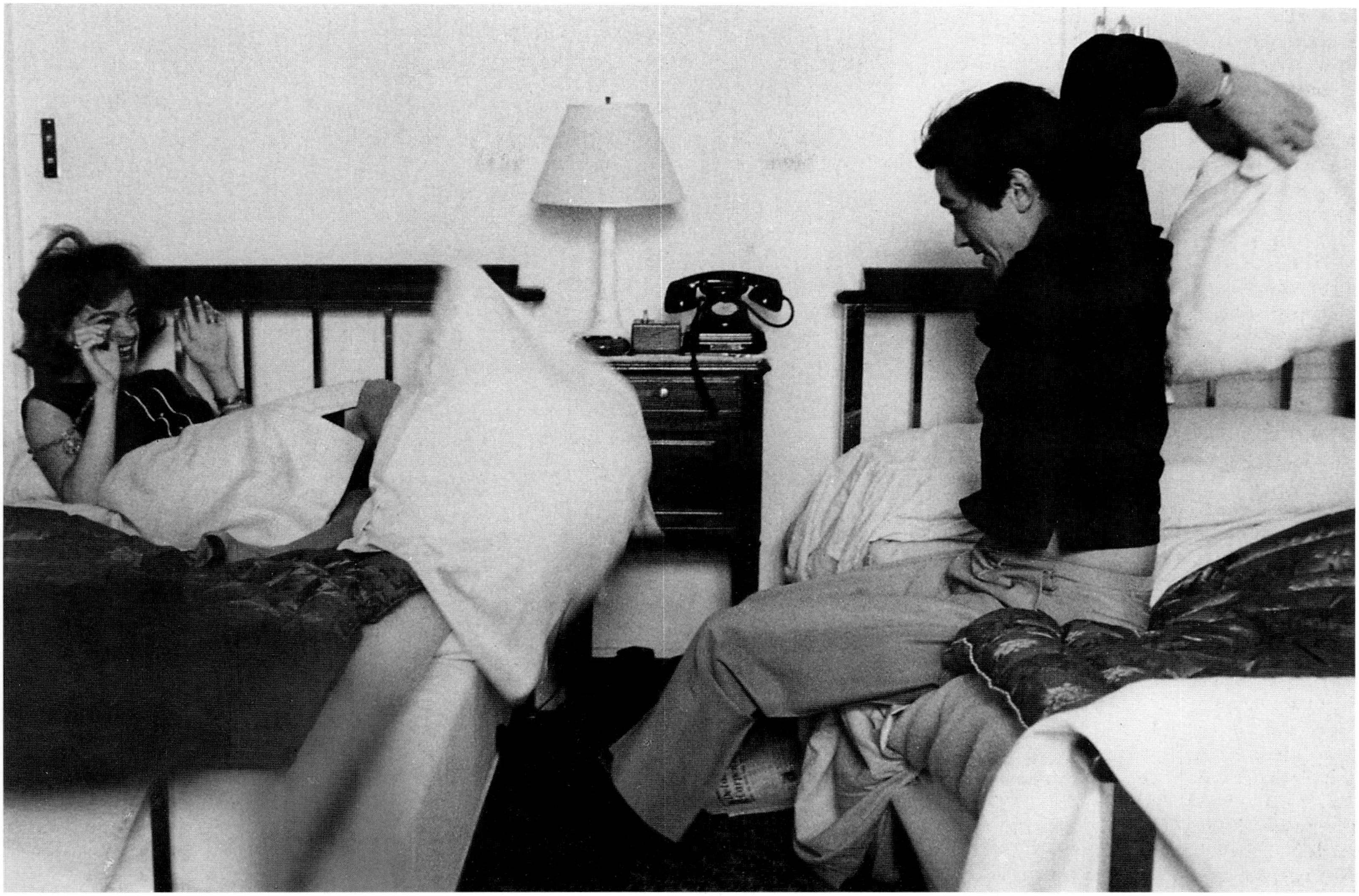

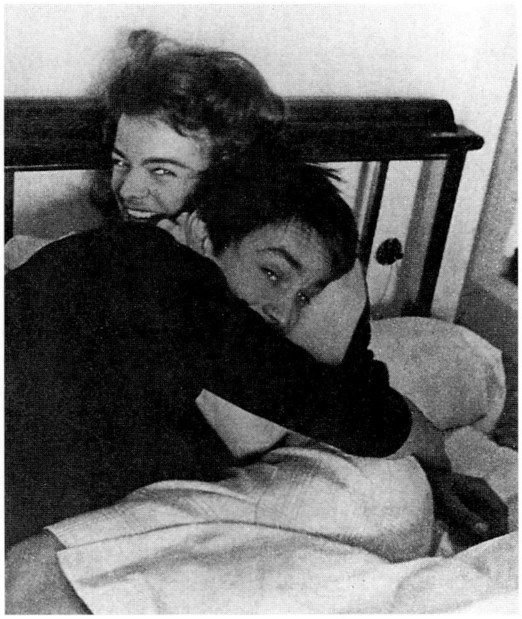

Alain Delon
Die Vernunft zwingt mich, Dir adieu zu sagen. Wir haben unsere Ehe gelebt, bevor wir heirateten. Unser Metier würde ihr jede Überlebenschance nehmen ... Ich gebe Dir die Freiheit zurück und lasse Dir für alle Zeiten mein Herz.

Meine einzig wahre Liebe gab ich Romy, und Romy gab mir die ihre. Ich fürchte, ich werde niemals mehr einer ebenso großen Liebe begegnen, und keine Frau verdiente es so sehr wie sie, glücklich zu sein.
Es bereitet mir Schmerz, wenn ich denke, daß es genügt hätte, Romy glücklich zu machen, wenn ich sie geheiratet hätte, so wie ich bin.
Ich weiß, daß meine Liebe zu Romy verknüpft war mit einer grenzenlosen Bewunderung, die nicht der Schauspielerin galt, sondern der Frau. Für mich ist und bleibt Romy die ideale Frau.

Romy Schneider
Wenn es nach mir gegangen wäre – ich hätte ihn nicht aufgeben können. Manchmal spürte ich voller Verzweiflung, daß unsere Beziehung in Quälerei ausartete, und dann wollte ich Schluß machen. Ich konnte es nicht. Wenn Alain von einer Reise zurückkam, stand ich doch wieder am Flughafen und erwartete ihn. Gut, ich war schwach, ich liebte ihn, und ich verzieh ihm immer wieder.
Mehr möchte ich über diese Zeit nicht sagen. Nur noch eins: Ich bereue nichts. Nichts. Ich möchte das Ganze nicht noch einmal erleben, ich könnte es nicht ertragen.
Ich behalte für mich nur das Schönste und Beste von diesen Jahren. Heute weiß ich auch: Ich habe einen Geliebten verloren und einen Freund gewonnen.

»Mich besuchte ein Mann, den ich schon immer sehr bewundert und auch ein bißchen gefürchtet hatte: Regisseur Henri-Georges Clouzot. Mit Clouzot erging es mir wie mit Visconti: Auf eine ganz und gar unerotische Weise war ich sofort verliebt in diesen temperamentvollen, diktatorischen Intellektuellen, der alles fordert und alles aus einem Schauspieler herausholt.
Im Sommer 1963 trafen wir uns bei einem Karajan-Konzert in Paris. ›Ich schreibe an einem Drehbuch‹, sagte Clouzot knapp, ›der Film heißt ‚Die Hölle'.‹
Im Frühjahr 1964 sollten die Dreharbeiten beginnen. Ich freute mich auf die Arbeit. Vorher sollte ich noch einen Film in Hollywood drehen: ›Leih mir deinen Mann‹ mit Jack Lemmon und Edward G. Robinson.«

Romy Schneider mit Dany Carrel, Serge Reggiani und Regisseur Henri Clouzot bei den Dreharbeiten zu »L'Enfer«
Die Außenaufnahmen des Films »L'Enfer« beginnen im Frühling 1964 in der Auvergne, im Tal der Truyère. Der Film wird nicht beendet, denn Regisseur Henry Clouzot muß wegen eines Herzleidens die Arbeit abbrechen

25. L'Enfer (Die Hölle) unvollendet
1964, Frankreich
Drehbuch und Regie: Henri-George Clouzot
Kamera: Claude Renoir (Eastmancolor)
Darsteller:
Romy Schneider: Odette Prieur
Dany Carrel: Marylou
Serge Reggiani: Marcel Prieur
Jean-Claude Bercq u. a.

»Für mich ist bis jetzt das wichtigste die Arbeit, aber das wird sich ändern. Ich will nicht eines Tages nur meinen Beruf haben; ich bin sowieso schon zu selbständig geworden – und das ist gefährlich für eine Frau.
Das einzige Trostpflaster im Jahr 1964: Ich hatte mit meinem ersten Hollywood-Film ›Leih mir deinen Mann‹ großen Erfolg. Der Film war ein Kassenschlager, öffnete mir den amerikanischen Markt und brachte mir positive Kritiken in Amerika ein. Es ging aufwärts. Nach der Rückkehr aus Hollywood erholte ich mich ein paar Wochen lang im Haus meines Freundes Curd Jürgens an der Côte d'Azur, um für den Clouzot-Film ›Die Hölle‹ fit zu sein. Hin und wieder kam Henri-Georges Clouzot, der in Saint-Paul-de-Vence wohnte, zu mir herüber, um über das Projekt zu sprechen.
Als er schon mit den Proben beginnen wollte, stellte sich plötzlich heraus, daß ihn mein leichter deutscher Akzent störte. Er wollte mich unbedingt in ein paar Wochen zu einer perfekt und akzentfrei französisch sprechenden Schauspielerin machen. Das war beim besten Willen nicht zu schaffen. Nach langen Diskussionen einigten wir uns schließlich darauf, daß ich im Film die Rolle einer Elsässerin spielen sollte.
Bei diesen Proben merkte ich schon, daß Clouzot wirklich der schwierigste Regisseur war, dem ich bisher begegnet bin. Schwierig nicht im negativen Sinn! Dieser Mann gibt sich nie zufrieden, er ist ein Perfektionist, der jeden Ton, jede Beleuchtung, jede Geste bis auf die kleinste Nuance genauso haben will, wie er sie sich vorher in seiner Phantasie vorgestellt hat. Ich fragte mich: Wie wirst du achtzehn Wochen Drehzeit mit Henri-Georges durchstehen? Ich brauchte sie nicht durchzustehen. Leider, leider. Das Pech fing schon damit an, daß Serge Reggiani schwer erkrankte, was alle Dispositionen über den Haufen warf. Mit meiner Gesundheit war es auch nicht weit her. Und dann, nach drei Wochen Dreharbeit, kam die Katastrophe: Henri-Georges Clouzot brach zusammen. Herzinfarkt! Der Film mußte abgebrochen werden. Keine Chance, auf Clouzots Genesung zu warten. Die Ärzte erklärten gleich, daß er mindestens ein Jahr lang pausieren müßte. Ich merkte plötzlich, daß ich in der Luft hing. Der Abbruch der Dreharbeiten bedeutete für mich mehr als nur ein ›geplatzter Film‹. Ich hatte mich mit Haut und Haaren auf diesen Film konzentriert. Nun war er zu Ende, ehe er richtig angefangen hatte – und ich wußte nicht, was ich jetzt tun sollte ...
Damals im Herbst 1964, begriff ich zum erstenmal wieder, daß ich mir ein Leben außerhalb des Films und der Bühne aufbauen mußte. Ich wollte wieder lernen zu leben – ein privates Leben mit Freunden zu führen, Urlaub zu machen.
Ich versuchte, Arbeit und Leben wieder in ein richtiges Verhältnis zueinander zu bringen. Und es ging ...«

Was gibt's Neues, Pussy?
In dieser originellen Farbfilmkomödie becirct Peter O'Toole (Mitte) alle vier Schönen (Paula Prentiss, Romy Schneider, Ursula Andress, Capucine), während die beiden anderen Herren (Woody Allen und Peter Sellers) leer ausgehen.

Romy mit Peter O'Toole
(rechts oben)

»Ich will nicht mehr drehen, um zu drehen. Ich habe einfach nicht mehr die Kraft, die Nerven und den Ehrgeiz dazu. Ich habe es satt, von einem Film zum anderen zu jagen. Keine ›Pussycats‹ mehr, keinen ›Leih mir deinen Mann‹ mehr. Paris ist mir zu nervös, zu hektisch geworden. Ich möchte es jetzt gern ein bißchen ruhiger haben.«

»Meine Rolle in ›Was gibt's Neues, Pussy?‹ hat mir nie gefallen. Ich sah fett und schiach aus. Es war auch falsch, daß ich diese Rolle gespielt habe. Für mich war das sowieso ein pornographischer Film. Der Film wird immer meine Hauptarbeit bleiben. Denn schließlich bin ich seit meinem 14. Lebensjahr dabei, und heute bin ich 27. Aber wo gibt es schon die großen komischen Rollen, die ich mir vorstelle! Und wo gibt es einen neuen Lubitsch?«

Der Film ist, in seinen besten Momenten, eine süffisant ironische Knallgroteske, renommiert mit unwahrscheinlich hübschen Frauenzimmern (die hübschesten: Romy Schneider und Capucine) und jagt Peter O'Toole als erotischen Vielfraß heißahopp durch alle Schnelldienstbetten von Paris, Athen, blöd, köstlich – wie man will.
Abendzeitung, München, vom 11.12.1965

26. Was gibt's Neues, Pussy?
(What's New Pussycat?)
1964, Großbritannien/Frankreich
Regie: Clive Donner
Drehbuch: Woody Allen
Kamera: Jean Badal (Technicolor-Scope)
Musik: Burt Bacharach
Lieder: Hal David
Pussycat gesungen von Tom Jones
Produktion: Charles K. Feldman
(Famous Artists)
Darsteller:
Peter Sellers: Fritz Fassbender
Peter O'Toole: Michael James
Romy Schneider: Carole Werner
Capucine: Renée Lefèbvre
Paula Prentiss: Liz
Woody Allen: Victor Shatsapopolis
Ursula Andress: Rita

»Ich bin müde. Mein Leben ist die Hölle. Nur abends bin ich manchmal glücklich. Hoffentlich kehrt ›sie‹ mit der Nacht nicht zurück. Sie ist immer da. Sie, das ist die andere. Mit ihren Augen starrt sie in die Nacht. Sie beschimpft mich, sie lacht, sie weint. Sie hat immer eine Hand auf meiner Schulter. Sie paßt immer auf mich auf. Sie wirft mir alle Fehler vor. Einmal, zweimal, dreimal. Ich werde sie nie los. Aber ich hasse sie. Der Mann, den ich liebte, sagte immer: ›Laß dich doch einmal gehen, gib dich ganz, spring ins Wasser ...‹ Er hatte so recht. Alles kotzt mich an. Wenn ich die andere doch nur töten könnte. Eines Tages werde ich es schaffen.
Dabei bin ich fähig, einen Mann zu lieben, am Morgen, wenn er ganz verschlafen ist. Wenn er auch noch nicht die Zähne geputzt hat und seine Augen noch vom Schlaf verquollen sind. Da ist er echt, so liebe ich ihn. Aber ich brauche Stärke. Einen Mann, der mich gewaltsam in die Knie zwingt.«

27. Halb elf in einer Sommernacht (10:30 P. M. Summer)

1965, USA/Spanien
Regie: Jules Dassin
Drehbuch: Jules Dassin, Marguerite Duras
Kamera: Gabor Podgany (Technicolor)
Musik: Cristobal Halffter
Produktion: Anatole Litvak und Jules Dassin (Jorilie Argus)
Darsteller:
Melina Mercouri: Maria
Romy Schneider: Claire
Peter Finch: Paul
Julian Mateos: Rodrigo Palestro

»Bis vor zwei Jahren hätte ich noch fest behauptet, daß es für mich keine keine andere Stadt als Paris gibt. Jetzt stelle ich fest, daß ich auch woanders gut leben könnte. London gefällt mir mehr und mehr. New York würde mich mal für ein Jahr reizen. Auch Berlin. Höchstens im Sommer, wenn es besonders heiß ist, ist es möglich, mal zwei Wochen nichts zu tun. Ansonsten kann ich nie und nirgendwo tatenlos herumsitzen. Das ist kein falscher Ehrgeiz. Die Arbeit macht mir einfach Spaß. Wenn ich kein organisiertes Leben habe, bin ich kein richtiger Mensch. Auch jetzt, in meinen Ferien, trainiere ich täglich: Singen, Tanzen, Reiten und vieles andere. Der Beruf macht hektisch und nervös. Ich muß lernen zu leben. Ich spüre das, je älter ich werde. Heute mache ich nur noch, was ich will, und so wenig berufliche Kompromisse wie möglich. Manchmal muß man einfach nach seiner Nase gehen. Auch wenn man sie sich dabei einschlägt.
1964 war ein schlechtes Jahr für mich. Ich war ganz auf den Clouzot-Film eingestellt. Körperlich und geistig. Ich hatte mir gesagt: ›Diese 18 oder 20 oder auch 25 Wochen beiße ich mich durch mit diesem Mann.‹ Dann kam seine Krankheit, und meine beste Rolle fiel ins Wasser. Das war eine Lektion für mich. Ich saß da und fragte mich, was nun? Ich wußte ja, daß ich ihn nicht gesund machen konnte. Ich glaube, von diesem Augenblick an hat sich vieles geändert.
Ich versuchte mich zunächst abzulenken. Ich erholte mich auf Sam Spiegels Jacht im Mittelmeer. Fuhr nach Salzburg. Dann nahm ich diesen Film ›Was gibt's Neues, Pussy-Cat?‹ an, der mir eigentlich gar nicht so sehr lag und der mir sicher auch nicht weiterhilft. Es war wieder eine Konzession.
Jetzt drehe ich erst einmal mit Melina Mercouri und Peter Finch ›Halb elf in einer Sommernacht‹. Regie führt Jules Dassin.«

Romys 27. Geburtstag, 23.9.1965
Während der Dreharbeiten zu »Halb elf in einer Sommernacht« in Madrid feiert Romy ihren Geburtstag im Kreis der Mitwirkenden: dem australischen Schauspieler Peter Finch, dem französischen Regisseur Jules Dassin, der griechischen Schauspielerin Melina Mercouri und dem spanischen Schauspieler Julian Mateos

Mit Peter Finch und Melina Mercouri in »Halb elf in einer Sommernacht«
Romy soll die Jugend, die Schönheit und die Versuchung verkörpern gegenüber der Reife, der Müdigkeit und der Vernachlässigung, die von Melina Mercouri zum Ausdruck gebracht werden. Von ihrer Partnerin begeistert, sagt die temperamentvolle griechische Schauspielerin zu ihr: »Du brauchst dich nicht zu genieren, wenn du bei Dassin jung und schön sein sollst, während ich alt und häßlich erscheinen werde. Ich bitte dich, sei schön ...«

Romy Schneider
Jules Dassins Film war für mich ein wertvolles Experiment, eine willkommene Gelegenheit, meine schauspielerischen Möglichkeiten bis an ihre Grenzen zu erproben.
Ich bin dankbar, daß ich diesen Film drehen konnte.

Melina Mercouri
Ich habe sie immer gemocht, weil sie so wunderbar adrett aussieht.
Ihr Können ist superb.
Ihre Schönheit so rein und gleichzeitig sinnlich.

Bekanntschaft mit Harry Meyen, 1965
Romy Schneider lernt den Berliner Schauspieler und Theaterregisseur Harry Meyen (1924–1979) am 1. April 1965 bei der Eröffnung der Blatzheim-Restaurants im Europa-Center Berlin (West) kennen. Er war der Einladung Magda Schneiders gefolgt. Seit zwölf Jahren ist er mit der Schauspielerin Anneliese Römer verheiratet, von der er sich im Mai 1966 scheiden läßt. Harry Meyen hatte in der Boulevard-Theaterwelt einen bekannten Namen, brillierte vor allem in Berlin mit witzigen Inszenierungen und leistete auch als Schauspieler Hervorragendes. Sein bürgerlicher Name ist Harry Haubenstock, er ist jüdischer Herkunft und 14 Jahre älter als Romy. Sie lernen sich schätzen und lieben

Romy Schneider

Ich liebe seine Ironie, seinen feinen Humor. Ich liebe seine Intelligenz, seinen Charme, seine Überlegenheit. Ach, ich liebe alles, absolut alles an ihm.

Ich halte ihn für einen glänzenden Regisseur von internationalem Format. Er ist ein reiner Theatermann, der sich nicht so sehr für Filme interessiert. Filmschauspieler kann jeder werden. Das ist keine Kunst. Theater ist das einzig Wahre. Auch mich reizt es sehr. Ich würde gern ein Stück spielen, bei dem Harry Meyen Regie führt.

Mir war klargeworden, daß Talent, Persönlichkeit und Charme allein nicht genügen. Glück muß man haben. Das hat mir bisher gefehlt.

Ich fühle mich so wohl und glücklich wie nie zuvor. Ich war noch nie so frei.

Ihn muß man einfach mögen.

Harry Meyen

Ich genieße Romys ungebrochenen Instinkt.

Ich liebe ihre Spontanität. Ihre Wahrhaftigkeit ohne Hintergedanken, wie bei einem Kind. Sie ist unglaublich anpassungsfähig. Sie ist eine Frau, die nichts erwartet, nichts verlangt ...

Ich sehe vieles vom ästhetischen Standpunkt, ich lebe mit den Augen. Ich kann nur sagen, ich sehe meine Frau gern. Sie ist gut gewachsen und hat ein gutes Gesicht.
Besonders aber schätze ich ihre Ehrlichkeit, was meines Erachtens wesentlich für eine gute Ehe ist. Romy sagt immer, was sie denkt.

28. Schornstein Nr. 4 (La voleuse)
1966, Frankreich/BRD
Regie: Jean Chapot
Drehbuch: Marguerite Duras
und Jean Chapot
Kamera: Jean Bernard Penzer (schwarzweiß)
Musik: Antoine Duhamel
Produktion: Claude Jaeger
(Chronos Films Procinex Paris/
Hans Oppenheimer Film Berlin)
Darsteller:
Romy Schneider: Julia Kreuz
Michel Piccoli: Werner Kreuz
Hans-Christian Blech: Kostrowitz

»Jean Chapot bot mir die Rolle in Madrid an, als ich mit Melina Mercouri ›Halb elf in einer Sommernacht‹ drehte. Ich las das Drehbuch und wußte: Das ist die Traumrolle für mich. Ich kann die ganze Skala der Empfindungen einer jungen Frau zeigen: Trauer, Temperament und Resignation. Ich kann ganz zart und leise sein, und ich kann toben wie ein Berserker ...
Ich spiele nur auf Beteiligung am Einspielergebnis. Denn der Film ist anspruchsvoll, und niemand weiß, ob wir damit Erfolg haben. Aber die Arbeit ist einfach himmlisch, das Drehbuch ist himmlisch, der Regisseur ist himmlisch. Es gibt kein lautes Wort. Niemand brüllt herum. Die Kameramänner sind großartig. Franzosen. Sie verzichten auf Kulissen und großes Tamtam. Wir haben hier abends bei geöffneten Fenstern gespielt, drei Stock unter uns die Straße mit all den Geräuschen, dem Regen, dem Hupen. Ganz, ganz hautnah!

Mir gefällt das gerade. Ich habe Paris gründlich satt. Es ist eine zauberhafte Stadt, aber sie frißt die Nerven. Sie macht einen einfach fertig. Übrigens habe ich das Appartement verkauft. Ich gehe jetzt nach Zürich. Ich brauche Ruhe, Ruhe, Ruhe.«

»Michel Piccoli ist ein glänzender Schauspieler. Regisseur Chapot ist ein Leiser, der dem Schauspieler hilft.
Ich bin sehr vom Können des Regisseurs abhängig, ich höre ihm wirklich zu, man weiß als Schauspieler nicht immer, was man kann. Ein guter Regisseur kann mehr ausschöpfen, als man in sich vermutet hat.

Ich ziehe es vor, verrissen zu werden als ignoriert zu werden. Beruflich, wohlgemeint. Die Angst, das schreckliche Lampenfieber – es ist immer wieder der erste Film.«

Romy Schneider als Julia, die ihr Kind nach der Geburt weggab, und Michel Piccoli als ihr Mann in »Schornstein Nr. 4«
Der Film wurde in neun Wochen im Ruhrgebiet gedreht

»Unter welchem Landsmann ich am liebsten arbeite? Das ist mir völlig gleich, wenn es nur ein guter Regisseur ist. Auch die Nationalität des Films spielt keine Rolle. Während der Dreharbeiten bin ich so beschäftigt, daß ich von der jeweiligen Stadt kaum etwas kennenlerne. Was mich bewog, gerade diese Rolle zu übernehmen? Ich war sofort von dem Drehbuch begeistert. Die erste Fassung, die mir vorgelegt wurde, war ganz auf die Rolle, die Hans-Christian Blech übernommen hatte, abgestimmt. Erst als ich fest zusagte, stellte der Autor die Person der Julia in den Vordergrund. Ob mir die Arbeit hier Freude macht? Ja, denn es wirkt ein spürbar gutes Team. Es sind aber auch, nach dem eben in Spanien unter Dassin abgedrehten Film ›Halb elf in einer Sommernacht‹, meine anstrengendsten Aufnahmen. Da wir immer das Originallicht nutzen, beginnen wir manchmal schon um 3 oder 5 Uhr morgens oder arbeiten bis in den späten Abend.«

Doch das vorzügliche Spiel der Romy Schneider gibt die Fahrigkeit, Getriebenheit und Verkrampfung der jungen Frau ebenso eindrucksvoll wieder, wie Michel Piccoli den älteren, reiferen, zwischen erotischer Bindung und Abscheu hin und her gerissenen Mann mit diskreten Mitteln spielt. Daß die Verwirrung der Gefühle um ein natürliches Kind geht, daß der Fall unter Verzicht auf jedes Klischee von Mutterliebe angelegt ist, scheint wichtiger als äußere Mängel.
Frankfurter Allgemeine Zeitung vom 11.11.1966

Romy Schneider mit Harry Meyen und Gert Fröbe in »Spion zwischen zwei Fronten«
Die Arbeiten beginnen Mitte Juni in Paris und Umgebung und enden im Sommer in den Studios de la Victorine in Nizza. Während des Aufenthaltes an der Côte d'Azur heiraten Romy Schneider und Harry Meyen

Regisseur Terence Young

Terence Young, Routinier der Leinwandspannung, versteht sein Handwerk. Er bereitet die Spannung in geschickter Mischung von Aktion, Rededuellen und Liebesfreuden zu und setzt seinem Helden eine Strahlenkrone auf, die keinen Deut weniger leuchtet, weil der Mann aus lauter Lust am Abenteuer und Geld sich in die Gefahr begab. Nach Moral wird nicht gefragt. – Ein wenig Bewunderung ist beigemischt. Und seinen Spaß kann man auch an den Schauspielern haben. Christopher Plummer entwickelt eine gefällige Eleganz von Muskelprotz und Gehirnakrobat. Gert Fröbe pflanzt einen Abwehroffizier auf, der sein Handwerk als Polizist ohne Skepsis betreibt, und Romy Schneider stellt ihre kühle Figur zur Schau.
Neue Zürcher Zeitung vom 24.12.1966

Harry Meyen
Ich eigne mich offenbar nicht zum Filmschauspieler. Ich ärgere mich noch über den Tratsch, über halbe Wahrheiten und ganze Lügen und vor allem darüber, wie ein Hase von Kamera-Kanonen gejagt zu werden. Der Film legt einen Schauspieler meist in einen Klischee-Typ fest. Beim Film, da muß man weniger Schauspieler sein, da muß man nur fleißig und geduldig sein. Wenn ein Produzent einmal einen Schauspieler in einer Rolle gesehen hat, die gut gespielt wurde, dann ist man eine Type.

29. Spion zwischen zwei Fronten (Triple Cross)
1966, Großbritannien / Frankreich / BRD
Regie: Terence Young
Drehbuch: René Hardy
Kamera: Henri Alekan (Eastmancolor)
Musik: Georges Garvarentz
Produktion: Jacques-Paul Bertrand (Gloria-Film München / Cineurop Paris)
Darsteller:
Christopher Plummer: Eddie Chapman
Romy Schneider: die Comtesse
Gert Fröbe: Oberst Steinhäger
Harry Meyen: Sturmführer Keller

Romy Schneider

Ich lasse mich gern von meinem Mann führen.

So wollte ich es einmal, den anderen ein Leben lang besitzen.

Durch Harry bin ich ruhiger und ausgeglichener geworden. Er gibt mir die Sicherheit im Leben, die ich brauche, immer kontrolliert er zum Beispiel, ob ich meine Sätze richtig formuliere und nicht Leuten ständig ins Wort falle. Harry muß man einfach mögen, weil er einen zauberhaften jüdischen Humor besitzt mit norddeutscher Logik. Zum zweitenmal in meinem Leben ist mir das richtig passiert.

Meyen ist mir so überlegen, er gibt mir eine ganz neue Sicherheit. Ich brauche einen Mann, der bestimmt, was mir guttut, und nicht irgendeinen Jungen.

Mit 15 habe ich angefangen und rund 25 Filme gedreht. In Zukunft will ich nicht mehr soviel machen.

Harry Meyen

Ich hatte meine Vorstellung vom Leben – deshalb mußte sich Romy unterordnen. Für mich hat sich nichts geändert, seit wir verheiratet sind.

Magda Schneider

Ich warnte Romy, laß die Hände von einem 14 Jahre älteren und verheirateten Mann.

Beim Baden mit Harry Meyen an der Côte d'Azur
Die Hochzeit Romys mit Harry Meyen fand auf dem Bürgermeisteramt in Saint Jean Cap Ferrat an der Riviera am 15. Juli statt. Während der Dreharbeiten des Films »Spion zwischen zwei Fronten« in den Victorine Studios in Nizza hatten sie geheiratet. Romy ist im 5. Monat schwanger. Sie ist 27, Harry Meyen 41 Jahre alt

Rechte Seite
Abends im Rudolf-Virchow-Krankenhaus Berlin (West), 2. 12. 1966
Hier beginnen Seiten des Fotoalbums, das Romy Schneider von der Geburt bis zum ersten Geburtstag ihres Kindes führt und mit persönlichen handschriftlichen Bemerkungen versieht

endlich am 2. dezember abends zusammen ins Virchow fahren, der Professor voraus — Du bist noch bei mir geblieben — ich hatte etwas Angst allein dort zu bleiben — — dann gingst Du zu Paul — und ich machte nochmals 2 "Listen"

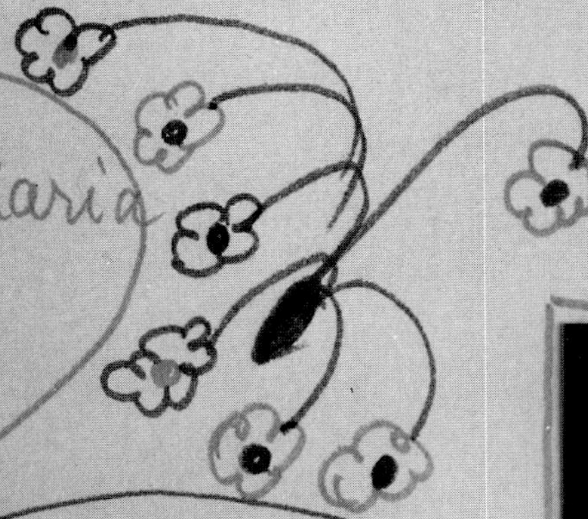

Florentine-Maria
Debhorra
Julia
Maria
?

so hab' ich mir dort "eingerichtet" Du + alles war bei mir.

Christopher
david
david-Christopher
Benjamin
Philip
Harry
?

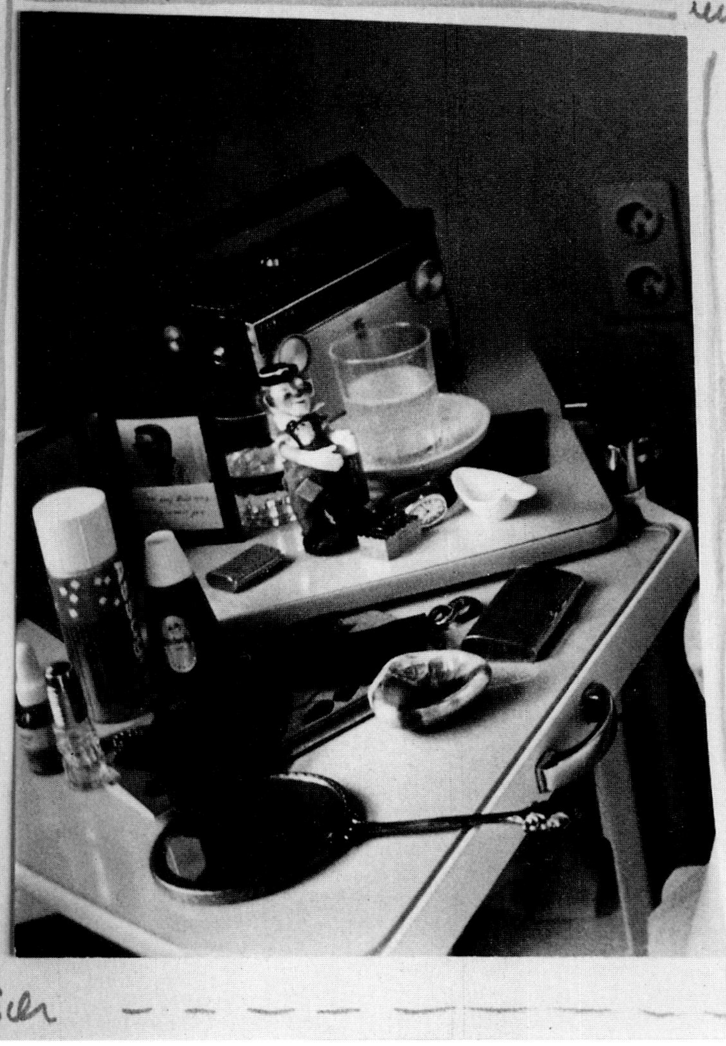

mit 2 Valium um 10 bin ich dann herrlich eingeschlafen — hatte Dich aber nochmal bei Paul angerufen --- M! bis gleich - - - - - - →

9.6.
unser david
david-Christopher
ist da –
Gott bin ich
glücklich!

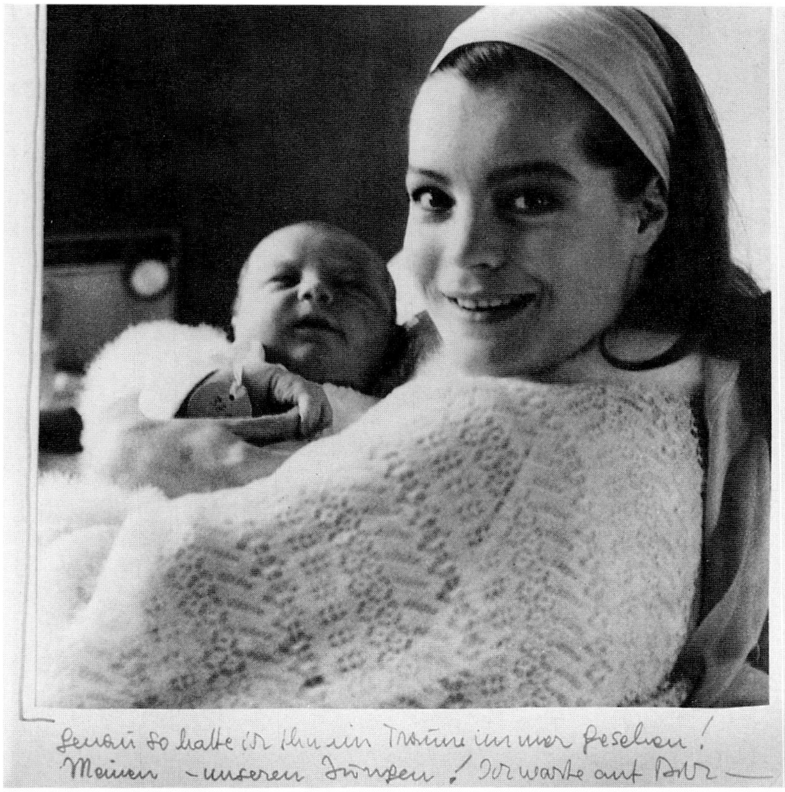

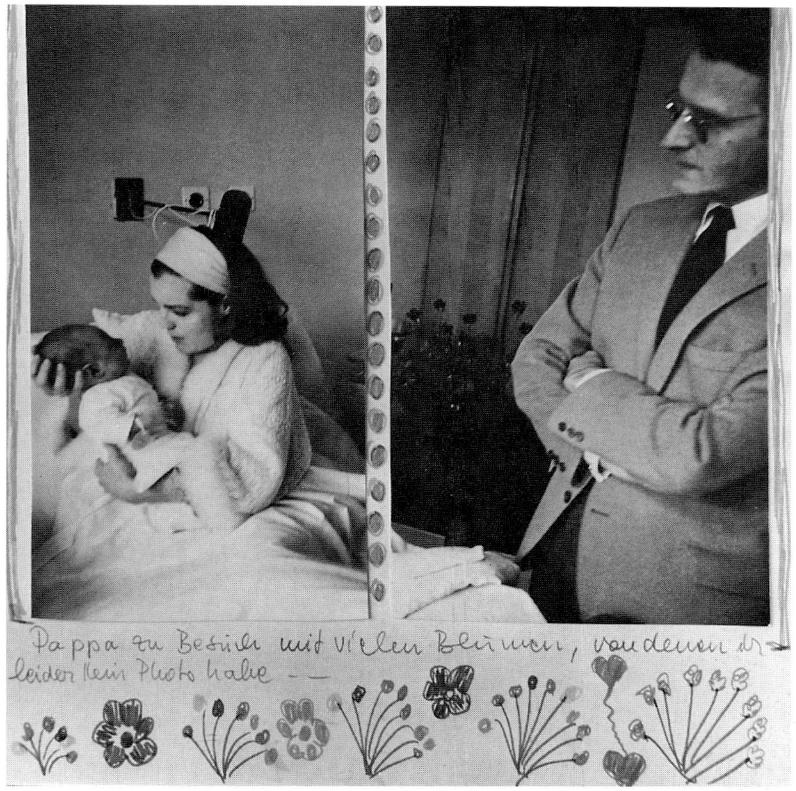

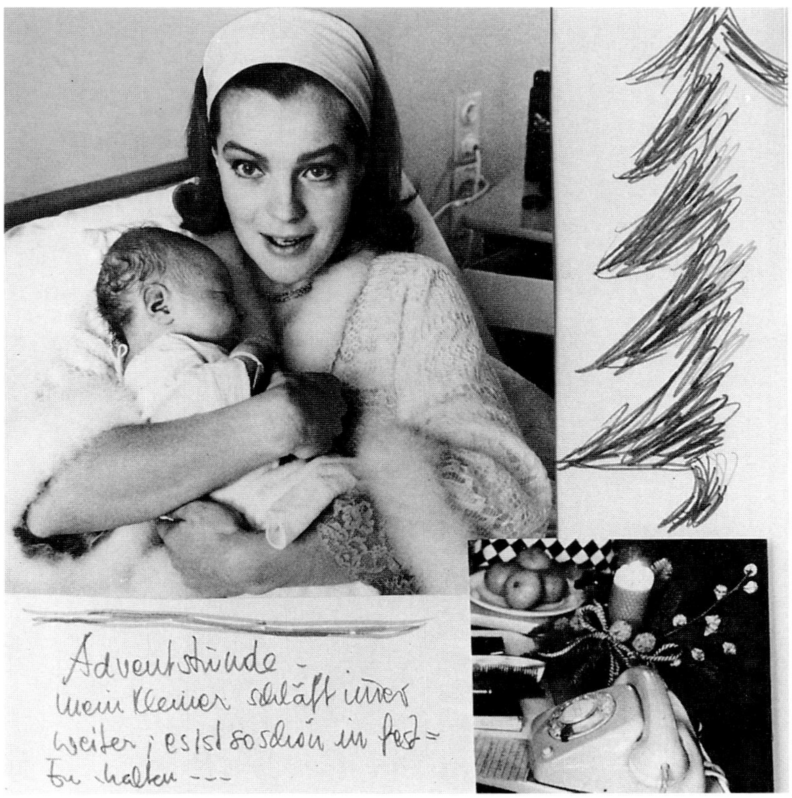

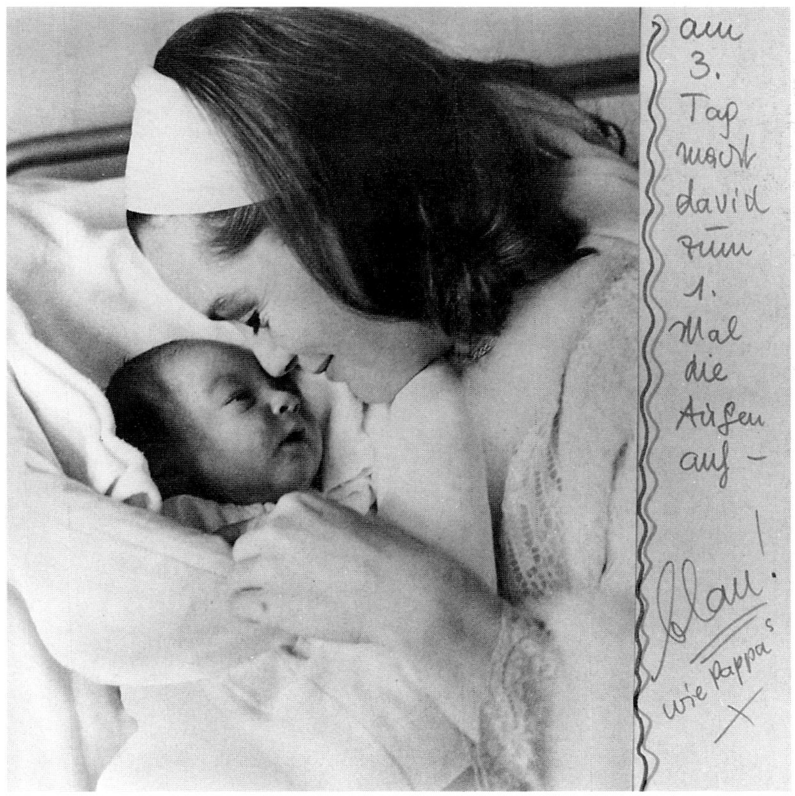

Am 3. Dezember 1966 morgens 9.06 Uhr wird Romys Sohn geboren.

Er erhält den Namen David-Christopher Haubenstock

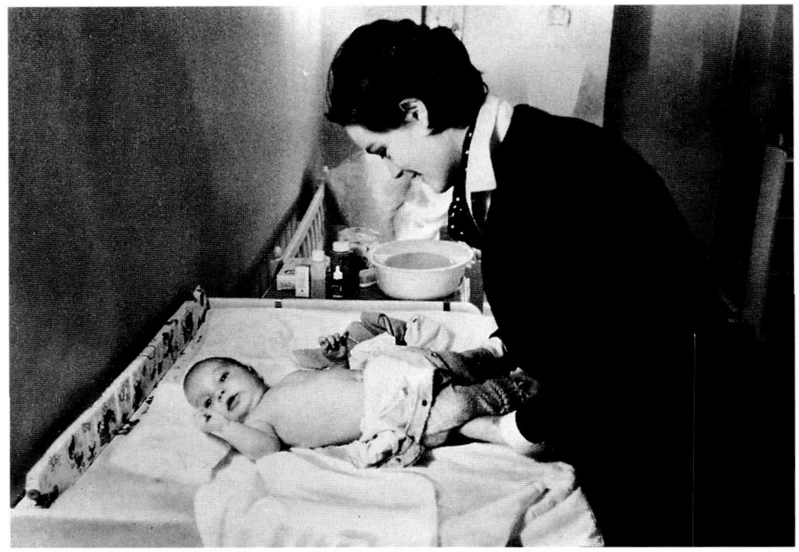

David-Christopher im ersten Lebensjahr mit den Eltern, 1967

»Mein liebster Pappi ... Ich hoffe, wir können Dich bald sehen, vor allem mußt Du Deinen Enkelsohn kennenlernen, denn ›das‹ ist schon sehenswert; ein entzückender Hosenscheißer und komisch! So komisch: Er macht dauernd Grimassen und hat schon einen Dickkopf und ist sehr hübsch ... Hab' ich das gut gemacht mit meinem Buam?«

Brief Romy Schneiders an ihren Vater Wolf Albach-Retty vom Januar 1967

Romy Schneider

Ob sich mein Leben sehr verändert hat? Sagen wir es anders: Ich habe endlich eins!

Wir leben in unserer Wohnung im Grunewald.

Unsere Abende sind David.

Ist das nicht toll, so ein kleiner Bursche?
Ich bin in diesen Burschen vernarrt.
Gegen ihn bin ich machtlos. Deshalb habe ich auch mit Harry ein Abkommen getroffen. Er erzieht den Kleinen, und ich gebe mir Mühe, den Jungen nicht allzu sehr zu verwöhnen.

Ich werde mein Kind einfach lassen. Wenn es anfängt, schöpferische Phantasie zu entwikkeln, Intelligenz, lasse ich ihn, wenn es gehen will, lasse ich es gehen. Das mögen große Worte sein, aber ich werde meinem Kind die Freiheit lassen, die es braucht.

Jetzt fängt mein Leben überhaupt erst an. David verwöhne ich fürchterlich. Ich kann einfach nicht streng mit ihm sein. Er bringt mich ständig zum Lachen. Gott sei Dank hat Harry eine festere Hand.

Harry Meyen

Ich merke wie weit David mich voll auslastet. Wenn David anfängt zu begreifen, möchte ich ihm das Leben so zeigen, wie ich es sehe, es ihm so erklären, wie man es nur zwischen Vater und Sohn oder Mann und Frau erklären kann.

Romy ist nicht jemand anders geworden. Aber für sie hat das Kind einen ruhenden Punkt gebracht.

Wir stehen jeden Morgen zwischen neun und zehn Uhr auf, neue Arbeiten werden vorbereitet, Mittagessen, Besprechungen, Einkäufe – der Tag spielt sich eigentlich ganz normal ab. Wir sind zwar sehr interessiert an allen Dingen, die unsere Arbeit betreffen. Eigentlich aber entscheidet jeder für sich.

Beim Spaziergang im Grunewald, 1967

Die Wohnung in Berlin (West), Grunewald, Winklerstraße 22 (oben rechts)

»Da gab es einen Mann, mit dem ich nicht leben konnte, und einen Mann, mit dem ich leben wollte. Es gibt Frauen, die mit zehn oder zwanzig Männern schlafen müssen, ehe sie die Chance haben, einen zu treffen, mit dem sie wirklich leben können. Ich habe fast sechs Jahre mit Alain Delon gelebt – dann habe ich festgestellt, daß wir nicht zueinander passen. Als ich dann meinen Mann kennenlernte, wußte ich, daß ich mit ihm zusammenbleiben möchte, mein ganzes Leben lang.

Mit Alain das war eine wilde, verrückte Zeit, ein ewiges Hin und Her. Bei Harry bin ich endlich geborgen. Ich bin ruhiger geworden. Ich habe nicht mehr denselben krankhaften Ehrgeiz wie früher. Ich habe jetzt neun Monate keinen Film mehr gemacht, aber ich habe dennoch nicht mehr das Gefühl der Leere wie sonst in Drehpausen. Ich kann mir sogar vorstellen, irgendwann mal mit dem Filmen aufzuhören.

Kinder, wen regt es denn noch auf, was die olle Schneider macht?«

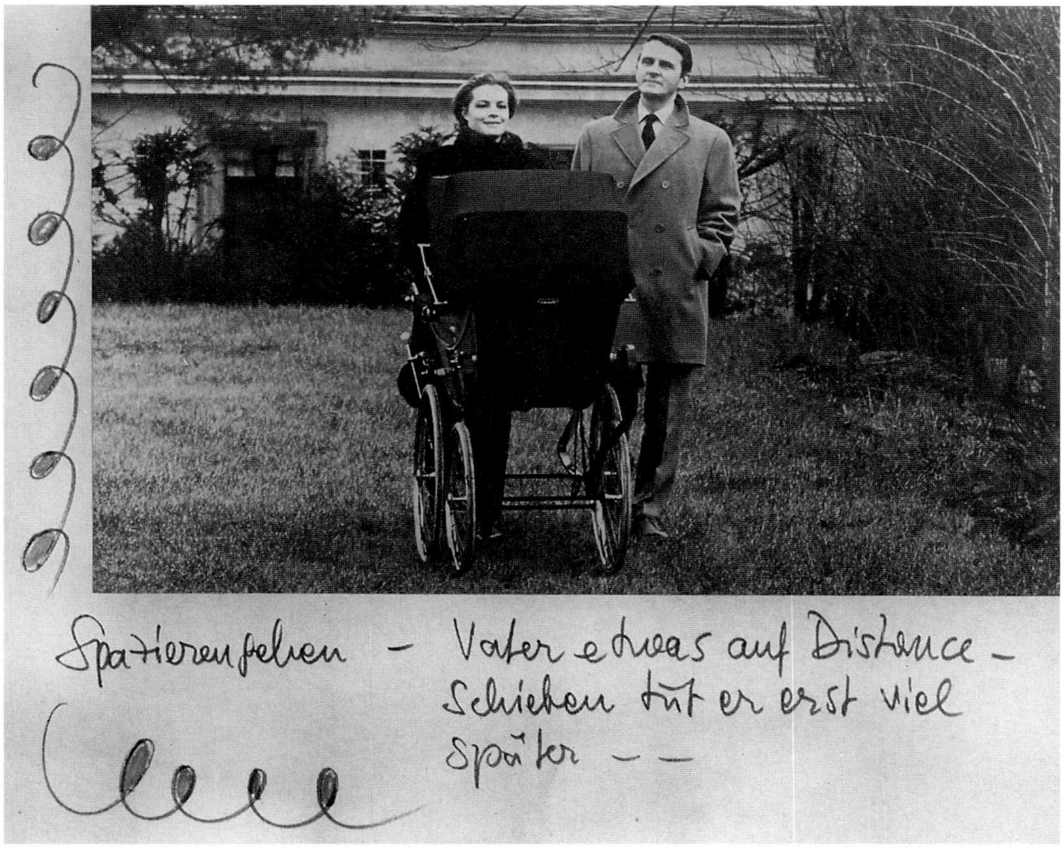

»Ich bin ein Mensch, der sich nie langweilt – weder mit meiner Familie noch mit Freunden, nur manchmal ermüdet mich vieles. Das ist dann wohl auch eine körperliche und geistige Erschöpfung. Wenn ich das spüre, ziehe ich mich zurück …

Es ist nicht immer leicht, in meiner Nähe zu leben.

Warum ich Angst hatte? Das kam durch die 14 Jahre Altersunterschied. Entweder dachte ich, ich verletze ihn. Oder ich dachte, er sagt einfach, was ist denn das für ein dummes Geschwätz, was die redet – und dann haben sich meine Komplexe aufgebaut.

Im Grunde genommen kennen wir uns zu wenig. Da liegt einer unserer Haken. Ich war, als wir heirateten, 27 und unsicher. Heute fange ich an, mich zu verstehen, nicht mehr vor mir wegzulaufen.«

Harry Meyen
Wir kamen mal zu Curd Jürgens, bevor wir geheiratet haben, und er begrüßte uns mit: »Einer von euch muß runter vom Roß!« Er meinte, einer von uns beiden müßte den Beruf aufgeben. Für mich wäre das ausgeschlossen. Mein Beruf ist ein so wesentlicher Bestandteil meines ganzen Lebens. Die Position, als Mann von Romy Schneider rumzulaufen, kann ich mir nicht vorstellen. Daran würde unsere Ehe sofort scheitern.
Romy nimmt die Dinge immer gleich so, wie sie zu sein scheinen. Ich bin das genaue Gegenteil von ihr. Ich bin fast zu kritisch. Sie ist ganz spontan. Ich bin erst mal abwartend, was die Leute mit Arroganz verwechseln. Mit dieser Art von Zurückhaltung bin ich ganz gut gefahren, während Romy mit jedem offen ist und dann immer hinterher fürchterliche Ohrfeigen abbekommen hat.
Wir sind für manche bestimmt ein ganz spießiges Ehepaar geworden, finden es zu Hause am schönsten und sehen viel fern. Seit ihrer Ehe mit mir führt Romy ein völlig anderes Leben. Sie findet es selbstverständlich, selber die Brötchen zu holen und keinen Chauffeur oder keine Sekretärin mehr zu haben. Romy kam mit vierzehn zum Film, hochgetragen von dieser Sissi-Woge, dann völlig fallengelassen, bis sie sich endlich ihren Weg im Ausland selbst zurechtzimmerte. Ich dagegen kam jung vom Theater, und meine Karriere mußte ich mir eigentlich stufenweise erarbeiten. Ich habe einen viel schwierigeren Weg gehabt als Romy.
Romy hat einen sehr guten Instinkt für Menschen, für das, was richtig oder falsch ist. Aber ich glaube, daß sie sich sehr verläßt auf das, was ich ihr sage. Sie ist, glaube ich, zum erstenmal mit jemandem zusammen, wo für sie das Gefühl ausschlaggebend ist. Ich bin jetzt vierundvierzig, und für mich ist es etwas sehr Positives, Konstruktives, wenn ich jemandem helfen kann. Ich bin immer ein Mann gewesen, der ein Ergebnis sehen will. Das Ergebnis dieser Ehe finde ich sehr schön. Ich würde nie eine Frau haben wollen, die selbständig und fertig ist. Ein Chinese hat einmal gesagt: »Ein Mann soll ein Kind zeugen, einen Baum pflanzen und ein Haus bauen.« Da ist was dran.

Romy Schneider
Wir sind eine glückliche Familie – mein Mann, mein Kind und ich. In der Zeit, die uns die Arbeit läßt, leben wir sehr harmonisch zusammen.

Urlaub in Saint-Tropez, 1968 und 1969

Harry Meyen
Romy ist für mich – und ich glaube nicht, daß ich mich da irre – eine Frau, die wirklich nur einem Mann gehören will. Ich vertraue ihr so, daß ich sie mit sonst wem ein halbes Jahr auf eine einsame Insel schicken würde. Wir sind jetzt zwar erst zwei Jahre verheiratet, aber wir leben schon seit dreieinhalb Jahren zusammen. Und das ist doch Zeit genug, um sich richtig kennenzulernen, meine ich. Natürlich wäre ich nach den ersten sechs Monaten mit Romy nicht so sicher gewesen, wie ich es heute bin. Heute weiß ich, Romy betrügt mich nicht. Das weiß ich, weil es für mich wichtig ist. Da bin ich konservativ. Romy geht es genauso. Treue ist das Fundament in unserer Beziehung.
Diese Art von Versuchungen haben bei Romy nie eine große Rolle gespielt. Wenn man Romy kennt, unterscheidet sie sich so sehr von den sogenannten Filmmädchen. Das hatte ich nach den ersten zehn Minuten raus, nachdem ich sie getroffen hatte.

30. Otley
1968, Großbritannien
Regie: Dick Clement
Drehbuch: Jan la Frenais, Dick Clement nach dem gleichnamigen Roman von Martin Waddell
Kamera: Austin Dempster (Technicolor)
Musik: Stanley Myers
Produktion: Bruce John Curtis (Columbia Films – Highroad)
Darsteller:
Romy Schneider: Imogen
Tom Courtenay: Otley

»Ich will nicht zuviel arbeiten, das wäre auf die Dauer für das Privatleben nicht gut, aber wenn ich arbeite, konzentriere ich mich natürlich völlig, so wie jetzt, da hab ich keine Zeit für David. Trotzdem ist es schön, ihn hier in London zu haben.
Wenn Sie wollen, war ich eigentlich immer, bis ich meinen Mann kennenlernte, ein Blatt im Wind. Ich stand mir immer selber im Weg. Ich hab alles dreimal überlegt. Ich konnte nie unkompliziert einfach was mitnehmen.
Man muß schon als Schauspielerin ein bißchen hemmungslos sein, und das kann man besser, wenn man sich privat sicher fühlt. Ich hätte natürlich lieber weniger Fehler gemacht, aber das kann man sich ja nicht aussuchen, und eigentlich find ich alles richtig, so wie's war. Da bereue ich nichts.
Es ist schon angenehm, Männer zu beobachten mit der neu erworbenen Sicherheit ... Ich meine, ich fühl' mich frei, aber ich bin nie allein, ganz gleich, ob ich gerade von meinem Mann getrennt bin. Ich kann ihm alles sagen, egal wann und wo. Ich bin glücklich – aber ich find die Leute entsetzlich, die dauernd glücklich sein können. Wenn ich nur zu den vollkommen Glücklichen gehörte, käme ich mir vor wie ein Idiot ... Jetzt drück' ich mich vielleicht sentimental aus, aber ein Kind hab ich mir schon immer gewünscht. Das ist eine spezielle Liebe, die man zu so einem kleinen Ding empfindet. Ein ganz anderes Verantwortungsbewußtsein entsteht, als man es für einen Mann empfindet ...
So was schützt mich vor meiner Art, gefährdet zu sein.«

»Keine unbedingt schöne Rolle für mich, aber ich habe genau gewußt, warum ich sie spielte.«

Romy Schneider und Tom Courtenay in »Otley«

In London, 1968
(rechte Seite)

Romy Schneider
In den ersten Tagen war ich unsicher, ständig dachte ich mir, hoffentlich finden dich diese jungen Engländer nicht zu altmodisch, aber schon nach kürzester Zeit spürte ich: Romy, du gehörst noch dazu.
Niemals sah ich in einem Film schöner aus als in diesem. Hoffentlich verliere ich in den nächsten Tagen noch etwas meine Hemmungen vor der Kamera. Ich bin häufig noch viel zu gehemmt.

Es gibt immer wieder neue Gesichter im Film, die die alten ablösen. Es ist ganz komisch, wenn man so lange aufgehört hat wie ich, dann kommt man entweder sofort wieder rein oder ist für immer raus.
Ohne meinen bürgerlichen Background könnte ich mir meinen Beruf gar nicht leisten. Mein Leben ist jetzt bequemer und nicht mehr so hektisch. Ich hätte nicht die Kraft wie die Burtons zu leben. Ich brauche meine Bürgerlichkeit selbst auf dem Schminktisch.
Ich könnte kein Zirkusleben mehr führen.
Ich wollte immer ein Weltstar werden, aber ich bin es nicht geworden.

Tom Courtenay
Sie ist eine große Könnerin.

Darin liegt Otleys Charme: er ist nicht so arrogant zu denken, er sei auch nur zu dem Versuch in der Lage, die verheerenden Zustände um ihn herum zu ändern oder zu beeinflussen. Aus diesem Grund finden wir ihn wahrscheinlich liebenswert, und jedenfalls spielt Courtenay ihn sehr charmant. Romy Schneider taucht von Zeit zu Zeit auf und sieht wie eine junge Simone Signoret aus.
Films and Filming, 1968

Studentenunruhen in Paris, Mai 1968
Im August 1968 kehrt Romy Schneider zu den Dreharbeiten des Films »Der Swimmingpool« nach Frankreich zurück. Ohne Arbeit kann sie nicht leben. Die Sehnsucht nach ihrem Beruf ließ sie mit Freude die Zusage zu diesem Film treffen. Sie findet ein anderes Paris vor als sie es verlassen hat. Mit den Studenten-Unruhen im Mai 1968 hat sich das innere Gesicht des Landes verändert.

Simone de Beauvoir beschreibt die Situation als Zeitzeuge:

In Berlin versammelten sich Studenten vor dem Amerika-Haus, um gegen den Vietnam-Krieg zu protestieren. Nach und nach gingen sie zu einem allgemeinen Protest gegen die kapitalistische Gesellschaft über. Der Sozialistische Deutsche Studentenbund verteilte revolutionäre Flugschriften. Im Juni veranstaltete er eine Demonstration gegen den Schah von Persien: dabei schoß ein Kriminalbeamter einen Studenten nieder. Der Tod dieses jungen Mannes zog eine ungeheure Mobilisierung der Studenten nach sich. Ihre Bewegung dehnte sich auf die ganze Bundesrepublik aus. In allen Städten kämpften die Studenten gegen den Vietnam-Krieg und, innenpolitisch, gegen den Konzern der Springer-Presse. Aber auch in England, in Holland, in Skandinavien, in Italien und sogar in Spanien kam es unter den Studenten zu heftigen Tumulten. In Frankreich demonstrierten am 12. März Studenten im Quartier Latin, um ihre Solidarität mit Rudi Dutschke zu bekunden, der tags zuvor von einem deutschen Faschisten angeschossen und schwer verletzt worden war. Den ganzen 6. Mai über kam es im Quartier Latin immer wieder zu Zusammenstößen zwischen Studenten und Polizisten, und am Boulevard Saint-Michel atmete man den – bald schon vertrauten – Geruch von Tränengas ein. Am folgenden Tag erfuhr man, mit welcher Brutalität die Polizei Studenten niedergeknüppelt und bis in die Häuser, in die sie flüchteten, verfolgt hat. In den Kommissariaten und in Beaujon, wohin man sie mit Gefängniswagen transportierte, wurden sie halb tot geschlagen. Am nächsten Tag zogen 20000 bis 30000 Demonstranten von der place Denfert-Rochereau zum Etoile. Sie

sangen die Internationale und schwenkten rote und schwarze Fahnen. Die Sorbonne war von flics umzingelt und abgeriegelt. Über die dramatische Nacht vom 10. zum 11. Mai, die Barrikaden in der rue Gay-Lussac, die in Brand gesteckten Autos, die Hetzjagd der Polizei, ist hundertmal geschrieben worden. Die Bürger des Viertels, entsetzt über diese Orgie der Gewalt, deren Opfer sie selber wurden, versuchten, den Studenten zu Hilfe zu eilen. Die gesamte Öffentlichkeit war empört. Am Nachmittag des 13. Mai bewegte sich von der place de la Republique zur place Denfert Rocherau ein langer Demonstrationszug, der zahllose Studenten, bedeutende Arbeiterdelegationen und die Führer der Linksparteien vereinte, 500- bis 600000 Demonstranten. Alle skandierten die Parolen, die sie auf ihre Spruchbänder gemalt hatten: »Studenten, Lehrer, Arbeiter solidarisch«.

Indessen begriffen die Studenten, daß sie das herrschende System nicht ohne die Unterstützung der Arbeiterklasse mattsetzen konnten. Am 17. Mai trugen sie die rote Fahne, die über der Sorbonne wehte, nach Billancourt. Auf ein Spruchband hatten sie die Worte gemalt: »Die Arbeiterklasse übernimmt die Fahne des Kampfes aus der schwachen Hand der Studenten«. Tatsächlich brachen zuerst in Nantes und dann fast überall in Frankreich Streiks aus. Paris nahm in diesen Tagen ein ganz ungewohntes Aussehen an. Am 18. Mai stellten alle öffentlichen Verkehrsmittel den Betrieb ein. Am 24. Mai streikten zwischen neun und zehn Millionen Arbeiter und Angestellte. Ihre Forderungen gingen weit über Lohnerhöhungen hinaus; sie besetzten die Fabriken und pflanzten auf den Dächern rote Fahnen auf. Die Verfechter der Ordnung haben in den Mai-Ereignissen nur einen jugendlich romantischen Ausbruch sehen wollen: in Wirklichkeit handelte es sich um eine Krise der Gesellschaft und nicht um die Krise einer Generation. Bei den Studenten, die immer zahlreicher geworden waren und die keinerlei hoffnungsvolle Perspektiven vor sich sahen, hatten die Widersprüche des Neokapitalismus zur Explosion geführt, aber diese Explosion beleuchtete das ganze System und ging unmittelbar das Proletariat an. Zum erstenmal seit 35 Jahren hatte sich in einem hochentwickelten kapitalistischen Land die Frage der Revolution und des Übergangs zum Sozialismus erhoben.

Simone de Beauvoir: Alles in allem, Hamburg 1983 (gekürzt)

Luf ansa

Wiedersehen nach 5 Jahren: Alain Delon empfängt Romy Schneider zu Dreharbeiten für ihren gemeinsamen Film »Der Swimmingpool«, Flugplatz von Nizza, 12.8.1968

»Ich begann langsam fett zu werden. Mein einziger Auslauf war, mit dem Kinderwagen im Grunewald spazieren zu gehen. Nach einer Weile spürte ich, daß ich mein wahres Ich unterdrückte. Als Alain mir 1968 am Telefon anbot, als seine Partnerin in dem Krimi ›Der Swimmingpool‹ mitzuwirken, griff ich deshalb mit beiden Händen zu.«

31. Der Swimmingpool (La piscine)
1968, Frankreich/Italien
Regie: Jacques Deray
Drehbuch: Jean-Emanuel Conil
Kamera: Jean-Jacques Tarbes
(Eastmancolor)
Musik: Michel Legrand
Produktion: Gérard Beytout
(S.N.C. Paris/Tritone Films Industria Rom)
Darsteller:
Alain Delon: Jean-Paul
Romy Schneider: Marianne
Maurice Ronet: Harry
Jane Birkin: Penelope

»Ich muß unbedingt braun sein, denn wir alle drehen ja dauernd im Badeanzug.
Es ist eigentlich irre, da wollte ich mich ganz ruhig auf den Herbst in Berlin vorbereiten, zu Harrys Geburtstag rote Grütze kochen, und jetzt sitze ich hier und dreh' auf einmal mit Delon einen Film! Daß alles nun gespannt guckt, weil Alain und ich früher zusammen waren, das hab ich mir gedacht, aber daran gewöhnt man sich. Wir passen für die Rollen in dem Film. Und sonst, ich küsse ihn, wie ich jeden anderen Schauspieler auch küssen würde ...

Mit 23, 24 Jahren, da war das alles anders, da war ich noch sehr viel unsicherer, irgendwie war es ja auch mein Recht. Ich fühl' mich heute um so vieles stärker. Ich tu' nichts mehr, was ich nicht wirklich will, und das macht mich frei. Ich glaub', das ist der größte Komfort, den man sich leisten kann.

Ich weiß nicht, ich bin kaum zwei Tage von zu Hause weg, da bekomme ich schon Heimweh. Dabei freue ich mich sehr auf diese Rolle hier. Aber manchmal fühl' ich mich dann plötzlich wieder fremd ... Dabei sind sie alle nett. Auch Alain ...

Ich werde keine Dummheiten mehr machen. Nur die Rolle hat mich gereizt. Alain und ich spielen ein Liebespaar, das wir längst nicht mehr sind.
Bei Harry habe ich Ruhe und Sicherheit gefunden.

Für diese Art Szenen ist es besser, die Haut eines Freundes statt die eines Fremden zu berühren.«

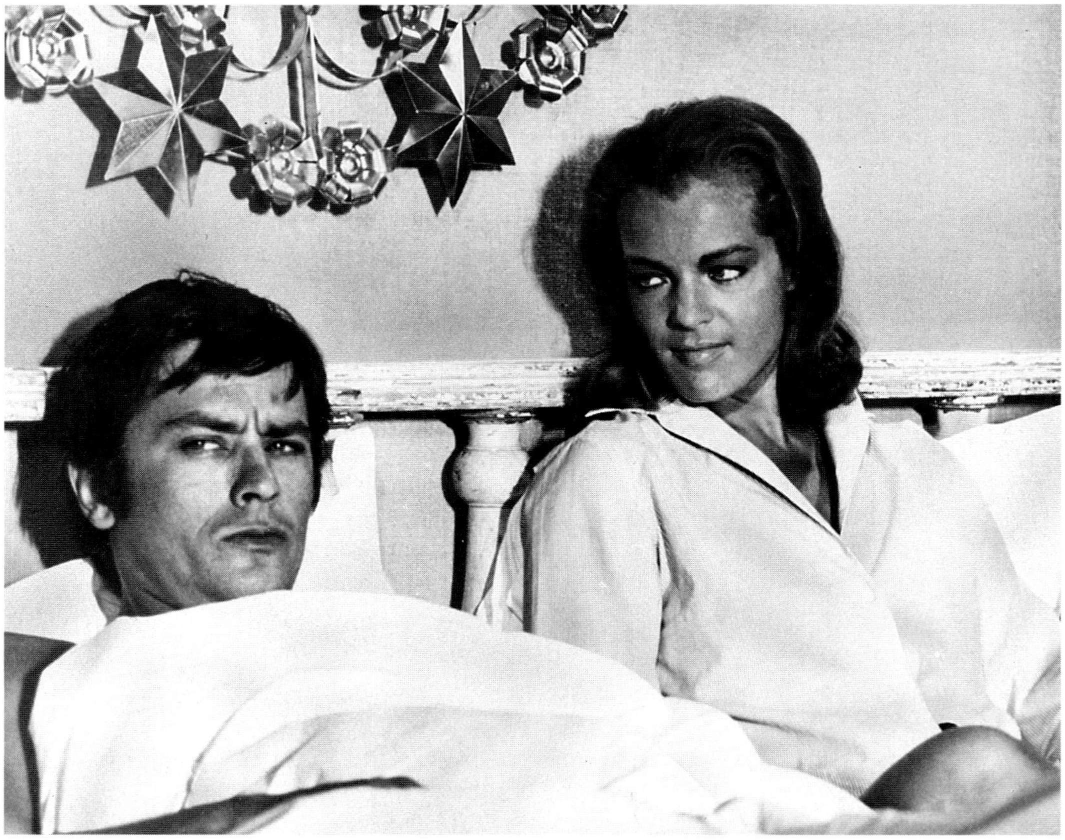

Romy Schneider als Marianne und Alain Delon als Jean-Paul in »Der Swimmingpool«

Romy Schneider mit Maurice Ronet

Die Dreharbeiten zu »Swimmingpool« beginnen am 19. August 1968 und enden Mitte Oktober in dem Dekor einer prunkhaften Villa in der Umgebung von Saint-Tropez, die mit einem gewaltigen Swimmingpool ausgestattet ist. Romy und Delon sind zehn Jahre nach ihrer ersten Begegnung wieder vereint. Romy ist 30 Jahre alt

»Erstens habe ich mitgemacht, weil es eine Bombenrolle war – die beste, die ich bis dato spielen durfte, zweitens verlief alles sehr gut und ganz professionell. Ich habe mit einem Schauspieler, mit einem Partner gearbeitet – das ist alles.
Ich würde lieber nicht filmen, als Konzessionen auf Kosten meines Privatlebens zu machen. Ich bin am Wochenende immer bei meinem Mann Harry Meyen und meinem Sohn David, oder sie kommen dorthin, wo ich gerade drehe. Früher dachte ich, daß sich Beruf und geordnetes Privatleben nicht vereinbaren lassen. Heute weiß ich, daß das sehr wohl möglich ist. Mein Mann hat mich das gelehrt ...
Mein Gott, es wird so viel geschrieben. Vielleicht hat's teilweise gestimmt. Aber ich habe mich geändert. Auf Grund meines Privatlebens. Und ich glaube, daß mich die Leute anders beurteilen, wenn sie mich heute sehen. Im übrigen lasse ich die Dinge in Ruhe an mich herankommen. Aber ich bin optimistisch. Es hat alles – wieder – sehr gut angefangen.«

»Wir Schauspieler dürfen nicht alt werden, wir dürfen keine Falten kriegen, wir dürfen nicht unsere Meinung sagen – und wir dürfen schon gar nicht in ein anderes Land gehen, dort arbeiten, unverheiratet mit einem Franzosen leben, sich am Ende doch von ihm trennen und dann gar wieder Filme mit ihm machen – nein, nein, das geht nicht.«

Kritiken fabelhaft –
toll für mich –
man steht Schlange –
Photos in France Soir
Paris Jour
Paris presse
L'Aurore

Harry Meyen
Warum soll Romy diesen Film nicht machen? Wir haben das Drehbuch vorher gelesen, es ist gut. Und das zählt.
Daß im Film noch ein Harry vorkommt, auf den Delon eifersüchtig ist, hat uns überhaupt nicht gestört. Romy dachte zuerst, es sollte eine Anspielung sein, aber dann las sie weiter, und wir waren eigentlich beide beruhigt. Daß sie einmal nackt ist, finde ich auch nicht weiter schlimm.
Sie meinen, weil die beiden sich am Flugplatz schon so herzlich begrüßt haben? Nein, das alles hat doch nicht wirklich mit Romy und mit mir zu tun.
Ich wäre höchstens beunruhigt gewesen, wenn sie mit Marlon Brando oder einem ähnlich attraktiven neuen Partner diesen Film gedreht hätte. Aber Alain Delon! Das ist doch eine Sache, die gelaufen ist. Zu Ende. Nur noch glänzende Publicity.

Alain Delon
Ich bin wie ich bin und will mir auch gar nicht was überlegen. Oder was ändern. Im Leben passiert eben einfach immer was. Mich interessiert immer nur jetzt.
Romy? Sicher hat sie sich verändert. Ich kann das gar nicht fassen, als ich sie kennenlernte, war sie so jung: Sie war wie ein Mädchen, aber ich finde, jetzt ist sie eine Lady geworden.
Ich habe keine Frau mehr. Mein Leben dreht sich jetzt wieder ausschließlich um Mädchen, meine Arbeit und meinen Sohn.
Ich weiß nicht, ob sich Romy in all den Jahren sehr verändert hat. Dazu habe ich sie bisher zu wenig gesehen. Sie ist jetzt eine junge Frau und genau richtig für die Rolle. Daß wir einmal verlobt waren, ist doch längst vergessen. Wir werden uns wieder lieben – wie es im Drehbuch steht.

Regisseur Jacques Deray
Mein Ausgangspunkt war Alain, erst danach habe ich die Frau für ihn gesucht. Sie mußte ihn ein wenig beherrschen, in moralischer Hinsicht die Reifere sein. Er bezaubert sie, sie analysiert ihn ... Ich sprach mit Alain, und plötzlich, als ob man bisher benebelt war, kam als einzige, mit der er das geforderte Paar bilden konnte, Romy Schneider in Frage.
Ich konnte von ihrer gemeinsamen Vergangenheit profitieren. Ihre »Komplizenschaft« würde natürlich sein. Ich will ein echtes Paar, einen Mann und eine Frau, die einander genau kennen, bei denen jeder weiß, wozu der andere fähig ist ...

Romy Schneider und Alain Delon in »Der Swimmingpool«

Hier und da blitzt bei ihr auf, was sie künftig darstellen wird: die junge moderne Frau des täglichen Lebens mit viel Poesie.
Ciné Monde, 1968

Romy Schneider erscheint im Triumph ihres Sommers in doppeltem Sinne souverän.
Télé-7-Jours, 1968

Am Rande eines Swimmingpools in Saint-Tropez, auf einem luxuriösen Grundstück, belauern sich vier Leute, sie versetzen sich Seitenhiebe und bereiten einander Schmerzen: enden wird das Ganze in einem Mord. Romy Schneider ist groß in Form und feiert eine beachtenswerte Wiederkehr. Mit Leichtigkeit beherrscht sie die beiden männlichen Partner, die indes von gleicher Güte sind, handelt es sich doch um Alain Delon, düsterer denn je, und Maurice Ronet, der sich in seiner Bissigkeit voll entfaltet.
Les Lettres Françaises vom 5.2.1969

Bilder wieder – zum Schlecken. Romy Schneider und Alain Delon tauchen, kabbeln, spielen erotische Spiele am und im azurblauen Wasser. Romy Schneider ist eine Schauspielerin von erstaunlichen Fähigkeiten. Sie ist schön anzusehen, davon profitiert sie gewiß. Aber sie kann sich auch mitteilen, spricht ein reizvoll zärtliches Französisch und ist darstellerisch in Dezenz und Nuancenreichtum geübt. Da staunt man. Kitsch, wieder präsentiert auf höchster Ebene des Geschmacks. Dieser ausgebuffte, leuchtend schöne Taschentuchfilm von Jacques Deray macht in Paris, hört man, sensationelle Kassen. Man wundert sich nicht.
Die Welt vom 10.5.1969

Deine Briefe freuen mich immer, also jede Woche einen bitte! Tut gut! – Die Arbeit, ich habe fast Angst es zu sagen – ist prima! – bin so »frei« wie noch nie (ausser bei O. Welles) und Delon benimmt sich sehr »korrekt« (das soll kein Scherz sein) – also – ich kann nur hoffen es bleibt bei derselben Atmosphäre, heute abend erste Vorführung gesehen – alles ok – sehe gut aus besonders im black bikini im Wasser – bin schön braun – noch mehr! (Denke oft an Dich + an uns! da oben) – ich las Deinen Artikel doch ganz anders und habe so lachen müssen ein paar Mal) Delon brüllte dauernd während der rushes »Oh – ce qu'elle est belle cette femme – cette fille« – na ja, die anderen fanden auch ich wäre »schön« und wer hört's nicht gerne! Kameramann 1. Klasse, Regisseur gefällt mir auch sehr – ob er wirklich Schauspieler führen kann weiss ich noch nicht recht – Kazan ist er keiner, aber bevor er versucht es zu sein, ist's besser er lässt uns mal machen ... das ist intelligenter und dumm ist er nicht – ausserdem hat er keine Anfänger in seinem Film. Sehr viel wirklich zu spielen war in den ersten Tagen nicht – aber jetzt geht's los. Es fing ja gleich mit »heftiger Knutscherei« an – ohne Dialog – und das sieht »schön aufregend« aus (soweit ich es nach der heutigen Vorführung beurteilen kann) + nicht ›billig‹. Alain machte natürlich immer seine witzigen Bemerkungen + bei vor dieser Szene, aber vielleicht war das ganz gut (wenn es Absicht war; vieles ist ja bei ihm absolut unabsichtlich [und] aber sieht nach Absicht aus!) – »das erinnert an die gute alte Zeit« etc, und so'n Quatsch, das mußte er wohl loswerden bevor ich mich triefend nass im Bikini vor der Kamera auf ihn legte – habe mich auch prompt erkältet – im Bauch – dauernd Poolrein – Poolraus – was für'n Beruf! – na, es ist alles nicht unkomisch und ich wünschte Du wär'st ne Maus + könntest all diesen Kintopp beobachten. Ich geniesse diese Rolle und spiele sie »ganz & gar aus« – so wie ich mir diese »Marianne« vorstelle, und das ist alles – es ist viel, denn es gibt wenig gute Rollen, also muss ich dieses »luck« ausnutzen! Die Crew ist fabelhaft – alle reizend – also komm bald – Du kannst schreiben und mich besuchen auf dem Set, das möchte ich schon – aber nicht aus Eitelkeit! – Meine Christiane – ich kann garnicht soviel schreiben, ich muss es Dir dann erzählen; ...

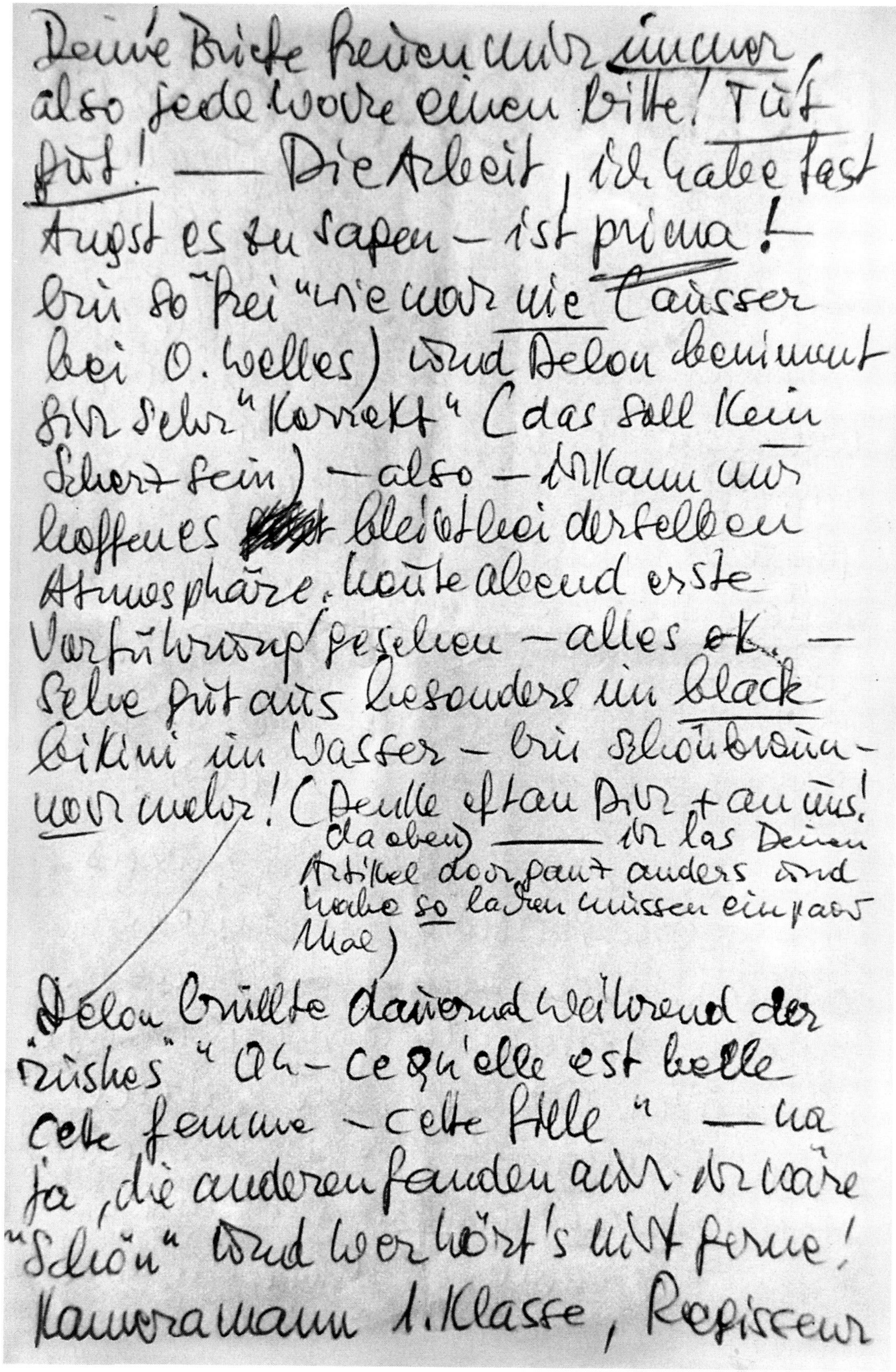
Deine Briefe freuen mich immer also jede Woche einen bitte! Tut gut! — Die Arbeit, ich habe fast Angst es zu sagen — ist prima! bin so "frei" wie noch nie (ausser bei O. Welles) und Delon benimmt sich sehr "korrekt" (das soll kein Scherz sein) — also — ich kann nur hoffen es bleibt bei derselben Atmosphäre. heute abend erste Vorführung gesehen — alles ok. — sehe gut aus besonders im black bikini im Wasser — bin schön braun — noch mehr! (Denke oft an Dich + an uns! da oben) — ich las Deinen Artikel doch ganz anders und habe so lachen müssen ein paar Mal)
Delon brüllte dauernd während der "rushes" "Oh — ce qu'elle est belle cette femme — cette fille" — na ja, die anderen fanden auch ich wäre "schön" und wer hört's nicht gerne! Kameramann 1. Klasse, Regisseur

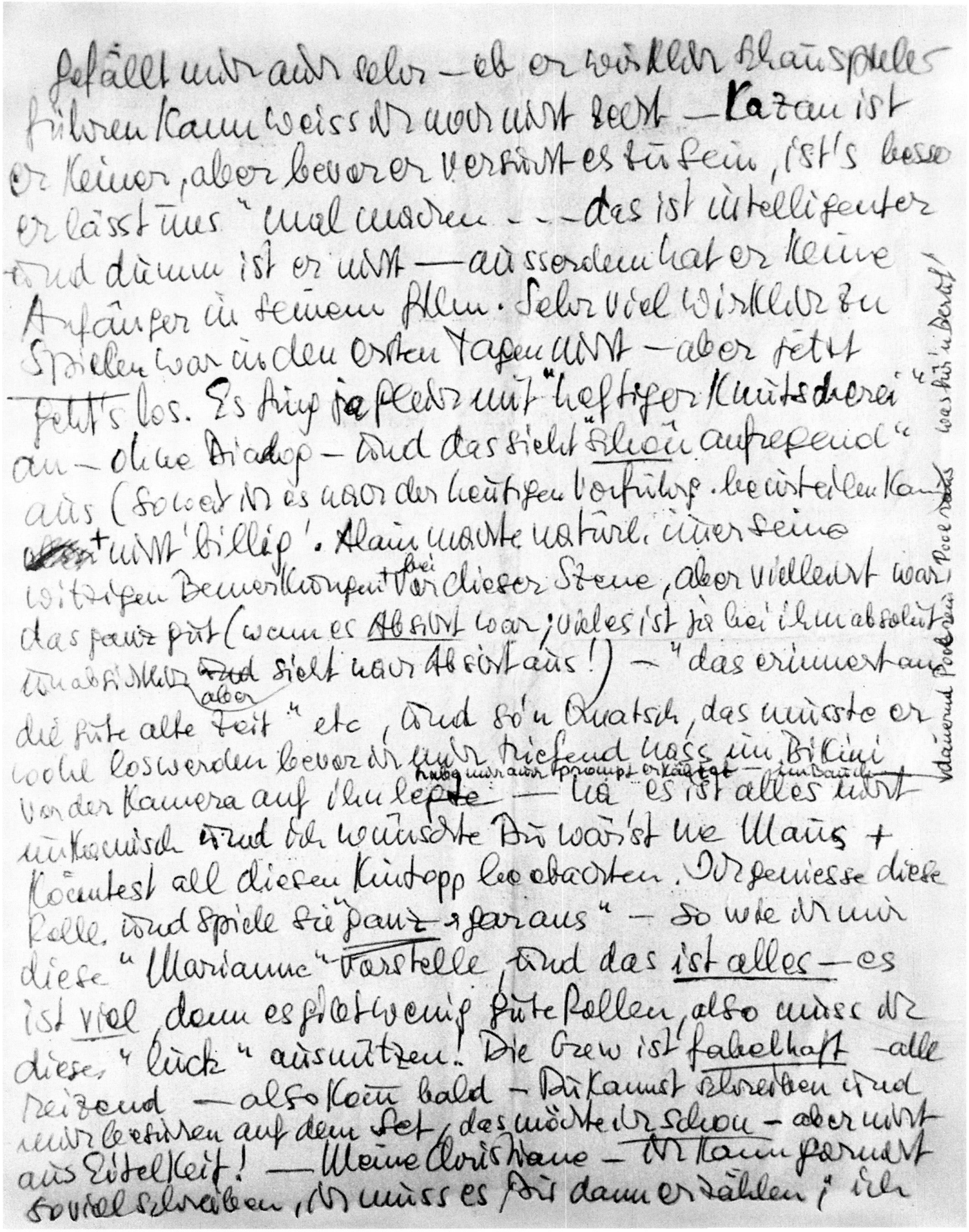
gefällt mir auch sehr – ob er wirklich Schauspieler führen kann weiss ich noch nicht recht – Kazan ist er keiner, aber bevor er versucht es zu sein, ist's besser er lässt uns "mal machen ... – das ist intelligenter und dumm ist er nicht – ausserdem hat er keine Anfänger in seinem Film. Sehr viel wirklich zu spielen war in den ersten Tagen nicht – aber jetzt geht's los. Es fing ja gleich mit "heftiger Knutscherei" an – ohne Dialog – und das sieht "schön aufregend" aus (soweit ich es von der heutigen Vorführung beurteilen kann) + nicht 'billig'. Alain machte natürl. immer seine witzigen Bemerkungen bei dieser Szene, aber vielleicht war das ganz gut (wenn es absurd war; vieles ist ja bei ihm absolut unabsichtlich aber sieht nach absurd aus!) – "das erinnert an die gute alte Zeit" etc, und so'n Quatsch, das musste er wohl loswerden bevor ich mich triefend nass im Bikini (habe mich auch prompt erkältet – im Bauch) vor der Kamera auf ihn legte – na es ist alles nicht unkomisch und ich wünschte du wär'st ne Maus + könntest all diesen Kintopp beobachten. Ich geniesse diese Rolle, und spiele sie "ganz + gar aus" – so wie ich mir diese "Marianne" vorstelle, und das ist alles – es ist viel, denn es gibt wenig gute Rollen, also muss ich dieses "Lück" ausnutzen! Die Crew ist fabelhaft – alle reizend – also komm bald – Du kannst schreiben und mich besuchen auf dem Set, das möchte ich schon – aber nicht aus Eitelkeit! – Meine Christiane – ich kann garnicht soviel schreiben, ich muss es dir dann erzählen; ich

was für'n Bericht!

während Poolszene

Brief Romy Schneiders vom 23.8.1968 an ihre Freundin Christiane Höllger, Berlin 31, Landhausstraße 9 Allemagne/West, über die Dreharbeiten am Film »Swimming-pool«; Absender: R.S. Meyen z.Zt. St. Tropez – Sinopolis »Villa la Jonke« France

32. Inzest (My Lover, my Son)
1969, Großbritannien
Regie: John Newland
Drehbuch: William Marchant, Jenni Hall
nach der Geschichte Second Level
von Wilbur Stark und dem Roman
Reputation for a Song von Edward Grierson
Kamera: David Muir (Metrocolor)
Musik: Mike Vickers, Norrie Parramor
Produktion: Wilbur Stark (Sagittarius)
Darsteller:
Romy Schneider: Francesca Anderson
Donald Houston: Robert Anderson
Dennis Waterman: James Anderson

»Eine der saftigsten Frauenrollen seit Scarlett O'Hara! Ich konnte die Rolle einer Mutter von einem 17jährigen nur akzeptieren, weil es zwischen den beiden keinen einzigen normalen, menschlichen Augenblick gibt. Es ist eine wirklich krankhafte, keine normale Mutter. Ich könnte niemals eine normale Frau spielen, die einen 17jährigen Sohn hat. Dazu bin ich zu jung.
Sie ist kein netter Charakter. Ich versuche ihr etwas Sympathisches zu verleihen, denn niemand hat nur negative Qualitäten, aber trotzdem ist alles an ihr krank. Ich denke, daß ich diese Frau besser verstehe, weil ich vorher selbst Mutter wurde. Es ist ein sehr gutes Gefühl, Mutter zu sein. Mein Sohn ist hübsch und großartig, und ich bin sehr glücklich wie wahrscheinlich jeder, der ein Kind hat. Es änderte mein Leben.
Man sollte in der Rolle und auch außerhalb, im wirklichen Leben, ein Mensch sein, seine Rolle nicht als Maske, sondern als einen Teil des Lebens sehen.
Nennen wir es ein psychologisches Drama zwischen drei Personen. Der Streifen bewegt sich zwischen Realität und Phantasie – aber keineswegs ist Pornographie mit im Spiel, sonst würde ich nicht mitmachen.
Ich gehe heute viel unbeschwerter ins Studio, weil ich ganz genau weiß, daß ich nie Konzessionen auf Kosten meines Privatlebens machen würde. Denn da verzichte ich lieber auf Karriere und Geld. Ich bin am Wochenende immer mit meinem Mann und mit meinem Sohn zusammen, oft sind sie sogar an jenem Ort, wo ich gerade drehe.«

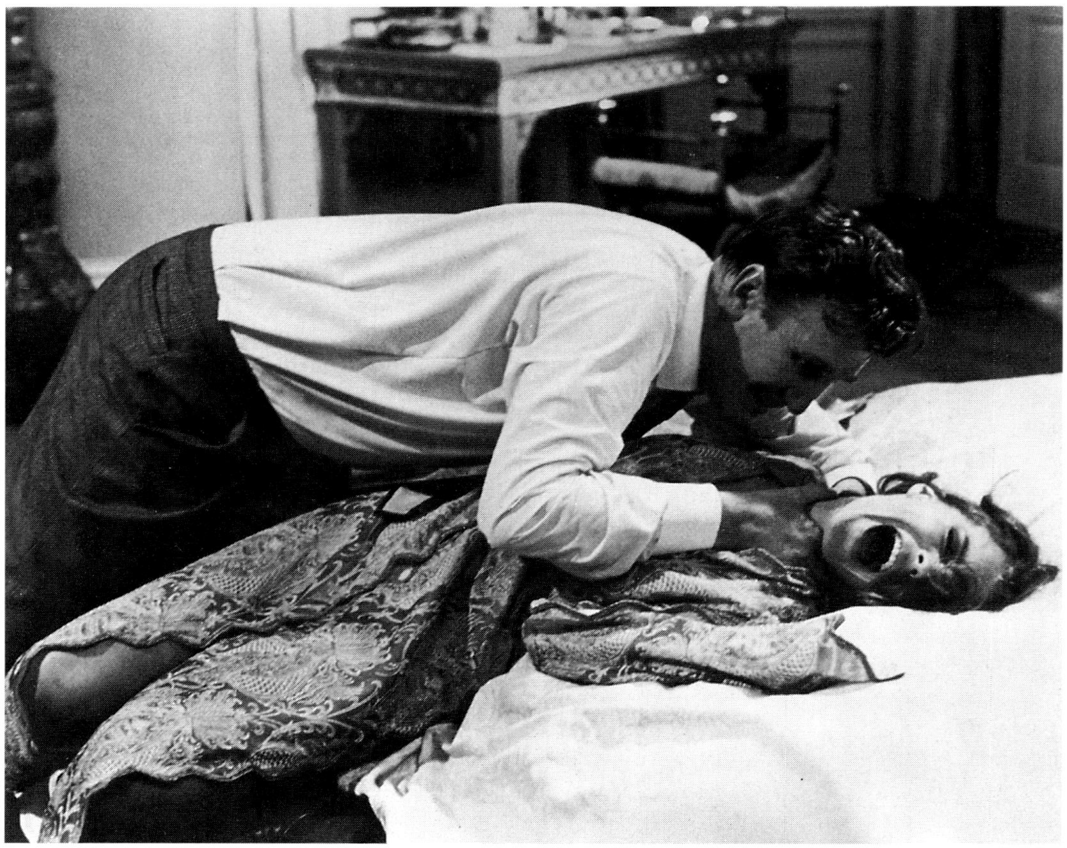

Romy Schneider und Donald Houston als Ehepaar Anderson in dem Film »Inzest« (links)

Romy Schneider und Dennis Waterman als ihr siebzehnjähriger Sohn (rechts)

Romy Schneider gebührt die Siegespalme für die subtile, nuancenreiche Darstellung einer Person, die man ihr noch vor einigen Jahren nicht im entferntesten zugetraut hätte.
Ciné-Revue vom August 1970

John Newlands Regie jedoch begnügte sich mit aparten Bildwirkungen, mit modischen Arabesken und dem Arrangement der großen reichen Welt, so daß am Ende vieles psychologisch nicht gedeutet, manch anderes gar verdeckt wird. Dennis Waterman zeichnete die Gestalt des Sohns mit der Schlaksigkeit der Jugend. Romy Schneider, in einigen Szenen sehr vorteilhaft aussehend, für diese Rolle aber etwas zu jung, verkörpert die gefährdete, gefährliche Mutter. Donald Houston agierte nüchtern, aber auch ohne Profil als der Vater in dieser Welt der Neurosen des Reichtums.
Tagesspiegel vom 17.11.1970

Das Nichts hat nur das Nichts zum Ergebnis. Es ist daher nutzlos, sich weitere Fragen zu stellen. Man muß jedoch festhalten: einzig Romy Schneider ragt mit ihrem fabelhaften Gesicht aus diesem unglaublichen Absud heraus.
La Saison cinématographique, 1971

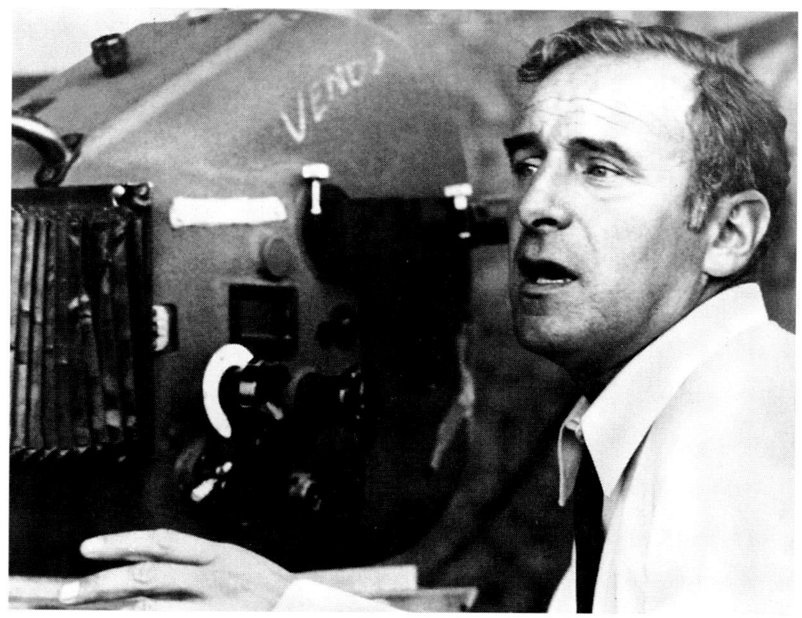

Romy Schneider mit Michel Piccoli und Regisseur Claude Sautet bei den Dreharbeiten in Paris und Umgebung und in La Rochelle, Sommer 1969
In Zusammenarbeit mit diesem Regisseur entstehen 1969 »Die Dinge des Lebens«, 1970 »Das Mädchen und der Kommissar«, 1972 »Cesar und Rosalie«, 1976 »Mado« und 1978 »Eine einfache Geschichte«; in sechs Filmen ist Michel Piccoli ihr Partner. In diesem Zusammenwirken kann sich Romy ganz in die Rolle, die sie verkörpern wird, hineinleben; so entstehen Hélène, Lily, Rosalie, Marie, alle vier Symbol für die moderne Frau, die sanft und aggressiv, stark und verletzlich, unabhängig und abhängig zugleich ist. Dieser Frau entspricht Romys Persönlichkeit, und Sautet weiß sie voll einzusetzen. Die Arbeit von Romy Schneider, Michel Piccoli und Claude Sautet findet die einhellige Zustimmung von Publikum und Presse. Romy selbst vergißt nie, darauf hinzuweisen, daß es sich um einen ihrer liebsten Filme handele, der sie immer wieder berührt, ohne in seiner Wirkung nachzulassen ... weil er nicht veralten kann.

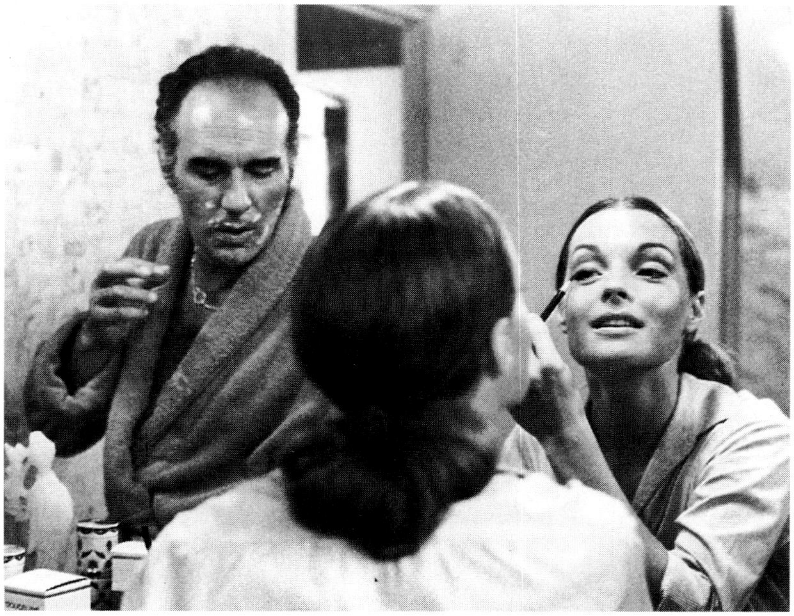

33. Die Dinge des Lebens (Les choses de la vie)
1969, Frankreich/Italien
Regie: Claude Sautet
Drehbuch: Paul Guimard, Claude Sautet, Jean-Loup Dabadie nach dem gleichnamigen Roman von Paul Guimard
Kamera: Jean Boffety (Eastmancolor)
Musik: Philippe Sarde
Produktion: Raymond Danon (Lira Films/ Sonocam Paris/Fida Cinematografica Rom)
Darsteller:
Romy Schneider: Hélène
Michel Piccoli: Pierre Bérard
Léa Massari: Cathérin Bérard

Regisseur Claude Sautet
Sie ist schön, von einer Schönheit, die sie selbst gestaltet hat. Eine Mischung aus giftigem Charme und tugendhafter Reinheit. Sie ist leicht wie ein Allegro von Mozart und gleichzeitig körperlich und sinnlich. Ich begegnete ihr zum erstenmal im Halbdunkel eines Korridors in Billancourt. Damals habe ich gar nicht mit ihr gesprochen; ich hatte nur einfach das Gefühl, daß sie intelligent war und noch etwas ... Ich kannte sie nicht, hatte sie nie im Kino gesehen, nicht einmal als »Sissi«. Von Anfang an war mir bei den Dreharbeiten zu »Die Dinge des Lebens« klar, daß ich das Glück gehabt hatte, eine Künstlerin und Frau in einem entscheidenden Augenblick zu treffen. Denn Romy ist gleichzeitig strahlend selbstsicher und voll innerer Zweifel, eine Künstlerin, die schon alles wußte, es aber nicht hatte ausdrücken können. Romy ist die Energie in Person; sie besitzt eine animalische Lebendigkeit und Ausdrucksfähigkeit von männlicher Aggressivität bis zu weiblichster Sanftheit. Romy ist eine ungewöhnliche, nicht alltägliche Schauspielerin. Sie besitzt dies Unergründliche, das großen Stars eigen ist. Ich habe sie vor der Kamera gesehen, konzentriert, angespannt, mit Noblesse und Impulsivität. Sie erträgt weder Mittelmäßigkeit noch Halbheiten. Sie hat noch viel zu geben. Sie wird immer spielen ..., denn sie hat ein Gesicht, das die Zeit nicht zerstören, nur ausdrucksfähiger machen kann.
Lui, Nr. 119 vom Dezember 1973

Wenn ich mit ihr drehe, fühle ich eine Art Kraft, eine Wärme, einen Appetit auf Leben. Und das kommt dem Film und ihren Partnern zugute.
France-Soir vom 23. 10. 73

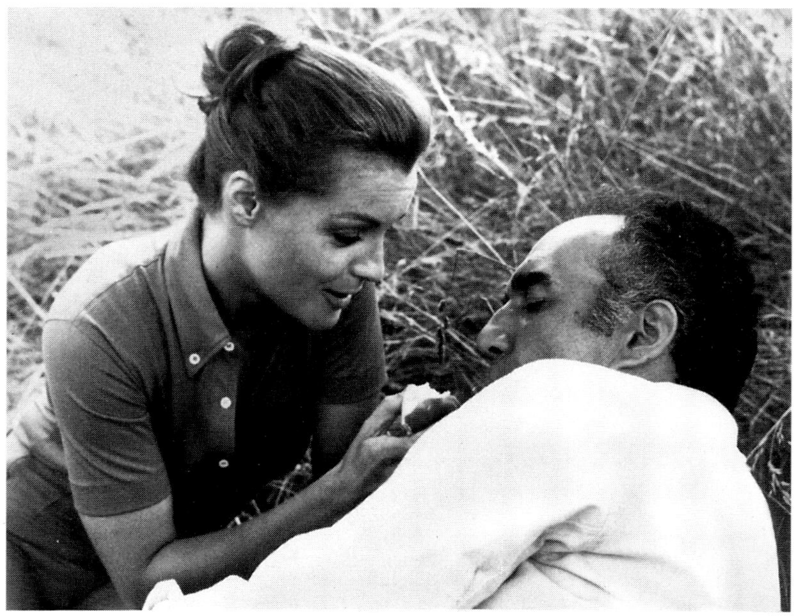

Romy Schneider und Michel Piccoli in »Die Dinge des Lebens«

Talent und Erfahrung, Intelligenz und Feinfühligkeit, Bild und Text ergeben hier die seltene Mischung, nie mehr zu sagen oder zu zeigen, als unbedingt notwendig. Man fragt sich verwundert, wie Romy Schneider so abrupt von Zärtlichkeit zu Aggressivität, von Hingabe zu Härte wechseln kann. Sie ist die ideale moderne Frau, die soviel fordert wie sie gibt.
France-Soir vom 14.3.1970

Die Schauspieler gehen in ihrer Rolle auf. Ein Film von untadeliger Schönheit.
Paris Match, März 1970

In Romy Schneider und Michel Piccoli hatte Sautet Darsteller, die die in sie gesetzten Ansprüche durch ihre Persönlichkeit erfüllten.
Telegraf vom 6.10.1970

In der Szene, in der man sie mit Tränen der Freude in den Augen zum Telefon greifen sieht, um eine Freundin anzurufen und sie zu bitten, ihr ihren Wagen zu leihen, besitzt Romy Schneider die Würde, jedem Tränen zu entreißen, der weiß, daß das Ewige sich aus flüchtigen Augenblicken zusammensetzt.
Positif, 1970

Es war für Romy Schneider keine dominierende Rolle. Und dennoch, welche Sensibilität und Intelligenz, welche schauspielerische Leistung bei der Gestaltung dieser Rolle. Man muß Sautet für immer dankbar sein, zu einem guten Teil dazu beigetragen zu haben, daß aus Romy diese große Schauspielerin wurde, auf die unser Film stolz sein konnte.
Télérama vom Januar 1983

Claude Sautet
Für mich ist Romy unersetzlich. Es gibt viele Schauspielerinnen, aber ihre Persönlichkeit war völlig einmalig.
Ab den »Dingen des Lebens« wurde ihr Privatleben recht schwierig und stürmisch. In ihrem Bedürfnis nach Ausschließlichkeit hat sie die Männer gewechselt. Sie war sehr eifersüchtig. Sie verlor schnell die Selbstsicherheit. Sie hatte immer Angst. Für einen Partner, der mit ihr lebte, mußte das recht schwierig sein. Sie hatte große Angst, dem, was sie erreichen wollte, gerecht zu werden.
Schon wenn geprobt wurde, begann sie zu spielen, total, als wäre es ihr eigenes Leben. Viele Schauspieler ermüden, wenn man Szenen wiederholt. Sie gar nicht. Sie wurde immer besser. Sie wollte sogar, daß man wiederholt, damit es noch besser wurde. Am liebsten hätte man ihr gesagt: »Hör auf, es ist perfekt.« Aber sie wollte es noch besser, noch ergreifender. Romy ist mit der Zeit immer schwergründiger geworden.
Sie war immer frustriert, wenn es in einem Film keine Szenen des Zorns gab. Ihr Traum war es, zornige Szenen zu spielen – wahrscheinlich, um sich zu befreien.
Sie verlangte zuviel. Man mußte sich stundenlang um sie kümmern. Sobald man abgelenkt war, wurde sie traurig und trübsinnig. Keiner konnte diesen Ansprüchen gerecht werden. Sie war sehr, sehr schüchtern. Mehrmals habe ich sie gefragt, warum spielst du nicht wieder Theater? Sie traute sich nicht. Sie hatte Angst vor den vielen Menschen. Sie trank recht viel am Abend nach dem Drehen. Für sie war das die einzige Möglichkeit, ihre ständige Angst auszuschalten.

Romy Schneider
Er ist mein Lieblingsregisseur, weil er ein Freund der Schauspieler ist. Überhaupt ein Freund aller Mitwirkenden bis zum Elektriker und Atelierarbeiter. Er steht Ideen und Anregungen offen gegenüber. Man darf richtig mitschöpfen. Das macht Freude.
Wir haben uns auf Anhieb verstanden. Ich habe ihn sogleich als das erkannt, was er ist; ein Choleriker, aber ehrlich und geradezu.
Es war eine herrliche Arbeit. Vor allem hat mich auch die etwas hintergründige, problemgeladene Rolle fasziniert.
Außerdem drehe ich gerne Filme mit so intelligenten Partnern wie Michel.

Linke Seite

Ankunft auf dem Flughafen Tempelhof, 31.7.1970
Romy Schneider kommt zu Synchronarbeiten und wird von Harry Meyen empfangen

Ankunft mit Harry Meyen und David in Rom, 1.7.1970

Rechte Seite

Mit Harry Meyen in Paris und bei Dreharbeiten, 1969

Premiere von »Die Dinge des Lebens« in Paris, 13.3.1970

Harry Meyen
Wir können auch getrennt sein – wir mögen es gar nicht so sehr, ständig beieinander zu hocken.

Ich glaube nicht, daß man, auch wenn man miteinander verheiratet ist, die Karriere des anderen stören darf. Sie ist nun mal im Film und ich bin im Theater zu Hause.

Romy Schneider
Natürlich gibt es Spannungen zwischen uns. Natürlich fällt es mir oft schwer, alles zusammenzuhalten. Mein Privatleben, den Beruf, den Mann, das Kind, die ewigen Reisen, mein Zuhause in Hamburg, der ständige Wirbel, sich auf neue Leute einzustellen, auf neue Umgebungen. Es gibt für Leute wie mich nur zwei Möglichkeiten, entweder man hält eine Karriere, dann kann man endlich mit den Regisseuren das spielen, was einem Spaß macht, oder man privatisiert, dann muß man es auch hinnehmen können, daß von heute auf morgen Schluß sein kann. Und ob ich so früh schon aufhören könnte, ich weiß nicht …
Ich fand das lange Zeit sehr gut. Aber dann fand ich es nicht mehr gut, daß Harry immer am Drehort war, neben mir stand und sagte: »Das machst du falsch: Du bist zu impulsiv. Du bist zu emotional.«
Am Anfang meiner Ehe dachte ich, daß ich dem Beruf und der Ehe gerecht werden könnte. Inzwischen weiß ich, das ist unmöglich. Und das ergibt natürlich Spannungen, die Harry und ich immer wieder ausgleichen müssen, über die wir reden müssen, was für beide nicht immer einfach ist.

Romy Schneider mit Maurice Ronet (oben) **und mit Gabriele Tinti** (unten) **in »Die Geliebte des anderen«**

»›Qui?‹ ist ein Abschnitt meiner Karriere ... eine Frauenrolle – jetzt kann ich keine anderen mehr spielen.
Man könnte ihn einen Thriller nennen, aber ich habe eigentlich etwas gegen solche Einstufungen. Filmen kann man mit ein paar solcher Kategorien nicht gerecht werden.«

Maurice Ronet und Romy Schneider (das Paar aus »Der Swimmingpool«) schwimmen in diesem Wirrwarr herum, als warten sie, daß man ihnen die Auflösung zu dem Rätsel liefere. Das täte ich schon aus lauter Berufsehre nicht. Sie sollen nur noch wissen, daß der Monsieur vermutet, die Dame habe seinen eigenen Bruder bei einem vorgetäuschten Autounfall umgebracht. Doch ist es wirklich nicht unbedingt erforderlich, daß sie sich den Fortgang des Geschehens ansehen ...
Les Lettres Françaises vom 30.9.1970

34. Die Geliebte des anderen (Qui?)
1970, Frankreich/Italien
Regie: Leonard Keigel
Drehbuch: Leonard Keigel, Paul Gégauff
Kamera: Jean Bourgoin (Eastmancolor)
Musik: Claude Bolling
Produktion: Raymond Danon und Edmondo Amati (Lira Films Paris/ Fida Cinematografica Rom)
Darsteller:
Romy Schneider: Marina
Maurice Ronet: Serge
Gabriele Tinti: Claude

Romy Schneider hat sich in letzter Zeit durch einige erhitzte Reißer wieder ins Gespräch gebracht. Sicherlich zu Recht: ihr schmelzendes Blauauge, ihr stilles, kantiges Gesicht haben in der Tat in den vergangenen Jahren mehr Wichtigkeit, mehr Nachdruck bekommen, aus ihrem Spiel, aus ihrer Sprache waren das Zimperliche, der Dunst weitgehend weggefegt. Aber dieser Film wirft sie wieder ein schlechtes Stück zurück. Es ist ein Krimi (oder so etwas in der Art), ein Psychoschocker (oder so etwas in der Art) und außerdem, natürlich, auch noch ein Film, der von Liebe handelt.
Tagesspiegel vom 9.11.1971

Romy Schneider und Richard Harris in »Bloomfield«

Regisseur und Schauspieler Richard Harris (unten)

35. Bloomfield
1970, Großbritannien/Israel
Regie: Richard Harris
Drehbuch: Wolf Mankowitz nach einer Novelle von Joseph Gross
Kamera: Otto Heller (Technicolor)
Musik: Johnny Harris
Produktion: John Heymann, Wolf Mankowitz (World Films/Limbridge London/Cenfilco Tel Aviv)
Darsteller:
Romy Schneider: Nira
Richard Harris: Eitan

Gedreht hat Harris in Israel: die Geschichte eines alternden Fußballkönigs (Harris spielt ihn selbst), der zwanzig Jahre lang für den Fußball gelebt hat, jetzt im Bloomfield-Stadion von Tel Aviv sein letztes Spiel zu spielen hat und finanziell vor dem Ruin steht. Auch ein paar gute Szenen sind zu verzeichnen: Ein Streit zwischen Romy Schneider und Richard Harris ist endlich einmal nicht die übliche Filmauseinandersetzung, sondern eine handfeste Schreierei.
Süddeutsche Zeitung vom 9.10.1973

Der Film verschenkt die Tragödie, die Satire, die Psycho-Komödie – er kommt um in seiner Ambition. Romy Schneider wirkt wie ein fremdes Dekorationsstück in diesem israelischen Party- und Sportmilieu.
Abendzeitung, München, vom 9.10.1973

Der fatalste Film der Berlinale von 1971: Richard Harris inszeniert Richard Harris und Israel als exotische Kulisse für ein Rührstück. Die Story vom alternden Fußball-Star hätte in realistischer Manier ganz ansehnlich werden können, zumal auch Romy Schneider für den weiblichen Part zur Verfügung stand. Doch Harris läßt sie nicht mehr als attraktiv sein und ab und zu einmal schreien.
Er selbst tut als Darsteller wie als Regisseur viel zu viel.
Der Abend vom 4.1.1974

36. La Califfa
1970, Italien / Frankreich
Regie: Alberto Bevilacqua
Drehbuch: Alberto Bevilacqua
nach seinem Roman La Califfa
Kamera: Roberto Gerardi (Technicolor)
Musik: Ennio Morricone
Produktion: Mario Cecchi Gori
(Fair Films Rom / Films Corona
Nanterre / Labrador Paris)
Darsteller:
Romy Schneider: La Califfa
Ugo Tognazzi: Doberdo

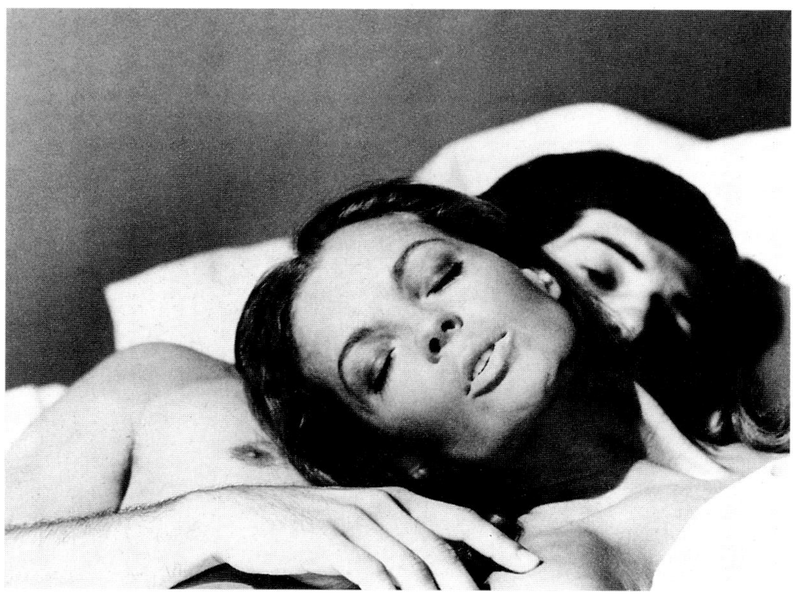

Romy Schneider als Arbeitermädchen in dem Film »La Califfa«

Mit Ugo Tognazzi als Unternehmer Doberdo (rechts)

Romy Schneider
Ich habe lange überlegt, ob ich das spielen soll; vor allem deshalb, weil der Regisseur kein Fachmann ist. Aber heute – nach einer Woche Drehzeit – bin ich glücklich, daß ich die Rolle angenommen habe. Die ersten Muster sind traumhaft gut.

Schriftsteller und Regisseur
Alberto Bevilacqua
Romy suchte Helden, und Helden sind Dummköpfe. Immer hat sie sich Männer ausgesucht, die scheinbar Biß hatten, äußerlich. Der richtige Mann für sie wäre einer gewesen, der nichts Heldenhaftes hat, aber wie sie eine innere Tiefe – und eine sexuelle Kraft.
Sie hat eine Kraft, eine Leidenschaft und Vehemenz, die der Film bei weitem noch nicht ausgeschöpft hat.

Romy Schneider spielt so grandios, lecker, so reizvoll und dabei immer mit einem stets hübsch merkbaren Hauch von Schüchternheit wie bisher eigentlich nie. Bestes unverblümtes Kino.
Die Welt vom 11.11.1971

Fragwürdiger aber noch ist die Besetzung dieses mit Veränderungen kokettierenden Spektakels, da Romy Schneider nun mal weder über das südländische Temperament noch über den revolutionären Elan einer italienischen Industriearbeiterin verfügt. Sie bleibt stets – und selbst noch in den erotischen Szenen – bieder, ihre Vitalität wirkt allenfalls aufgesetzt, ihre Sprache nimmt sich bestenfalls manieriert aus. Aber auch Ugo Tognazzi ist nicht der Schauspieler, der den Gesinnungswandel eines Industriekapitäns glaubhaft machen kann. Die Gestalten sind samt und sonders blutleer, nach einer vorgefaßten Meinung hingestellt, wobei Argumente für eine Auseinandersetzung weder geliefert noch gar widerlegt werden. Bevilacqua, der offenbar selbst keinen Standpunkt einnehmen will, liefert jedenfalls nicht die Analyse oder zumindest das Porträt einer unruhigen Zeit, er begnügt sich vielmehr mit der sentimentalen Liebesgeschichte des reichen Mannes zu dem armen Mädchen aus dem Volke. Und dieser Stoff ist, so sollte man zumindest annehmen, als naives Spiegelbild einer Gesellschaft überholt.
Tagesspiegel vom 11.11.1971

Romy Schneider und Michel Piccoli in dem Film »Das Mädchen und der Kommissar«

Es hat den Anschein, daß Sautet in den phantastischen, außergewöhnlichen Film, den er gerade gemacht hat, sein ganzes Ehrgefühl hineinlegte, um uns seine Lieblingsdarstellerin in einer der faszinierendsten Aufmachungen vorzustellen, das heißt als eine Gestalt, die einen den Atem nimmt und wie man sie nicht mehr sieht. Ein seltsames Gefühl von Romantik breitet sich auf der Leinwand aus, wenn Michel Piccoli und Romy Schneider einander gegenüberstehen. Ich halte diesen Film für einen der schönsten, den ich seit langem gesehen habe.
Paris Match
vom 17.2.1971

Das Ungewöhnliche in den Beziehungen der beiden Menschen geben Michel Piccoli und Romy Schneider vortrefflich wieder. Ganz verhalten vollzieht Piccoli die innere Hinwendung des Kommissars zu Lily nach. Und so überzeugend wie er in jeder Szene ist auch Romy Schneider. Da sitzt jeder Ton: jeder Blick sagt das, was Lily denkt und empfindet. Beide Schauspieler sind einander gleichwertige Partner in einem beachtenswerten Film.
Mitteldeutsche Neueste Nachrichten
vom 11.8.1972

Claude Sautets Film ist von einer schönen und kühlen distanzierten Intensität in den wesentlichen Szenen, die Romy Schneider und Michel Piccoli bestreiten; sie als Prostituierte Lily, bei aller gewerbsmäßigen Schnoddrigkeit doch stets sehr kultiviert, sehr differenziert im darstellerischen Ausdruck; sehr genau und behutsam in der langsamen Entwicklung eines sich selbst bis zuletzt nicht ganz gewissen Gefühls, er, als Kommissar Max.
Sächsisches Tageblatt
vom 2.9.1972

37. Das Mädchen und der Kommissar (Max et les ferrailleurs)
1970, Frankreich / Italien
Regie: Claude Sautet
Drehbuch: Claude Sautet nach dem Roman von Claude Néron
Dialoge: Jean-Loup Dabadie
Kamera: René Mathelin (Eastmancolor)
Musik: Philippe Sarde
Produktion: Raymond Danon (Lira Films-Sonocam Paris / Fida Cinematografica Rom)
Darsteller:
Michel Piccoli: Max/Félix
Romy Schneider: Lily
Bernard Fresson: Abel
Georges Wilson: Kommissar

Romy Schneider als Prostituierte Lily und Michel Piccoli als Polizeibeamter Max

Das Spiel Piccolis und der Dirne (Romy Schneider) ist ein Leckerbissen für Kenner. Wahre Künstlerarbeit.
Le Canard Enchaîné vom 17.2.1971

Romy Schneider, schön von aggressivem und gleichzeitig weichem Charme, weiß das Gegensätzliche und Widersprüchliche ihrer schwierigen Rolle unerhört gut wiederzugeben.
France-Soir vom 18.2.1971

Romy Schneider und Michel Piccoli verdienen beide, in den höchsten Tönen gelobt zu werden.
Le Figaro vom 18.2.1971

Die Rolle des Angelhakens, der Leine, wird von Romy Schneider übernommen, die als Paris – Nanterrer Prostituierte ausgezeichnet spielt. Durch das »Mädchen und der Kommissar« errät man schließlich, was es bedeutet, »in Versuchung geführt zu werden«.
Le Nouvel Observateur vom 22.2.1971

Der Regisseur projiziert das Fängerdrama ganz in das Gesicht Michel Piccolis, auf die kalte Glut einer fixen Idee. Und Romy Schneiders Nutte Lily ist ein Bravourstück schauspielerischer Disziplin: Balanceakt zwischen angetünchter Gossenkühle und verkapptem Gefühl.
Abendzeitung, München, vom 19.5.1971

Die sprachlose Gegenüberstellung von Max und Lilly am Ende spricht noch mehr für sich. Wie in »Die Dinge des Lebens« bestätigt Romy Schneider an der Seite von Michel Piccoli ihr voll entfaltetes Talent in einer für sie völlig neuen Gestalt.
Les Lettres Françaises vom 24.10.1971

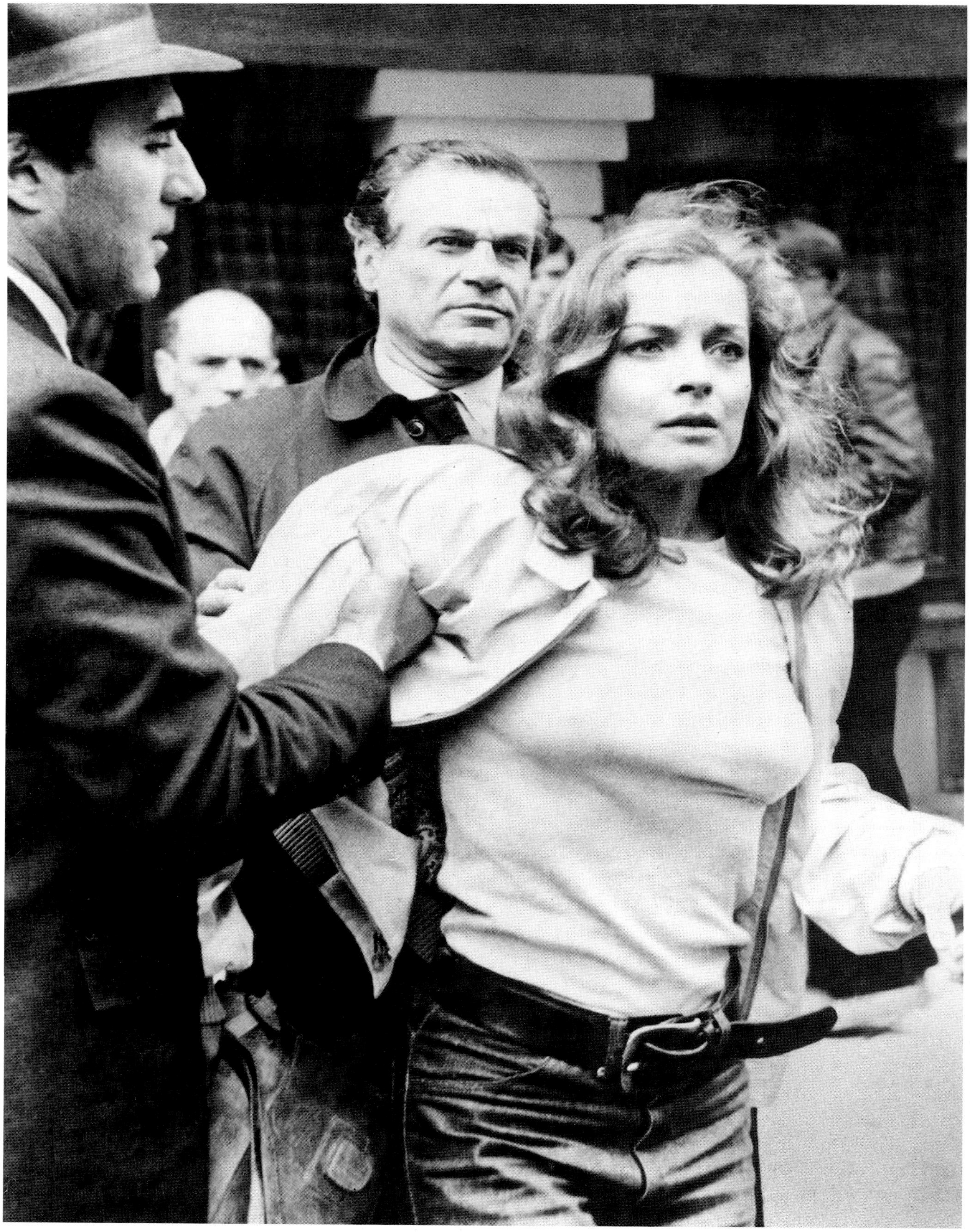

Regisseur Claude Sautet
Ich bin zwar immer verliebt in das, was ich gerade drehe, aber wenn ich mit der Schneider arbeite, bin ich buchstäblich verrückt nach ihr.
Sie ist sich der Macht ihres Körpers und ihrer Sinnlichkeit sehr bewußt. Sie besitzt eine Vielschichtigkeit, die alle großen Stars auszeichnet.
Was Romy und Piccoli betrifft, war mir bereits bei den Dreharbeiten zu »Die Dinge des Lebens« klargeworden, daß ich nur ihre Möglichkeiten als leidenschaftliche Schauspieler bloßgelegt hatte, eine bei den Stars in Frankreich sehr seltene Eigenschaft. Sie dachten vor allem anderen an die Bedeutung ihrer Situation. So war es fast eine Pflicht, ihn den Max und sie die Prostituierte spielen zu lassen, schon im Hinblick auf die Entmystifizierung bei einem Teil des Publikums der »Dinge des Lebens«: es sind immer noch Romy und Piccoli.

Romy Schneider
Ich habe die Rolle genommen, ohne sie zu lesen. Da sie mir Claude Sautet anbot, konnte sie nur gut sein. Und dann war das natürlich eine Herausforderung. Ich hörte die Leute schon sagen: Ah, die kleine Schneider will jetzt eine Prostituierte spielen! Nun, ich hab's getan.
So eine Figur ist auch von mir selbst sehr weit entfernt. Daher reizte es mich, so ein Milieu einmal nachzuerleben.

Michel Piccoli
Es gibt Schauspieler, die sich in einen Trancezustand versetzen, die sich selbst mit ihrem Spiel ein Vergnügen bereiten und die es lieben, wenn man sie sieht. Ich möchte, daß man die Person erkennt, die ich darzustellen habe. Ich bin nicht auf der Bühne oder vor einer Kamera, um eine Nummer abzuziehen. Ich muß ganz mit der Figur verschmelzen, ich muß mich mit ihr biegen und winden, mich verfinstern und erhellen können. Schauspieler sein heißt veränderlich sein – fast bis zur Selbstaufgabe.

»Also, bei meinem 34. Geburtstag, kürzlich im September – da dachte ich: Herrgott noch mal, jetzt schon? An meinem Sohn merk' ichs, an meinem Gesicht ..., an meinem Beruf, Sie müssen bedenken, ich bin ja nicht im häßlichen Charakterfach! Ich muß also noch ein paar Jahre gut aussehen! Da ich aber nicht der Typ bin, der von früh bis spät aufpaßt, ob er ein oder zwei Falten mehr hat im Gesicht – tut mir leid, kann ich mich darüber auch nicht aufregen. Es wäre aber nötig! Ich kenne Kolleginnen, die kennen ihr Leben lang nur eins: ihr Gesicht, ihre Figur! Das tu ich nicht. Noch nicht. Vielleicht. Noch bin ich jung. Aber manchmal denk ich doch, na, na? Wenn ich mal Tränensäcke unter den Augen habe. Wenn die Leute sagen: Die sieht ja aus wie 'ne Krähe! Da mach ich mir gar nichts vor! Das kommt ja nicht nur im Unterbewußtsein. Ich seh mich doch auch im Spiegel. Und das ist dann nicht immer komisch! Vor fünf Jahren sah ich noch anders aus.

Ja, ich habe wirklich über ein Jahr keine Ferien gemacht. Das stimmt schon. Aber ich wollte es ja so. Drei Filme hintereinander (›Das Mädchen und der Mörder‹, ›Ludwig II.‹ und ›Cesar und Rosalie‹) ist ein bißchen viel. Na schön. Eines Tages ist es mir vielleicht egal, ob ich Krähenfüße kriege. Solange ich nicht fett bin ... Für den Körper kann man was tun. Ich meine: Daß es von hier – von Herz und Hirn – kommen muß. Nicht unbedingt nur von einer schönen Visage oder Nase. Aber, wir müssen doch auch an die denken, die uns sehen, die im Kino oder vorm Fernseher sitzen. Ob die uns noch so sehen wollen! Oder ob sie nicht sagen, na ja, langsam kommt die doch in die Jahre ...«

Sie ist das schönste Geschenk, das Deutschland oder Österreich, so genau kommt's ja nicht drauf an, seit Marlene Dietrich gemacht hat.
Alexander Astruc
in Paris Match
vom 16. 3. 1971

L'Express
Sie ist eine absolute Schönheit und zudem eine große Schauspielerin.

Le Figaro
Ihre Schönheit und ihr Talent wachsen von Jahr zu Jahr.

Cinéma Français
Romy Schneider ist es gelungen, einen Schauspieler-Typ zu schaffen, der in unseren französischen Filmen sehr selten ist: den einer erschütternden und zwiespältigen Frau, die enthusiastisch und glühend, aber auf jeden Fall sehr lebendig ist. Sie ist vor allem ganz Frau, durch ihren Körper und ihre Sensibilität und mit einem Talent, das den Mythos Romy Schneider von Film zu Film vergrößert.

Paris-Presse
Alle großen amerikanischen Regisseure setzen in Zukunft anstatt auf Jeanne Moreau oder Simone Signoret auf Romy Schneider.

France-Soir
Dieses Mädchen, das sich so urplötzlich entschloß, keine rosa Filme mehr zu machen, das seinen Platz und seine Popularität in Deutschland aufgab und nach Paris zog, das auf die Bühne ging und von Frankreichs kritischstem Theaterpublikum akzeptiert wurde, dieses Mädchen erhielt nun den Lohn für seinen Mut und seinen Unternehmungsgeist. Diese Romy Schneider ist ein internationaler Star.

Ciné-Revue
Sie besitzt so viel Charme wie Grazie.

L'Express
Vom Deutschen hat diese junge Pariserin nichts mehr, keinen Akzent mehr, oder doch sehr wenig, keinen Appetit mehr, keinen schlechten Geschmack mehr ... die Metamorphose ist total.

Il Giorno
Romy ist die Beste.

Romy Schneider und Alain Delon in dem Film »Das Mädchen und der Mörder«

Alain Delon und Regisseur Joseph Losey

»Die Arbeit bei Joseph Losey war sehr anstrengend und aufregend – im positiven Sinne. Er ist einer der wenigen ganz großen Regisseure und ein ungewöhnlicher Mensch.«

38. Das Mädchen und der Mörder
1971, Frankreich / Italien / Großbritannien
Regie: Joseph Losey
Drehbuch: Nicolas Mosley, Masolino d'Amico
Kamera: Pasquale de Santis (Technicolor)
Musik: Egisto Macchi
Produktion: C. I. A. C. Dino de Laurentiis Cinetel Paris / Cinematografica Rom / Joseph Shaftel Productions London
Darsteller:
Alain Delon: Frank Jackson
Richard Burton: Leo Trotzki
Romy Schneider: Gita Samuels
Valentina Cortese: Natalia Sedowa Trotzki

Kaum ein Filmregisseur erreicht heute so ein intensives, diszipliniertes Spiel. Romy Schneider als Werkzeug des Mörders: ein strenges, herbes Fräulein mit glatt zurückgekämmten Haaren und kantigen Bewegungen, fanatisch für Trotzki begeistert, manchmal wie erstaunt über das eigene erotische Feuer, weil sie die große Liebe nie erwartet hatte; sie spielte diese Hörigkeit und zugleich den uneingestandenen Selbstbetrug, wenn sie die aufkeimenden Zweifel und Skrupel an ihrem rätselhaften Geliebten erstickt. Ein großartig gelungenes Porträt. Alain Delon bewegt sich eher in gewohnten Bahnen. Das Gesicht eine undurchdringliche Maske, das Gebaren statuarisch; bald ist er brutal zu seiner Freundin, die für ihn wohl nicht nur Mittel zum Zweck ist, dann wieder verklemmt. Faszinierend ist der Erzählstil; Romy Schneider etwa, hektisch die Faust streckend bei einer Demonstration oder betriebsam in einem Initiativbüro, wütend während ihrer hastigen Arbeit eine Zeitung mit schlechten Nachrichten vom Tisch fegend; das Paar in Augenblicken von derbem, fast kreatürlichem Sex; die ersten flüchtigen, beiläufigen Begegnungen von Mörder und Opfer; daneben eine lange traumhafte Bootsfahrt, verwirrende, aber atmosphärische Arrangements.
Die Zeit vom 10.11.1972

39. Ludwig II.
1972, Italien / Frankreich / BRD
Regie: Luchino Visconti
Drehbuch: Luchino Visconti, Enrico Medioli und Suso Cecchi d'Amico
Kamera: Armando Nannuzi (Technicolor-Panavision)
Musik: Richard Wagner, Robert Schumann, Jacques Offenbach
Produktion: Ugo Santalucia (Mega Film Rom / Cinetel Paris / Dieter Geissler Filmproduktion Divina Film München)
Darsteller:
Helmut Berger: Ludwig II.
Romy Schneider: Elisabeth von Österreich
Trevor Howard: Richard Wagner
Silvana Mangano: Cosima von Bülow
Gert Fröbe: Pater Hoffmann
Helmut Griem: Oberst Dürkheim

»Zwischen der Sissi von einst und meiner heutigen Rolle gibt es nicht die geringste Gemeinschaft. Die Sissi damals war ein junges, dummes Ding, die Kaiserin Elisabeth dagegen ist eine reife Frau.
Ich werde diese Rolle, den Charakter dieser Frau zum erstenmal wirklich spielen ...
Diese Frau jetzt darzustellen hat mich schon berührt. Daß ausgerechnet Elisabeth, die keine körperliche Angst kannte, ermordet wurde, ist merkwürdig. Körperliche Angst ist auch mir etwas völlig fremdes. Andere Ängste, mit denen ich fertig werden mußte oder noch muß, kenne ich zur Genüge. Überhaupt entdecke ich in der Elisabeth Charakterzüge einer Frau, die mir nicht fremd ist.
Mit dem Sissi-Stempel, den ich danach nur mühsam und unter soviel Qualen abgelegt habe, heute die Elisabeth glaubhaft zu machen –, das übt schon einen ganz schönen Druck auf mich aus – ob ich nun will oder nicht.«

Regisseur Luchino Visconti
Als ich die »Verdammten« vorbereitete, habe ich die Idee gehabt, einen Film über Ludwig II. von Bayern zu machen. Zu dieser Zeit suchte ich ein Schloß in Bayern und stieß auf eine merkwürdige theatralische Atmosphäre, in der diese außergewöhnliche Persönlichkeit lebte und regierte. Ludwig II. faszinierte mich. Er hatte die außergewöhnliche Fähigkeit, außerhalb der Wirklichkeit zu leben, und eine ebenso außergewöhnliche Unfähigkeit, sich in der Wirklichkeit zurechtzufinden, so wie seine Kusine Elisabeth von Österreich, mit der ihn eine wirkliche Wahlverwandtschaft verband.

Romy – ein Feuerwerk der Eleganz

Nebelkerzen werden gezündet. Der Hof füllt sich mit Dämmer. Schwaden ziehen zur Freitreppe hin, nebeln hoch zum Portal. Die Schloßwache zieht ihre gemessenen Runden. Romy Schneider tritt auf – in einem jener Kostüme Piero Tosis, die seit je Stolz aller Visconti-Filme sind. Es ist ein Kleid von erlesenstem Geschmack, keine traurige Kopie einer versunkenen Mode, eher ein Feuerwerk der Eleganz, zugeschnitten auf seine Trägerin, für sie erfunden von einem Couturier, der mit Rüschen, Falten, Blenden, Bändern zu spielen weiß, den Accessoires einer Epoche, die nicht nachgezeichnet werden, sondern in vollem Glanz neu erstehen soll. Tosis Kostüme werfen sich hoch an ihren Trägerinnen wie schwarze Fontänen, die in weiten Schleppen verrieseln und ihre Spuren durch den Kies des Schloßhofes ziehen. Wie schwarze Schwäne segeln Elisabeth und ihre Hofdame auf die Schloßtreppe zu.
Diener huschen ihnen entgegen: Adjutanten, nestelnd an Jacken und Jabots, höfisches Zeremoniell wird im Geschwindschritt in Gang gesetzt. Aber in dieser Minute bereits wird sichtbar, wie stark Viscontis Blick noch die kleinste Szene durchdringt. Das Salutieren der Soldaten, die Meldung des Wachhabenden, das Katzbuckeln der Lakaien, die Servilität der Sekretäre, die adelige Contenance des Adjutanten reißen in Sekundenschnelle ein genaues Bild der unterschiedlichen sozialen Stellungen auf. Es ist diese Genauigkeit Viscontis, mehr als die historisch getreue Rekonstruktion der Schauplätze, die seinen Filmen ihr unverwechselbares Gesicht gibt.
Mittagspause. Visconti schält sich aus den Pelzen. Romy Schneider und Nora Ricci versuchen vorsichtig, sich trotz der von Tosi unerbittlich eng geschnürten Korsagen ein Hühnerbein einzuverleiben. Vergeblich – es bleibt nicht einmal mehr Platz für ein kleines Gelächter. Film – das erweist sich – bleibt nach wie vor eine der sublimsten Formen neuzeitlicher Schinderei.

Romy Schneider als Elisabeth von Österreich (vorhergehende Seite)

Regisseur Luchino Visconti, Romy Schneider als Königin Elisabeth und Helmut Berger als König Ludwig von Bayern bei Dreharbeiten (links)

Romy Schneider mit ihrem Sohn David bei Dreharbeiten zu Ludwig II.

Die handgenähten Kostüme im Wert von 20000 DM werden anprobiert

Zurück geht es zum Schloß. Die Sonne steht günstig. Helmut Berger alias Ludwig II. genießt seinen drehfreien Tag und streicht durch den Wald. Der kleine David, Romy Schneiders fünfjähriger Sohn, läßt sich von Mama das Tagesbudget erhöhen, um die Filmpferde besser füttern zu können. Er klettert auf dem Schoß Viscontis herum, während immer wieder die Klappe fällt, die eingangs geprobte Szene zu wiederholen. Es vergeht Stunde um Stunde. Visconti versinkt immer mehr in den Pelzen. Er besteht nur noch aus Haaren und Blick – der aber wirft sich nach wie vor unbestechlich und unerschöpft in die Runde. Sein Auge regiert, ein absoluter Monarch, noch unter den schweren, halbgeschlossenen Lidern.
Die Welt vom 30. 3. 1972

Romy Schneider ist eine Elisabeth von unnahbarer Hoheit.
France-Soir vom 16. 3. 1973

Visconti ist ein Meister der absoluten Bilder, in denen kaum etwas anderes zählt als die reine Herrschaft von Licht und Farbe, der Landschaften und Interieurs, Kleider und Gesichter gleichermaßen rigoros unterworfen sind. Frei, als etwas Lebendiges und mehr als nur ästhetisch Ansprechendes wirkt in Viscontis Diktatur des Formalen und Schönen allein Romy Schneider als Elisabeth von Österreich, was nicht nur von der realistischen, widerspenstigen Verfassung dieser Rolle herrührt, sondern ganz entscheidend von der schauspielerischen Bravour und Souveränität Romy Schneiders. Wenn sie hysterisch auflacht oder sich in ihrem Gesicht Bitterkeit und Lust zu einer fröhlichen Bosheit paaren, dann bricht der Film regelrecht auf, dann öffnet sich etwas, was zugleich Passion und Professionalität, Können und Individualität ist, sichtbar, erfahrbar, durchschaubar.
Mit Romy Schneider allein behauptet sich in diesem zwischen Monstrosität und Strenge schwer atmenden Film das Kino als vitales, physisches, sensibles, nicht bloß den schönen Bildern und künstlichen Gefühlen huldigendes Medium, und so muß man vor allem einmal sagen, daß Viscontis »Ludwig II.« ein Sieg Romy Schneiders ist, der nicht genug bewundert werden kann.
Süddeutsche Zeitung vom 25. 3. 1973

Regisseur Luchino Visconti
Du warst eine Elisabeth, wie ich sie mir vorgestellt habe, Romina.

Romy Schneider mit Yves Montand und Sami Frey in »Cesar und Rosalie«
Claude Sautets preisgekrönte Komödie war einer der größten Erfolge Romy Schneiders in Frankreich. Sie spielt darin eine geschiedene junge Frau, die mit dem reichen Selfmademan Cesar zusammenlebt. Als eines Tages ihre Jugendliebe wieder auftaucht, ist Rosalie zwischen den beiden Männern hin- und hergerissen

40. Cesar und Rosalie
1972, Frankreich, Italien, BRD
Regie: Claude Sautet
Drehbuch: Claude Sautet, Jean-Loup Dabadie, Claude Neron
Kamera: Jean Boffety (Eastmancolor)
Musik: Philippe Sarde
Frisuren Romy Schneiders: Alexandre
Produktion: Michel de Brocca (Fildebroc UPF Paris / Mega Films Rom / Paramount Orion Produktion München)
Grand Prix du Cinéma Français 1972
Darsteller:
Yves Montand: Cesar
Romy Schneider: Rosalie
Sami Frey: David
Umberto Orsini: Antoine
Isabelle Huppert: Marité

Regisseur Claude Sautet
Es ist eine bewegende Chronik, »eine Autopsie der Gefühle«, ich versuche, eine heftige Liebesgeschichte heraufzubeschwören, die auch sehr lebendig ist, weil sie auf der Freude am Leben basiert. Mein Ziel ist es, ein Porträt von drei Personen verschiedenen Alters zu zeichnen, die sich in sehr unterschiedlichen Situationen befinden. Im Mittelpunkt steht Rosalie, frei, unabhängig, mit Charme und Charakter und von einem großen Hunger nach Liebe erfüllt. Sie liebt Cesar, David, ihre kleine Tochter, die Sonne und das Meer. Sie liebt in der Tat die Liebe. An ihrer Seite Cesar, der Besitz ergreift, ein ganz nach außen gerichtetes Wesen. Er meint, daß Rosalie ihm gehört, und erträgt keine Konkurrenz. Er ist ein elementarer Typ, ein Emporkömmling wie aus einem Guß, seine Gesundheit, seine Überschwenglichkeit, seine Lebensfreude überträgt er auf Rosalie. Dann David, eine in sich gekehrte Person, weniger versessen auf Exklusivität und Besitz, unruhiger, mehr Poet. Er liebt es, Rosalie anzuschauen und sie zu respektieren. Er begnügt sich mit seiner Liebe, ohne jedoch danach zu trachten, von ihr vollständig Besitz zu ergreifen. So bringen die beiden Männer Rosalie unterschiedliche Formen von Liebe entgegen, so daß ihr Schwanken durchaus annehmbar erscheint.
Offen gesagt, vor den Dreharbeiten zu »Cesar und Rosalie« habe ich drei oder vier Monate lang versucht, Romy nicht für diese Rolle zu nehmen. Und dann ist es mir doch nicht gelungen. Als ich vor einer konkreten Szene stand, war es nur sie, die dafür in Betracht kam. Es ist ihr leidenschaftlicher Charakter, der mich anzieht, sie hat eine unglaubliche innere Energie, sie ist nicht friedfertig, sondern aufgewühlt, heftig, stolz. Wenn ich mit ihr drehe, empfinde ich eine besondere Art von Kraft, eine Wärme, einen Lebenshunger, und das ist nützlich für den Film und für ihre Partner.

Sami Frey
Sie gehört zu den sensibelsten Schauspielerinnen, die ich kenne.

Romy Schneider und Sami Frey in »Cesar und Rosalie«

Ach, der herrliche Film, die schöne Geschichte, die gute Regie, und was für ein Trio von Hauptdarstellern! Yves Montand ist nie so gut, Romy Schneider nie so bezaubernd und Samy Frey nie so schön gewesen.
Da muß man hin …

Le Canard Enchaîné vom 25.1.1972

Es ist eine prächtige Geschichte um Liebe und Freundschaft, um zärtliche Zuneigung und ein wenig verrückte Leidenschaften. Ein sehr schöner Film, mit Talent erzählt. Die Darsteller besitzen ein umwerfendes Naturell, immer fröhlich in den seltsamsten Situationen.
Und dann, und dann … ist da noch Romy Schneider.

Video News, 1972

Romy Schneider ist eine begnadete Rosalie, schön, bewegend und fröhlich. Die Rolle ist ihr wie auf den Leib geschrieben. Ein Leckerbissen.

France-Soir vom Oktober 1972

Andere, unter ihnen die Größten, würden Romy um diese prächtige Frauenrolle beneiden, die noch schöner ist als die beiden anderen Rollen, die sie bei Sautet spielte … Denn Rosalie, das ist Romy Schneider, man begreift, weshalb Cesar »wie alle Welt sie liebt«.

Pariscop, 1972

Romy Schneiders Erfolg macht sie zu einem französischen Star.

Paris Match, 1972

Endlich etwas Überragendes. Paris feiert Romy Schneider.

Rhein-Zeitung, Koblenz, vom 12.12.1972

Frankreich feiert jetzt Romy. Einhelliger Erfolg von Claude Sautets »Cesar und Rosalie«.

Berliner Morgenpost vom 8.12.1972

Romy Riesenerfolg!

Frankenpost vom 6.1.1973

Nie ist Montand besser und Romy, in all ihrer Weiblichkeit, schöner gewesen.

Ecran 72, Nr. 10 Dezemberausgabe

Harry Meyen
Ich suche in Hamburg immer noch eine stille Wohnung. Zuerst einmal eine Klarstellung: Wir leben nur aus beruflichen Gründen getrennt. Meine Frau mit unserem Sohn in Paris und Zürich und ich in Hamburg und Lugano. Wir haben nur eine Gütertrennung durchgeführt und den gemeinsam erarbeiteten Zugewinn geteilt. Meine Frau hat mir also nichts geschenkt.
Wir leben gezwungenermaßen getrennt. Wie wollen Sie sonst eine moderne Schauspieler-Ehe führen, wenn meine Frau in Paris einen Film nach dem anderen dreht und ich in Hamburg ihre Filme synchronisiere und mich auf Theaterinszenierungen und Fernsehspiele vorbereite?
Warum schreibt man hier nicht über den großen künstlerischen Durchbruch der Romy Schneider in Frankreich? Warum zollt man ihr kein Lob für diese Leistung?
Warum sagt man nicht, daß sie eine gute Mutter ist?
Meine Frau ist so deutsch, deutscher geht's nicht mehr. Himmelhochjauchzend und zu Tode betrübt. Ich wußte genau, wen ich vor fast 10 Jahren geheiratet habe. Es war Liebe auf den ersten Blick. Meiner Frau, die seit dem 14. Lebensjahr vor der Kamera steht und in Frankreich zu den Top-Stars zählt, kann ich nicht den Beruf verbieten und sie als Hausfrau an den Kochtopf verbannen. Es würde nur zu Spannungen führen.
Ich glaube, in unserem Beruf gibt es keine glückliche Ehe. Ich wüßte nicht, wie man das machen soll, wenn man geographisch getrennt arbeitet, dauernd neuen intensiven Begegnungen mit Menschen ausgesetzt ist, wenn sich das Leben ständig verändert. Es ist wahnsinnig schwer für Schauspieler, eine einigermaßen glückliche Ehe zu führen.
Wir wollen uns aussprechen. Sollte Romy ganz in Paris bleiben, dann wird es wohl eine Trennung geben. Aber jetzt denken wir noch nicht daran.
Scheidung. Diese Frage ist im Augenblick nicht aktuell. Ich versuche jetzt erst einmal, mit Romy in Paris zu leben. Wenn ich mir nach längerer Zeit darüber klargeworden sein sollte, daß ich auf die Dauer nicht in Paris leben möchte, werde ich nach Deutschland zurückkehren. Unser Sohn David geht jetzt in eine französische Vorschule, eine Art Kindergarten.
Hinterher läßt sich leicht sagen: Das war falsch. Wenn man mit einem Menschen zusammenlebt und ihn liebt, dann reagiert man oft instinktiv auf das, was man braucht. Und so war das bei mir, ich hab mir einfach gesagt: Ich muß das tun und das tun, ich muß mich um unseren Alltag kümmern, sonst funktioniert überhaupt nichts. Denn all das konntest Du ja vor unserer Ehe überhaupt nicht.
Ich bin ein konservativer Mann. Als solchen verstehe ich mich. Ich finde, wenn man zusammenlebt und so eine starke Bindung zueinander hat, dann kann man nicht gleichzeitig die Funktion eines Beichtvaters übernehmen. Romy ging in der Schauspielerei völlig auf. Aber ich habe immer gewußt, daß ihr Erfolg das Ende unserer Beziehung bedeutet.

Romy über Harry Meyen

Aber er hat immer nur gebremst.

Er ist froh, wenn ich manchmal nicht da bin.

Wir haben eine faule und bequeme Ehe geführt.

Es macht ihm Spaß, mit mir zu Premieren nach Paris zu fliegen, Wohnungen in Paris und Hamburg einzurichten und mich zu beraten. Das fand ich lange Zeit sehr gut. Aber dann fand ich's plötzlich nicht mehr gut, daß da immer jemand neben mir stand und sagte: »Das machst du falsch! Du bist zu impulsiv! Du bist zu emotional!« Das war der Anfang vom Ende.

Er wollte immer Professor Higgins und ich sollte seine Fair Lady sein, und damit konnte ich nicht leben.

Den Alltag muß ich erst lernen. Die Ehe war ein eingefahrener Alltag, in dem keiner mehr über sich nachdachte. Jeder gab dem anderen nur das Gefühl, diese diffuse Sicherheit, daß er da ist, und das ist zuwenig.

Romy Schneider
Es war Zeit. Wir waren völlig in der Sackgasse, in einem Trott, aus dem wir nicht herauskamen. Wir haben es uns zu bequem gemacht. Ich meine, wir haben nicht über uns selbst nachgedacht. Harry, wenn du ehrlich bist, war es ein bequemes äußerliches Leben, wie die meisten sind wir faul geworden, nach den ersten zwei Jahren haben wir uns keine Mühe mehr gegeben. Und abends gab's zuviel Kartoffelsalat und Fernsehen. Es wurde langsam ein Vor-sich-Hindämmern. Wir haben uns zum Beispiel nie Gedanken gemacht über meine Person, über meine Vergangenheit, woher ich komme. Das hat sich später gerächt. Ich gab dir allerdings auch keine Chance zu fragen, weil ich meine Vergangenheit einfach mit sehr viel Tricks leergefegt habe. Ich habe gesagt, ich filme und der Rest interessiert mich nicht. Außerhalb meines Berufes hatte ich nie Interessen – oder nur oberflächliche. Zum Schluß habe ich zu viele Filme gemacht. Und wenn ich zwischen den Filmen nach Hause kam, dann war ich müde, körperlich und seelisch ausgelaugt. Unseren Alltag, unser Zuhause hast du arrangiert, und ich hab's zugelassen. Die Möglichkeiten, mein Leben außerhalb meines Berufes zu gestalten, sind mir so mehr und mehr entglitten. Dieser Beruf ist für jemand wie mich gefährlich, voll äußerlicher Reize, man gaukelt schnell auf eingebildeten Höhen herum, läuft vor sich weg und verlernt, in sich zu gucken. Das zu ändern, versuche ich jetzt.
Eine Weile war ich sogar glücklich. Die Zeit, als David geboren wurde und ich zwei Jahre nicht gearbeitet habe. Aber im Laufe der Jahre müssen einfach neue gemeinsame Sachen dazukommen.
Du hast dich zu sehr um mich gekümmert und dich zu wenig mit dir beschäftigt, und ich habe das zugelassen.
Wir haben erkannt, daß es falsch war. Und jetzt haben wir eine neue Chance.

Romy Schneider und Harry Meyen, 1973
Die Ehe von Rosemarie Haubenstock-Albach (Romy Schneider) und Harald Haubenstock (Harry Meyen) wurde im Sitzungssaal 126 vor der 32. Ehescheidungskammer im Landgericht Berlin (West) am Tegeler Weg 3 am 5. Juli 1975 um 10.00 Uhr geschieden. Das Ehepaar hatte sich 1973 getrennt. Bei der Gütertrennung zu diesem Zeitpunkt wurde der Zugewinn geteilt, Harry Meyen erhielt 1,4 Millionen Mark. Es war eine einvernehmliche Scheidung. Die Ehe wurde geschieden mit beiderseitigem Verschulden. Die Scheidung fand in Abwesenheit der beiden Hauptpersonen statt.

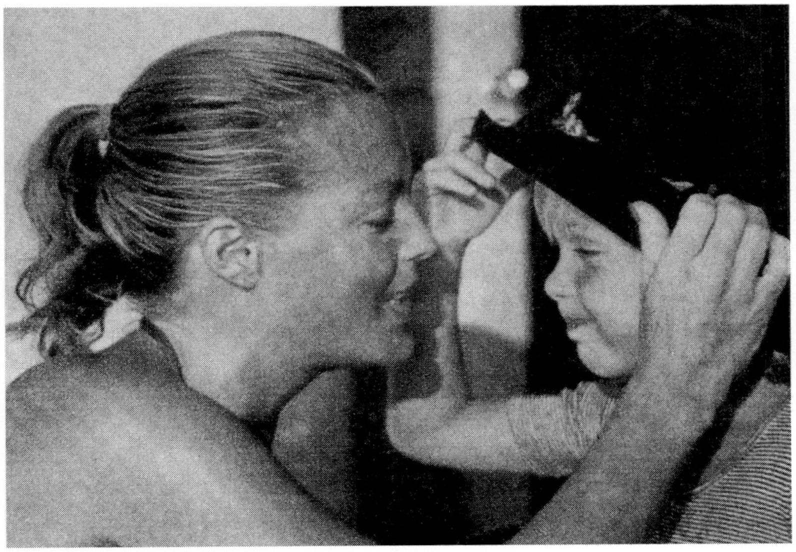

Romy und David in Südfrankreich, Sommer 1973

»Im Herbst 1973 wird David eingeschult, im Moment darf ich daran noch gar nicht denken, wie ich dann zurechtkomme, denn von ihm lange getrennt zu sein ist unmöglich. Bisher konnte ich ihn wenigstens oft zu Dreharbeiten mitnehmen, nur so kann er meinen Beruf verstehen.«

41. Nur ein Hauch von Glück (Le Train)
1973, Frankreich / Italien
Regie: Pierre Granier-Deferre
Drehbuch: Pierre Granier-Deferre,
Pascal Jardin nach dem Roman
von Georges Simenon
Kamera: Walter Wottitz (Eastmancolor)
Musik: Philippe Sarde
Frisuren Romy Schneiders: Alexandre
Produktion: Raymond Danon
(Lira Films Paris / Capitolina
Cinematografica Produzioni Rom)
Darsteller:
Jean-Louis Trintignant: Julien Maroyeur
Romy Schneider: Anna Kupfer

»Diese Rolle ist eine Rolle, der ich in all meinen letzten Filmen am meisten zustimme. Das Mädchen handelt, denkt und liebt so, wie ich es auch tun würde. Es ist die beste, die mir in den letzten Jahren angeboten worden ist.
Um ein Signal gegen die Nazitypen zu setzen, die in Deutschland noch immer etwas zu sagen haben, habe ich mitgemacht.

Es wurde oft genug als Landesverrat ausgelegt, als ich vor 15 Jahren nach Frankreich gegangen bin. Aber das war eine für mich notwendige Entscheidung.

Verrat? Weil ich als Deutsche eine Jüdin spiele, die sich in einen Franzosen verliebt? Du lieber Himmel – über dieses entsetzliche Nationaldenken sind wir doch hinaus! Außerdem setzt dieses Mädchen Anna in ›Le Train‹ alles aufs Spiel. Das kommt meinem eigenen Gefühl sehr nahe. Vom Charakter her bin ich jemand, der viel riskiert.
Ich habe berufliche und private Gründe, diese Rolle zu spielen.
Man scheint mir alles übelnehmen zu wollen. Ein Film mehr oder weniger spielt keine Rolle. Ich identifiziere mich mit der Rolle. Ja. Für mich gilt im Leben wie hier im Film die Devise: Alles oder nichts. Risikobereitschaft ist etwas, was mir immer weitergeholfen hat.«

Regisseur Pierre Granier-Deferre
Trintignant ist ein ganz außergewöhnlicher Schauspieler. Ich verwende ihn ganz gegen seinen Typ, wenn ich so sagen kann. Ich will ihn nicht mehr in Bogart-Rollen sehen. Was mich an ihm interessiert, ist jene Mischung aus Zartheit, Scheu und Zärtlichkeit.
Romy Schneider ist für mich die ideale Darstellerin für die Rolle der Anna. Unter ihrem spröden Äußeren ist sie die Weiblichkeit selbst.

Romy Schneider in der Rolle einer deutschen Jüdin, die sich auf der Flucht vor den Nazis in einen jungen Franzosen (Jean-Louis Trintignant) verliebt
Die Dreharbeiten erfolgen von Juni bis August 1973 in Nordfrankreich und in den Ardennen, an den Ufern der Loire bis nach La Rochelle. Die französische Staatseisenbahn S.N.C.F. stellt für die Filmzwecke eine alte Lok und einige Waggons zur Verfügung. Regisseur Granier-Deferre rekonstruiert Etappe um Etappe den Weg der Flucht aus dem besetzten Frankreich des Jahres 1940

Es stimmt fast alles in dieser im Kriegsjahr 1940 spielenden Geschichte eines französischen Flüchtlingszuges: die selbstverständliche Nachbarschaft von Leben und Tod, von hektischer Liebe und vom Sterben im MG-Feuer der Jagdmaschinen. Auch die schauspielerische Leistung von Romy Schneider, die eine vor den Deutschen flüchtende Jüdin darstellt, gibt dem Film »Le Train« – »Nur ein Hauch von Glück« – seine Authentizität. Jüngere Generationen erfahren durch die Bildsequenzen mehr von der Wirklichkeit jener finsteren Tage als durch zeitgeschichtliche Dokumente. Gezeigt wird nicht nur der Schrecken, sondern auch die tiefe Ruhe in den Atempausen, die menschliche Solidarität im Angesicht der tödlichen Bedrohung.
Die schauspielerische Überraschung: Romy Schneider, deren Rolle weder Temperamentsausbrüche noch schöne Bühnenauftritte und Starallüren erlaubt. Die Gestalt dieser Anna Kupfer wirkt überzeugend bis in die kleine Geste hinein, weil nichts an ihr übertrieben und überzeichnet ist, nicht einmal der Schmerz.
Deutsches Allg. Sonntagsblatt vom 15. 12. 1974

Die Österreicherin Romy Schneider in der Rolle der deutschen Jüdin ist zur Zeit eindeutig die beste Schauspielerin der französischen Leinwand. »Le Train« ist darum mehr als ein guter Film, weil es ein guter Film mit Romy Schneider ist.

Le Nouvel Observateur vom 12. 1. 1973

Romy Schneider als deutsche Jüdin – der Weltstar hat sich im letzten Jahr immer mehr profiliert. Sie spielt in diesem ansonsten eher etwas kühl-distanziert gehaltenen Film nach einem Simenon-Stoff sensibel-erotische Leidenschaft mit der richtigen Dosis Melancholie und Tragik in einer aus den Fugen geratenen Zeit.

Vorwärts vom 30. 1. 1975

Romy Schneider und Regisseur Pierre Granier-Deferre
Mit ihm wird sie 1976 »Die Frau am Fenster« drehen. Pierre Granier-Deferre war Assistent bei Jean-Paul Le Chanois, Denys de la Patellière und Marcel Carné

Romy Schneider und Nino Castelnuovo in »Sommerliebelei«

»Jean-Claude Brialy ist ein Freund seit fünfzehn Jahren. Wir wußten beide, daß wir nicht gerade ›Lady Macbeth‹ drehen würden, aber es ist ein sehr hübscher Film, ich liebe ihn sehr wegen der Poesie und Feinfühligkeit von Jean-Claude.«

42. Sommerliebelei (Un amour de pluie)
1973, Frankreich / BRD / Italien
Regie: Jean-Claude Brialy
Drehbuch: Jean-Claude Brialy und Yves Simon
Kamera: Andreas Winding (Eastmancolor)
Musik: Francis Lai
Produktion: Raymond Danon (Lira Films Paris / Terra Filmkunst Berlin / T.R.A.C. Rom)
Darsteller:
Romy Schneider: Elisabeth
Nino Castelnuovo: Giovanni

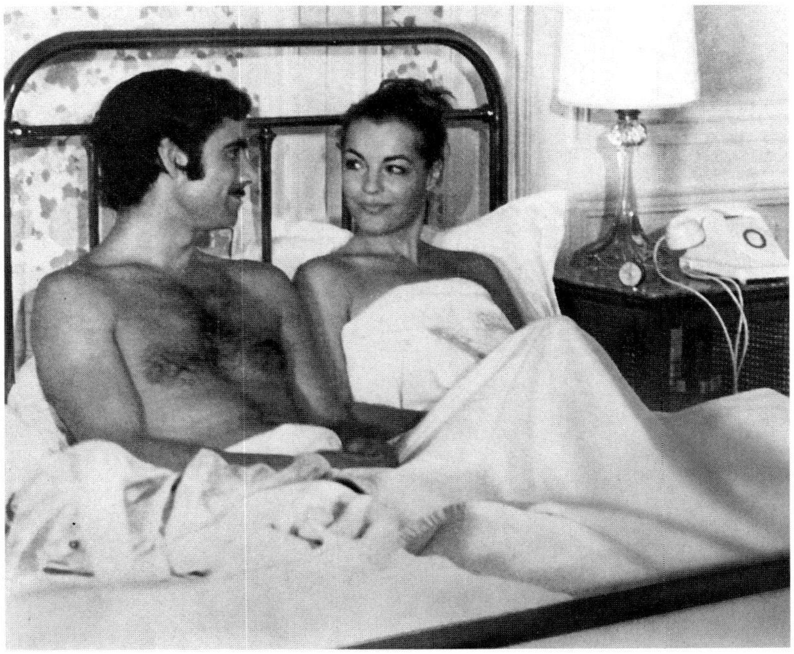

Eine junge Frau läßt sich in Vittel, wohin sie ohne ihren Mann gefahren ist, in die Arme eines schönen Italieners auf der Durchreise fallen. Die Tochter dieser Dame erlebt mit ihren 15 Jahren eine Romanze mit einem Küchenjungen des Hotels. Urlaubslieben, die kaum dauern, Langeweile der Kurorte, ein blühender Park, ein Musikpavillon, Trinkbecher an der Heilquelle, Champagner-Abend, um an das Abenteuer glauben zu können, ein wenig Regen, ein bißchen Sonne, und das Parfüm der dreißiger Jahre, das von den schwarzen und weißen Kleidern Romy Schneiders herüberweht. Jean-Claude Brialy enttäuscht nach seinem ersten Film »Eglantine« auch weiterhin. Er dreht nichts anderes als »kleine Nichtigkeiten«. Da er kein Mozart ist, scheinen seine sentimentalen Schnulzen und seine zu gefälligen Bilder furchtbar unnütz.
Le Monde vom 12.4.1974

Der Eindruck entsteht, der Autor – ebenso auch Brialy – habe sich gesagt: ein Film ist lang. Jetzt lassen wir sie noch radfahren. Hübsch sind neben Romy Schneider allenfalls ein paar kleine Schnörkel am Rande des piekfeinen Hotelbetriebs. Wenn Romy dann zum Schluß ihres Liebsten Rose zerstampft und zum fleißigen Gatten heimkehrt, kann der Zuschauer aufatmen – Recht hat sie.
Der Abend vom 7.5.1974

43. Das wilde Schaf (Le mouton enragé)
1973, Frankreich/Italien
Regie: Michel Deville
Drehbuch: Christopher Frank nach dem Roman von Roger Blondel
Kamera: Claude Lecomte (Eastmancolor)
Musik: Camille Saint-Saëns
Produktion: Léo L. Fuchs
(Viaduc Productions Paris/T. R. A. C. Rom)
Darsteller:
Jean-Louis Trintignant: Nicolas Mallet
Romy Schneider: Roberte Groult
Jane Birkin: Marie-Paule

Romy Schneider und Jean-Louis Trintignant in »Das wilde Schaf«

Regisseur Michel Deville

Jean-Louis Trintignant
Noch nie wirkte Romy so erotisch. Die Liebesszenen im Film »Das wilde Schaf« spielte sie heftig und sehr intim. Sie ist sehr natürlich, daß es gar nicht peinlich wirken kann. Sie ist die erotischste Frau, die ich kenne.

Diesen Stoff behält der Regisseur Michel Deville locker im Griff, und mit feiner Ironie weiß er alltägliche Beobachtungen der Straße und des unverbindlichen Gespräches in seine satirische Konzeption über die Gesetzmäßigkeit bürgerlicher Korruption einzuordnen. Kleinbürgerliche Reflexionen über Liebe, Ehe und Moral kommen unverblümt zur Sprache und erzeugen vor dem Hintergrund bürgerlicher Machtintrigen einen Witz, der durch die Rolle Romy Schneiders als einzige wirklich geliebte Frau eine sentimentale Färbung erhält.
Die Wahrheit vom 24. 8. 1974

Romy Schneider und Michel Piccoli als das Brautpaar und Mörderpaar, das mit Versicherungsbetrügereien ein Vermögen verdient. Sie geben sich das »Ja« zu Leben und Liebe, zu Schwindel, Betrug und Mord in dem Film »Trio Infernal«.
Im Hintergrund Monica Fiorentini
Der Film beruht auf einem Ereignis aus dem Jahre 1931, wo der Advokat Georges Sarret mit den beiden deutschen Schwestern Schmidt, Näherinnen, in Marseille hingerichtet wurde, unter der Anklage, mehrere Personen getötet und durch ein grausames Mittel beseitigt zu haben

44. Trio Infernal
1973/1974, Frankreich/Italien/BRD
Regie: Francis Girod
Drehbuch: Francis Girod, Jacques Rouffio nach der Erzählung von Solange Fasquelle
Kamera: Andreas Winding (Eastmancolor)
Musik: Ennio Morricone
Produktion: Raymond Danon, Jacques Dorfmann (Lira Films/Belstar Productions/Films 66 – Fox Europa Paris/Oceania Rom/T. I. T. Filmproduktion München)
Darsteller:
Michel Piccoli: Georges Sarret
Romy Schneider: Philomena Schmidt
Mascha Gonska: Catherine Schmidt
Monica Fiorentini: Magali

Romy Schneider, Michel Piccoli und Mascha Gonska als Mörder-Terzett

Ein Film, großartig serviert von dem faszinierenden Paar Piccoli-Schneider.
Pariscop vom Mai 1974

Romy Schneider ist das charmante Monster in Person.
L'Express vom 20. 5. 1974

Ein unerhört ehrgeiziger Film, und, was selten ist, oft auf der Höhe seines Ehrgeizes.
Le Nouvel Observateur vom Juni 1974

Ein ekelhafter und dennoch faszinierender Film, den der 30jährige Franzose Francis Girod drehte. Die Schamlosigkeit, mit der er sich an das Gängige hängt, läßt einen abgefeimten Oldtimer vermuten, der mit seiner »reizvollen« Bestechungsmethode aus viel »Sex and Crime« zweifellos sein Publikum findet, vor allem dann, wenn nach üblicher Publicitymanier verbreitet wird, daß Romy Schneider nicht nur noch schöner sei, sondern auch hemmungsloser als je zuvor.
Sie ist es glücklicherweise nicht – aber es gelingt ihr, in dieser Attacke auf die Kultur, den Taumel zwischen völliger Gefühlskälte und hysterischer Emotionalität wahr zu machen.
Spandauer Volksblatt vom 1. 9. 1974

Kaum je nämlich sah man Romy Schneider so gepflegt, so elegant in einem Film agieren wie hier, da sie Grande Dame und Femme fatale in einem zu sein hat. Und sie findet durchaus die richtigen Töne als gurrende Dame, als laszive Lady, als verführerische Madame, als mannstoller Teufel (wenngleich die Werbung auch hier wieder einmal zu viel des Schlimmen verspricht), eine kokette Kokotte von Format. Herrschsüchtig muß sie sein und liebevoll, hart und doch auch wieder empfindsam. Und sie ist's.
Tagesspiegel vom 1. 9. 1974

»Ich kann mich privat nicht so gut verkaufen wie in meinen Rollen.
Als Schauspielerin bin ich hemmungslos, privat genau das Gegenteil.
Mit dem ›Trio Infernal‹, das gerade überall läuft, habe ich privat nicht das geringste zu tun. Ich spiele diese Rollen, um mich als Schauspielerin zu profilieren. Diese Rollen sind für mich eine Mutprobe. Manchmal habe ich auch Angst davor, so etwas zu spielen. Aber dann packt mich der Ehrgeiz. Ich will es wissen. Und der Erfolg gibt mir recht. Ich kann solche Rollen spielen, ohne mein Profil als Schauspielerin zu verlieren.
Die Rolle in ›Trio Infernal‹ reizte mich, weil sie ironisch und sarkastisch war. Aber ich habe mit der von mir verkörperten Person nicht das geringste gemeinsam. Ich spiele nie mich selbst. Wer das anders sieht, sieht es falsch.

Der Reiz dabei ist, etwas zu fabrizieren, von dem die Leute glauben: Das schafft die nicht. Und ich schaff es sehr wohl, das hab ich bewiesen. Selbstverständlich sind etwa im ›Trio Infernal‹ Szenen drin, die die breite Masse schockieren – schon gar, wenn die ›Jungfrau von Geiselgasteig‹ spielt.

Es gab für mich immer noch sehr viele Hemmungen, über die ich mir mit Kognak und einer Zigarette nach der anderen hinweggeholfen habe. Und es gibt Dinge, die ich nie machen könnte, zum Beispiel anderthalb Stunden ausgezogen vor der Kamera stehen wie in ›Letzter Tango von Paris‹, den man mir angeboten hat, mit Delon zusammen. Das könnte ich nicht, selbst wenn ich 20 wäre, nein, auf gar keinen Fall.

Ich finde, alles ist erlaubt. Ist Ingmar Bergman unanständig? Solange seine Filme intelligent gemacht sind und uns anrühren? Privat aber könnte ich mich nie vor einer Kamera ausziehen. Ich stelle etwas her mit meinem Kopf und nicht mit meinem Körper. Sonst könnte ich keine solche Rolle spielen wie in ›Trio Infernal‹.

Das ist wirklich hart, was sich da tut. Ich muß zum erstenmal eine Selbstbefriedigungsszene vor der Kamera spielen. Schließlich bin ich mit denselben Vorurteilen erzogen worden wie alle Mädchen meiner Generation. Ich muß also genau so viele Hemmungen abbauen wie andere auch.«

Romy Schneider, 1974

»Ich lerne im Augenblick ohne schlechtes Gewissen zu leben.

Ich bin eine Frau und genieße es, mein Gesicht und meinen schönen Rücken zu zeigen – egal, ob ich filme oder nicht.

Ich weiß, daß ich hübsch bin. Ich kann es mir leisten, mich nackt zu zeigen. Weil es mir Spaß macht, tue ich es auch.

Ich kann es nicht leiden, wenn die Figur verschlampt.

Seit meinem Bruch mit Harry Meyen rangiere ich in Deutschland unter ›noch nackter, noch schöner, noch exzentrischer‹. Ich entnehme das Zeitungen, daß ich meine zurückgekaufte Freiheit mit Liebhabern fülle.

Es gibt mehr wichtige Dinge im Leben als das, was die Leute über mich denken oder schreiben.

Ich finde mich selbst genauso wenig erotisch, wie ich mich als Star empfinde.«

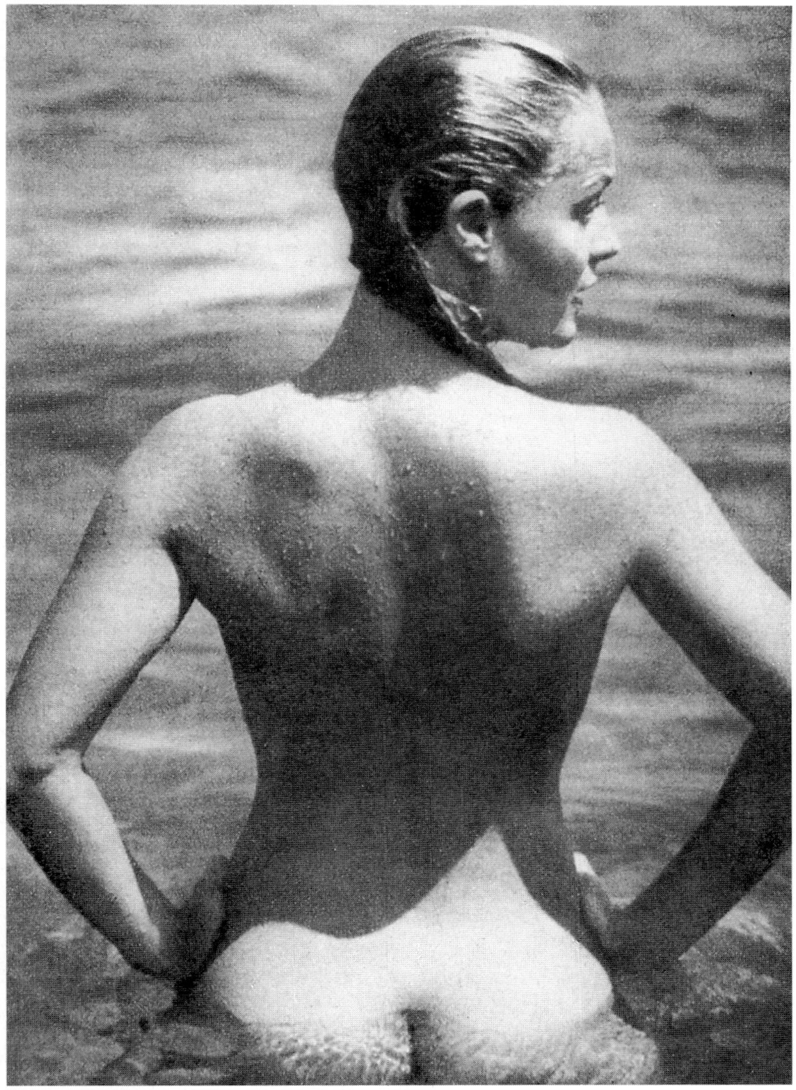
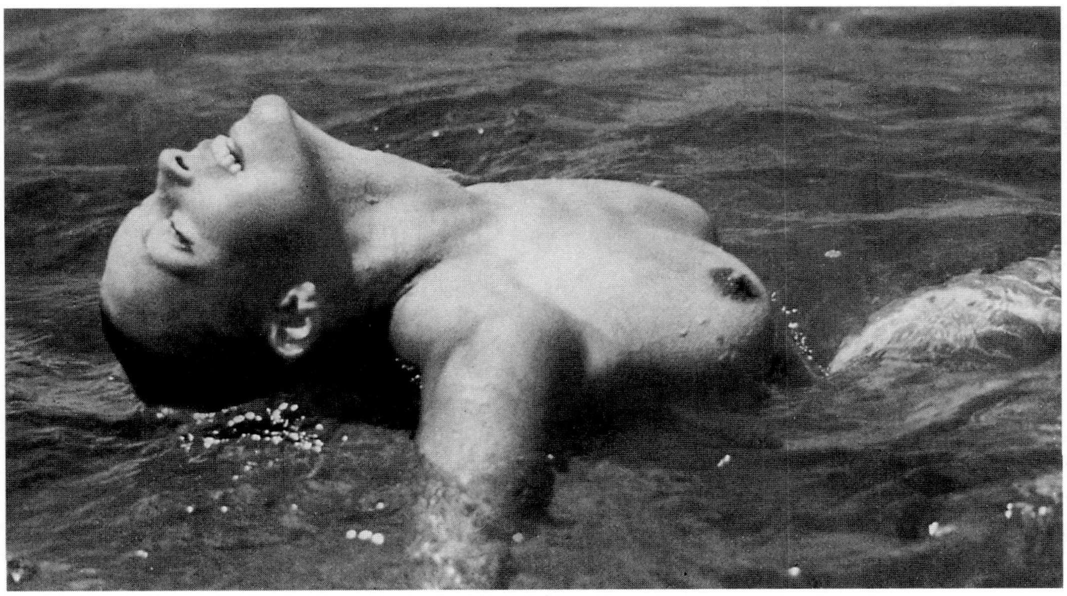

»Einerseits bin ich exhibitionistisch wie alle Schauspieler. Natürlich stellen wir uns unentwegt zur Schau, wir gewöhnen uns daran, uns selbst ständig in anderen Rollen wiederzufinden, damit wir gefallen. Dann gibt es wieder Zeiten, da bin ich so zurückgezogen, daß ich selbst für Fotos einen trinken muß.

Wenn ich ganz und gar für diesen Beruf gemacht wäre, wie ich es mir einbilde und wünsche, dann wäre ich vielleicht sehr gut. Mir das zuzugeben bei meinem Ehrgeiz, den ich immer noch habe, fällt verdammt schwer. Aber wo paßt denn das zusammen, sich einerseits zur Schau stellen, es gerne tun, andererseits sich nicht ins Café um die Ecke trauen.
Ich glaube, das sind für mich Widersprüche, mit denen ich erst lernen muß zurechtzukommen. Früher hab ich mir das ja alles nie zugegeben.«

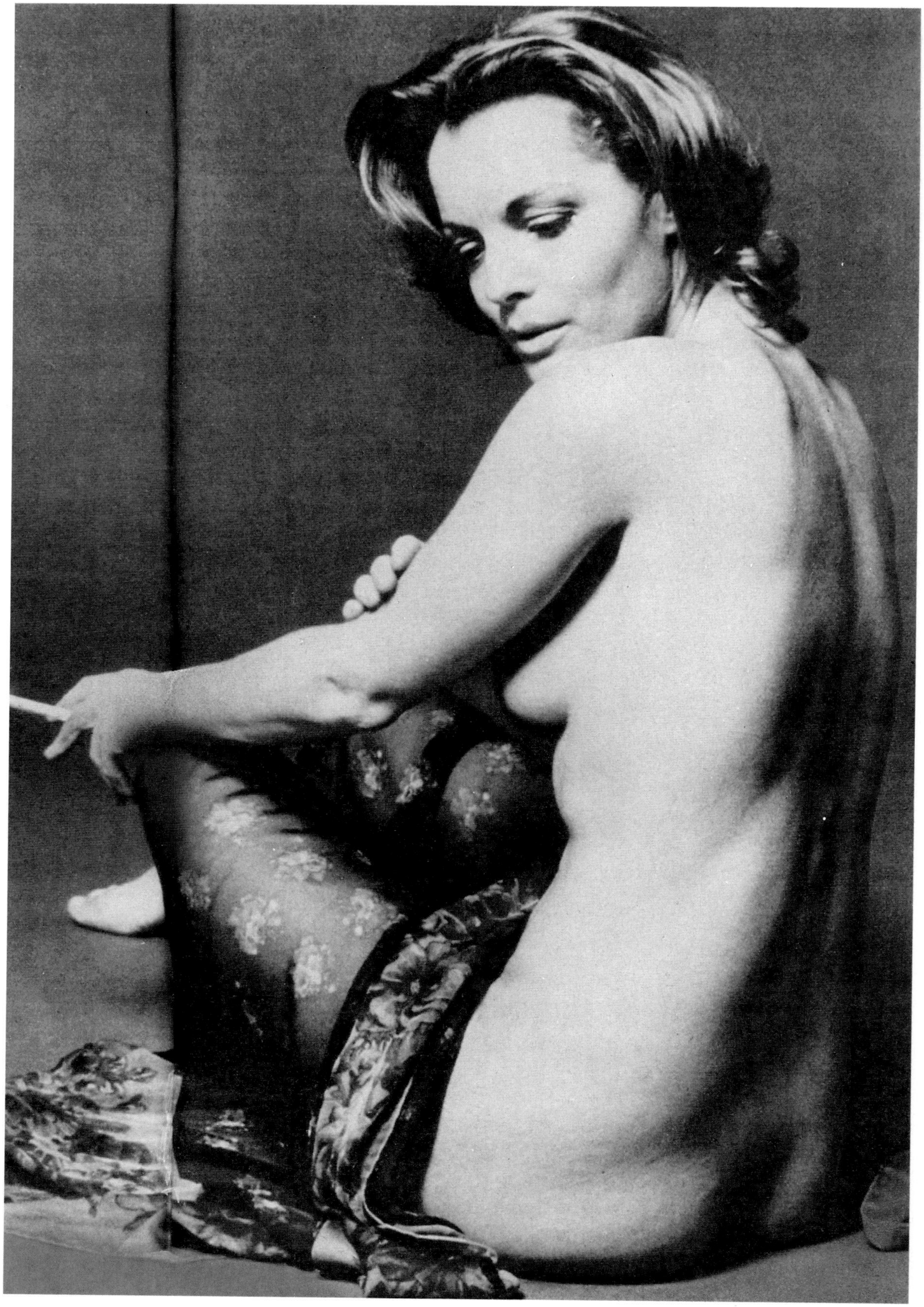

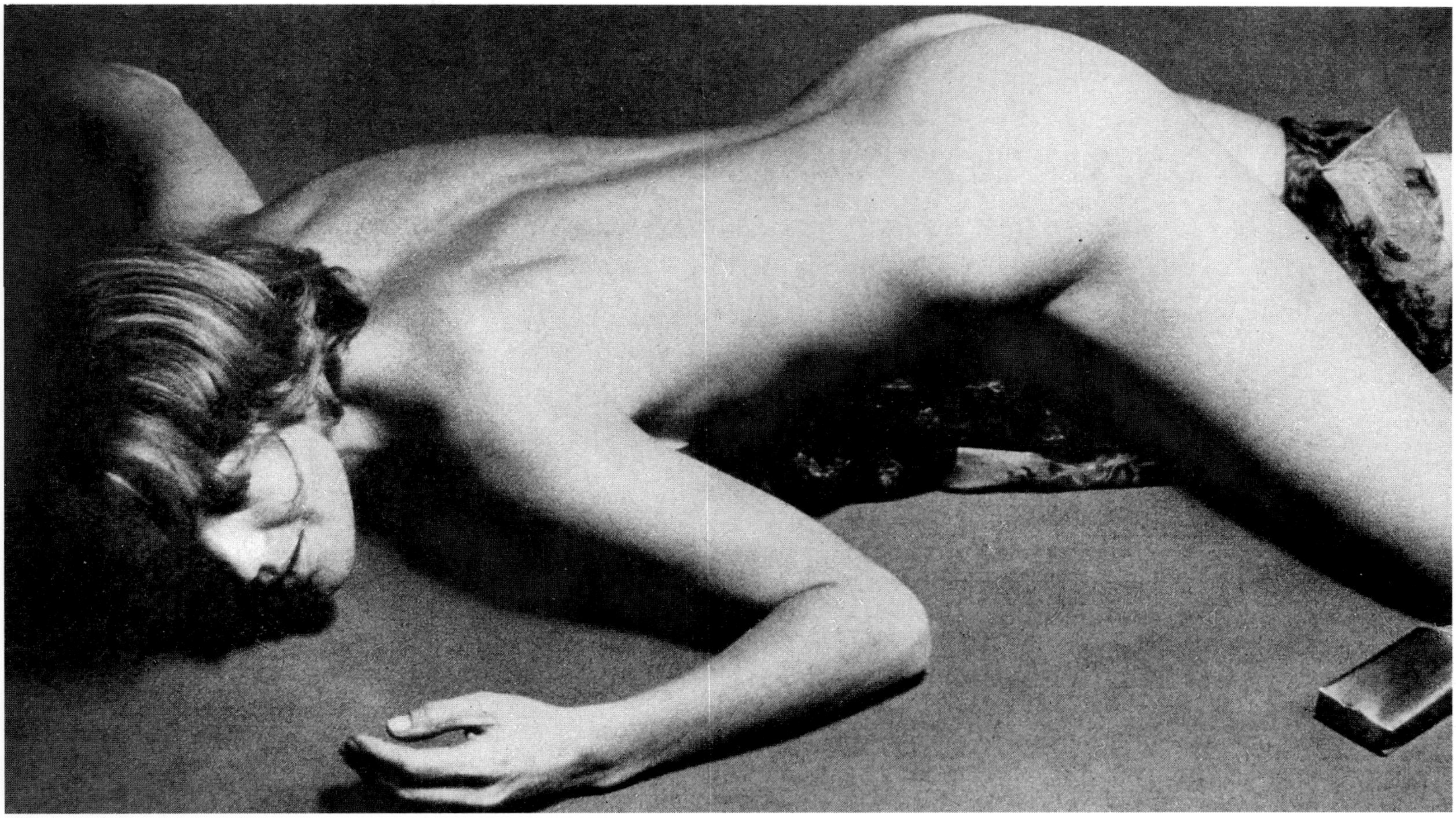

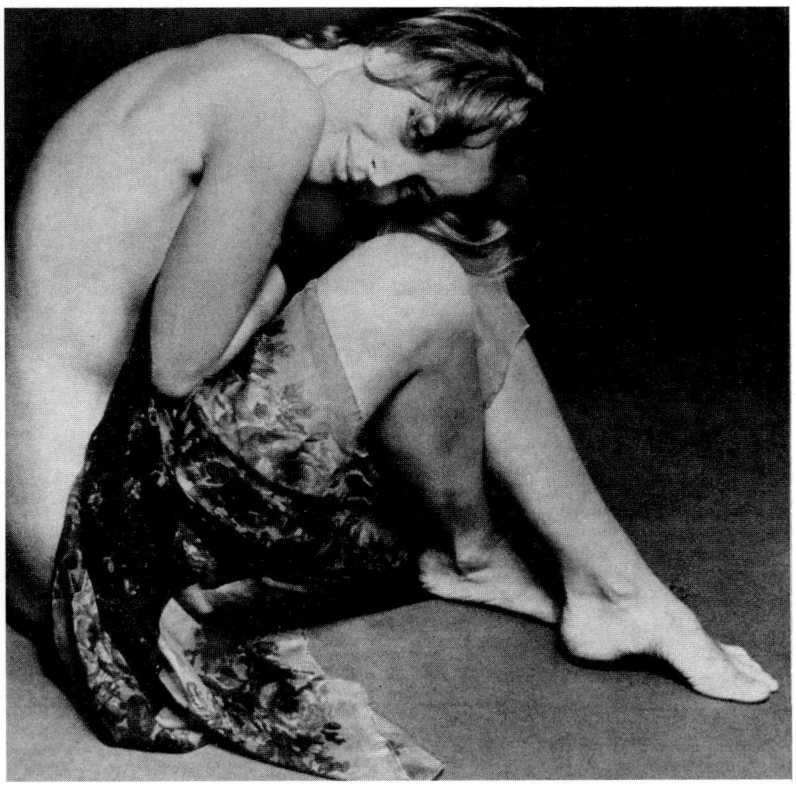

diese Photos wollte
die "ganze" Presse
wieder drucken (ich sagte
meiner Agentur, dass ich es nicht
möchte obwohl diese "images"
dieser Art nicht gerade
hässlich sind — habe es verboten!)
die wurden gemacht von einer
Eva Sereny in Rom

45. Nachtblende
(L'important c'est d'aimer)
1974, Frankreich / BRD / Italien
Regie: Andrzej Zulawski
Drehbuch: Christopher Frank, nach seinem Roman Die amerikanische Nacht
Kamera: Ricardo Aronowitsch (Eastmancolor)
Musik: Georges Delerue
Produktion: Albina de Boisrouvray (Albina Productions Paris / T. I. T. Film München / Rizzoli Rom)
CESAR für Romy Schneider als beste Darstellerin des Jahres
Darsteller:
Romy Schneider: Nadine Chevalier
Fabio Testi: Servais Mont
Jacques Dutronc: Jacques Chevalier
Klaus Kinski: Karl-Heinz Zimmer

»Keine französische Schauspielerin hätte angenommen, was ich in ›Nachtblende‹ gemacht habe. Ich gebe eine komische Figur ab, und glauben Sie mir, in meinem Alter, mit 36 Jahren, ist das nicht komisch. Welche französische Schauspielerin hätte schon in diesen gepfefferten Szenen spielen wollen? Ich habe ja gesagt, weil die Rolle und das Drehbuch ausgezeichnete Möglichkeiten in sich bargen, und ich glaube, ich habe mich nicht geirrt. Man hat mir gesagt, daß das meine beste Arbeit seit meinem Einstieg ins Kino sei, und ich glaube es. Aber ich habe gelitten. Ich rackere mich gern für etwas ab, ich liebe die Schwierigkeit. Nadine ist eine am Leben Gescheiterte, ein Treibgut. Jetzt das Gegenteil von mir. Aber ich hatte mit Nadine eine sehr enge, geheime Bindung, denn wie sie, bin ich eine verlorene, eine erledigte Frau gewesen, und ich konnte mich erinnern.
Andrzej Zulawski gehört zu den Leuten, von denen ich lernen kann. Bei Regisseuren wie Zulawski oder Girod gehe ich mit der Gage runter. Dekorative Filme könnte ich immer drehen. Aber diese Leute hier sagen mir, was man gemeinsam leisten kann. Sie nehmen mir meine Allüren gar nicht erst ab, sie lassen sich nicht einschüchtern. Diese Art von Arbeit bringt mich viel weiter als alles andere.«

Romy Schneider als Schauspielerin Nadine Chevalier in »Nachtblende«

Mit Klaus Kinski (oben)
und Jacques Dutronc (unten)

Man verspürt angesichts dieses sprühenden Werkes die gleiche Faszination, die man in den Arenen von Spoleto bei der Regie Viscontis empfindet. Viel intellektuelle Falschheit ist erforderlich, um die Erregung zu unterdrücken, die ein solches Meisterwerk hervorruft. Und groß ist die Zahl derer, die beim Abgang Romy Schneiders gern begeistert applaudiert hätten, die hier ihre beste Rolle seit dem »Prozeß« von Orson Welles spielt.
Le Quotidien de Paris
vom Februar 1975

Romy Schneider hat alles akzeptiert und ist dabei gewachsen. Mit dieser Rolle einer erfolglosen Schauspielerin ist eine große Darstellerin geboren worden. »L'important c'est d'aimer« ist ein besonderer Film. Es ist wichtig, ihn zu lieben.
L'Express
vom 10. 2. 1975

Daß Romy Schneider eine große Künstlerin geworden ist, wußte man bereits, aber vielleicht doch nicht in dem Maße, wie sie es mit dieser neuen Gestaltung erreicht. Ihre Art und Weise, von einer Rolle Besitz zu ergreifen, fasziniert, beunruhigt, macht Angst. Sie ist die Seele dieses schwarzen Meisterwerkes, aus dem man nicht unversehrt herauskommt.
Pariscop, 1975

Romy Schneider, großartig mit ihrem ungeschminkten Gesicht, spielt die Rolle mit einer Art Besessenheit.
Le Point
vom 10. 2. 1975

Romy Schneider gibt immer mehr als man erwartet.
France-Soir
vom 11. 2. 1975

Romy Schneider in »Nachtblende«

»Nachtblende« ist in der Tat ein Film, der Angst macht. Kein Horror-Film, kein Thriller auf Hollywood-Art, sondern ein Film, in dem die Angst in der Geschichte liegt, aus deren Tiefen heraussteigt, sie wie ein ungesunder Nebel durchtränkt. Die Schwierigkeit, die Liebe zu leben. Zerrissene Wesen zerreißen sich im Schatten des Unglücks. Zulawski packt sein Sujet mit Wucht am rechten Ende. Kein Atemholen, ohne Pause. Hier ist alles Gewalt, Verhöhnung, Grausamkeit. Schwarz, ocker, das Graugrün des Moores, das Weinrot von getrocknetem Blut sind seine Farben. Die Nebengestalten – Schauspieler, Herumtreiber, Leibwächter – ergeben ein schauriges menschliches Bestiarium. Die schauspielerische Leistung ist beachtenswert. Romy Schneider findet in diesem Film zweifellos die reichste, die pathetischste Rolle ihrer schauspielerischen Laufbahn. Fast entstellt, aber sehr schön in ihrer Zerrüttung, in ihrer Ungewißheit, in ihrer Schwäche. An ihrer Seite Jacques Dutronc. Grell. Ganz Kraft und Gefühl. »Nachtblende« ist kein bequemer Film. Man muß sich anstrengen, um ihn anzunehmen, um in ihn einzudringen. Und man geht aus ihm fast in dem gleichen Zustand wie seine Helden heraus: groggy, schwankend. Doch ist Zulawski diese Anstrengung und diese Qual wert. Er gehört gewiß zu dem Geschlecht der großen Filmemacher.
Le Monde
vom 14.2.1975

Romy Schneider ist nie besser gewesen.
Paris Match
vom 22.2.1975

Jacques Dutronc
Mit einer Schauspielerin wie Romy gibt es keine Flachheiten; man muß in die Tiefe gehen, und das ist fabelhaft.
Romy ist ein Superstar. Sie entwickelt vor der Kamera eine Vehemenz, die einen schnell an die Wand spielen könnte ... sie ist derart intensiv, daß man gezwungen ist, mitzuhalten. Es ist ein großes Erlebnis, mit ihr zu arbeiten.

Regisseur Andrzej Zulawski

Was wollte ich denn von ihr? Daß sie gut ist. Wenn sie gut ist, bin ich glücklich, weil es mein Film ist, in dem sie gut ist. Also habe ich sie benutzt, wie wir sie alle benutzt haben.

Zwischen ihr und der Person, die sie spielt, herrscht immer eine tiefe Übereinstimmung.

Romy ist launisch, leicht verletzbar, überempfindlich. Alles, was in ihrem Privatleben vorgeht, spürt man sofort in ihrem Spiel. Aber sie ist eine wahre, große Schauspielerin.

Die Hauptsache spielt sich zwischen zwei Wesen ab, die sich begegnen, sich trennen, sich wiederfinden. Ich wollte das schwierige Aufeinanderzugehen dieser beiden beleuchten, an dessen Ende sie nicht nur zugeben, daß sie sich lieben, sondern wo sie sich selbst entdecken.

Ich wählte Romy Schneider nicht nur wegen ihres Talents aus, sondern es besteht eine Art Affinität zwischen der Schauspielerin und der von ihr zu verkörpernden Figur. Es gibt da außergewöhnliche Beziehungen, die sich herausbilden. Die Gestalt der Nadine ist sehr schwierig, sehr empfindsam, ergreifend und zugleich doch sehr stark. Sie hat eine mißtrauische, verwundbare Seite, die äußerst heftig in Erscheinung treten kann. Romy hat sich von vornherein für eine Figur entschieden, die weder besonders reizvoll noch verführerisch ist. Sie spielt ganz unverblümt und wie ich glaube zum ersten Mal. Sie ist »entblößt«. Ich finde das sehr schön, aber viele werden meinen, daß es häßlich ist. Im übrigen gibt es zwischen ihr und Nadine Chevalier eine tiefe Übereinstimmung, vielleicht wie die von Künstlerin zu Künstlerin.

46. Die Unschuldigen mit den schmutzigen Händen (Les innocents aux mains sales)
1974, Frankreich/Italien/BRD
Regie: Claude Chabrol
Drehbuch: Claude Chabrol nach dem Roman The damned Innocents von Richard Neely
Kamera: Jean Rabier (Eastman-Panavision)
Musik: Pierre Jansen
Produktion: André Génoves
(Les Film la Boétie Paris/Jupiter Generale Cinematografica Rom/Terra Filmkunst Berlin)
Darsteller:
Romy Schneider: Julie Wormser
Rod Steiger: Louis Wormser
Paolo Giusti: Jeff Marle

Romy Schneider als Julie in »Die Unschuldigen mit den schmutzigen Händen«

Romy Schneider
Ich wollte schon seit Jahren einen Film mit Claude Chabrol machen. Als ich schon nicht mehr daran glaubte, bot er mir die Rolle an. Er erzählte mir zunächst die Geschichte. Und als ich sagte »Einverstanden«, schrieb er mir das Drehbuch auf den Leib.
Ich werde meine ganze Seele in diese neue Rolle stecken, um der Frau gerecht zu werden. Sie erweckt zwar den Eindruck einer Verbrecherin. In Wirklichkeit aber ist sie ein armes Luder, das in der Welt der Männer zugrunde gerichtet wird und sich dagegen auflehnt. Ich habe langsam Angst, daß ich zuviel drehe und mich das Publikum eines Tages über hat.

Regisseur Claude Chabrol
Dies ist Romy Schneiders Film vom ersten bis zum letzten Meter. Romy ist für mich die typische Frau, sie ist schön, sie hat starke erotische Ausstrahlung, Charakter und Persönlichkeit.

Regisseur Claude Chabrol
Als ich mich dem Problem der Adaption des Romans zuwandte, war ich zunächst ein wenig zurückhaltend. Je öfter ich das Buch jedoch las, um so mehr fühlte ich mich zu dem Thema hingezogen. Das Ränkespiel genügte mir nicht mehr, ich versuchte, Verlängerungen einzubringen. Diese sterile Periode dauerte etliche Monate. Dann bemerkte ich eines Tages, daß ich in die Heldin verliebt war. So faßte ich den Entschluß, durch dieses phantastische Ränkespiel ein Frauenporträt zu entwerfen. Ich teilte den Film in zwei Hälften: die erste respektierte die ersten achtzig Seiten des Romans, eine leicht ironisch gefärbte schwarze Serie. Der zweite Teil war komplexer, er wich vom Roman ab und hatte einen sehr bizarren Charakter. Ich versuchte, darin tiefere Gefühle auszudrücken: eine Art von Enthäuten der dicken Schicht des »Thrillers«. Und die Frau hinter dem Vamp. Die Masken, die heruntergerissen werden. Ich isolierte die Heldin. Im Drehbuch eliminierte ich jedes andere weibliche Element; so wurde sie zur Frau in einer Männerwelt. Auf diese Weise konnte ich von der dem Roman inhärenten Frauenfeindlichkeit zu einem Feminismus übergehen, der mir teuer ist. In dieser Hinsicht war für mich das Problem der Interpretin äußerst akut. Ich hatte bereits an Romy Schneider gedacht, aber ich war nicht sicher, ob sie eine Rolle akzeptieren würde, bevor das Drehbuch geschrieben ist. Ich erzählte ihr, was ich vorhatte, aber doch nicht alles; ich hatte ein wenig Angst. Zu meiner großen Freude sagte Romy ihre Mitwirkung zu. Ich machte mich sofort an die Arbeit und hatte nach etwa 30 Tagen das Drehbuch fertiggestellt. Da ich Romys Verständnis gefühlt hatte, legte ich mir keinen Zwang an und versuchte, jede Szene bis zum Maximum an Kunstfertigkeit und Wahrheit zu treiben. Ich präsentierte schließlich Romy das Drehbuch, das sie von Grund auf verstand. Und dann vervollständigten wir die Besetzung. Wenn die Dinge sich so gut darstellen, wird alles wie ein Geschenk des Himmels. Ich war fast gar nicht erstaunt, als wir die Ausstattung bekamen, von der ich geträumt hatte: die herrliche Villa von Elsa Martinelli in Saint-Tropez. Die Treppe zu Elsas Wohnzimmer gestattete es mit, die Form des Films festzulegen.

Romy Schneider mit dem italienischen Schauspieler Paolo Giusti als ihrem Geliebten und mit dem amerikanischen Schauspieler Rod Steiger als ihrem Ehemann in »Die Unschuldigen mit den schmutzigen Händen«

Und dann das Wiedersehen mit Romy Schneider, der schönen, undurchdringlichen, ständig »anders« durch Kostüme und Frisuren, ihre anziehende Ausgezogenheit in der Nacht des endgültigen Plans, sowie das Wiedersehen mit Rod Steiger, kraftvoll, verletzbar, diese Wiederbegegnungen sind wunderbar. Zum Verlieben.
Le Monde vom 29.3.1975

Romy Schneider spielt diese Julie mit einer kalten Schönheit, hinter der jedoch leidenschaftliche Gier brannte, leidenschaftlich bis zum vermeintlichen Gattenmord. Erstaunlich welchen Entwicklungsweg sie in Frankreich genommen hat, wo sie ihre anspruchsvolle künstlerische Heimat gefunden hat.
Der Neue Weg
vom 27.10.1976

Romy Schneider
Meine Rolle ist kalt, eisig, alles gleitet an ihr ab wie das Wasser an einem Stein. Beim Drehen sagte ich mir: »Da gibt es einen Plan für die Feministen, dann gibt es einen Plan für die Frauenfeinde und schließlich noch einen Plan für alle beide.« Ich bin eine Schauspielerin, die sehr stark von ihrem Regisseur abhängig ist. Das ist einer der Gründe, weshalb ich mich nicht mit Chabrol verstanden habe ... Er hat mich vor der Kamera allein gelassen, was ich nicht ertrage. Ich brauche eine »Herausforderung« wie mit Zulawski oder eine große Gemeinsamkeit wie mit Visconti, Welles oder Sautet.

Rod Steiger
Ich bin der Partner von great Romy. Sie ist so toll, so intelligent – mit ihr kann gar nichts schiefgehen. Ich habe mir die Schneider vorher angesehen – in einigen ihrer Filme. Ich bewundere ihr Talent, ich liebe ihre Intelligenz. Ein 50jähriger, der die Neugierde eines 20jährigen hat, ist auch in Wirklichkeit erst 20 Jahre alt. Ein Mann, der eine Frau nicht als faszinierende Entdeckung erlebt, ist bereits ein alter Mann.

Vierzig Jahre nach Greta und Marlene, fünfzehn Jahre nach Marilyn hat die Leinwand wieder einen großen Star.
Paris Match Nr. 1156 vom 3. Juli 1971

ROMY

Quarante ans après Greta et Marlène, quinze ans après Marylin le cinéma redécouvre une star

47. Das alte Gewehr (Le vieux fusil)
1975, Frankreich / BRD
Regie: Robert Enrico
Drehbuch: Pascal Jardin, Robert Enrico und Claude Veillot nach der Erzählung von Pascal Jardin
Kamera: Etienne Becker (Eastmancolor)
Musik: François de Roubaix
Produktion: Pierre Caro (Mercure Productions Paris / Artistes Associés Paris / T. I. T. Film München)
CESAR als bester Film des Jahres 1975.
CESAR für den besten männlichen Darsteller, für Philippe Noiret.
CESAR für die beste Filmmusik des Jahres für François de Roubaix.
Darsteller:
Romy Schneider: Clara
Philippe Noiret: Julien Dandieu
Caroline Bonhomme und Catherine Delaporte als Florence Dandieu mit 8 und 13 Jahren

Regisseur Robert Enrico
Sie ist eine sehr große Schauspielerin, vielleicht die größte. Die einzige, die meiner Meinung nach in die Geschichte des Films eingehen wird. Ihr germanisches, nordisches Äußeres, das etwas eckige Gesicht mit den vorstehenden Backenknochen und Grübchen, das an Greta Garbo und Marlene Dietrich erinnert, kommt ihr dabei gut zustatten. Ich bewundere an Romy Schneider das innere Feuer, das sich ohne Ziererei voll und gleich mitteilt, und das starke Gefühl, das sie in ihre Arbeit investiert. Träfe man sie im Alltag, ungeschminkt und ganz normal gekleidet, würde man sie wahrscheinlich übersehen; auch das ist etwas, was sie mit den sehr großen Schauspielerinnen gemeinsam hat, die draußen, außerhalb der Studios, oft unbemerkt bleiben, aber dann, unter den Scheinwerfern und im Kostüm, zur Persönlichkeit werden. Zwischen der Wirklichkeit und dem Traum besteht also eine Kluft, ein Etwas, das wir im alltäglichen Leben nicht wahrnehmen, das aber das Talent ausmacht.
Romy ist auf diabolische Weise fotogen, sie versteht es, sich einer Rolle von Grund auf zu widmen. Sie weiß, das Maximum aus Liebe zu den Gestalten, die sie verkörpert, aus sich herauszuholen.

Ich habe absichtlich den Ton abgeschaltet, um nur das Bild sprechen zu lassen, aber Romys Geheul war erschreckend.

Ich bewundere bei Romy dieses innere Feuer, das unmittelbar, heftig und ungekünstelt emporlodert, sowie die sehr sentimentalen Beziehungen, die sie zu ihrer Arbeit hat.

Was bei ihr vielleicht am meisten berührt, ist das hoffnungslose Bedürfnis nach Beständigkeit, das ihr eigen ist.

Romy Schneider und Philippe Noiret in »Das alte Gewehr«

Regisseur Robert Enrico mit seiner Hauptdarstellerin Romy Schneider

Die Dreharbeiten beginnen Ende des Winters und laufen bis zum Frühling 1975 in Montauban und seiner Umgebung, in Paris und Biarritz.
Für die Rolle der Clara wünscht Robert Enrico eine berühmte Schauspielerin mit souveräner Ausstrahlung, mit Charme und Persönlichkeit, besonders aber mit einem lebhaften, leidenschaftlichen Charakter und einem Anflug von Sinnlichkeit ...
Um den Schmerz seines Helden auszudrücken und sein Rachebedürfnis zu motivieren, wendet Enrico in regelmäßigen Abständen das Rückblendeverfahren an. In jenen Augenblikken schalten sich Romys Zauber und die Macht ihres Spiels in einer ziemlich kurzen aber äußerst intensiven Rolle ein. Sie erscheint nur zu Beginn des Films und im Laufe zahlreicher Rückblenden, aber das Wesentliche des Films macht gerade diese Flut an ergreifenden Erinnerungen aus, die Juliens Gedächtnis überschwemmen und aus denen er seine Vergeltung speist. In der schreckensvollen Vergewaltigungsszene »lebt« sich Romy so stark in die Gestalt der Clara hinein, daß sie einen Darsteller in ihrer verzweifelten Wut die Treppe hinunterstößt. Nach Beendigung der Dreharbeiten entdecken die anderen Mitglieder des Teams bei Romy zahlreiche Wunden, abgebrochene Fingernägel und verrenkte Finger.
Die Szene, in der Clara durch die Flammenwerfer der Naziwehrmacht bei lebendigem Leibe verbrannt wird, gehört zu den ergreifendsten.

Philippe Noiret
Romys Anwesenheit ist interessant in bezug auf das »Star-System«. Es war nicht nur sehr wichtig, für die Clara eine außergewöhnliche Darstellerin wie Romy zu haben, mehr noch, es war wirklich wichtig, diese kurze Rolle, die aber der Angelpunkt des ganzen Films ist, mit einem Star zu besetzen. Das Schicksal dieser Gestalt hat an Bedeutung gewonnen, als es sich um einen Star handelte.

Enrico gibt uns zugleich ein packendes Drama und eine intime, schmerzhafte (und heftige) Vision harmloser Freuden, die das Glück von gestern ausmachten.
Romy Schneider, das ist das Zittern einer feinnervigen Sensibilität, der empfindliche Charme und manchmal ein Anflug von Unheil, der schaudern läßt.
Télé-7-Jours vom August 1975

Regisseur Robert Enrico geißelt in seinem Film mit Romy Schneider den Terror der Hitlerfaschisten und ihrer Kollaborateure in Frankreich, wobei er jede spekulative Darstellung von Brutalität um der Brutalität willen vermeidet. Enricos Erzählung der gleichsam alttestamentarischen Rache eines Arztes, dessen Frau und Tochter von SS-Männern umgebracht wurden und der unter der Schockeinwirkung immer wieder die Bilder des glücklichen Lebens mit seiner Familie sieht, macht sinnfällig, welche Menschenverachtung Faschismus bedeutet. Daß Enrico gleichwohl nicht einer privaten Rache das Wort redet, auch zwischen Deutschen und Deutschen zu differenzieren weiß, bestätigt seinen Durchblick und seine Ehrlichkeit. Wer den Film dennoch als scheußlich, ungeheuerlich und in Erbfeind-Denken befangen diffamiert, wie in der bürgerlichen Presse geschehen, offenbart nur, daß ihm die ganze antifaschistische Richtung nicht paßt.
Die Wahrheit vom 22.11.1975

Philippe Noiret ist ein hervorragender Schauspieler. Er erklärt den Dandieu aus Schwächen und Stärken; er vermeidet alles Sentiment und rührt doch menschlich zutiefst an. Daß in solch idealer Partnerschaft die an ihren jüngsten Aufgaben zur preiswürdigen Darstellerin gereifte Romy Schneider eine bisher nicht gekannte Ausdruckskraft gewinnt, bedeutet zusätzlichen Gewinn.
Der Neue Weg vom 7.5.1976

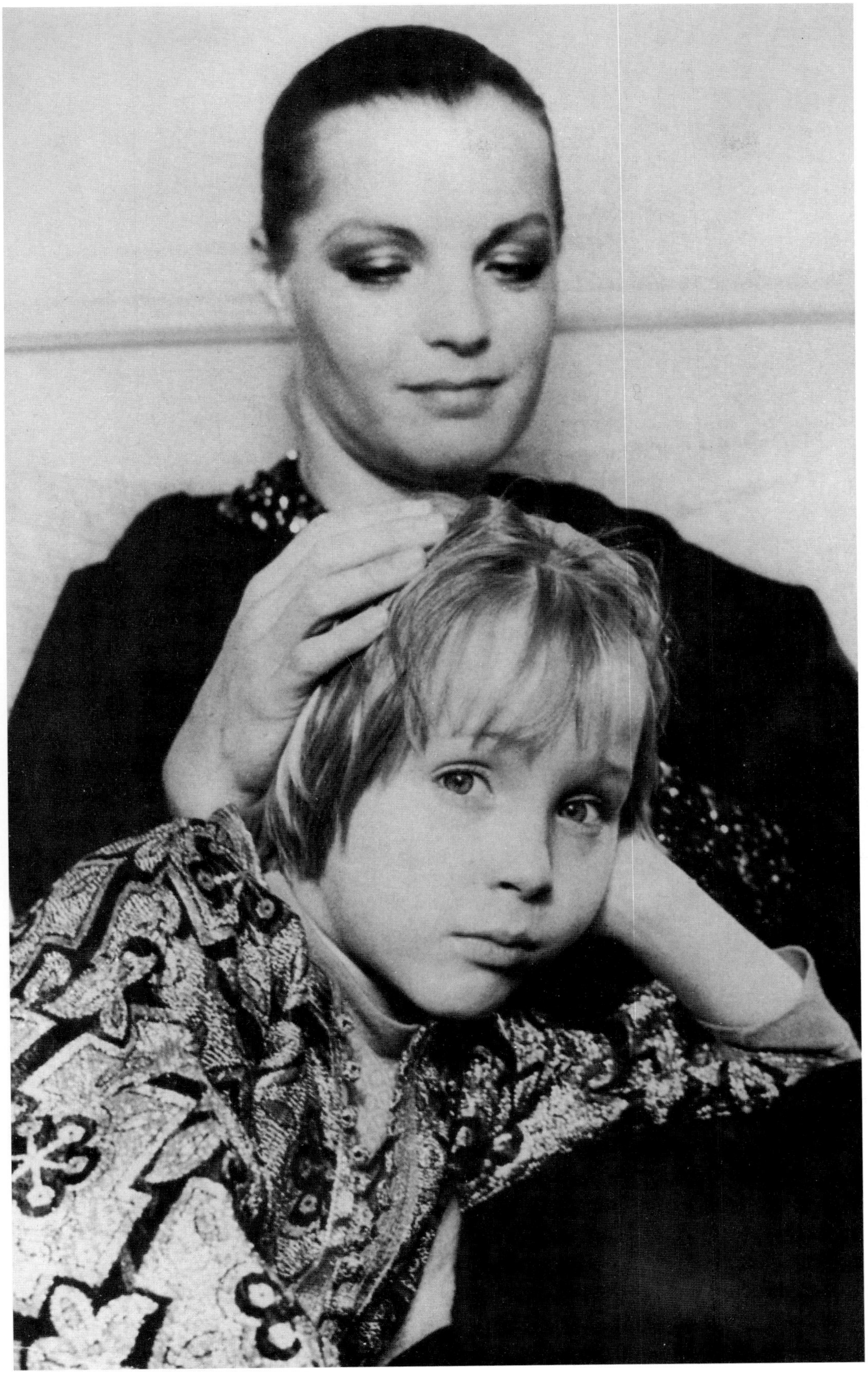

Romy Schneider
Es hat immer Momente gegeben, wo ich vom Drehen nach Hause kam, ausgelaugt, fertig. Da habe ich mich oft sehr allein gefühlt und wußte nichts mit mir anzufangen. Das ist immer häufiger der Fall. Nach dem Bruch mit Harry mußte ich mir erst wieder einen Alltag schaffen, in unserer Ehe hat er ihn gestaltet. Mit ihm kann man schwer zusammen leben. Oder besser: Er kann schwer mit mir zusammen leben. Da müßte ich mich in wesentlichen Dingen ändern, und die haben wieder mit meinem Beruf zu tun. Ich möchte so bald wie möglich ein weiteres Kind. Aber ich kann nicht so verderbt daherreden wie andere, die vom »Leben mit Kind, aber ohne Vater« schwärmen. Warum ein Kind? Das ist ein Leben, das für mich den Frieden verkörpert, Familie, Geborgenheit ... Danach die Schwangerschaft, das war schön. Noch zwei Jahre danach habe ich nicht gearbeitet, wir haben in unserer Vierzimmerwohnung im Grunewald gelebt, da ging es mir gut. Wenn ich zurückblicke: Einiges hat mir eben doch gefehlt. Harry ist ein Mensch, der schwer Gefühle zeigen kann, während ich das brauche. Ich bin ganz das Gegenteil. Aber noch mehr brauch' ich meine Freiheit.
Wir wollten David so weit wie möglich eine normale Kindheit sichern. Mit einem Vater in Deutschland und einer Mutter in Frankreich, Eltern, die nur wegen ihrer Arbeit selten zusammen sein konnten. Wir bemühten uns jedoch immer wieder, einige Tage zusammen zu leben, und David war glücklich darüber ... David hat begriffen, daß sein Vater und seine Mutter einander fremd geworden sind. Kürzlich erklärte er mir von selbst, ich sei doch nicht glücklich und solle lieber Schluß machen. Er hat das Problem also verarbeitet. Aber wir brauchen jetzt keine Komödie mehr zu spielen.

Harry Meyen
Ich telefoniere fast täglich mit David. Ihm fehlt es an nichts. Er hat sich fabelhaft in Paris eingelebt. Zudem ist Romy eine ideale Mutter. Und wenn viele das nicht wahrhaben wollen, weil das nicht ins Bild des lasterhaften und hemmungslosen Vamps paßt. Was immer auch geschehen mag: Unser Sohn bleibt bei ihr.

Romy mit ihrem Sohn David in Paris, 1975

Am 5. Juli 1975 wurde die Ehe von Romy Schneider mit Davids Vater, Harry Meyen, geschieden

Romy Schneider und Daniel Biasini auf der Yacht »Danycha IV«, Juli 1975
Daniel Biasini ist 1975 28 Jahre alt und der Sohn einer gutsituierten französischen Familie italienischer Abstammung. Er machte sein Abitur und wollte Bauingenieur werden. Nach der Armee ging er nach Amerika. Als Romy ihn bei den Dreharbeiten zu »Le Train« kennenlernt, ist er Pressereferent bei »Lira Films« in Paris. Er wird ihr Privatsekretär

»Ich kann ohne Umschweife sagen, daß ich Daniel sehr gern habe. Doch ich sehe keine Notwendigkeit, ihn deshalb gleich zu heiraten. Warum sollte ich so etwas überstürzen? Besonders, da ich immerhin meine Erfahrungen hinter mir habe. Während unserer Ehe haben mein Mann und ich viele Fehler gemacht, die ich nicht wiederholen möchte.
Verflixt noch mal: Was ist denn dabei, wenn ich mich von Daniel überzeugen lasse, mal vier Monate auszuspannen? Ich hab's wirklich nötig, denn die letzten Film-Arbeiten haben mich sehr angestrengt. Das hat doch nichts mit einer Schwangerschaft zu tun! Und daß ich etwas fülliger geworden bin, ist ganz normal: Ich setze immer leicht an, wenn ich nicht drehe.
Ich möchte gern noch einmal Mutter werden, das ist schon lange mein Traum. Es ist ein Leben, das für mich den Frieden verkörpert, Familie und Geborgenheit ...
Männer vergleichen mich oft mit dem, was ich in Filmen darstelle. Daraus entstehen Mißverständnisse. Heute muß man als Frau darauf gefaßt sein, über lange Zeit allein zu leben, diese Distanzen allein zu bewältigen.
Emanzipation heißt für mich, sich ein anderes Glück zu erkämpfen als jenes, wofür die meisten Frauen erzogen worden sind. Konsequenterweise muß jeder für sich allein aus diesem Klischee herausfinden. Vor allem aber sollten Mann und Frau ehrlich zueinander sein, zu echten Partnern zusammenwachsen. Keine Frau ist in meinen Augen aufrichtig, die das höchste Glück ihres Lebens allein in der Mutterrolle sieht.
Je mehr ich einen Mann mag, um so weniger plane ich für die Zukunft. Biasini und ich müssen täglich aufs neue feststellen, ob uns nach den Erfahrungen, die wir beide mitbringen, eine echte Partnerschaft glückt. Und wir müssen lernen, miteinander umzugehen. Das ist es, was wir im Augenblick probieren.
Er war halt mehr für mich als ein Sekretär, der von früh bis spät am Schreibtisch sitzt und die Post und die Telefonate erledigt und dann ins Studio kommt, so dieser übliche Job. Wenn er an einem ersten Drehtag sagte ›Kann ich irgend etwas für Sie tun?‹, was ja gar nicht zu seinem Job gehörte, dann war das mehr. Als es mir völlig beschissen ging, war er der einzige, der da war. Und das sind Dinge, die ich nie vergesse.
Der Coup de foudre, der Blitzschlag der Liebe auf den ersten Blick, war es nicht. Überhaupt nicht. Und das finde ich auch gut so! Denn das hab ich genug gekannt – das geht immer alles kaputt, zumindest, was mich betrifft.«

Hochzeit von Romy Schneider und Daniel Biasini im Hotel Gehrhus, Brahmstraße Berlin (West), 18. Dezember 1975
Die Trauung findet im Wintergarten des Grunewald-Hotels statt. Der Standesbeamte ist Gustav Ude aus Schmargendorf. Die Trauzeugen sind Romys Freundin Christiane Höllger und ihr Anwalt Gerd-Joachim Roos. Die Trauungs-Zeremonie dauert von 14.25 Uhr – 14.35 Uhr. Das Ja-Wort gibt jeder in der Landessprache des anderen: Daniel sagt »Ja«, Romy »Oui«. Gäste sind u. a. Regisseur Claude Sautet, Biasinis Eltern und Coiffeur Alexandre, der auch ihre Lockenfrisur entwarf. Romy trägt ein langes Kleid mit Blumenmuster im Folklorestil, angefertigt in einer Pariser Boutique. Um 17.20 Uhr fliegt das Paar wieder nach Paris, wo die eigentliche Hochzeitsfeier stattfindet. Romy ist im 5. Monat schwanger und 38 Jahre alt

»Ich hatte meine Ängste, er hatte seine Ängste. Ich dachte, das wird etwas Kurzweiliges werden. Und nun haben wir uns heute die Ringe an die Finger gesteckt.

Ich habe mein ganzes Leben versucht, Mann, Kinder, Beruf, Erfolg, Geld, Freiheit, Sicherheit, Glück unter einen Hut zu bringen. Das erste Mal bin ich gescheitert.
Mit Daniel versuche ich es wieder.«

Coiffeur Alexandre
Romy hatte sich etwas Ländliches, zum Kleid Passendes gewünscht. Ich ließ mich von den Frisuren aus den Stummfilmen der zwanziger Jahre inspirieren: Kleingelockt und mit einer Feldblumenkrone dicht über den Augen. Die Blümchen – Veilchen, Röschen, Margeriten – wurden extra aus Seide hergestellt. Ich kenne Romy seit 16 Jahren. Damals frisierte ich sie für den Film »Liebelei« (Christine), bei dem sie Alain Delon kennenlernte, und seither habe ich stets für Romy die Frisuren entworfen. Sie hat es aus Liebe getan, eine Geste der Liebe, ganz bestimmt. Wenn man mit einem zusammenlebt, den man liebt, ist es doch besser, wenn man heiratet ... und auch viel anständiger.

Das Hochzeitsmenü: Tomatencreme-Suppe Smetana; Melba-Toast und Butter, dazu Kanzemer Altenberg, Jahrgang 74; Medaillons vom Kalb »Prinzeß« mit einem 1970 Château de Sales; Frische Ananas »Schloßhotel Gehrhus«; dazu Champagner Cuvée »Dom Perignon«; Feingebäck mit Mokka und Schnäpse nach Wahl.

Hochzeitsfeier in Paris, Restaurant »L'Orangerie« auf der Seine-Insel St-Louis, 18.12.1975
Unter den 35 geladenen Gästen befinden sich neben Magda Schneider und ihrem Gatten Klaus Fehlhaber Romys Sohn David, Claude, Sautet, Helmut Berger und Jean-Claude Brialy, dem auch das Restaurant gehört.
Das Hochzeitsmenü bestand aus: Grünem Bohnensalat mit frischer Gänseleber, Côte de Bœuf (Ochsenrippchen), Käseplatte, Eis-Sorbet und Champagner

Jean-Claude Brialys Gästebuch, 18.12.1975
Die Gäste tragen sich zum Abschluß der Feier ein: Claude Sautet; Helmut Berger malt ein großes Herz um seinen Namen; Starcoiffeur Alexandre erinnert an seine Schöpfung; Romy unterschreibt mit ihrem neuen Namen; Jean-Claude nennt sich ihr gegenüber immer »Papa«; und Magda Schneider unterzeichnet als: die Mama.

»Wenn ich einen Mann liebe, studiere ich nicht erst seinen Paß. Ich hätte Daniel auch geheiratet, wenn er fünfzig gewesen wäre. Ich bin schrecklich in meinen Mann Daniel Biasini verliebt. Niemand hat mich je so geliebt wie er. Ich bin wirklich der Sinn seines Lebens. Daniel kümmert sich auch um meine Arbeit, er hat Geschäftssinn und er liebt das Abenteuer.«

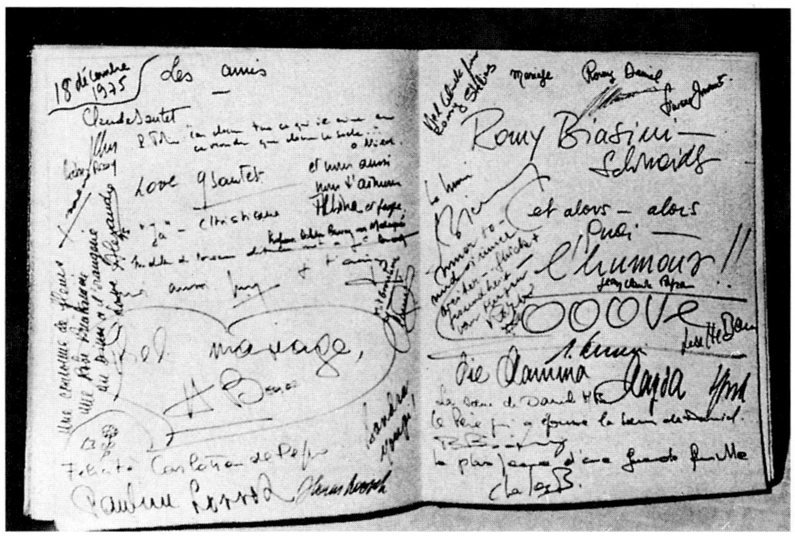
18 décembre 1975
les amis
Romy Biasini-Schneider
Et alors – alors quoi l'humour!!

Romy Schneider und Daniel Biasini, 1977
In der Silvesternacht 1975, kurz nach der Hochzeit, kommt es zu einem schweren Autounfall. Auf der Strecke zwischen Deauville und Paris gerät Biasini mit seinem Benthley in einen Auffahrunfall. Romy, auf dem Beifahrersitz, prallt mit dem Kopf an die Frontscheibe und erleidet einen Schock. Die Folge ist eine Fehlgeburt.
»Ich wünsche mir, trotz der Fehlgeburt im Januar, ein weiteres Kind.«

»Daniel Biasini ist der einzige Mann seit Alain Delon, der mich mit Freuden eine Frau sein läßt. Er besitzt den gleichen harten Charakter und kann dennoch sehr zärtlich sein. Er ist genau der Mann, den ich brauche ...
Er ist charmant, galant und intelligent. Er hat so schöne Augen. Auch der Altersunterschied von neun Jahren stört mich nicht. Im Gegenteil – ich fühle mich durch ihn wieder jünger.

Daniel erinnert mich so sehr an Alain Delon. Er hat den unabhängigen Charakter von Alain, den gleichen Charme und Humor, die gleiche Art, sich auf eine Frau zu konzentrieren.
Ich möchte mit Daniel glücklich sein. Ich möchte etwas weniger an Arbeit und viel mehr an Ferien denken. Und vor allem möchte ich nicht mein bisheriges irres Leben weiterführen ...«

»Ich kann nicht alleine leben. Doch hatte ich das Glück, einen Mann zu finden, an den ich mich tief gebunden habe. Ich bin siebenunddreißig Jahre alt. Er kaum achtundzwanzig. Indes, mich schreckt dieser Altersunterschied nicht. Beim Älterwerden habe ich gelernt, das flüchtige Glück zu schätzen, die auserwählten Augenblicke zu nutzen.
Vorher wollte ich die Leute so sehen, wie ich sie mir wünschte. Ich verschloß wissentlich die Augen, um eingekapselt in meinen Illusionen zu leben. Diese Haltung brachte mir ein, daß ich einige Schläge im Leben hinnehmen mußte, daß ich enttäuscht und einsam war.
Mit Daniel ist es anders. Wir können uns zuhören, denn wir haben uns etwas zu sagen. Er und ich, wir sind keine Seifenblasen. Ich lüge nie – und er ist immer ehrlich. Ich begriff an dem Abend, als ich eine Niereninfektion bekam, daß er mir unersetzlich geworden ist. Das war vor zwei Jahren. Zu jener Zeit lebte ich wie eine Zigeunerin, verloren – nach meiner Trennung von meinem Mann –, in möblierten Zimmern oder im Hotel. Der einzige Mensch, an den ich dachte, als ich mich vor Schmerzen krümmte, war Daniel. Ich rief ihn an, um ihn zu bitten, einen Arzt für mich zu suchen. Er antwortete: ›Verlassen Sie sich auf mich!‹ Nicht einmal zwanzig Minuten später war er an meinem Bett in Begleitung eines Arztes. Daniel sagte nichts. Er nahm einfach meine Hand, und danach habe ich ihn nicht mehr verlassen.«

»Ich war nicht immer bequem, doch werde ich trotz der 46 Filme noch immer vom Lampenfieber heimgesucht. Daniel begriff, daß meine Aggressivität aus meiner Schüchternheit, aus meiner fehlenden Selbstsicherheit, aus einem Gefühl der Unsicherheit im Leben, aus meiner Angst, beruflich zu enttäuschen, rührte. Er verstand auch, daß meine harten Ausdrücke, daß mein autoritärer Ton dazu dienten, meine Angst, meine Beklemmungen, meine Schwächen zu verbergen. Und er hat vor allem begriffen, daß man, jedenfalls bei Künstlern, den Beruf nicht vom Privatleben trennen kann: der erste beeinflußt ständig das zweite. Daniel hat bemerkt, daß der erste Drehtag für mich die Folter war. Vorher stand ich ihn allein, in einem Zustand furchtbarer Reizbarkeit durch. Nun gab es ihn. Er machte mich sicher. Eine Frau muß immer sicher gemacht werden. Ich vielleicht mehr als andere (zweifelsohne).«

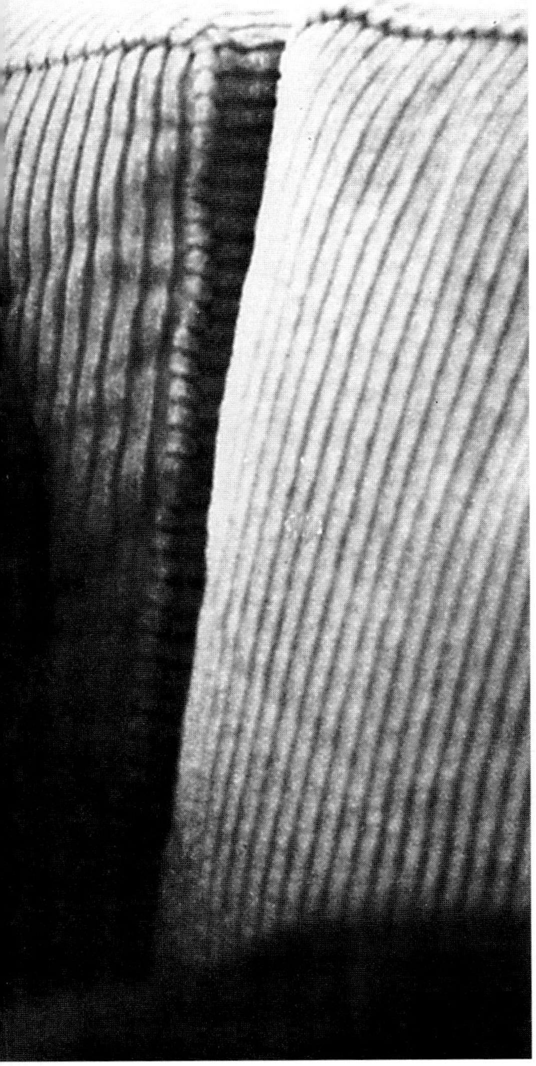

BUNDESREPUBLIK DEUTSCHLAND
FEDERAL REPUBLIC OF GERMANY
REPUBLIQUE FEDERALE D'ALLEMAGNE
Gebührenmarke
Fiscal stamp
Droit de timbre
GEB. 17,50 F
REISEPASS
PASSPORT
PASSEPORT
Nr. D 5433469
BIASINI GEB. ALBACH
Name des Paßinhabers / Name of bearer / Nom du titulaire
ROSEMARIE MAGDALENA
KÜNSTLERNAME ROMY SCHNEIDER
Vornamen / Christian names / Prénoms
Der Inhaber dieses Passes ist Deutscher
The holder of this passport is a German
Le titulaire du présent passeport est ressortissant allemand
Reg.-Nr.
Registration No.
N° d'enregistrement
28/76
Dieser Paß enthält 32 Seiten / This passport contains 32 pages / Ce passeport contient 32 pages

Romy Biasini
Unterschrift des Paßinhabers
Signature of bearer
Signature du titulaire
Es wird hiermit bescheinigt, daß der Paßinhaber die im Lichtbild dargestellte Person ist und die Unterschrift darunter eigenhändig vollzogen hat.
It is hereby certified that the bearer is identical with the person on the photograph and that the signature has been given in his own hand.
Il est certifié que le titulaire est la personne représentée par la photographie ci-dessus et que la signature est autographe.
PARIS, den / the / le 13.1.1976
I. A.
Unterschrift / Signature / Signature
Nr. D 5433469
3

Romy Schneider, 1975

Reisepaß von Rosemarie Magdalena Biasini geborene Albach, Künstlername Romy Schneider

48. Die Frau am Fenster
(Une femme à sa fenêtre)
1976, Frankreich / Italien / BRD
Regie: Pierre Granier-Deferre
Drehbuch: Pierre Granier-Deferre und Jorge Semprun nach dem Roman von Pierre Drieu La Rochelle
Kamera: Aldo Tonto (Eastmancolor)
Musik: Carlo Rustichelli
Produktion: Albina du Boisrouvray (Albina Production Paris / Rizzoli Films Rom / Cinéma 77 3. KG Berlin)
Darsteller:
Romy Schneider: Margot Santorini
Philippe Noiret: Raoul Malfosse
Victor Lanoux: Michel Boutros
Umberto Orsini: Rico Santorini
Delia Boccardo: Dora Cooper

Romy Schneider, Philippe Noiret und Delia Boccardo in »Die Frau am Fenster«

Rechte Seite

Mit dem kommunistischen griechischen Gewerkschaftsführer Michel Boutros (Victor Lanoux), dem Mann, den sie liebt und dem sie folgt, und mit ihrem Ehemann, dem Diplomaten Rico Santorini (Umberto Orsini)

Drehbuchautor Jorge Semprun
Wir haben das Jahr 1936 gewählt, weil es ein Jahr großer politischer Spannung in ganz Europa ist, der Aufstieg des Faschismus erfolgt, und so nähern wir uns allmählich unserer Epoche. Schließlich gibt es da eine außergewöhnliche Begegnung zwischen Margot und Romy. Wir brauchten nicht erst zu erfinden, daß sie österreichischer Abstammung ist. Sie hat es zwangsläufig verstanden, diese Zeit durch ihre Eltern, ihre Umwelt wieder in Erinnerung zu rufen. Ich habe versucht, ihre eigene Vergangenheit in meine Geschichte einzubringen. Ich kannte Romy nicht, aber ich habe die Rolle in Gedanken an sie geschrieben, dabei ganz wahrheitsgetreu mit Blick auf die Margot von Pierre Drieu La Rochelle.

Regisseur Pierre Granier-Deferre
Es gibt bei Romy und Margot die gleiche Heftigkeit, das gleiche Versprechen von Zärtlichkeit, von Konfrontation mit dieser außerordentlichen, so seltenen Fähigkeit, nein zu sagen, nachdem man ja gesagt hat, alles umzuwerfen, mutig die Richtung zu ändern ...

Pariser Presse-Stimmen

Le Monde:
An diesem intelligent gemachten und sehr gut gespielten Film gibt es nichts zu bemängeln. Romy Schneider ist nie schöner, bewegender, lebensvoller gewesen. Irgendwo in seinem Buch sagt Drieu La Rochelle über Margot: ... es war da ein Rätsel um diese schöne junge Frau, die ein wenig wienerisch war, aber noch viel mehr pariserisch ... und eine Kraft in diesem weichen Körper. Dieses Rätsel, diese Kraft und diese körperliche Gegenwart, das ist es, das Talent Romy Schneiders ...

France-Soir:
Romy Schneider ist von Kopf bis Fuß Margot auf intensive, reizbare, prächtige Weise. Und Margot konnte nur davon träumen, eines Tages im Körper und in den katzengrünen Augen von Romy mit Leben erfüllt zu werden.

Le Nouvel Observateur:
In dem Wirbel der Geschichte, zwischen Geliebtem, Freund und Ehemann, entfaltet sich die größte europäische Schauspielerin: Romy Schneider.

49. Mado
1976, Frankreich / Italien / BRD
Regie: Claude Sautet
Drehbuch: Claude Néron, Claude Sautet
Kamera: Jean Boffety (Eastmancolor)
Musik: Philippe Sarde
Produktion: André Génoves
(Les Films La Boétie Paris / Italgema Rom / Terra Filmkunst Berlin)
Darsteller:
Michel Piccoli: Simon
Ottavia Piccolo: Mado
Jacques Dutronc: Pierre
Bernard Fresson: Julien
Romy Schneider: Hélène

»Als Claude Sautet mich bat, diese kleine Rolle zu übernehmen, hat er mir nur ganz grob gesagt, um was es sich handelte, und ich habe akzeptiert, sogar ohne eine Zeile des Drehbuchs gelesen zu haben. Bei den Dreharbeiten mit Michel Piccoli ist wahrhaftig etwas sehr Starkes geschehen. Michel ist ein so großzügiger Partner. Im Atelier herrschte eine unvorstellbare Stille, es war sehr schön. Zum einen war ich nicht unzufrieden, weil ich den Mut gehabt hatte, diese Szene so zu spielen, wie es erforderlich war. Es gab keinerlei Schminke. Ich habe nicht um besondere Aufklärung gebeten. Ich sagte mir: Das ist es, was ich will, ich muß in dieser Richtung weiterarbeiten. Diese Szene ist für mich ein neuer Ausgangspunkt gewesen ...«

Regisseur Claude Sautet
Schon vom ersten Augenblick an, in dem ich den Film aufzubauen beginne, gewinnen die Schauspieler eine große Bedeutung. Ich suche immer Aspekte bei ihnen, deren sie sich bewußt sein können oder nicht, die auf ihre Kindheit zurückgehen, auf ihre Lebensweise, um aus ihrer Persönlichkeit das herauszuholen, was mir authentisch erscheint.
Das Führen von Schauspielern ist meine ursprüngliche Leidenschaft. Ich gebe zu, daß ich dabei manchmal sehr hart zu ihnen bin, weil ich nicht will, daß sie sich mit Routine zufriedengeben. Aber im Grunde ist es ein ungeheures Privileg, eine Gelegenheit für außergewöhnliche menschliche Beziehungen. Ein wahres Fest. Man kann sich über sehr vieles in diesem Metier beklagen, aber nicht darüber.

Romy Schneider und Michel Piccoli in »Mado«

Pressestimmen

L'Aurore:
Eine ergreifende Szene vereint Michel Piccoli und Romy Schneider, die hier ihr ganzes überragendes Talent zum Einsatz bringen kann ... Ein unbedingt sehenswerter Film, sowohl als soziale Chronik als auch wegen des Talents und der hervorragenden Arbeit, die alle an ihm Beteiligten geleistet haben.

France-Soir:
Romy Schneider ist sensationell. Sie hat recht, wenn sie diese Szene als eine der schönsten bezeichnet, die je für sie geschrieben wurden.

Le Nouvel Observateur:
Michel Piccoli: beeindrukkend. Romy Schneider: großartig. »Mado« ist zweifellos Sautets vollkommenster und ernsthaftester Film.

Le Monde:
Die einzige Szene, die Michel Piccoli und Romy Schneider zusammen haben, ist großartig gespielt. Hier wird, in einigen Einstellungen, einigen Augenblicken, alles gesagt, auch das Unsagbare.

Le Point:
Piccoli ist besser als je zuvor, Romy Schneider einfach umwerfend.

Télérama:
Romy Schneider ist erschütternd in ihrer Rolle.

Elle:
Romy Schneider in »Mado« ist die Größte.

Pariscop:
Und nun zu Romy Schneider. Sie hat nur eine Szene, aber was für eine Szene und was für eine Schneider!

Romy Schneider und der jugoslawische Regisseur Aleksandar Petrovic bei Dreharbeiten des Films, Wien 18.12.1976
Es ist ihr 50. Film, sie ist 38 Jahre alt. »Ich bin fünfzig Filme.«

Romy Schneider besucht Heinrich Böll, Köln 6.12.1976
Sie hatte einen freien Tag zum Flug nach Köln und zu einem vierstündigen Gespräch genutzt. »Es waren die besten vier Stunden meiner ganzen Deutschlandzeit.«

Romy Schneider vor der Kamera als Leni in Gruppenbild mit Dame
(rechte Seite)

Regisseur Aleksandar Petrovic
Ich interessiere mich wegen der Mischung aus Mystik und Sozialkritik für Bölls Roman, und Romy Schneider sehe ich als lebende Inkarnation der Böllschen Leni.
Nicht nur die Filmsprache ist überall die gleiche, sondern die Erfahrung beweist mir, wenn man aus dem Reservoir von Darstellern aus mehreren Ländern schöpfen kann, daß das bessere Besetzungsmöglichkeiten erlaubt.

Vadim Glowna
Ich freue mich sehr auf Romy Schneider. Getroffen haben wir uns bis zu diesem Film noch nie. Ich spiele die erste große Liebe Romys. Gefühlsmäßig kommt mir der Typ sehr entgegen – er ist nämlich gegen den Krieg. Ein sensibler junger Mann, der dem Mädchen, das er liebt, Gedichte schreibt. Aber die erste große Liebe zwischen den beiden zwanzigjährigen dauert nur ein paar Monate. Der junge Mann stirbt.

Brad Dourif
Ich habe Frau Schneider erst hier kennengelernt. Wir hatten auf Anhieb guten Kontakt. Sie arbeitet sehr professionell, sehr korrekt und angestrengt.

50. Gruppenbild mit Dame
(Portrait de groupe avec dame)
1976/1977, BRD/Frankreich
Regie: Aleksandar Petrovic
Drehbuch: Aleksandar Petrovic
unter Mitwirkung von Heinrich Böll
nach dessen Roman Gruppenbild mit Dame
Kamera: Pierre William Glenn
(Eastmancolor, Panavision)
Musik: Mozart, Schubert und eine russische Volksweise
Produktion: Stella Film München/Cinéma 77
4. KG Berlin/ZDF Mainz/
Artistes Associés Paris
Darsteller:
Romy Schneider: Leni Gruyten
Brad Dourif: Boris Koltowski
Michel Galabru: Walter Pelzer
Vadim Glowna: Erhard Schweigert

Man läuft Gefahr, gegenüber diesem ambitionierten, wichtigen, nicht ganz befriedigenden Film, in dem die Qualitäten jedoch eindeutig überwiegen, ungerecht zu sein. »Gruppenbild mit Dame« ist voll der schönen Bilder und gewaltigen Szenen (z. B. dem Bombenangriff) und profitiert von der ausgezeichneten Gesamtleistung der Darsteller. Leni, das ist Romy Schneider im Alter von zwanzig, fünfundzwanzig, fünfundvierzig und über fünfzig Jahren. Eine ganz große schauspielerische Leistung mit schönen bewegenden Momenten, leider oft unterbrochen durch die gewollte Konstruktion des Films.

France-Soir vom 26.5.1977

Die makabre Idyllik im Gewächshaus, der zynische Wortwechsel zwischen zwei Kriegsinvaliden – einer hat nur ein Bein, der andere nur eine Hand; dann die Spannung jenes Augenblicks, in dem Leni den kostbaren Kaffee an den russischen Kriegsgefangenen Boris (Brad Dourif) »verschwendet«; schließlich die stumme Überlebenswut jener Paarungsszene, die unmittelbar neben Lenis Angstschrei im bröckelnden Luftschutzkeller stattfindet – da wird sichtbar, was aus diesem Film hätte werden können. Das sind durchaus eindrucksvolle Filmaugenblicke.
In diesen wenigen Szenen läßt auch Romy Schneider ihr souveränes Einfühlungsvermögen ahnen.

Kölner Stadt-Anzeiger vom 28.5.1977

Romy Schneider
Die Leni in »Gruppenbild mit Dame« war eine sehr wichtige Rolle für mich. Auch, weil diese Leni so deutsch war, so deutsch ist. Aber, vor allem, weil ich Böll kennengelernt habe. Da fühlte ich mich wohl. Der hat ein Zuhause ganz ohne Dekoration, da stimmt alles. Als ich zu ihm kam, stand da ein Adventskranz. Er saß da ganz ruhig am Tisch, und ich mochte ihn sofort und diese ganze Umgebung. Er war so einfach zu mir. Er sagte, da ist das Klo, Romy, da rechts. Ich glaube, er mochte mich auch.

Wenn Heinrich Böll sagt, »daß die Deutschen den Krieg immer noch nicht verloren haben und was man Niederlage nach dem Zusammenbruch nennt gar nicht akzeptiert oder als Chance erkannt haben«, dann ist diese Aussage von Heinrich Böll für mich mehr als eine Hilfe für die Rolle der Leni.
Böll ist meine einzige Kraft.
Die Leni ist gut.
Ich habe die Kraft, mich konzentrieren zu können, und wenn der größte Schlamassel um mich herum ist. Ich kann so abschalten, daß ich nur noch die Leni sehe. Außerdem weiß ich, wann ich sehr gut bin, wann ich mittelmäßig bin. Und wenn ich schlecht bin, wiederhol' ich's, und wenn's 150mal sein muß.

Leni ist eine Person, die mir nahe steht. Mit dieser Rolle kann ich mich identifizieren. Ich empfinde für Böll eine große Sympathie. Das hängt damit zusammen, wie er diese »schamlos« unschuldige Person schildert – die Art wie Leni in dem Inferno des Zusammenbruchs zu lieben lernt. Leni ist sehr deutsch. Sie holt nur aus sich selbst heraus. In diesem Sinne würde ich mich auch »sehr deutsch« nennen. Hart, präzise, gut sein wollen, das sind Eigenschaften, mit denen es sich schwer leben läßt.

Meine Mutter, die nach 45 wie alle anderen für sich und die Kinder ums Überleben kämpfte, hatte gar keine Zeit, uns über die Bedeutung von Krieg oder Frieden aufzuklären. So wuchs ich auf in Köln, das Heinrich Böll in den Trümmern kennt, in der Bürgerlichkeit der fünfziger Jahre, mit einem Stiefvater, der ein Hotel nach dem anderen aus dem Boden stampfte. Es war eine starre kalte Welt, die mir wenig Zuversicht und Schutz bot. Sie machte mich kämpferisch, einfach um nicht restlos in ihr zu erstarren. Wenn Heinrich Böll sagt, daß die Franzosen, Engländer, Italiener ein bißchen zu leben verstehen, so beschreibt er für mich einen der Gründe, weshalb auch ich als Deutsche gern in Frankreich bin. Denn innerhalb der unwirklichen Star- und Schauspielwelt kann man bestenfalls überleben – nicht aber wirklich leben.

Für mich gibt es die Kriterien, die stimmen müssen, bevor ich eine Rolle akzeptiere. Die Rolle. Der Regisseur. Die Handlung. Im »Gruppenbild« stimmt alles. Wie die Leni habe auch ich 15 schwierige Jahre hinter mir. Wie sie blieb ich nur durch die ständigen Schicksalsschläge vital und widerstandsfähig, und Aleksandar Petrovic hat schon ein paar sehr gute Filme gemacht. Als ich zu den Dreharbeiten nach Berlin kam, fragte man mich nach der Zigarettenmarke, die ich rauche, und nach der Whiskysorte, die ich trinke. Ich sehe mich einem Image gegenüber, von dem ich begriffen habe, daß ich es nicht mehr einreißen kann.

Heinrich Böll
Leni ist zusammengesetzt – vereinfachend gesagt – aus meiner Erfahrung mit Frauen in Krieg und Frieden; aber Erfahrung und Erlebnis bedeuten nicht viel, wenn man nicht mit ihnen arbeitet, sie verändert – so habe ich eine neue Gestalt, die Leni, geschaffen. Leni ist eine sehr mutige Person, aber nicht im Sinne einer demonstrativen Tapferkeit. Die Worte Unschuld und Mut haben bezogen auf Leni eine tiefere und weniger heroische Bedeutung, als wir es gewohnt sind.
Ich bin von den schauspielerischen Fähigkeiten von Frau Schneider überzeugt. Ich habe sie inzwischen etwas intensiver angesehen, soweit ich im Kino oder im Fernsehen die Möglichkeit dazu hatte, weil es für mich natürlich sehr wichtig war zu wissen, wer die Rolle der Leni spielt.
Ich vertraue auf ihre schauspielerische Qualität und ihre Sensibilität. Auch das, was sie über die Leni gesagt hat, daß sie ihr sehr deutsch vorkommt, hat mich positiv überrascht (ich verstehe »deutsch« nicht als Nationalitätsbezeichnung, sondern als Sprachbezeichnung).

Romy Schneider spielt die Rolle der Leni Gruyten im Alter von zwanzig, fünfundzwanzig und fünfundvierzig Jahren

Der Film spielt im Deutschland von 1940 und 1945 und in der Bundesrepublik Deutschland von 1965

Romy Schneider mit David und Daniel Biasini in Paris, Juni 1977
Sie erwartet ihr zweites Kind

»Man hat keine Ahnung davon, wie ein kleiner Junge von zehn Jahren den moralischen Mangel des Vaters büßen kann. David hängte sich an mich, weinte ganz verstört. Ich hatte ein schlechtes Gewissen, ich fühlte mich schuldig, ihm nichts als meine Anwesenheit bieten zu können. Wir haben uns sehr aneinander gebunden, und ich gestehe, daß die Anwesenheit Davids und seine Liebe mir geholfen haben, die Zerrüttung, in die mich die Trennung gestürzt hatte, zu überwinden. Ich habe erfahren, daß ein Kind das Schönste im Leben ist. Ich bin anders geworden. Ich hatte negiert, und ich kannte nur noch eine Farbe: schwarz. Daniel Biasini ließ mich die anderen Farben des Lebens entdecken. Ich mache beim Film weiter, solange der Film mich will. Nichtsdestotrotz habe ich mich entschlossen, mir eines zu erhalten: meinen häuslichen Frieden. Auf die Gefahr hin, die feministischen Bewegungen zu enttäuschen, erstrebe ich nur noch eines: meinen Mann und meine Kinder so gut, so sehr wie möglich zu lieben.

1977 drehe ich keinen Film. Spaziergänge im Bois de Boulogne. Viel lesen, die Gesamtausgabe von Brecht, Bücher von Peter Handke, Fontane und Fitzgerald. Außerdem alte Drehbücher von Ingmar Bergman und Luis Buñuel. Normal, schrecklich normal wird alles verlaufen. Die Zeiten, in denen ich mich in Wolken von Chanel gehüllt habe, sind vorbei.«

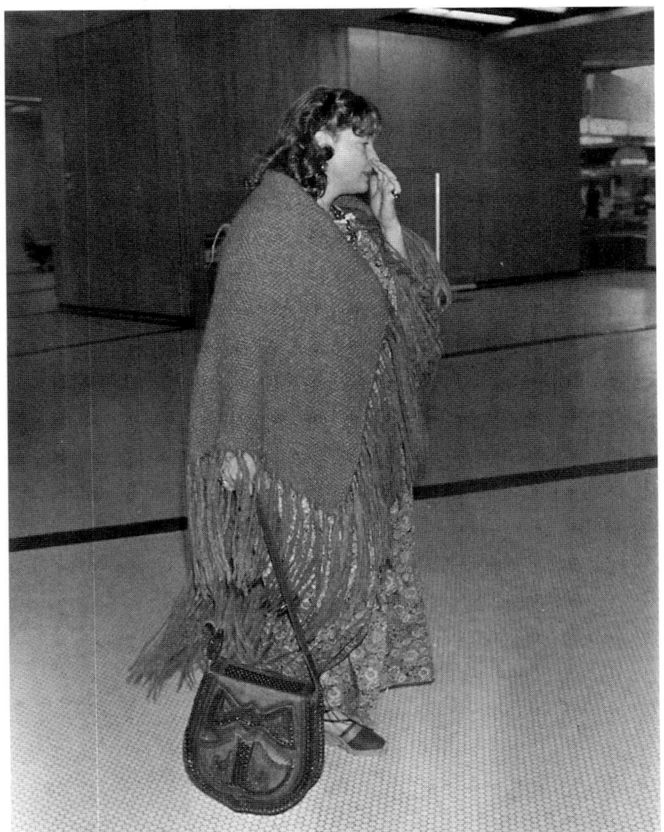

»Ich habe mir so sehr ein Kind von Daniel gewünscht, und nun wird mein Wunschtraum auch Wirklichkeit.

Egal, ob es ein Junge oder Mädchen wird. Ich freue mich nur, von Daniel ein Kind zu erwarten.

Ich möchte noch mal Mutter werden und die Freuden einer Schwangerschaft und Geburt erleben.

Seine Ruhe wirkt beschützend auf mich. Er ist so, wie sich eine schwangere Frau ihren Mann wünscht. Für alle Komplikationen hat er Verständnis. Und ich will alles tun, damit unser Kind gesund zur Welt kommt.
Man fühlt sich so unglaublich jung, Kinderkriegen ist trotz kleiner Schwierigkeiten etwas Wunderbares – für jede Frau.

Früher habe ich mich immer rasend selbst davon überzeugen wollen, daß ich, Romy Schneider, einen Alltag leben kann wie alle anderen. Solche Sprüche habe ich in Interviews von mir gegeben, behauptet, ich mache Ferien wie du und ich, verbringe einen Alltag wie jeder andere auch. Heute weiß ich, daß ich so einen Alltag gar nicht leben kann.«

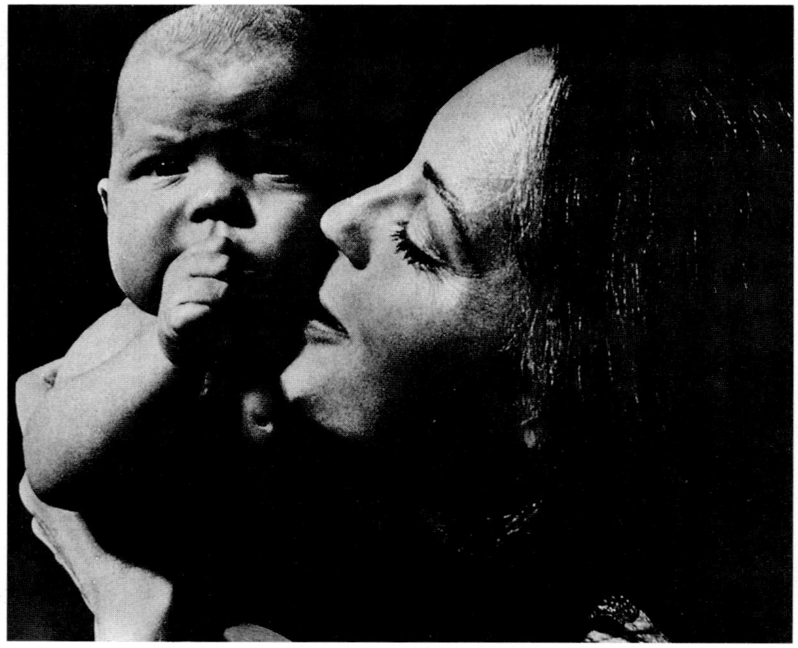

Geburt von Sarah Magdalena Biasini, 21. Juli 1977
Sarah kommt als Frühgeburt durch einen Kaiserschnitt in der Klinik L'Oasis in Gassin bei Saint-Tropez auf die Welt. Sie wird in das Kinderkrankenhaus »Lenval« nach Nizza gebracht und kommt in der Spezialabteilung für Frühgeburten in einen Brutkasten

Sarah Magdalena im ersten Lebensjahr

»Meine liebe Mamma – hier in Eile – weil ich eile aus dem Krankenhaus – die ersten Bilder von unserer süßen Sarah Magdalena.
Wir müssen noch viel Geduld haben – nicht ohne Schmerz – um die kleine Mausi bei uns zu haben. Sie werden sie uns geben die ersten Tage im September – das heißt, wenn sie genau neun Monate alt ist. Dieses Warten ist nicht leicht, ich habe noch nie in meinem Leben ein so schweres, hartes Warten gekannt! Ich dachte doch nicht, daß ich's so bezahlen muß.
Wenn wir sie in unsere Arme nehmen können, wird das für mich die wirkliche Geburt sein, und wir werden alles andere vergessen! Ich habe schon viel abgenommen – neun bis zehn Kilo – und mache mich auf zur strengen Diät – ohne zu übertreiben, wegen der Narben und meinem Wackligsein. Spätestens fliegen wir am 10.9. nach Paris. Auf bald am Telefon. Seid umarmt von Eurer Romy, Daniel, David, Sarah Magdalena ...«
Brief Romys an ihre Mutter Magda Schneider vom Juli 1977

Romy Schneider
Ich finde, wir vier – Daniel, Sarah, David und ich – sind wirklich eine perfekte Familie.
Ich bin froh, daß das Kind gesund zur Welt gekommen ist. Aber ich bin auch sicher, daß es mein letztes sein wird.

Daniel Biasini
Die Kleine ist süß und sehr lebendig. Romy und ich haben uns absolut ein Mädchen gewünscht. Sarah wurde an einem 21. Juli, mitten in den Ferien, in Saint-Tropez geboren. Ihre Mutter hatte sie nicht so früh erwartet, und die Klinik, in der sie das Licht der Welt erblickte, heißt »L'Oasis« (Die Oase). Ihre Mutter und ich, wir sind vor Freude ganz verrückt, und wir beschließen, sie Sarah zu nennen, denn Romy sagt, das passe gut zu David, ihrem Sohn, und auch Magdalena nennen wir sie, wie ihre Großmutter. Zu dieser Zeit ist um Romy alles zum besten. Mit David und der kleinen Sarah fahren wir alle vier zum Schulanfang wieder nach Paris zurück. Wir wohnen in einem großen Appartement. Romy beginnt mit den Dreharbeiten zu einer »Einfachen Geschichte«, und ich arbeite an einem Drehbuch zu dem Film »Le mauvais fils«. Zwei Jahre lang erlebt Sarah ihr Babydasein unter der Obhut ihres Kindermädchens. Immer wenn der Beruf es erlaubt, verbringen Romy und ich unsere Stunden mit ihr, ohne indes David zu vergessen, der mit seinen zehn Jahren seine Rolle als großer Bruder sehr ernst nimmt.
Paris Match
vom 29. Juli 1983

Romy Schneider, 1977

Romy Schneider, 1977

»Ich habe sehr große Angst, wieder anzufangen nach dieser langen Unterbrechung, wo ich mich in mein Glück geflüchtet habe, mit Daniel, meinem Ehemann, David, meinem Sohn, und Sarah, meiner Tochter. Man wird niemals von der Angst kuriert. Das ist sehr entnervend. Und unheilbar. Man wartet auf eine Rolle, wenn man sie hat, wartet man auf den Drehbeginn. Wenn der Film im ›Kasten‹ ist, wartet man auf die Reaktionen des Publikums. Und dann beginnt man wieder zu warten usw. Wenn man arbeitet, geschieht das im Übermaß. Zehn Stunden täglich, denn alles in diesem Beruf ist Übertreibung. Was mich rettet: Wenn ich um 19.30 Uhr mit meiner Arbeit aufhöre, habe ich um 19.31 Uhr meine Rolle vergessen. Ich kehre heim, und dort finde ich Sarah, David und Daniel, wenn er nicht gerade bei mir im Atelier geblieben war.

Ich weiß, daß man nicht alles auf einmal haben kann: die große Liebe und die große Karriere. Die Einsamkeit ist wahrscheinlich die Hauptwaffe im Kampf für den Erfolg. Eine Schauspielerin sollte nur nach Rollen beurteilt werden. Über meine private Hausschwelle lasse ich keine Fotografen mehr. Über meine Arbeit gebe ich Auskunft. Das gehört zu meinem Beruf dazu.«

»Das Wort ›Star‹ habe ich immer gehaßt, vor allem das Getue und Gemache drumherum. In erster Linie bin ich eine Schauspielerin, die ihren Beruf so gut wie möglich macht, seit vielen Jahren. Genauso wie das viele andere in ihrem Beruf auch tun.
Es gibt eine Art der Berichterstattung, die ich mir nicht gefallen lasse. Und dagegen gehe ich vor. Und ich kann nur hoffen, daß alle Kollegen und jeder andere genauso hart vorgeht. Ich habe einmal gedacht, daß mich das alles nicht verletzt.
Die Stoffe, die man mir in den letzten Jahren in Deutschland angeboten hat, waren unannehmbar, haben mir einfach nicht gefallen. ›Gruppenbild mit Dame‹, da hat mir das Buch gefallen, obwohl es für mich sehr schwierig war, den Roman zu lesen. Allein der Gedanke als Legende zu leben, wäre mir unerträglich. Um es krasser zu sagen, man hat versucht, aus mir ein Stück Fleisch zu machen, das verkauft wird. Die anderen, die engagiert werden, sind die großen Künstler. Aber Frau Schneider bringt das Geld und ist zu einem Markenartikel wie Persil geworden. Dies ist oft das ganze Interesse, das man an ihr hat. In Deutschland ist seit meinem 15. Lebensjahr ein Image aufgebaut worden, das sich längst verselbständigt hat und an dem ich nicht mehr rütteln kann. Aber das hat gar nichts mehr mit mir, der Person Romy Schneider, zu tun. Ich bin eine ganz und gar europäische Schauspielerin.«

»Allein mein Berufsleben gab meiner Existenz noch einen Sinn. In drei Jahren habe ich zehn Filme gedreht. Ich wollte mich mit Arbeit betäuben. Aber seit einem Jahr habe ich wieder ein Privatleben. Ich möchte mindestens ein Jahr lang aussetzen.
Daniel ist kein Gigolo, wie die Leute immer behaupten: Er ist ein ernst zu nehmender erfolgreicher Fernsehreporter, dessen Filme über Libanon und Angola stark beachtet wurden.
Ein 29jähriger Mann, der mit mir lebt – das ist nicht sehr leicht für ihn. Und die Männer, die wie er auch a bissel Courage haben und die sich Mühe geben, nicht stur ihre Männerrolle zu spielen, die verstehe ich sehr gut.

Mißverständnisse sind nie auszuschließen. Selbst in der besten Rolle. Man sieht sich anders, als man von Regisseuren gesehen wird, und anders, als einen das Publikum sieht. Wenn eine Schauspielerin nicht mit der Rolle selbst übereinstimmt, muß sie schwindeln. Das schafft Unbehagen, das für die Darstellerin persönlich bereichernd sein kann, weil es die Auseinandersetzung mit sich selbst fordert. Es werden Dinge offenbart, die bisher ignoriert wurden. Man kämpft mit sich, gegen sich, mit der Rolle. Aber wenn dann die Übereinstimmung hergestellt ist, wenn man begriffen hat, was man spielen will, dann ist die Tatsache, eine Schauspielerin zu sein, wie ein Geschenk; das Paradies und Hölle zugleich sein kann.«

Monique Melonet, Direktorin des Internats de Sailly: Wir haben gespürt, daß David unter der Trennung litt. Trotzdem war er ausgesprochen fröhlich, höflich und liebenswert. Er ging in die dritte Klasse des Gymnasiums und war ein recht guter Schüler. Seine schwachen Fächer waren Mathematik und Latein, im Sport war er einer der besten der ganzen Schule. Und seine Mitschüler wählten David sogar zum Klassensprecher. Romy Schneider rief jede Woche einmal in der Schule an und fragte nach Davids Leistungen. Ganz gleich, wo sie gerade drehte, ganz gleich, was die Gespräche kosteten. Ostern wurde David umgeschult in ein Gymnasium in Saint-Germain-en-Laye. Er wollte während der Schulzeit bei den Großeltern Biasini leben, und Romy erfüllte ihm auch diesen Wunsch.

David in Paris, 1978

Romy Schneider, 1977

»Ruhm hat seinen Preis. Ich zahle, womit alle zahlen müssen: daß man keine Ruhe mehr hat. Daß man auf alles achten muß, was man sagt. Was man tut. Ich achte eben nicht oft genug darauf. Im Leben bin ich eine ziemlich schlechte Schauspielerin. Es gibt nur ein Leben, und ich will es leben.«

Fotograf Giancarlo Botti
Eine wunderbare Schauspielerin, sie war auch privat ganz professionell.

Premiere des Stückes »Si t'es beau, t'es bon« von Françoise Dorin am Théâtre des Arts Hébertote, mit Jean-Claude Brialy als Hauptdarsteller, Paris, 21.9.1977
Unter den Premierengästen sind u.a. Michèle Morgan, Marie Laforê, Romy Schneider und Daniel Biasini

»Solange Daniel jeden Abend zu mir zurückkommt und die Nacht mit mir verbringt, pfeif ich darauf, was er tagsüber macht. Ich liebe ihn so, wie er ist. Es geht mir auch privat so gut, daß es mir fast gleichgültig ist, was so alles über uns geschrieben wurde. Unser Zusammenleben gibt mir Sicherheit.«

Romy beglückwünscht Jean-Claude Brialy
Es war ihr erstes Auftreten in der Öffentlichkeit nach der Geburt ihrer Tochter Sarah

Jean-Claude Brialy
Wenn Romy ein Interview geben mußte, bereitete sie sich 14 Tage darauf vor. Sie konnte nicht mehr schlafen. Sie hatte Angst, etwas zu sagen, was sie später bereuen würde. Sie sagte oft: »Das sind Diebe. Sie werden mich dazu bringen, Dinge zu sagen, die ich nicht einmal denke. Sie werden mich bedrängen ...« Ihre Angst vor Journalisten grenzte an Verfolgungswahn. Sie hatte immer den Eindruck, daß jemand sie verfolgte, ihr nachspionierte ...

Cocktail-Empfang während der Dreharbeiten zum Film »Blutspur« von Terence Young im Hilton-Hotel, München, 17.11.1978

Vor dem Nachtclub Chez Regine, 15.10.1979

Linke Seite

Romy Schneider und Daniel Biasini beim Filmfestival in Cannes, 16.5.1978

Rechte Seite

Romy Schneider und Roman Polanski bei einem Empfang im »Club 78« nach der Premiere seines Films »Tess« im Kino Marignan, Paris, 29.10.1979

Beim Gala-Empfang nach der »Tess«-Premiere mit Curd Jürgens

»Ich glaube nicht, daß ich zu viel gemacht habe und den Leuten, dem Publikum zu viel zugemutet habe, damit, daß ich zu oft im Kino zu sehen bin. Eher habe ich mir selbst zu viel zugemutet.

Ich spiele, was ich fühle. Man meint oft, ein Bohemien, der die Nacht zum Tag macht, sei schon ein Künstler. Es fehlt dabei die Ernsthaftigkeit, der Boden, auf dem das Gute wächst.

Nicht die Ehe mit einem Mann kann einer Schauspielerin die Karriere zerstören, sondern die Ehe mit einem Publikum, das glaubt, es liebe einen, aber in Wirklichkeit nur an Skandalen interessiert ist. Die Publicity, die mir das einbringt, ist scheußlich und psychologisch schädlich. Aber so etwas gehört nun einmal zum Starruhm. Das Geheimnis ist, damit oder – noch besser – darüber zu leben. Leicht ist das natürlich nicht. Wie es auch nicht leicht ist, all die Nacktheit und den Sex im Film zu überleben, wenn man seine Arbeit ernst nimmt!«

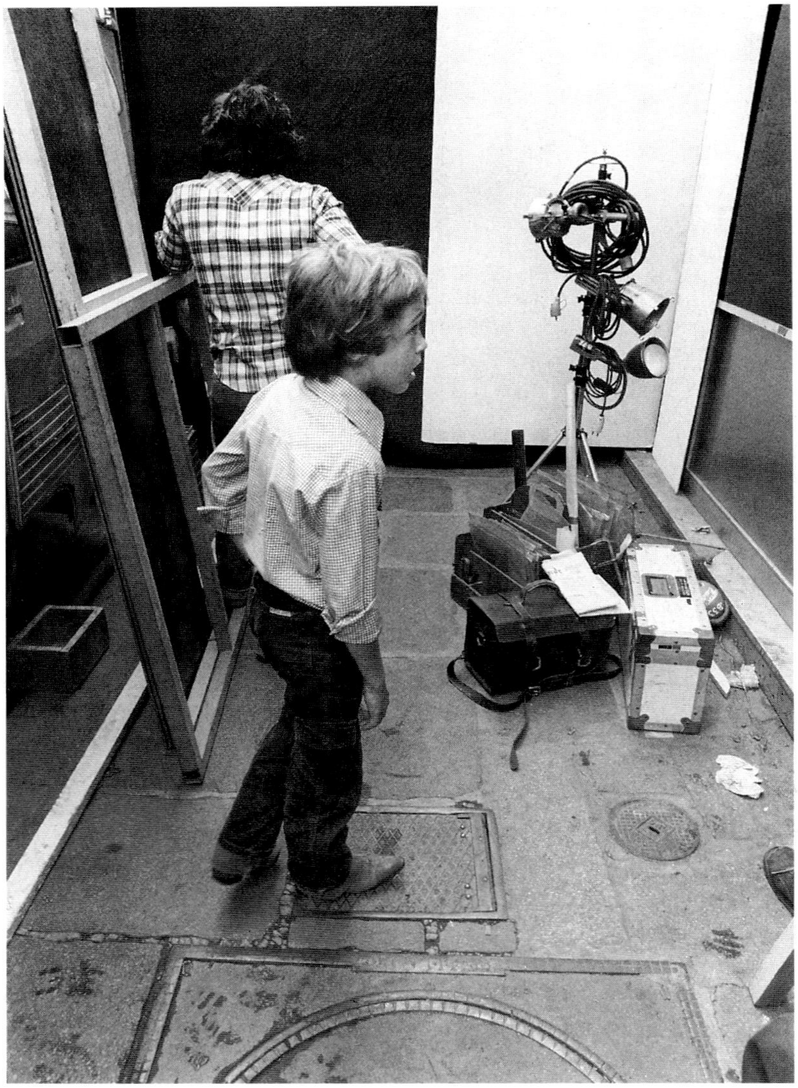

51. Eine einfache Geschichte (Une histoire simple)
1978, BRD/Frankreich
Regie: Claude Sautet
Drehbuch: Claude Sautet und Jean-Loup Dabadie
Kamera: Jean Boffety
Musik: Philippe Sarde
Produktion: Rialto Film Berlin/ Renn Productions Sara Films FR 3 Paris
Darsteller:
Romy Schneider: Marie
Bruno Cremer: Georges
Claude Brasseur: Serge
Arlette Bonnard: Gabrielle
Francine Berge: Francine
Vera Schroeder: Françoise

Romy Schneider bei Dreharbeiten zu dem Film »Eine einfache Geschichte«
Links neben ihr Claude Brasseur, rechts Regisseur Claude Sautet und ihr Sohn David

»Eine einfache Geschichte« erinnert manchmal an gewisse Geschichten von Bergman. Natürlich liebt Sautet die Frauen genauso wie Bergman, weil sie süß und gewaltig sind, weil sie freigebig und verrückt sind, und weil sie Seltenes und Geheiligtes in sich bergen. Der schönste Film Sautets. Ein großer französischer Film.
Le Monde
vom 24.11.1978

Wie soll man bei dem Niveau, das Sautet, Dabadie, Jean Boffety bei der Aufnahme, Philippe Sarde in der Musik und die Schauspieler (Romy Schneider in ihrer schönsten Rolle, in der tiefgründigsten und aktuellsten, die man einer Schauspielerin angeboten hat) erreicht haben, noch von einem Film sprechen, da es ein Werk ist, das sich mit der Wucht eines Orchesters im Herzen festsetzt?
Le Nouvel Observateur
vom 27.11.1978

Sautet beleuchtet feinfühlig, wie ein moderner Maupassant, das Leben von mehreren Frauen, schildert Einsamkeit, macht Selbstgefälligkeit und Egoismus der Männer für die Probleme der Frauen verantwortlich. Als Zuschauer spürt man etwas von der Wehmut des Drehbuchautors und Regisseurs Sautet darüber, daß die moderne Gesellschaft die Entfremdung der Menschen fördert. In Romy Schneider steht ihm in der Rolle der Marie eine Künstlerin zur Verfügung, die alle Schattierungen menschlichen Empfindens in ihren Augen, ihrem Gesicht ablesbar macht, Freude und Leid körperlich widerspiegelt. Ihre Schönheit, ihr Talent, ihre Sensibilität berühren und beglücken zugleich. »Eine einfache Geschichte« ist ein feinsinniges filmisches Plädoyer für ein gefühlvolles und sinnerfülltes Leben.
Sächsisches Tageblatt
vom 31.12.1981

Claude Sautet über Romy Schneider:
»Sie ist die Synthese aus allen Frauen.«

Romy hat im täglichen Leben etwas, das auf den ersten Blick jegliches Gemeine daraus fernhält, das sie erhöht, und das sie im selben Augenblick adelt. Möge sie nun in »Eine einfache Geschichte« lediglich vor dem Reißbrett sitzen, möge sie mit ihrer Mutter Kleider anprobieren, möge sie den wirren Bitten ihres Freundes ein ruhiges »ja« oder »nein« entgegensetzen oder möge sie durch den Telefonanruf eines Freundes eine wunderbare Neuigkeit erfahren, so wie es uns jeden Tag passieren kann, dann ist Romy einfach nicht eine Frau und auch nicht einfach Schauspielerin, sondern die Synthese aus allen Frauen.
Ihre volltönende Stimme gibt dem Leben einen anderen, einen tieferen Sinn. Dank ihrer Worte, durch geringfügigste Formulierungen. Und mit noch mehr Charme diese herrliche abweichende Prononcierung, denn sie drückt sich in einer Sprache aus, die nicht ihre Muttersprache ist. Romy Schneider: Sie ist gleichzeitig Gefühl und Spannkraft, Schrecken und Fülle; das vor allem ist ihre Macht. Eine besondere Macht: Ihr ist eine Art moralische Gier eigen, eine Gier nach moralischer Reinheit, die sie selbst ausstrahlt und die sie ins Absolute setzt.
So daß sie, wenn sie sich nach Beendigung einer schwierigen Szene ein bißchen schlecht fühlte, eine tiefe Abneigung gegen sich selbst verspürte, die offensichtlich nichts mit dem Urteil der anderen im Studio zu tun hatte. Romy ist eine Herausforderung. Und diese, zwischen ihr und mir stets genannte Nabelschnur der Leidenschaft zwingt mich zu eben dieser Herausforderung. Mit Romy bin ich niemals frei, und das ist gut so. Diese Herausforderung offenbart sich in sehr merkwürdiger Weise. Einmal kümmert sie sich um mich und bringt mich dazu, mir einen Schal oder eine Mütze zu kaufen, ein andermal bombardiert sie mich mit Worten, mit Papierschnipseln oder mit Briefen. Sie machte das schon so bei unseren vorherigen Dreharbeiten, doch war es während »Eine einfache Geschichte« ohnegleichen. Eines Morgens schob sie mir eine sorgfältig abgeschriebene Seite aus Freud zu; an einem anderen Tag war es ein Auszug aus Jean Daniels »Refuge et la Source«. Diese, während der Dreharbeiten vorgenommene Lektüre, die sowohl ein Bestandteil ihres Lebens als auch ihrer Person ist, mündet stets in dem gleichen Wunsch: wir sollten rechte Menschen sein, uns ein Beispiel nehmen und auf der Höhe der Zeit sein. Was Romy einbringt,

erhebt keinen Anspruch auf eine schauspielerische Richtung. Renoir sagt, daß die Auswahl eines Schauspielers bereits die schauspielerische Richtung bestimmt. Der Rest ist eine Sache der Disziplin. Ich, der ich kein Filmemacher um Worte und Erklärungen, sondern eher um Gefühle bin, habe vor allem einen Nerv für die Musik. Und Romy ist für mich Mozart.

Romy Schneider über Claude Sautet:
»Er ist kein Falschspieler.«

Claude Sautet und ich, wir erleben eine berufliche Liebesgeschichte: das ist sehr selten. Wir haben zueinander absolutes Vertrauen, und seit »Die Dinge des Lebens« mögen wir uns immer mehr. Ganz im stillen geschieht etwas Überwältigendes: Augenblicke, in denen unsere Blicke sich treffen, in denen ich weiß, was er möchte, und ich gebe es ihm. Ich habe mit sehr berühmten Regisseuren gedreht (Wells, Visconti, Losey ...), doch am tiefsten empfand ich das Vertrauen zu ihm und die Dinge des Lebens, die man miteinander teilt. Ich würde gern Regisseur sein, um ihn anzuleiten, um ihn zu beobachten – und er ist gewiß ein großer Schauspieler. Er ist von seinem Beruf bis zur totalen Erschöpfung begeistert, doch sehen wir uns natürlich auch außerhalb der Arbeit. Einmal sagte er während der Dreharbeiten: »Die Wirklichkeit interessiert mich nicht, ich mache einen Film.« Er war verwundet worden, und seine Antwort war Gewalt. Ich liebe Claude Sautets Gewalt, seine Gefühle, seine Freizügigkeit. Er ist kein Falschspieler. Ich möchte, daß wir uns nicht verlieren, sei es nun im Film oder außerhalb. Ich möchte, daß unsere Freundschaft so bleibt, daß sie nicht anders wird und daß auch ich nicht anders werde. Er hat mir meine Angst, meine Enttäuschungen genommen, und er hat mich die Dinge des Lebens gelehrt – er hat mir etwas über mich selbst beigebracht. Nach »Mado« sagte er zu mir: »Ich werde mit dir drehen, wenn du vierzig bist.« Und wenn ich fünfzig bin und er von mir verlangt, mich vollkommen entstellt zu präsentieren, dann werde ich es tun. Das ist eine Liebeserklärung ...

Le Nouvel Observateur vom 27.11.1978

Szenen des Films »Eine einfache Geschichte« mit Claude Brasseur und Bruno Cremer

Regisseur Claude Sautet
Ich wollte schon lange wieder Romy Schneider die Hauptrolle in einem meiner Filme geben. – Mit Jean-Loup Dabadie »Eine einfache Geschichte« zu schreiben war die Art und Weise, dieses Versäumnis nachzuholen. Wir haben länger als ein Jahr an dem Drehbuch gearbeitet, dessen Ausgangspunkt diese einfache Idee (daher vielleicht der Titel des Films) resümiert: eine Frau trennt sich von dem Mann, den sie liebt oder zu lieben glaubt. Was wird aus ihrem Leben nun werden?
In allen Filmen, die ich bis jetzt gemacht habe, wurde die Frau immer objektiv mit den Augen des Mannes gesehen. Ich hatte die Absicht, es diesmal anders zu machen. Ich behaupte nicht, von der Frau ein beispielhaftes Porträt zu entwerfen. Ich wollte einen Charakter zeichnen. Inspiriert zum großen Teil durch den wahren Charakter Romy Schneiders, mit dieser Sprödigkeit, die mich immer frappiert hat, dieser Art von Stolz im Alltäglichen, dieser Würde, die sie auf eine ganz persönliche Art und Weise zeigt. Alles wird bei ihr von innen heraus zum Ausdruck gebracht. Sie ist gleichzeitig Emotion und Spannkraft, Panik und Heiterkeit, vor allem aber besitzt sie Stärke. Sie hat eine Art von Anständigkeit, die aus ihr selbst herausstrahlt und die sie unabhängig macht.
Ich wollte um jeden Preis mit Romy drehen. Es ist eine biologische Tatsache, daß diese Frau mit vierzig Jahren schöner ist, als sie mit zwanzig war. Diese Frau, die ein wechselhaftes Leben geführt hat, erreicht jetzt diese Vollkommenheit, die sie anziehender als je zuvor macht. Ich habe niemals an jemand anderen für diese Rolle gedacht … Die Realität unserer Beziehungen ist eine tiefe Kenntnis, die auf großer Zuneigung basiert. Ich kenne sie gut, sie hat großes Vertrauen zu mir, und dadurch erweist sie sich auch für mich unwillkürlich als Anregerin.

Romy Schneider mit Bruno Cremer und Regisseur Claude Sautet bei den Dreharbeiten des Films »Eine einfache Geschichte«

Sautet und Romy Schneider, das ist ein wenig wie Marlene und Joseph von Sternberg, ein in Bronze gegossenes Paar: Regisseur und Akteur.
Paris Match
vom 11.6.1982

Romy Schneider beim Lesen des Drehbuches »Bloodline«, 25.10.1978 und mit Ben Gazzara in einer Szene des Films

»Bloodline« ist ein ernsthafter Kandidat für die Siegespalme des schlechtesten Films der letzten zehn Jahre. Audrey Hepburn scheint durch den Londoner Nebel fotografiert zu sein. Romy Schneider, Maurice Ronet und Ben Gazzara wissen offenbar nicht genau, was sie in diesem Film machen sollen. Omar Sharif und Irène Papas haben wohl immer geglaubt, daß sie einen »Marx Brothers« drehen würden, allein James Mason gibt die Ratlosigkeit zu, der das ganze Darstellerteam ausgesetzt ist.
Première vom Oktober 1979

Die Langeweile regiert üppig und vornehm: man hat beinahe Lust, bei der Firma Roffe ein Anti-Schlafmittel zu bestellen. Die Besetzung ist glänzend! Leider! Romy Schneider spöttelt herum, Ben Gazzara grinst albern und Omar Sharif stößt Beleidigungen aus.
Télérama vom 23.1.1980

52. Blutspur (Bloodline)
1979, USA/BRD
Regie: Terence Young
Drehbuch: Laird Koenig, nach dem gleichnamigen Roman von Sidney Sheldon
Kamera: Freddie Young (Eastmancolor)
Musik: Ennio Morricone
Produktion: David V. Picker und Sidney Beckerman (NF Geria III-Produktion München)
Darsteller:
Audrey Hepburn: Elizabeth Roffe
Ben Gazzara: Rhys Williams
James Mason: Sir Alec Nichols
Romy Schneider: Helene Martin
Maurice Ronet: Charles Martin
Omar Sharif: Ivo Palazzi
Gert Fröbe: Inspektor Max Hornung

Es ist vollbracht. Nachdem Romy Schneider die Rivalinnen aus der letzten Runde, Anouk Aimée, Annie Girardot und Isabelle Huppert, auf der Strecke gelassen hat, trug sie den »César« als beste Schauspielerin davon. Ich freue mich verständlicherweise sehr für sie, denn ich schätze ihre darstellerische Leistung ebenso wie Romy als Mensch: und auch wegen ihres Erfolges in »Eine einfache Geschichte« von Claude Sautet und Jean-Loup Dabadie ist sie wohl mit Recht aus der Preisträgerliste ausgewählt worden. Ich sehe sie schon vor mir, höre sie sagen: »Das kann doch nicht wahr sein, eine solche Ehre ... für mich, die ich dieser Ehre doch gar nicht würdig bin ... so viele andere kämen in Frage ... danke, vielen Dank«.
Paris Match vom 16. 2. 1979

Verleihung des César, Paris, 3. 2. 1979
Romy Schneider erhält diese hohe künstlerische Auszeichnung, die dem amerikanischen Oscar gleichkommt, als beste Darstellerin für ihre Rolle in »Eine einfache Geschichte« von Claude Sautet

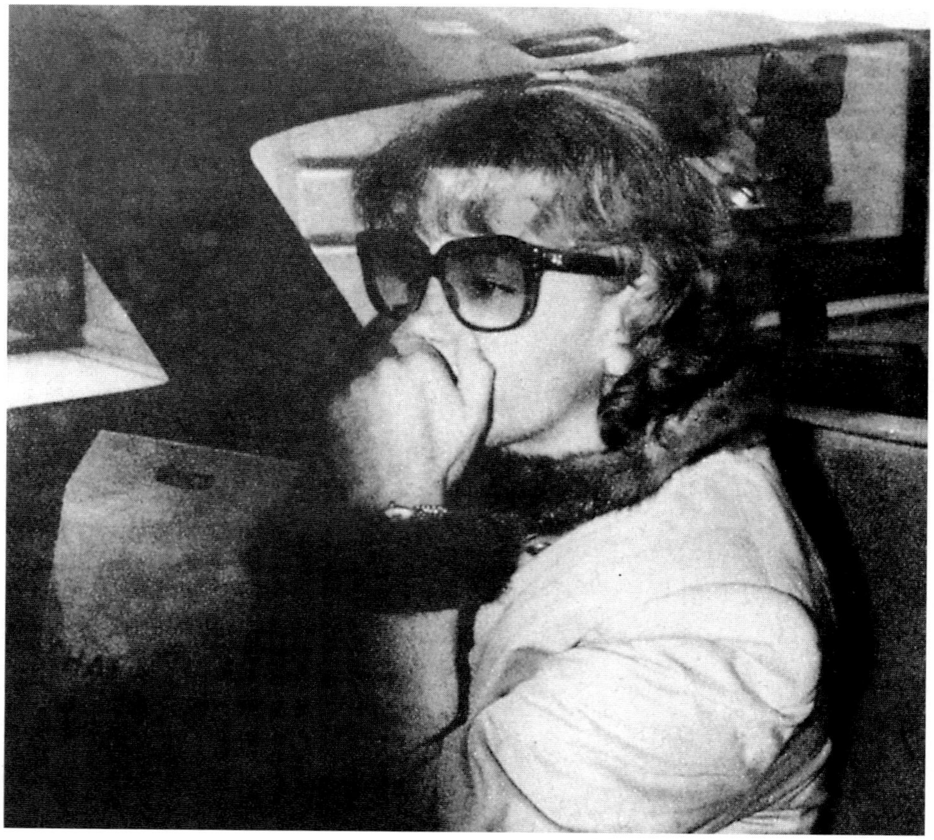

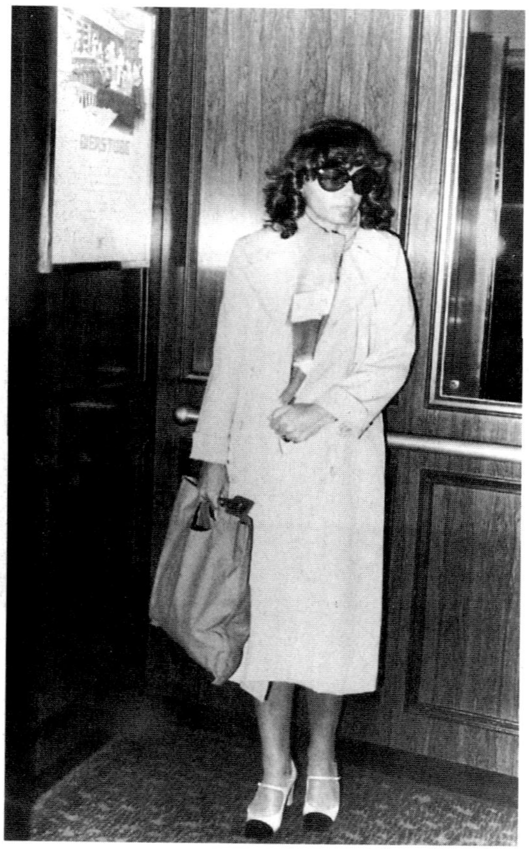

Lufthansa INFORMATION

Linke Seite

Selbstmord von Harry Meyen in Hamburg, Harvestehuder Weg 27, 15.4.1979
Romy unterbricht ihren Aufenthalt in Accapulco und fliegt nach Hamburg, als sie die Todesnachricht erhält. Harry Meyen hatte sich am Ostersonnabend nach mehrmaligen Krankenhausaufenthalten und Entziehungskuren mit einem Wollschal an der Feuerleiter neben dem Balkon seines Appartementhauses erhängt. Am 24.4. wird er auf dem Hamburger Friedhof Öjendorf beigesetzt. Harry Meyen war 54 Jahre alt.
»Daß ich nach Hamburg gekommen bin, das bin ich Harry und unserem Sohn schuldig.«

Daniel Biasini holt Romy Schneider nach der Beerdigung von Harry Meyen vom Flughafen ab, Paris, 24.4.1979

Rechte Seite

Hommage an Luchino Visconti (2.11.1906–17.3.1976) in der Pariser Oper, 28.9.1980
Romy Schneider mit Helmut Berger, Jean-Claude Brialy und Daniel Biasini

»Visconti war eine Kraft für mich. Ich war verliebt in ihn, aber ich habe damals nicht begriffen, daß er auch in mich verliebt war, auf seine Art. Jeder wußte, er ist homosexuell, und ich hielt mich dran und hätte nie gewagt, ihm zu sagen, daß ich ihn liebe. Jetzt ist es zu spät. Damals wie heute haben die Leute viel über die Beziehung zwischen Alain und Visconti geredet. Aber ich glaube, daß in dieser Beziehung nie etwas anderes zu sehen war als dies: Luchino liebte Alain, weil er in ihm das Rohmaterial zum großen Schauspieler witterte. Tyrannisch und mit einem Ausschließlichkeitsanspruch wollte er das Material formen.«

Romy Schneider und Yves Montand in »Die Liebe einer Frau«

Regisseur Constantin Costa-Gavras (rechts)

Costa-Gavras arrangierte die Geschichte einer zufälligen Begegnung zweier einsamer, unglücklicher Menschen rund um seine Hauptdarsteller. Yves Montand bleibt da nichts weiter übrig, als traurig dreinzuschauen an der Seite von Romy Schneider, die sich recht unpersönlich gibt. Eine Entwicklung haben die beiden nicht zu durchstehen, wie auch den einzelnen Figuren kein Reifeprozeß zugestanden wird. So nehmen die Charaktere letztlich wohl kaum jemanden gefangen, man kann sich vielmehr ungestört sentimentalen Gefühlen überlassen.
Tagesspiegel
vom 30.9.1979

Der Film gibt sich bedeutend und tief, und ist doch nur tränenreich und larmoyant. Dem Publikum aber kann er keine Tränen entlocken, er hat keine Kraft. Auch die immerhin glaubwürdige Romy Schneider und der hier sehr schwerblütige Yves Montand können den Film nicht retten.
Spandauer Volksblatt
vom 30.9.1979

Costa-Gavras macht es einem nicht leicht bei seiner 48-Stunden-Begegnung eines Mannes (Yves Montand), der sich aus Paris absetzen will, um seiner todkranken Frau endlich den Selbstmord zu ermöglichen, mit einer nicht weniger verzweifelten Zufallsbekanntschaft (Romy Schneider); sie hat den Unfalltod ihres Kindes nicht verwinden können, ist außerstande, Seite an Seite mit ihrem debilen Mann zu existieren. Diese fast groteske Häufung von Unglück siedelt Costa-Gavras im glatten High-Society-Milieu an.
Süddeutsche Zeitung
vom 13.2.1980

53. Die Liebe einer Frau (Clair de femme)

1979, Frankreich / Italien / BRD
Regie: Constantin Costa-Gavras
Drehbuch: Christopher Frank und Costa-Gavras nach dem Roman Clair de femme von Romain Gary
Kamera: Ricardo Aronovich (Eastmancolor)
Musik: Jean Musy
Produktion: Georges Alain Vuille (Les Films Gibe und Les Films Corona Paris / Parva Cinematografica Rom / Janus Film Frankfurt und Iduna-Film München)
Darsteller:
Romy Schneider: Lydia
Yves Montand: Michel

Regisseur Constantin Costa-Gavras
Die einzigen Probleme, mit denen ich mich in diesem Film befasse, sind die des Paares. Zu dem Zeitpunkt, wo gewisse Leute den Krieg der Geschlechter propagieren wollen, schien es mir nützlich, daran zu erinnern, daß das Schicksal des Mannes und der Frau eng verbunden bleibt und daß die Liebe schließlich der einzige Reichtum ist, der durch Verschwendung größer wird.
Die Geschichte ist die eines Mannes (Yves Montand), der gerade seine Frau verloren hat. Auf dem Sterbebett bat sie ihren Ehemann, nach ihrem Tod eine andere Frau zu suchen, die er lieben kann. Lydia – von Romy Schneider dargestellt – wird vielleicht diese zweite Frau werden ... Der Film erzählt ihre Begegnung. Die ganze Handlung spielt sich in weniger als 48 Stunden ab. Meine Hauptfiguren ignorieren die stereotypen Verhaltensweisen, die man glaubt, unter gewissen Umständen respektieren zu müssen. Dieser Film über dieses Paar ist auf aggressive Weise optimistisch.

Romy Schneider in der Rolle der Katherine Mortenhoe in »Der gekaufte Tod«
Die Dreharbeiten finden in Glasgow statt. Romy Schneider zögert nicht, die Rolle jener Frau zu spielen, die Opfer eines durch Krankheit ausgelösten körperlichen Verfalls ist

Mit Harvey Keitel (rechts)

Die Figuren bewegen sich in Glasgow: Friedhof, Wohnviertel, elende Behausungen und Ruinen (die Umkehrung der Wohlstandsgesellschaft), und in der grünen Landschaft Schottlands.
In dieser Welt der Zuschauer und der Schuldigen, der Mörder und des Todes schwankt Romy Schneider zwischen Angst, Verzweiflung und dem Wunsch, dem Schmutz zu entkommen, ihr Glück zu bewahren. Das fliehende Gesicht, das großartige Gesicht, sie bewegt sich wie eine Melodie von Verdi. Sie ist zu guter Letzt Licht und Ehrlichkeit.
Le Monde vom 25. 1. 1980

Die Flamme des Films, das ist Romy Schneider, deren Spiel, Leidenschaft und Poesie jede Analyse übersteigen. Das ist eine ganz große Künstlerin in einer ihrer schönsten Rollen.
France-Soir, 1980

Tavernier hat den richtigen Ton gefunden, seine Akteure ebenso. Wenn man aus diesem Film herauskommt, ist man nicht mehr ganz derselbe. Man hat etwas daszugewonnen. Eine Moral? Eine Philosophie? Man sagt, daß man leben muß, als wenn man nur noch zwei Monate vor sich hätte. Ein Beweis für die Wirksamkeit dieses »Thrillers« über das Spiel mit dem Tod.
Cosmopolitain
vom Februar 1980

54. Der gekaufte Tod (La mort en direct)
1979, Frankreich / BRD
Regie: Bertrand Tavernier
Drehbuch: David Rayfield und Bertrand Tavernier nach dem Roman The Continuous Catherine von David Compton
Kamera: Pierre-William Glenn (Eastmancolor-Panavision)
Musik: Antoine Duhamel
Produktion: Selta Films, Little Bear, Sara Films, Antenne 2 / Gaumont Paris / TV 13 München
Darsteller:
Romy Schneider: Katherine Mortenhoe
Harvey Keitel: Roddy

In »Death Watch« spielt Romy Schneider eine todkranke Frau, eine Schriftstellerin, die sich bei ihrer Arbeit des Computers bedient und nun selbst Opfer der modernen Technik wird. Eine utopische Geschichte, gewiß auch eine beängstigende Fabel, die die Ohnmacht des Menschen vor der Macht der elektronischen Medien und zugleich vor der mitleidlosen Neugier der Mitmenschen vermitteln möchte. Die Welt, in der sich all dies abspielt, muß notgedrungen kalt und unpersönlich wirken.
Die kranke Frau, bedrängt von einem mächtigen TV-Unternehmen, willigt schließlich ein, ihr nahes Ende von der Kamera für eine populäre Sendung beobachten zu lassen. Flucht und Verfolgung durch Glasgows Straßen zunächst und dann über Schottlands Hochebenen gehen so lange gut, wie sich die beiden als Kontrahenten gegenüberstehen. Bertrand Taverniers unaufdringlich angelegter Film wirkt vornehmlich durch die Eindringlichkeit seiner Schauplätze, der Unpersönlichkeit einer Stadt, der stillen, unberührten Schönheit einer Landschaft. Und er lebt vor allem von der schauspielerischen Eindringlichkeit seiner Protagonisten: Romy Schneider, auch sie still und unaufdringlich, vermittelt gleichermaßen die Verbundenheit mit dem Tode und die gebrochene Bereitschaft zum Leben.
Tagesspiegel vom 11.6.1982

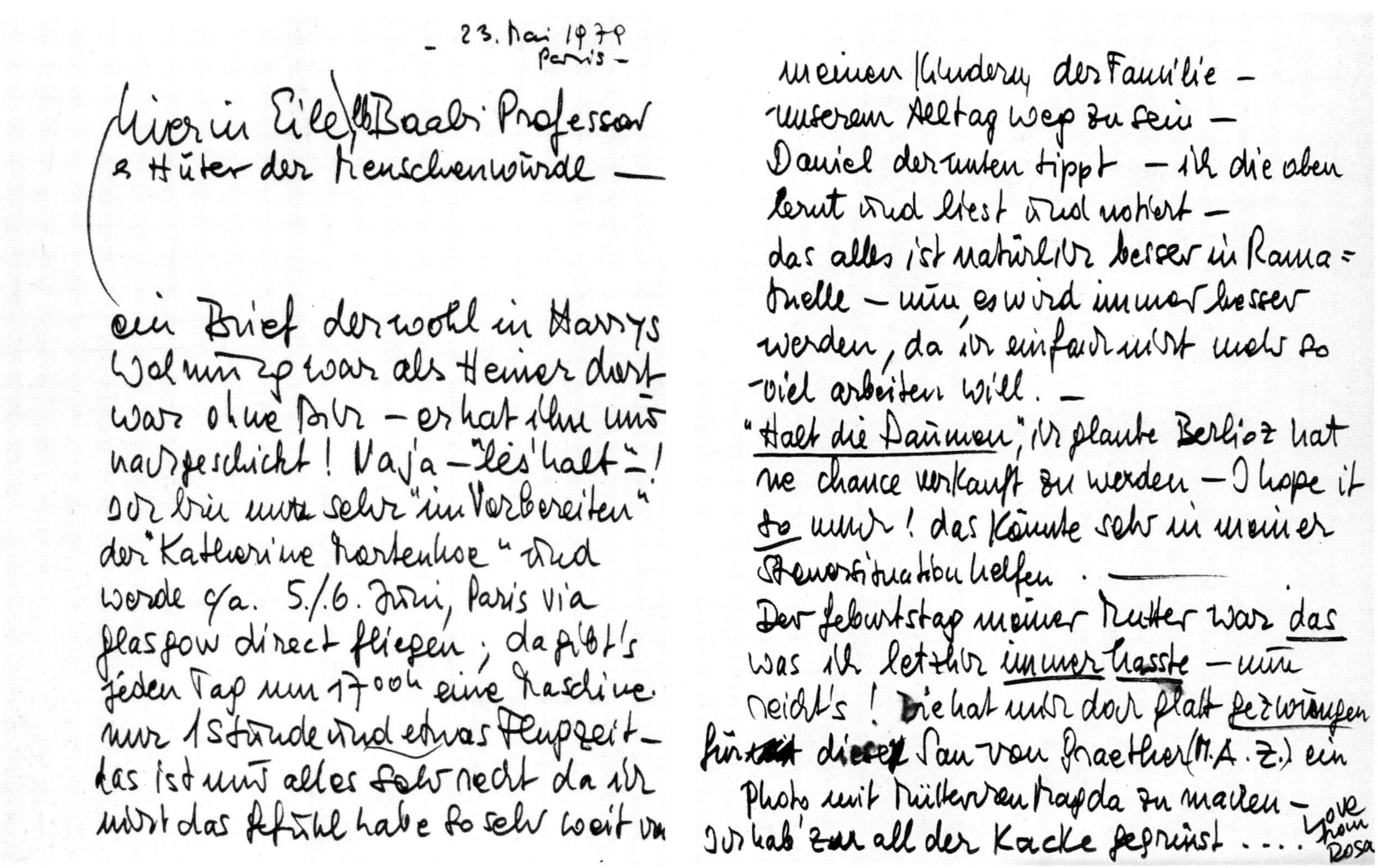

– 23. Mai 1979
Paris –

Hier in Eile (Baals') Professor & Hüter der Menschenwürde —

ein Brief der wohl in Harrys Wohnung war als Heiner dort war ohne mich – er hat ihn uns nachgeschickt! Naja – "les' halt –"! ich bin mitten sehr "im Vorbereiten" der "Katherine Mortenhoe" und werde ca. 5./6. Juni, Paris via Glasgow direct fliegen; da gibt's jeden Tag um 17⁰⁰ h eine Maschine. nur 1 Stunde und etwas Flugzeit – das ist mir alles sehr recht da ich nicht das Gefühl habe so sehr weit von meinen Kindern der Familie – unserem Alltag weg zu sein – Daniel der unten tippt – ich die oben lernt und liest und notiert – das alles ist natürlich besser in Rama-tuelle – nun, es wird immer besser werden, da ich einfach nicht mehr so viel arbeiten will. –
"Halt die Daumen", ich glaube Berlioz hat 'ne chance verkauft zu werden – I hope it so much! das könnte sehr in meiner Steuersituation helfen. ——
Der Geburtstag meiner Mutter war das was ich letzthin immer hasste – nun reicht's! Sie hat mich doch glatt gezwungen für diesen Sau von Graether (M.A.Z.) ein Photo mit Mutter und Tochter zu machen – Ich hab' zu all der Kacke gegrinst . . . Love from Rosa

Regisseur Bertrand Tavernier:
»Romy Schneider – Sie ist unser Licht.«

Lyon an einem trüben Sonntag im Januar. Ich habe gerade einen Brief von Romy Schneider wiedergefunden, den sie auf dem Flugplatz Roissy, kurz vor ihrer Ankunft in Glasgow, geschrieben hatte. »Ich werde deine Katherine sein«, schrieb sie. »Ich werde es die ganze Zeit bis zum Schluß sein, das macht mir Angst, aber ich werde es sein.«
Es stimmt, Romy, du bist Katherine auf totale Weise gewesen. Ohne Konzessionen.
»Ich werde sie ohne jegliches Mitleid, ohne jegliche Sentimentalität spielen, dafür ist sie zu stolz«, schriebst du in deinem Brief, »und ich hoffe, daß du mir helfen wirst.«
Ich weiß nicht, ob ich ihr geholfen habe, aber das Ergebnis liegt vor: vibrierend, zärtlich und aufwühlend. Wie als Lili in »Das Mädchen und der Kommissar«, als Rosalie oder als Heldin in »L'important c'est d'aimer« (Nachtblende) bist du auch als Katherine Mortenhoe mit ihrer Empörung, ihrer Gewalt und ihrer Generosität gewesen. Keine Spur von Mitleid, aber ein zutiefst emotionales und moralisches Näherkommen. Moral, das ist das Wort, das mir für das Spiel von Romy Schneider charakteristisch zu sein scheint. Als erstaunliche Tragödin erzeugt sie keine Emotion, täuscht auch keine vor, sondern holt sie von sehr tief, von sehr weit her, vergleichbar jenen gewaltigen Wellen, die das Meer in Bewegung setzen. Keinerlei Kunstgriff. Eher eine beachtliche Generosität, da sie glaubt, der Improvisation unfähig zu sein, während sie, ganz unvermittelt, eine Szene auf überraschende Weise dynamisiert, vorwärtstreibt, sie von innen heraus wiedergibt. Sie kommt sofort zum Wesentlichen. Alles, was oberflächlich und theoretisch ist, verschwindet von selbst.
Dieses poetische, umfassende Spiel scheint mir musikalische Vergleiche herauszufordern. Claude Sautet spricht im Hinblick auf Romy von Mozart. Ich möchte eher Mahler oder Verdi nennen: In einem dieser seltenen Augenblicke am Ende eines harten Arbeitstages während der Dreharbeiten erklärte mein Toningenieur, ein richtiger Pfiffikus, zu Romy gewandt, daß die Akteure wie die Bergarbeiter unter Tage wären. Sie befinden sich allein im Finstern, sie sind sehr tief und müssen Kohle heraufholen. Das ist eine anstrengende Arbeit. Um sie herum ist Nacht, das Licht scheint weit entfernt zu sein. Und ich kann dir kein schöneres Kompliment machen als mit einem Satz von Cocteau, der auf dich voll und ganz zutrifft: »Kunst heißt, das Geheimnis ins volle Licht rücken.«
Paris Match vom 1. 2. 1980

Brief Romy Schneiders an Christiane Höllger (die sie oft scherzhaft Professor Baabi nannte) vom 23.5.1979 aus Paris über die Vorbereitung zur Rolle der Kathrine Mortenhoe in »Der gekaufte Tod« unter der Regie von Bertrand Tavernier

Romy Schneider mit Regisseur Bertrand Tavernier und Harvey Keitel

Regisseur Bertrand Tavernier
Romy ist eine wahre Tragödin; sie täuscht keine Gefühle vor, sondern macht sie sich auf eine unerhört moralische Art zu eigen. Sie ist ein Mensch, der sich einfach »erlöst«, dessen Reichweite erst weit jenseits der Realität endet.
Ich sehe keine andere Darstellerin, die die Rolle der Katherine hätte verkörpern können. Allein die europäischen Schauspielerinnen verfügen über eine solche dramatische Tiefe. Es gibt bei Romy etwas Metaphysisches, das man bei Jane Fonda oder den anderen Amerikanerinnen nicht antrifft.
Romy hat mir viel beigebracht. Sie hat eine ergreifende, entschiedene, sehr stolze Art, an die Dinge heranzugehen, ohne sich selbst zu bemitleiden. Ihr ist es zu danken, daß die Figur nicht zu weinerlich oder zu psychologisch wird. Ich habe niemals jemanden derartig rückhaltlos, physisch wie moralisch bis zum Äußersten gehend, spielen sehen.
Harvey Keitel übt seinen Beruf wie Brando und Dean nach der Methode von Actor's Studio aus; er bringt sich in Form, arbeitet die Figur sorgfältig aus und improvisiert dann. Romy gibt sich demgegenüber bereits von der ersten Aufnahme an voll ihrer Rolle hin und stürzt sich furchtlos hinein …

55. Die Bankiersfrau (La Banquière)
1980, Frankreich
Regie: Francis Girod
Drehbuch: Georges Conchon
Kamera: Bernard Zitzerman (Farbe)
Musik: Ennio Morricone
Produktion: FR 3 und Société Française de Production Paris
Darsteller:
Romy Schneider: Emma Eckhert
Jean-Louis Trintignant: Horace Vannister
Jean-Claude Brialy: Paul Cisterne
Claude Brasseur: Largué

Georges Conchon, Drehbuchautor des Films »Die Bankiersfrau«

Wenn man sie fragt: »Was deprimiert Sie?«, antwortet Romy entschlossen und frei heraus: »Ich selbst.« Auf die Frage: »Was entspannt Sie?«, antwortet sie weniger spontan: »In der Stille sein, weit weg vom Beruf und ich selbst sein, wirklich ich selbst.«
Hier also ein eklatanter Widerspruch zwischen einem »Ich«, das ein Feind, und einem anderen »Ich«, das ein Freund ist. Welches ist das wahre? Welches das falsche? Beide sind wahr. Wer immer mit ihr und für sie gearbeitet hat, weiß, daß das eine wie das andere wahr ist. Sie sind wie ihre beiden Pole. Unvereinbar, aber unlösbar miteinander verbunden, ein fortwährendes, unruhiges Oszillieren. Ich meinerseits kenne keine Frau (und schon gar keinen Mann), die eine solche Fähigkeit besitzt, ununterbrochen und oft im gleichen Augenblick, sie selbst und ihr Gegenteil zu sein wie Feuer und Wasser. Romy liebt sich (möchte sich lieben), und mit dem gleichen Elan verabscheut sie sich (verträgt sich schlecht mit sich selbst). Aber kaum hat man sie kennengelernt, springt es einem sofort in die Augen, daß sie »doppelt« ist, aber auf natürliche Weise »doppelt«.
Hier ein Beispiel: Sie sprechen gerade. Sie hört ganz aufmerksam zu, hängt an Ihren Lippen mit der Miene einer Schülerin. Ein echtes Bemühen, die Sorge, daß ihr nichts entgeht. Plötzlich strahlt ihr Gesicht vor Freude, vor einer Freude, die Ihnen ganz unangebracht zu sein scheint, angesichts dessen, was Sie soeben gesagt haben. Aber nur kurze Zeit später, vielleicht nur nach einer Minute, drückt dieser Blick nicht weniger unzutreffende Niedergeschlagenheit aus. Was haben Sie doch gesagt? Was wollten Sie gerade sagen? Suchen Sie nicht, es hat gar nichts damit zu tun, es kommt aus ihr selbst heraus.
»Romy, das ist eine ›Zickzacklinie‹«, pflegt Piccoli zu verkünden. »Zickzacklinie« ist sehr zutreffend. Man fragt sich, wie sie diesen ständigen Wechsel von Hitze und Kälte aushält.
Zum ersten Mal begegnete ich ihr bei mir zu Hause. Ich erwartete einen Star. Aber da kam eine ganz unauffällige Person mit Regenmantel, Jeans und Kopftuch. Als sie das Kopftuch abnahm, sah ich das Gesicht, die Backenknochen und die wunderschönen Augen. Ich erkannte alles, ohne das Ganze zu kennen. Es war ein offenes Gesicht, das sich ungekünstelt, völlig ungeschminkt darbot, ja mehr noch, mit einer provozierenden Bescheidenheit, als ob sie bis in die Kleidung einkalkuliert hätte, was am meisten zu ihrem Nachteil ausgelegt werden könnte. Sie hat mich niemals wieder so verblüfft und geblendet. Es war, wie ich heute weiß, ihre Art und Weise, mir zu sagen: »Alles, was ich von dir weiß, ist, daß du eine Rolle geschrieben hast, die mir gefällt. Hier bin ich. Sieh mich an, das ist die Person. Beginnen wir nun? Bist du einverstanden?« Sie! Das ist wie ein Geschenk an mich. So ist Romy nun einmal, geradezu. Als ich sie noch nicht kannte, hatte ich einmal gehört, wie jemand ihre »bäuerliche« Seite rühmte. Das stimmt beinahe. Ein Mädchen vom Lande kauft nicht die Katze im Sack, aber ein einmal gegebenes Wort wird nicht zurückgenommen. Auch nicht das Vertrauen. Demgegenüber hat sie auch Mißtrauen, von dem nichts sie abzubringen vermag. Man muß jedoch gerechterweise hinzufügen, daß das erste, das entscheidendste Mißtrauen zweifellos das ist, das sie gegen sich selbst hegt.
Mehr als daß *sie* sich liebt (kommt es vor, daß sie sich wirklich liebt?), ist sie darauf bedacht, daß *man* sie liebt. Ich will damit sagen, daß diejenigen sie lieben, deren Urteil für sie etwas zählt, die nicht nur die wunderbare Schauspielerin, die große Schneider lieben, sondern die kleine gute Frau, die fühlt ganz unten zu sein, ihr kleines wahres »Ich«. Sie erweckt immer den Anschein, als ob sie sich zu viele Fragen nach diesem »Ich« stellt. Daher auch dieses Aufleuchten einer fast kindlichen Freude bei einem Wort, das ihr bestätigt, daß man sie wirklich liebt. Weshalb gerade dieses Wort und nicht ein anderes? Man weiß es nicht. Sie aber weiß es. Weshalb bei einem anderen Wort diese Zurückhaltung, diese Vorbehalte. Sie weiß sofort, daß man sie nicht um ihrer selbst willen liebt. Sie hat die Täuschung erkannt. Instinkt. Unruhe. Zickzacklinie. Dann, weil sie von Natur aus gut ist, kommt sie lachend zurück. Verlegen. Sich selbst schlecht

behandelnd. Und so geht es weiter, immer weiter.

Ja, es gibt unendlich viele Nuancen im Regenbogen à la Romy Schneider. »Ich weiß, wie sehr sie das Wohlbefinden braucht, um dem Schöpferischen nahezukommen«, hat Piccoli, ganz richtig, einmal geschrieben, aber ich glaube, »Wohlbefinden« ist zu wenig. Sie braucht es, geliebt zu werden, geliebt wie die kleine Schwester, die Tochter, der Liebling. Sogar über das hinaus, was sie glaubt zu verdienen. Ich habe das niemals besser begriffen, als in ihrem Verhalten zu Brialy, den sie seit zwanzig Jahren kennt und dessen sie sicher ist. Eines Tages, bei den Dreharbeiten zur »Bankiersfrau«, sah ich, daß sie ziemlich mißgestimmt war. Da kam Jean-Claude. Sie lief ihm entgegen, er rief: »Rominette.« Er hob sie hoch, warf sie in die Luft, sie hüpfte vor Freude. Da, wo Romy Schneider eben noch deprimiert war, ist Rominette wieder ganz obenauf. Ganz sicher aber wirft Romy Schneider von fern einen beträchtlichen Schatten auf Rominette, den Liebling!

»Romy Schneider weiß nicht, wer sie ist«, hat Regisseur Francis Girod einmal mit seiner ganzen Vorliebe für das Paradoxe geäußert, und das ist zuviel. Sie weiß es nicht nur, sondern es ist gerade ihr Kreuz, daß sie es weiß. Vielleicht ganz einfach, weil sie Romy Schneider nicht gut genug findet. Ich habe niemals gesehen, daß sie völlig mit sich selbst zufrieden war. Vor einer Kamera handelt es sich für sie nicht darum, Romy Schneider zu gleichen, was das Mindeste sein würde, es geht darum, sie zu überwinden, auszulöschen, ja sie zu vernichten. Es handelt sich darum, sie zu zwingen höher hinaus zu gehen, unendlich viel höher, als man glaubt und als sie selbst glaubt gehen zu können, sie immer wieder an das Hindernis zurückzubringen, bis es passiert oder zerstört wird.

Wenn man sie nach der Eigenschaft fragt, die sie bei einem Mann sucht, antwortet sie ohne zu zögern: »Was ich von einem Mann verlan-

ge? Daß er stärker ist als ich.« Den ziemlich anstrengenden Mann (Visconti), den ziemlich herrschsüchtigen (Welles) oder den ziemlich verrückten (Zulawski) zu finden, um ihr zu helfen, am besten dieses sich zufriedengebende »Sternchen«, diese »dumme« Person, die Romy Schneider ist, zu überwinden. Sie hat unter Visconti gelitten, wie nur sie allein es hätte sagen können. Sie fordert es von neuem. Es ist die gleiche Logik: sich am besten hassen. Den anderen hassen, in dem Maße wie stark er ist und wie er meint, dich zu hassen. Den anderen hassen, weil er die Latte zu hoch legt. Oder nicht hoch genug.
Eine letzte Frage: »Welche Schauspielerin fasziniert Sie?« Antwort: »Katherine Hepburn«. Erstaunt Sie das? Dann sehen Sie sich Sissis Rundungen an. Daher die Sehnsucht nach etwas Knochigerem, auf göttliche Weise Knochigerem im Weltfilm. Ihr eigenes Gegenteil zu werden. Selbst wenn die Latte da ein wenig hoch liegt, wenn man aber »das Gesicht hat, das man verdient«, liefert das von Romy diesen recht überzeugenden Beweis, der wirklich von innen heraus kommt. Ein garantiertes Verdienst.
Paris Match vom 5.9.1980

Romy Schneider
Mich fasziniert diese Frau. Sie verachtete Geld und half den Armen. Und sie verachtete alle, für die Geld zum Götzen wurde. Marthe Hanau und ich haben eine Menge gemeinsam.

Regisseur Francis Girod
Die schillernde Persönlichkeit Marthe Hanau kann nur eine Romy Schneider verkörpern. Nur Romy Schneider hat das Format für eine solche Rolle.

Romy Schneider in »Die Bankiersfrau«
(Vorhergehende Seiten)

Der Film schildert den Aufstieg und Tod der Bankpräsidentin Emma Eckhert und entstand nach dem authentischen Fall der Marthe Hanau, der Chefin einer Bank im Paris zwischen den Kriegen, die Luxus, Liebe und Macht genoß

Dreharbeiten zu »Die Bankiersfrau«

Angeregt (doch nur angeregt) von der Marthe Hanau verdreht die Bankiersfrau auf ihrem Weg aller Welt den Kopf und verbringt die verrückten Jahre mit Wiedergutmachungen. Die ironische Regieführung von Girod und die frechen Dialoge von Conchon heben die Wirkung der einmalig schönen Romy Schneider. Im Smoking, mit Schlapphut, mit Turban und Federn bevorteilt sie die kleinen Sparkontoinhaber und widersetzt sich der Macht. Sie wird ihren Mut teuer bezahlen.
Le Nouvel Observateur vom 30.8.1980

Da haben wir nun die große Idee des Films: die Metamorphose von Marthe Hanau in Emma Eckhert, verkörpert von Romy Schneider. Flammende, souveräne, erobernde Amazone, voller Autorität, übermäßig elegant, mit Zerbrechlichkeit im Herzen. Der Auftritt einer so schönen Frau hebt das Geschehen auf die Ebene der Tragödie. Ein Erfolg, weil dieser Film vom Anfang bis zum Ende intelligent und leidenschaftlich ist.
Télé-7-Jours, 1980

Es ist bedauerlich, daß man in der »Bankiersfrau« nicht das findet, was man am meisten erwartet hatte: den poetischen Gedankenflug einer Gesellschaft, die auf einem Vulkan tanzt und die nicht weiß, daß sie zehn Jahre später aufgehört haben wird, zu existieren. Romy Schneider, glänzend wie gewöhnlich, bringt ein wenig von ihrem Ruhm in den Film ein. Dieser Film wird aber nichts zu ihrem Ruhm beitragen ...
Figaro-Magazine vom 6.9.1980

Francis Girod hat offenbar nur der prächtige Vordergrund gelockt: Wohlstand, wohin man auch blickt, schöne Gewänder und schöne Menschen, ob sie nun edel- oder hartherzig sein mögen. Und alles dreht sich, mehr oder minder, um Romy Schneider, die in den Szenen ihres Aufstiegs und ihrer Liebe zu schönen Frauen reizvoll wirkt, in den Episoden ihres Abstiegs jedoch eine große Ähnlichkeit mit der bekannten Romy Schneider an den Tag legt.
Ihr zur Seite Jean-Louis Trintignant, Jean-Claude Brialy und Claude Brasseur – eine große Besetzung in einem Film der großen Gesten und großen Töne.
Tagesspiegel
vom 3.4.1981

Girod nutzt seine Stars – neben der Schneider und Trintignant spielen noch Jean-Claude Brialy, Claude Brasseur, Jacques Fabri und Marie-France Pisier – für eine schöne Modenschau vor dem üppigen bis dekadenten Hintergrund der irren Zwanziger. »Wenn man dreißig wird, liebt man sich bloß noch in Seide«, verrät Romy einmal, und dementsprechend schmeichelnd ist ihre Ausstattung. Es geht abwechselnd korrupt, rührselig und gefühlig zu, es wird großartig gestorben, und die Musik vom Western-Spezialisten Ennio Morricone setzt rechtzeitig Akzente, wenn's bedeutend wird.
Volksblatt Berlin
vom 4.4.1981

Das ist genau das richtige Stilmittel: kein aufgebauschtes Drama, sondern eine tragikomische Salonkomödie mit Demi-Monde-Touch. Selten sah man Romy Schneider so gelöst, so diszipliniert – sie beherrscht, man staune, auch das feingestimmte Kammerspiel. Exquisite schauspielerische Leistungen auch in den anderen Fächern: Jean-Louis Trintignant, Marie-France Pisier, Jean-Claude Brialy und Claude Brasseur.
Die Welt vom 4.4.1981

56. Das Verhör (Garde à vue)
1981, Frankreich
Regie: Claude Miller
Drehbuch: Claude Miller, Michel Andiard und Jean Herman nach dem Roman Brain Wash von John Wainwright
Kamera: Bruno Nuytten (Farbe)
Musik: Georg Delerue
Produktion: Les Films Ariane / TF 1 Films Paris
Darsteller:
Lino Ventura: Inspektor Antoine Gallien
Michel Serrault: Notar Jèrôme Martinaud
Romy Schneider: Chantal Martinaud

Regisseur Claude Miller
Romy ist wie eine Modelliermasse. Von einer vorgegebenen Richtung aus vollbringt sie eine echte sportliche Leistung. Wenn sie der Einstellung sicher ist, dann vermittelt sie dieses sehr persönliche Vibrieren, diese magische Ausstrahlung, die man in ihren Rollen spürt.

Claude Miller hat da ein Meisterwerk realisiert. Er hat dabei ein ausgezeichnetes Drehbuch von einem Michel Audiard auf dem Gipfel seines Talentes und in jeder Hinsicht perfekte Akteure zur Verfügung: neben Ventura und Serrault wird man nicht sobald die unheimliche Darstellung der unwirklichen, unheilvollen Romy Schneider vergessen. Der Regisseur führt die Handlung mit niemals billig wirkender Virtuosität und hält uns dabei anderthalb Stunden in Atem ...
Hat man eigentlich verstanden, daß Miller ein kraftvolles und interessantes Werk gelungen ist? Ist es nicht erstaunlich, wenn Ventura zufrieden ist und wir mit ihm, wenn Michel Serrault eine äußerst persönliche Note zu dem Stil hinzufügt, den die besten Schauspieler kreieren, und wenn Romy Schneider zwei Szenen genügen, uns mehr zu erschüttern, als es die volle Aufführungsdauer mehrerer anderer Filme vermag ...
Figaro-Magazine, 1981

Serrault ist immer für eine Überraschung gut. Und Romy Schneider ist mörderisch mit ihrer tödlichen Aussage. Kein Aufbäumen in der Stimme. Aber was für eine Stimme! Auch das ist Faszination.
Pariscop vom 23.9.1981

Romy Schneider und Lino Ventura in dem Film »Das Verhör«

In ihrer natürlichen Menschlichkeit gebrochene Existenzen schildern zwei Versionen verfehlten Zusammenlebens. Michel Serrault als Notar bewegt sich dabei zwischen listigem Wortspiel, nervöser Angst und selbst Vulgarismen nicht scheuendem Protest. Romy Schneider als dessen Frau läßt in ihrer distinguierten Zurückhaltung kalten Haß erkennen, wo ehemals sensibler Charme ausstrahlte. Lino Ventura als hartnäckig an der Aufklärung des Verbrechens interessierter Inspektor setzt dem die Ohnmacht des moralisch integren Beamten entgegen, dessen Arbeit gefragt ist, dessen Meinung freilich nichts zählt.
Neue Zeit vom 1.9.1983

Rechte Seite

Romy Schneider und Marcello Mastroianni in »Die zwei Gesichter einer Frau«

Marcello Mastroianni, bewundernswert durch sein frisches Spiel, seine innere Spannung, bewegt sich wie ein Seiltänzer, ohne zu balancieren, über der unsichtbaren Grenze zwischen den zwei Welten. Romy Schneider, als wäre sie ungeschminkt und von Krankheit und Leid gutartig verunstaltet, komponiert mit erstaunlichem Talent die von Leid gezeichnete Anna aus dem Bus und aus der tragischen Gasse. Dann wieder strahlt sie mit ihrer vollkommenen Schönheit das Bild einer wilden Liebe, eines Jugendtraums, der die sichere Welt ins Schwanken bringt.
Le Monde vom 30.4.1981

57. Die zwei Gesichter einer Frau (Fantasma d'amore)
1981, Italien
Regie: Dino Risi
Kamera: Tomino Delli Colli (Farbe)
Produzenten: Pio Angeletti,
Adriano de Micheli (International Dean Films und C. A. M. Rom)
Darsteller:
Romy Schneider: Anna
Marcello Mastroianni: Nino
Eva Maria Meineke: Teresa

Regisseur Dino Risi
Romy ist »Spitze«, sie zeigt etwas, was die anderen Schauspielerinnen nicht zeigen: ihre private Sensibilität. Sie gehört zu den Schauspielerinnen, die ihre Rolle mit allen Poren leben. Hier ist die Figur der Anna an der Grenze des Realen. Romy besitzt von Natur aus etwas Irreales, das schwer im Leben zu fassen ist. In ihrer Lebensweise ist etwas Gespenstisches, als ob sie von einem anderen Planeten kommt. Das ist eine der Komponenten ihres Charmes.

Maskenbildner Michel Daruelle
Wenn man jemandem Runzeln beibringen, seinem Gesicht den Eindruck von echten Runzeln verleihen soll, muß man sie direkt auf der Haut ziehen und das ist sehr unangenehm. Das Verfahren dauert einen ganzen Tag. Romy mußte unter einer Plastik bleiben, die ihre Haut »zerknitterte«. Als man ihr die Maske abnahm, blieben die Falten. Aber Romy hat sich diesem Prozeß mit Geduld unterzogen, für sie war es ein einmaliges Erlebnis als Schauspielerin.

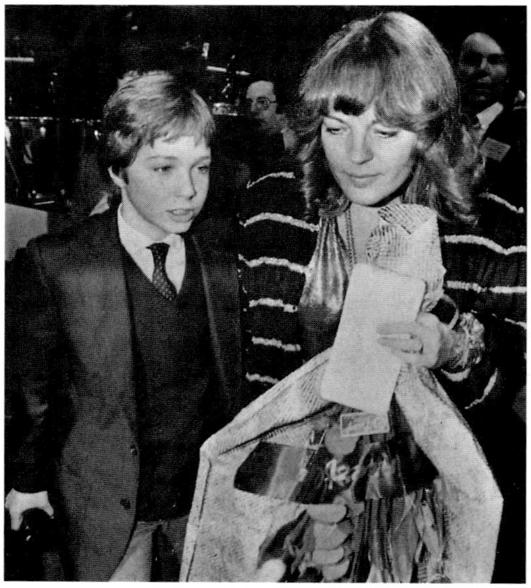

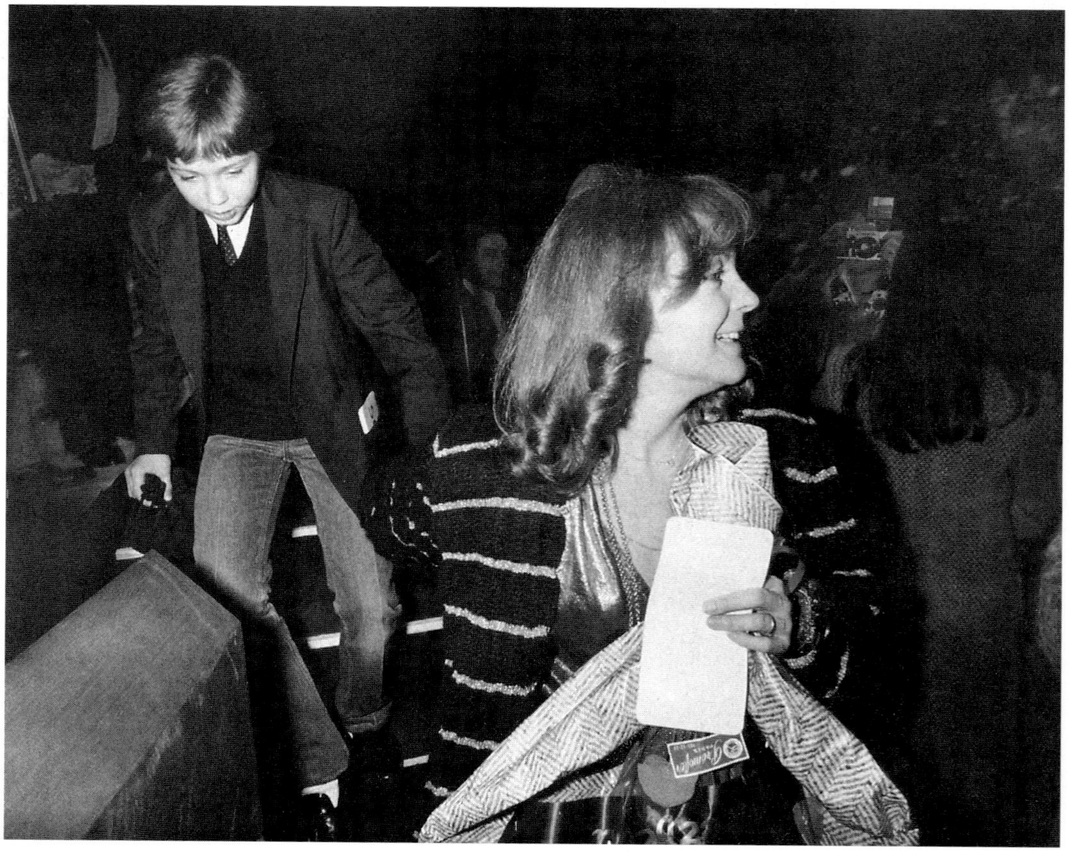

Die Verleihung des César im Palais des Congres, Paris 31.1.1981

Romy Schneider mit ihrem Sohn David
(linke Seite)

Mit Catherine Deneuve und Yves Montand
(rechte Seite)

Glückwünsche von Philippe Noiret
(unten rechts)

NOVAK
François
TRUFFAUT

Linke Seite

Roman Polanski erhält den César, Paris, 2.2.1980

Les Rendezvous du Dimanche, Paris, 19.9.1980
Michel Drucker präsentiert bekannte Stars: Romy Schneider mit Gilbert Bécaud und John Travolta

Rechte Seite

David, 1981
Für David, der Daniel Biasini seit seinem 7. Lebensjahr kannte und akzeptierte, ist es besonders schmerzlich, als dieser die Familie verläßt. Hatte er sich doch nach dem Tod seines Vaters Harry Meyen, bei dem er jährlich einige Zeit in Deutschland verbrachte, enger an ihn angeschlossen
Der vierzehnjährige David weist Laurent Petin, einen Produktionsleiter, den Romy Schneider während der Dreharbeiten des Films »Die Frau am Fenster« kennengelernt hat, als Eindringling zurück. David bleibt bei Biasinis Eltern, die er als seine Großeltern betrachtet, und ist seiner Mutter gram, weil sie so schnell einen neuen Lebensgefährten gefunden hat.

Romy Schneider verläßt Paris zum Kuraufenthalt nach Quiberon, 19.3.1981
Nach einiger Zeit der Trennung von Daniel Biasini glaubt Romy Schneider nicht mehr an den Sinn dieser Gemeinschaft. Im Februar 1981 sucht sie um die Scheidung nach.
»Es ist genug. Das ist keine Ehe mehr. Immer habe ich mein Geld in Männer investiert. Jetzt zeigt es sich: Es hat sich alles nicht gelohnt.«

AIR INTER

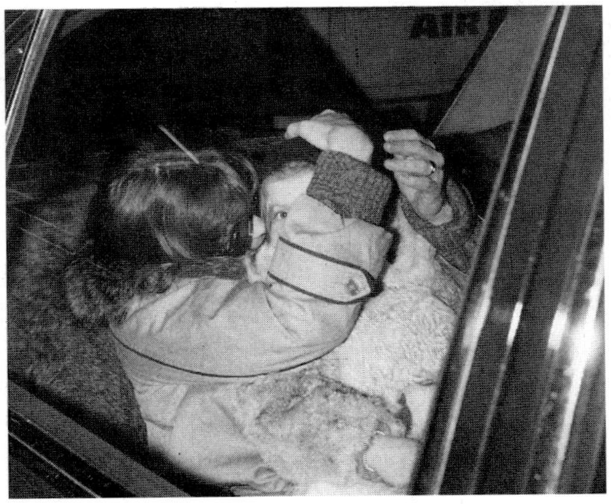

Romy mit Sarah nach der Trennung von Daniel Biasini, 1981

Daniel Biasini
Ein Fluidum, Wellen von Wärme und Wohligkeit, aber manchmal auch Kälte und innere Unruhe. Eines Tages entschließen sich Romy und ich, uns zu trennen. Sarah ist erst drei Jahre alt und beginnt ihre ersten Schritte in eine feindliche Welt hineinzugehen, die voller Tischkanten und rutschiger Treppenstufen ist. Es gibt auch die großen Augenblicke, wenn ihre hübsche Mamma mit einem Lächeln, ganz rosig und in eine Parfümwolke gehüllt, plötzlich nach einem Tag, einer Stunde, einer Ewigkeit wieder auftaucht. Da sind auch die Großeltern in Saint-Germain, und da ist ihr Bruder, der sie etwas von oben herab mit seinen zehn Jahren einfängt. Bedingt durch Romys Abwesenheit wegen ihres Berufes hatte Sarah unter dem Fehlen ihrer Mutter zu leiden. Ihre nächste Umgebung war noch in Ordnung, aber bestimmt macht sich dieses Fehlen auf lange Sicht bemerkbar. Sie wohnt in Paris in der großen Wohnung. Sie hat ihr Zimmer für sich, an der Wand hängen Fotos. Unbekümmert sucht sie sich ihre Sachen selbst aus und stolziert in den Stöckelschuhen ihrer Mutter einher. Sie weint ein bißchen, wenn Romy geht, erzählt am Telefon ihr kleines Leben, wenn sie von zu Hause weg ist, und rennt, wenn sie beladen mit Koffern und Geschenken zurückkommt. Bis zu jenem Tag ...

Meine Begegnung mit Romy geht nur sie und mich etwas an. Es ist eine persönliche Erinnerung, die ich niemandem ausliefern möchte. Was unser gemeinsames Leben betrifft, so ist es das gleiche wie das aller Ehepaare gewesen, die Kinder haben – mit Freuden, Tränen und Lachen.
Wenn man sich entschließt, ein Kind zu haben,

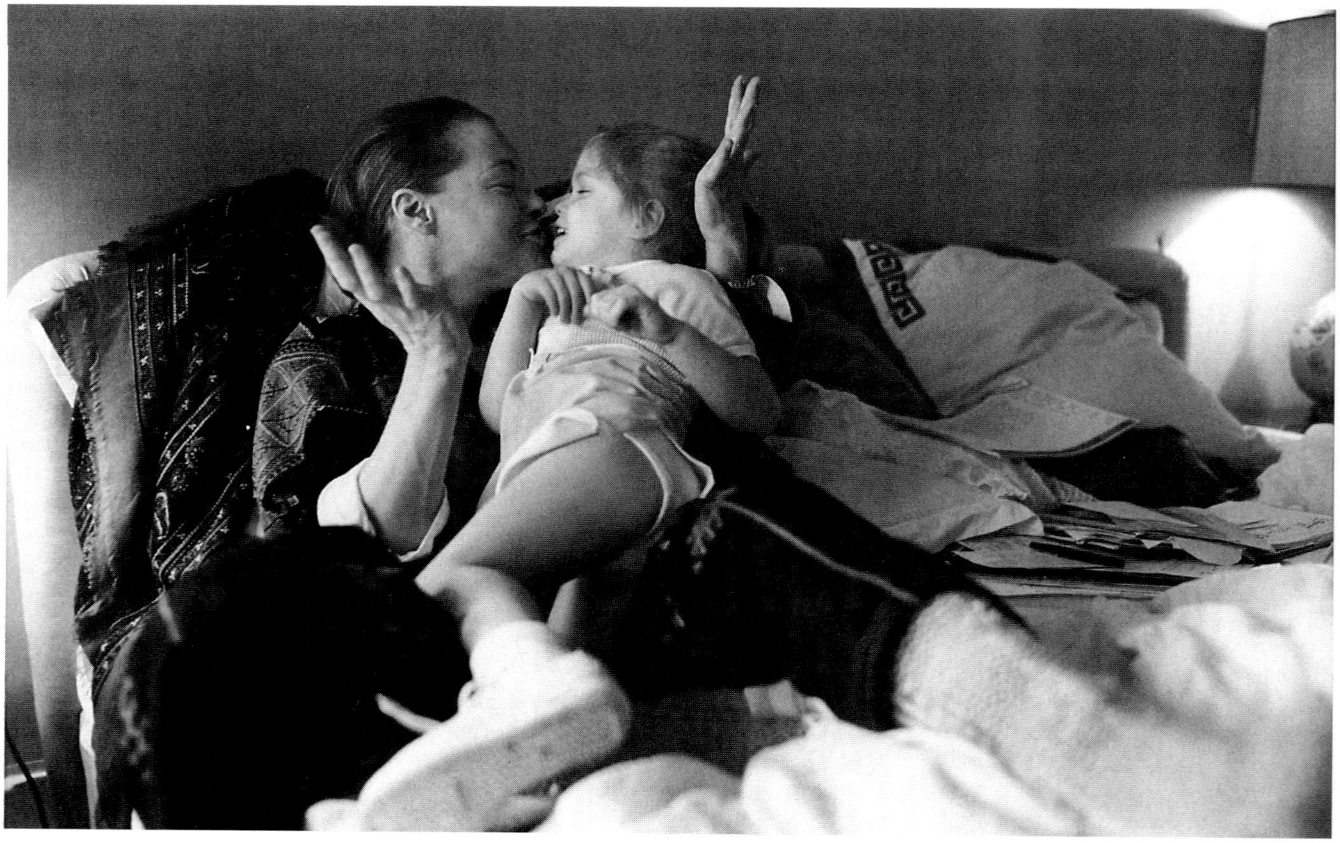

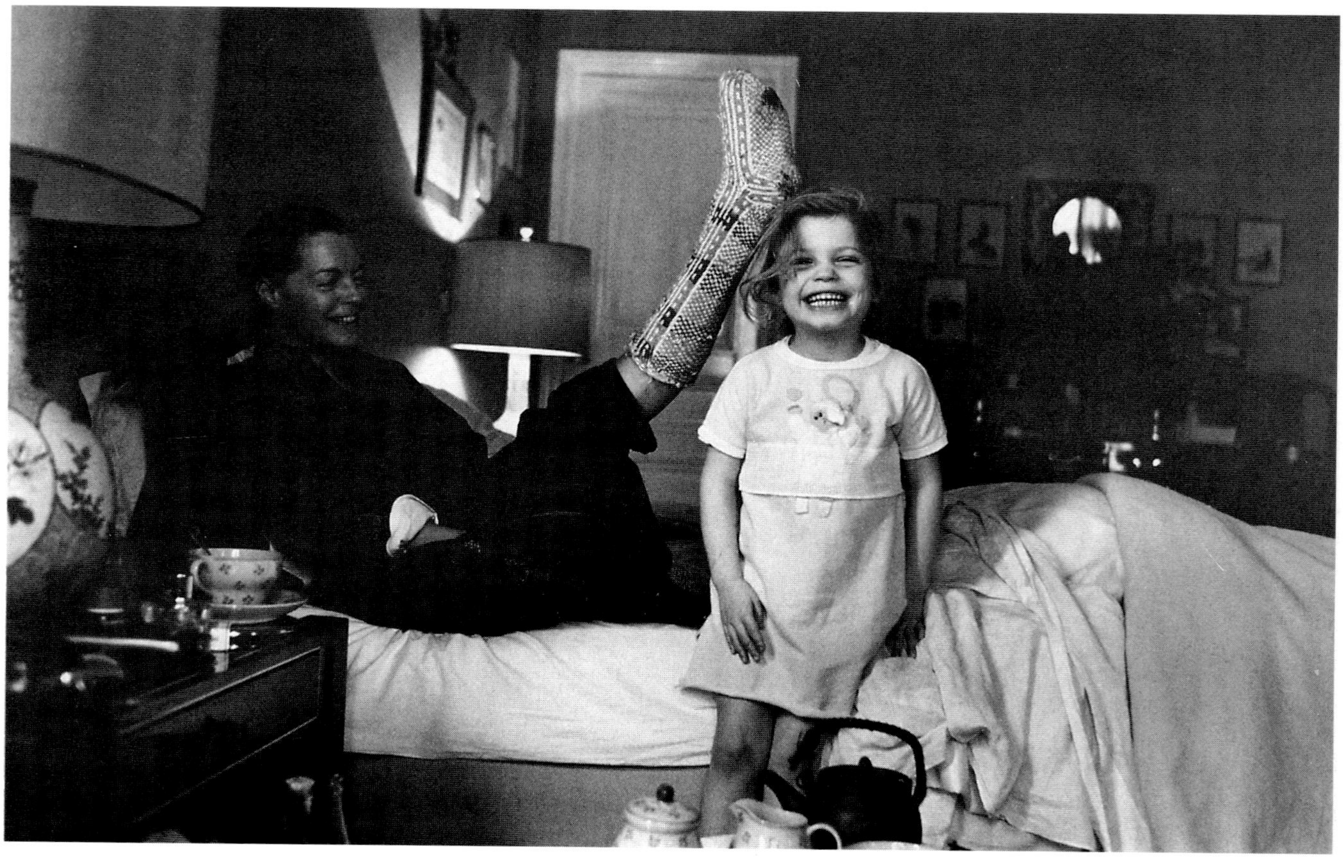

so muß dem ja ein gewisses Glück zugrunde liegen. Ich habe es eifersüchtig gehütet. Ich habe David immer wie meinen Sohn betrachtet, und wir alle drei wollten Sarah, die am 21. Juli 1977 geboren wurde. Ich habe acht Jahre mit Romy gelebt, und man kann nicht acht Jahre mit jemandem leben, wenn da nicht etwas Stärkeres ist als nur eine banale Sentimentalität. Da ich italienischer Abstammung bin, habe ich immer eine sehr enge Bindung an die Familie gehabt. Unsere glücklichsten Augenblicke waren immer die einfachsten am Rande des Swimmingpools oder am gemeinsamen Familientisch. Ich war Reporter und mußte nach Rhodesien, Angola, den Libanon und Paraguay reisen. Nach der Geburt von Sarah habe ich nicht mehr Reportagen in so entfernten Ländern gemacht. Ich mußte auch mit den Kindern allein bleiben, wenn die Mutter einen Film drehte; sie wiederum blieb, wenn ich abwesend war.

Es gab nicht einen Grund für die Trennung, sondern vielmehr eine Reihe von kleinen Problemen. Und wir beschlossen, uns nach Jahren des Glückes zu trennen, weil wir gemeinsam zu der Erkenntnis gekommen waren, daß ein weiteres Zusammenleben nur zu einem Konfliktzustand führen würde, der letztlich in einer Kraftprobe geendet hätte. Wir hatten in der Tat die Absicht, uns wie Erwachsene zu benehmen. Als wir uns trennten, hatte ich beschlossen, nach Los Angeles überzusiedeln, aber ich bin zurückgekommen, weil es Romy nicht gut ging. Es war während der Dreharbeiten zu »Garde à vue« (Das Verhör) Ende März 1981. Ich hatte für sie eine zärtliche Liebe bewahrt, und bei ihr war es wohl fast ebenso. Ich mußte in einem sehr schweren Augenblick bei ihr sein. Das schien mir die natürlichste Sache der Welt zu sein.

Paris Match vom 29.10.1982

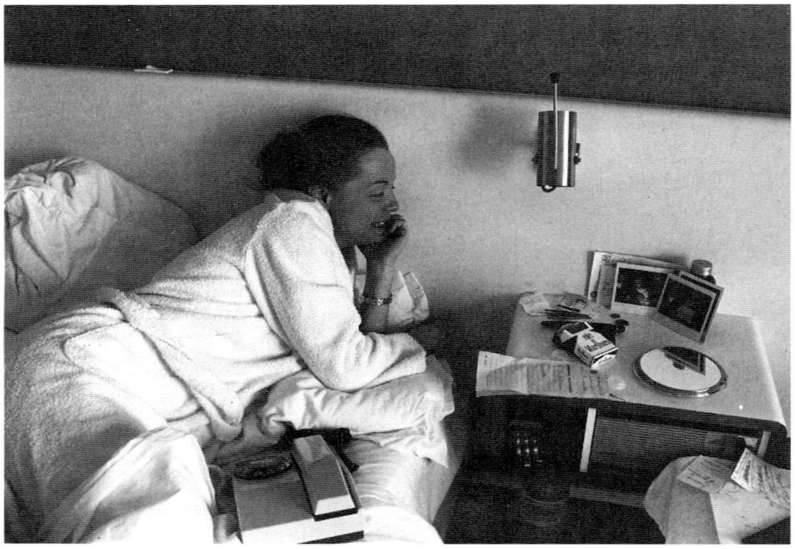

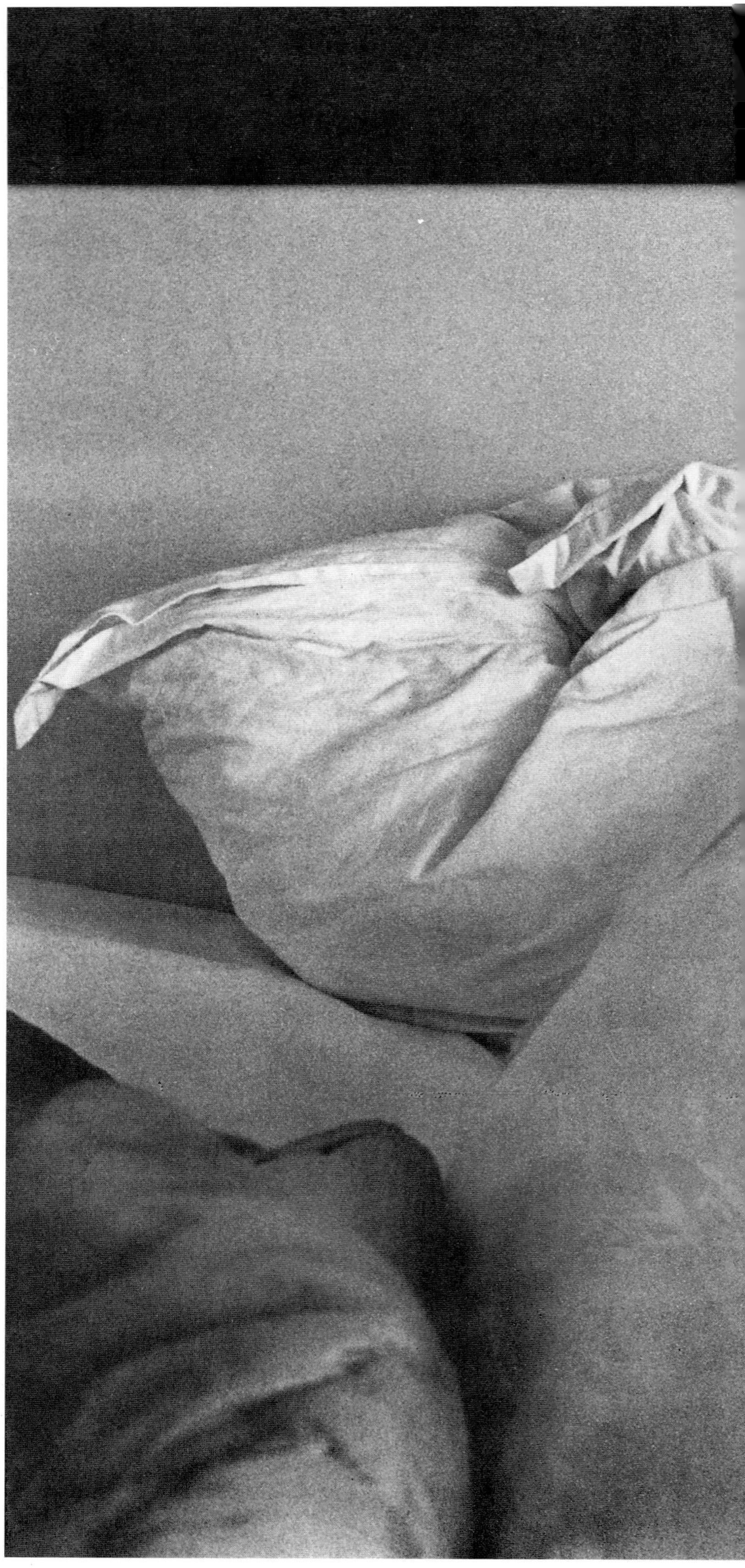

In der Hafenkneipe trat plötzlich ein bretonischer Fischer an den Tisch. Seine Augen leuchteten, als er zu Romy Schneider sagte: »Vous êtes Sissi, n'est-ce pas« (Sie sind doch Sissi, oder?). Romys Mine erstarrte. Ihre Antwort: »Nein, ich bin Romy Schneider.« Der Champagner löste die Verkrampfung. Schließlich tanzte sie mit dem Fischer in der leeren Kneipe – nicht zum Kaiserwalzer, sondern zu »Help« von den Beatles.

»Ich hasse dieses Sissi-Image. Was gebe ich den Leuten schon, außer immer wieder Sissi, Sissi? Ich bin doch längst nicht mehr Sissi, ich war das auch nie. Ich bin eine unglückliche Frau von zweiundvierzig Jahren und heiße Romy Schneider.
Alle drei Sissi-Filme liefen hier dreimal im Fernsehen. Mein Sohn David hat gesagt, Mamma sei mir nicht böse, aber ich möchte lieber im anderen Programm den Western sehen. Nur meine kleine Tochter hat sich alles angeschaut.
Alles, was ich gelernt habe, habe ich durch den Film gelernt, mal mehr mal weniger. Aber das hätte alles sehr viel besser laufen können in meinem Leben ... Ich wollte leben, aber gleichzeitig wollte ich Filme drehen, denn ich liebte meinen Beruf. Aus diesem inneren Widerspruch habe ich nie herausfinden können. Ich suchte jemand, mit dem ich mich einschließen und leben könnte. Mit jemanden leben und weniger arbeiten, nicht soviel filmen, aber ich hab's nie geschafft. Deshalb geht es mir manchmal eben beschissen.
Man muß mit irgend jemand reden, wenn man down ist, das ist ganz egoistisch. Man versucht, nicht zusammenzuklappen. Ich versuch mich zu wehren, ich muß das lernen. Ich werde mein Kind behalten, und ich lasse mir nicht mehr weh tun. Das hängt damit zusammen, daß ich mein Leben nun endlich leben will, falls das noch geht.
Ich mag mich nicht mehr sehen. Was gebe ich den Leuten schon außer Sissi, immer wieder Sissi ... Dieses Jahr muß ich noch drehen, dann könnte ich mal Pause machen, ich muß endlich zu mir selbst finden.

Im Moment bin ich zu kaputt, um mich richtig zu wehren ...«
Stern vom 23.4.1981

Romy Schneider im Seebad Quiberon in der Bretagne, April 1981
(diese und vorhergehende Seiten)

Der Aufenthalt im Kurhotel Quiberon, wohin sie sich geflüchtet hat, ist begleitet von Depressionen, Angstzuständen und starken körperlichen Schmerzen. Seelische Bedrückung lassen sie immer wieder zu Alkohol und Tabletten greifen. Beim Sprung von einem Felsen am Strand bricht sie sich den linken Fuß. Mit Gipsverband kehrt sie nach Paris zurück

Nach diesem Aufenthalt in Quiberon wird ihr am 23. Mai 1981 im amerikanischen Hospital in Paris-Neuilly in einer vierstündigen Operation die rechte Niere entfernt, die von einem Tumor durchwachsen war. Sie hat eine 25 cm lange Narbe und erholt sich nur langsam. Die Dreharbeiten des Films »Die Spaziergängerin von Sanssouci« müssen verschoben werden

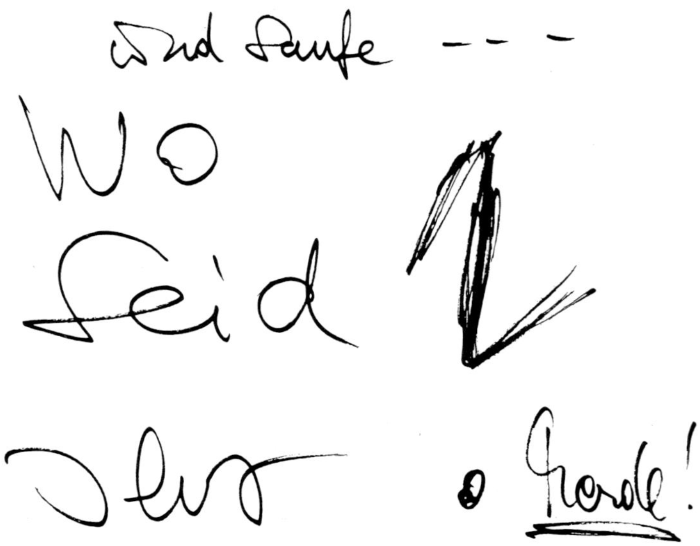

»Zu meinem vierzehnjährigen Sohn David habe ich eine sehr tiefe Bindung aus Liebe und Achtung. Für mich ist er ein herrlicher Gefährte. Er begeistert sich für meinen Beruf, und er scheut sich nicht, mir Ratschläge zu geben oder mein Französisch zu verbessern, wenn ich in der Aufregung einer Szene über einen Vokal zu stolpern drohe. Möglicherweise will auch er Schauspieler oder Regisseur werden, doch ist im Augenblick seine einzige Sorge das Tennis. Er nervt mich gerade mit einem Trainingslager. Und er hat recht, ich mag es, wenn er so enthusiastisch ist.
Mein Gott, wie gut es tut, wieder zu arbeiten. Ich glaube, heute hatte ich einige gute Momente. Ich bin glücklich, überhaupt nicht müde. Im August werde ich nach Berlin fahren, um mit Michel Piccoli einen Film zu drehen. Ich muß mich noch einige Zeit ausruhen. Ich werde keinem sagen, wohin ich fahre, denn ich möchte mich wirklich ausruhen.«
Paris Match vom 10.7.1981

Letztes Beisammensein von Romy Schneider mit ihrem Sohn David im Pariser Studio von Boulogne-Billancourt, 24. Juni 1981
Nach ihrer Entlassung aus dem Hospital beginnt Romy mit der Nachsynchronisation des Films »Das Verhör«. David ist von ihrer Arbeit begeistert, am Studiobüfett schmieden sie Pläne für die Ferien. Nicole Mery, die anwesende Deutschlehrerin Davids, erzählt:
Sie waren sehr zärtlich zueinander, sehr, sehr innig. David hat Romy Ratschläge zur richtigen Aussprache einiger Wörter gegeben: »Du darfst nicht ›sports d'hiver‹ sagen, du mußt es ›sports d'hivaire‹ aussprechen.« Und Romy hat es genau so ausgesprochen, wie David es wollte. Danach sind wir in die Cafeteria gegangen. Jemand hat Fotos gemacht, doch das hat sie nicht gestört. Es war ein sehr liebevolles Versöhnungstreffen.

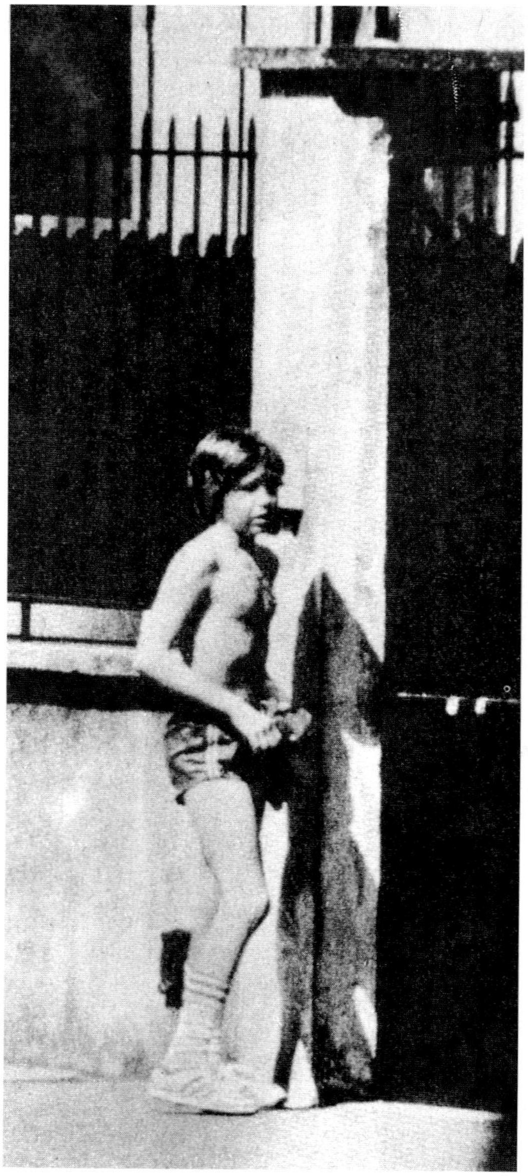

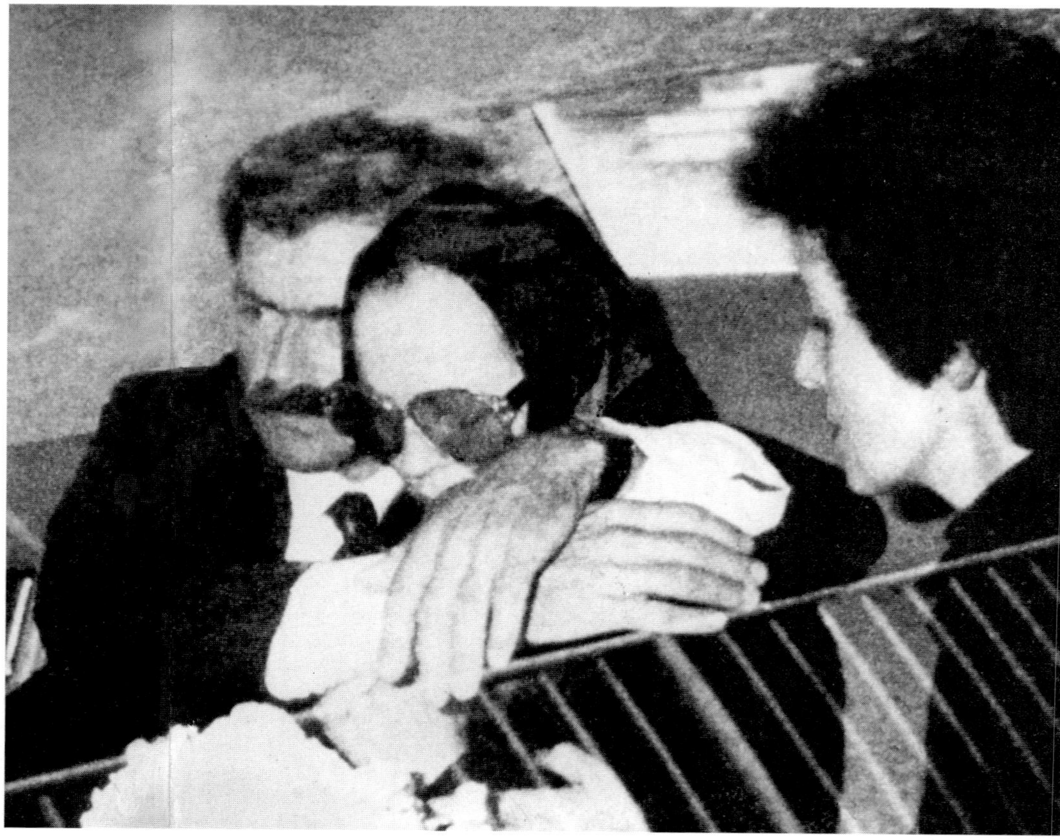

Der Tod Davids, 5. Juli 1981
David verbringt den Sonntag bei den Großeltern Biasini in der Rue Lorraine im Pariser Vorort Saint-Germain-en-Laye. Er kommt am Nachmittag nach Hause. Das zwei Meter hohe Tor ist verschlossen, und er klettert auf die Mauer, um über das Gitter zu springen. Er rutscht ab und stürzt in die schmiedeeisernen Spieße. Sie durchbohren seinen Unterleib. Im Centre Hospitalier stirbt er noch am gleichen Abend an den Folgen der tödlichen Verletzungen.
David war 14 Jahre alt.

»Warum trifft das alles mich?«

»David ist alles, was ich liebe.«

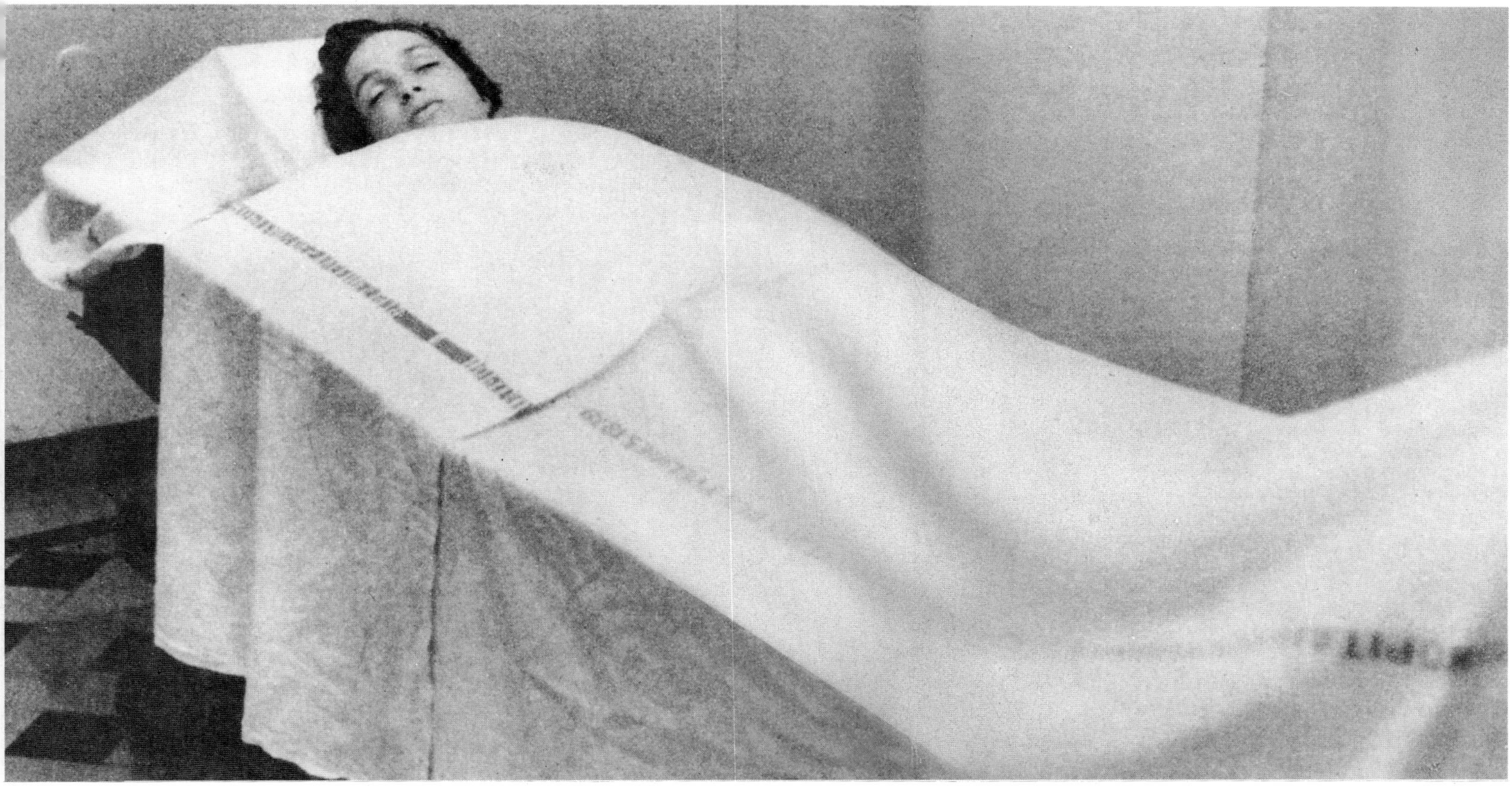

Ich habe den Vater begraben –
Ich habe den Sohn begraben –
ich habe sie beide nie verlassen
Und sie mich auch nicht

Beerdigung Davids auf dem Friedhof Saint-Germain-en-Laye, 7. Juli 1981
Von den nächsten Angehörigen sind Romys Bruder Dr. Wolfdieter Albach und seine Frau Alba anwesend, zur Beisetzung kommt Alain Delon

Es war an einem Julisonntag. Er hieß David. Eine der Nachbarinnen erzählte uns, daß er immer Abscheu vor Gewalt und Tod in den Zeitungen und im Fernsehen hatte. Er wollte leben. Und alle Kinder sind von diesem unbekannten Reich, das uns erwartet, viel beeindruckter, als man glaubt: dabei ist es unwichtig, ob man es »ewige Nacht« oder »ewiges Licht« nennt. Und wir, die Zeugen sind es auch. Romy Schneider, was sollen wir Ihnen sagen – Sie werden sich fragen, wie die Erde sich noch drehen kann, warum die Sonne nicht erlischt. Und alles, was wir Ihnen sagen können, das sind Worte, Worte, und nochmals Worte.
Paris Match
vom 17.7.1981

Woher kommt diese Kraft, die mir hilft weiterzuleben?

Ihr letztes Interview war für »Paris Match«. Romy hat insgesamt nur sechs in ihrer Laufbahn gewährt. Um ihr das Stichwort zu geben, hatte sie Michel Drucker ausgewählt, der ihr Vertrauen besaß. Es war zehn Monate nach dem tragischen Tod ihres Sohnes David, in dem Augenblick, als ihr Film »Die Spaziergängerin von Sanssouci« herauskam. David hatte das Drehbuch gelesen. Für ihn, so sagt sie zu Drucker, hatte sie den Film gedreht. Ihr letztes Bekenntnis war noch ein Liebesbeweis.

Michel Drucker: Als vor zehn Monaten Ihr Sohn David auf tragische Weise ums Leben kam, habe ich Ihren Schmerz mitempfunden. Ich fragte mich, ob ich an Ihrer Stelle diesen Beruf hätte weiter ausüben können. Haben Sie es akzeptiert, mit Jacques Rouffio zu drehen, weil, wie die Amerikaner sagen, »The Show must go on«?
Romy Schneider: Ich möchte lieber sagen »Life must go on« (Das Leben muß weitergehen). Sicherlich gibt es Augenblicke, wo man Lust hat, den Vorhang fallen zu lassen und nichts mehr mit diesem Beruf zu tun zu haben. Aber ich habe Verantwortungen. Ich bin nicht allein. Daher muß das Leben weitergehen. Ich werde meine Arbeit so gut wie möglich fortsetzen. Es muß weitergehen, man kann nicht stehenbleiben. Man kann einen Augenblick lang nachdenken, aber dann muß man weitermachen. Stehenbleiben ist für mich nicht möglich.
Michel Drucker: Wenn man ein solches Drama erlebt hat und eine Person des öffentlichen Lebens ist, kann der Tod eines Kindes nicht geheim bleiben. Dieser Kummer wird an Millionen von Menschen geliefert, die ins Kino gehen und sich seit Jahren an eine Schauspielerin klammern. Wie reagiert man auf diese Prüfung?
Romy Schneider: Die Empörung richtet sich gegen das Unglück, und sie wird ein Leben lang bleiben. Wenn das Publikum sich voller Mitleid interessiert, mildert das nicht den Schmerz.
Michel Drucker: In welcher Gemütsverfassung wirkt eine Schauspielerin in einem Film mit, in dem sie mit Gestalten konfrontiert wird, die sie an ihren Schmerz erinnern? In »Die Spaziergängerin ...« gibt es einen kleinen Jungen, Max, und einige Szenen haben mich besonders berührt. Ich habe mich gefragt, wie Sie damals drehen konnten, als das Drama erst kurz zuvor geschehen war. War das müh-

samer als alle bisherigen Interpretationen? Haben Sie zu Rouffio gesagt: »Es geht los?«
Romy Schneider: Der Drehbeginn war verschoben worden, weil ich operiert worden war. Aber ich war bereit, sofort nach der Genehmigung des Arztes mit der Arbeit zu beginnen. Vielleicht war ich auch müde, aber die Arbeit gibt mir physische und moralische Kraft. Was nun die für mich schmerzvollen Szenen mit dem kleinen Max betrifft, so hat mir Rouffio da großartig geholfen.
Michel Drucker: War das Sujet vielleicht sehr schwierig?
Romy Schneider: Ich wollte immer diese »Spaziergängerin ...« spielen. Bei einer Schauspielerin gibt es die Arbeit und das Leben. Man vermengt nichts. Bei mir ist da eine Kraft – ich weiß nicht, woher sie kommt – aber sie ist nun einmal da. Ich wußte, daß es schmerzhafte Momente geben würde, nicht nur wegen einiger Sequenzen, sondern weil mein Beruf sehr hart ist. Meine wirklichen Freunde, zu denen ich Vertrauen haben kann, haben zu mir gesagt: »Das Beste für dich ist, daß du arbeiten kannst.« Sogar Simone Signoret hat mir telefonisch diesen Rat gegeben. Nicht etwa, daß ich so arbeiten will wie früher, als ich jährlich drei Filme auf Kosten meines Privatlebens drehte. Das will ich nicht mehr. Aber ich brauche diese Angst, die mich im Atelier erfaßt. Sie ist stimulierend. Man stürzt sich in die Arbeit, weil man es tun muß, und es hilft auch ein wenig zu vergessen.
Michel Drucker: Gab es nicht auf der anderen Seite des Rheines eine Art von Eifersucht angesichts einer Schauspielerin deutscher Sprache, die nach Frankreich gegangen ist?
Romy Schneider: Ich meine ja. Aber ich gehöre ihnen nicht, weil ich drei »Sissi« interpretiert habe. Ich habe ein Land gewählt, das mich vor langer Zeit mit offenen Armen aufgenommen hat und in dem ich viel Glück erfahren habe.
Michel Drucker: Hätte Ihre Familie, etwa Ihre Mutter, vielleicht gewünscht, daß Sie bleiben?
Romy Schneider: Zweifellos. Meine Mutter hat in über sechzig Filmen mitgewirkt, bevor sie sich zurückzog. Meine Großmutter väterlicherseits hat noch mit 80 Theater gespielt. Ich möchte nicht so wie sie arbeiten und auch nicht 105 Jahre alt werden.
Michel Drucker: Ich möchte mit Ihnen noch über den Film von Rouffio sprechen. Wann haben Sie das Buch vom Kessel gelesen?
Romy Schneider: Das ist sehr lange her. Auf jeden Fall lange vor den Dreharbeiten zu »Eine einfache Geschichte«. Denn während der Aufnahmen zu diesem Film hat Madeleine Robinson zu mir über das Buch gesprochen: »Die Spaziergängerin von Sanssouci wäre eine wundervolle Rolle für Sie. Ich bin zu alt, um sie zu spielen.« Ich kannte das Buch. Der Gedanke ging mir im Kopf herum. Als ich den Roman zum ersten Mal gelesen hatte, schien es mir nicht klar, daß man ihn verfilmen könnte. Aber das Sujet hat mich niemals verlassen, wie bestimmte andere Dinge im Leben mich niemals verlassen werden.
Michel Drucker: Die Handlung der »Spaziergängerin ...« spielt in Nazideutschland und in den achtziger Jahren. Diese Geschichte, die zu den traurigsten unserer Epoche zählt, hat wirklich ihre Empfindsamkeit sehr stark belastet. Wenn Sie persönliche Gründe haben, werden Sie sicher daran gedacht haben?
Romy Schneider: Natürlich. Wie so viele andere war der Vater meines Sohnes im Alter von 19 Jahren deportiert worden. Das sind Tatsachen, die man nicht vergißt.
Michel Drucker: Sie sind 1938 in Wien geboren. Welche Erinnerungen haben Sie an diese Zeit?
Romy Schneider: Sehr wenige. Ich war ein Kind. Meine Eltern trennten sich, als wir noch klein waren. Wir waren nicht direkt betroffen. Ich erinnere mich noch, daß Mama am Weihnachtsabend geweint hat, weil sie mit uns allein war. Aber der Film bezieht sich gleichermaßen auf die heutige Zeit, wenn man an die Erde denkt, die sich eher zum Schlechten dreht.
Michel Drucker: Elsa Wiener hat viele Gemeinsamkeiten mit Ihnen. Zweifellos ist das einer der Gründe, weshalb Sie sich immer für die Rolle dieser Frau interessiert haben? Verheiratet mit einem deportierten Verleger, flieht sie aus Deutschland und flüchtet nach Paris, wo sie den kleinen Jungen in Obhut nimmt. Diese Deutsche flieht nach Frankreich, um ihr Leben zu retten. Sie muß viele Jahre auf die Befreiung ihres Ehemannes warten. Um das zu erreichen, ist sie bereit, jedes Opfer zu bringen. Meines Wissens haben Sie hier zum ersten Mal einen politischen Film gedreht. Haben Sie ihn akzeptiert, um Ihre Denkweise zum Ausdruck zu bringen?
Romy Schneider: Ja. Das ganze Team empfand für diesen Film eine unbändige Leidenschaft. Das gegenseitige Verständnis während der Dreharbeiten war einfach phantastisch. Das ist nicht immer der Fall.
Michel Drucker: Erinnern Sie sich, ob Sie als junges Mädchen Leute gekannt haben, die unter dem Antisemitismus litten?
Romy Schneider: Nein. Ich war noch nicht erwachsen, ich hatte nicht genug darüber nachgedacht, ich hatte es nicht verstanden. Aber seitdem hat es Ereignisse gegeben, die mich sehr berührt haben und die mir zeigten, daß sich in Wahrheit nichts geändert hat.
Michel Drucker: Es ist ein ernstes Sujet, auch heute noch. Haben Sie mit David darüber gesprochen?
Romy Schneider: David hatte das Drehbuch gelesen. Er sagte mir, daß es ihm gefallen habe. Aber er konnte nicht alles verstehen, obwohl er für sein Alter sehr reif war. Er wollte einfach, daß ich diesen Film drehe.
Michel Drucker: Warum wollten Sie gerne unter Jacques Rouffio spielen?
Romy Schneider: Weil ich alle seine Filme bewundert habe. Was er sagte und die Art und Weise, wie er sprach, überzeugten mich vollkommen. Das ist ziemlich selten. Ich wollte seit langem mit ihm arbeiten. Später sind wir, er, seine Familie und ich, Freunde geworden. Ich konnte sie anrufen, besuchen, mit ihnen über alles sprechen.
Michel Drucker: Zu Beginn der Dreharbeiten war Ihr Unglück noch ganz nahe. Meinen Sie, daß Rouffio sich davon länger betroffen gefühlt hat?
Romy Schneider: Er hat auf wundervolle Weise Verständnis gezeigt. Er erriet, wenn es für mich zu schmerzhaft war. Er verstand es, mir die richtigen Worte zu sagen. Das ist ein Mensch, der Achtung vor den Akteuren hat. Er ist der einzige, der zu mir gesagt hat: »Es muß gar nicht lustig sein, alle Tage den Beruf des Schauspielers auszuüben.« Das hat mich beeindruckt. Noch niemals hatte ein Regisseur so etwas zu mir gesagt.
Michel Drucker: Viele Schauspieler haben mir anvertraut, daß sie ihre Karriere nicht so gut ganz allein lenken könnten. Sie geben zu, daß sie jemanden an ihrer Seite brauchen, der kein Akteur ist, dessen ständige Gegenwart ihnen aber moralischen Halt und Sicherheit gibt.
Romy Schneider: Das stimmt zum Teil. Bei mir ist es so gewesen. Aber heute ist das nicht mehr der Fall. Ich bin reifer geworden und habe begriffen, wie mühsam es für diese immer im Schatten stehenden Menschen sein mußte, uns Sicherheit zu geben und dabei unseren unterschiedlichen Stimmungen ausgesetzt zu sein. Man hat nicht das Recht, von diesen uns ganz nahestehenden Personen zu verlangen, daß sie uns helfen, unsere Last zu tragen. Ich bin mir bewußt, daß ich eine leicht reizbare, unleidliche Person bin. Jetzt lehne ich es ab, daß jemand da ist, mir Sicherheit zu geben, mir in meinen Augenblicken der Angst, des

Lampenfiebers und der Hysterie beizustehen. Jetzt respektiere ich mehr die anderen.
Michel Drucker: Kam David mit Ihnen ins Atelier?
Romy Schneider: Ja, oft. Seit dem Drama bleibt mir Sarah, die jetzt 4½ Jahre alt ist. Sie ist noch zu klein, um mit ins Atelier zu kommen.
Michel Drucker: Warum wohnen Sie zur Zeit im Hotel?
Romy Schneider: Weil ich nicht mehr in einer Umgebung leben kann, wo mich so viel an meinen Sohn und an die glücklichen gemeinsamen Stunden erinnert. Ich bin auf der Suche nach einem neuen Haus, um mein Leben neu zu beginnen und meinen Kummer zu überwinden.
Michel Drucker: Ist es ein Kummer, den man vergessen kann?
Romy Schneider: Es ist ein Kummer, den ich niemals vergessen werde.
Michel Drucker: Haben Sie Angst vor dem Altwerden?
Romy Schneider: Nein. Aber das ist kein spezielles Frauenproblem. Wissen Sie, was meine Reaktion auf diesen berühmten Frauentag war: Ich habe mich gefragt, ob ich nicht den Männertag organisieren sollte. Denn was denken alle diese Frauen? Daß die Männer vielleicht keine Probleme und Ängste haben? Meinen Sie, daß sie nicht verwundbar sind? Es gibt Dinge, die mich empört haben und die ich fast lächerlich finde. Aber ich liebe die Männer, ich kann ohne sie nicht leben.
Michel Drucker: Haben Sie ältere Frauenrollen akzeptiert?
Romy Schneider: Ja. Für mich zählt vor allem die Rolle. Selbst die einer alten Frau.
Michel Drucker: Man gewöhnt sich an den Erfolg. Was werden Sie machen, wenn er einmal aufhört?
Romy Schneider: Wenn der Erfolg einmal aufhört, werde ich eine unermeßliche Einsamkeit kennenlernen.
Paris Match vom 11.6.1982

Michel Piccoli
Heute weiß ich genau, wie man Romy nehmen muß. Ich weiß, bis zu welchem Grad sie sich wohlfühlen muß, um vor Einfällen nur so zu sprühen. Romy ist eine Schauspielerin, die ihre Rolle erschafft. Sie lebt auf drei Ebenen: Von der ersten will ich nicht sprechen; ich fühle mich nicht befugt, in das Privatleben eines Menschen einzudringen, der mir vertraut, und dabei Gefahr zu laufen, mich als eitler und geiler Psychiater aufzuspielen. Auf der zweiten Ebene erscheint sie umgeben vom Luxus der großen Leinwanddiva. Auf der dritten liegt das stille Einverständnis zwischen uns, das wir pflegen. Wir sind als Duett imstande, etwas überspringen zu lassen. Mit ihr habe ich das Gefühl, mehr als ein Paar zu sein. Wir verwandeln uns. Wenn wir drei Monate zu Dreharbeiten zusammenkommen, durchleben wir wesentliche Augenblicke. Man muß sich einmal vorstellen, wie zwei Schauspielern zumute ist, die acht Stunden ununterbrochen für eine Liebesszene eng umschlungen unter den Scheinwerfern liegen. Für »Das Mädchen und der Kommissar« habe ich Romy stundenlang geküßt. Es hat – mit Distanz – zwischen uns Gefühle gegeben, die zu haben viele sich glücklich schätzen würden. In Wirklichkeit lieben wir unseren Beruf zu sehr, um uns mit Einzelheiten einer bestimmten Situation aufzuhalten. Wir jagen keinen Trugbildern mehr nach.
Während so mancher nicht ohne wörtliche Sympathiebekundungen auskommt, haben Romy und ich das Glück, uns ohne Worte zu verstehen. Die Intimität der Zusammenarbeit stellt hohe Anforderungen. Einen Zurückzieher, einen Bruch gibt es nicht. Mein Verhältnis zu Romy ähnelt weder einer flüchtigen Liebschaft noch einer Liaison, eher einer »Versicherung auf Gegenseitigkeit«.

Romy Schneider mit Michel Piccoli und Jacques Rouffio, dem Regisseur des Films »Die Spaziergängerin von Sanssouci«

58. Die Spaziergängerin von Sanssouci (La Passante du Sans-Souci)
1982, Frankreich/BRD
Regie: Jacques Rouffio, Jacques Kirsner, nach dem Roman von Joseph Kessel
Kamera: Jean Penzer (Farbe)
Musik: Georges Delerue
Produktion: Elephant Productions/Film A 2 Paris/CCC Filmkunst Berlin
Uraufführung 14. April 1982 in Paris
Darsteller:
Romy Schneider: Elsa Wiener/ Lina Baumstein
Michel Piccoli: Max Baumstein
Wendelin Werner: Max
Helmut Griem: Michel Wiener
Dominique Labourier: Charlotte Maupas
Maria Schell: Anna Helwig

Romy Schneider zu ihrem letzten Film »Die Spaziergängerin von Sanssouci«

Es war das erste Mal in meiner Karriere, daß ich ein Projekt initiierte. Jacques Rouffio und Jacques Kirsner haben es verstanden, die Geschichte zu erweitern, sie dabei aber noch emotionaler zu gestalten. Das Wiedererwachen der Vergangenheit zieht eine Tragödie von Heute mit sich. Elsa wurde ermordet. Von dem Irrsinn der Nazis. Und Lina wird ebenfalls sterben. Opfer eines anderen Irrsinns. Rouffio und Kirsner verstanden es aber begreiflich zu machen, daß nichts wirklich zu Ende ist ... Ja, ich habe Elsa und Lina geschaffen. Jacques Rouffio hat mir dabei sehr geholfen, indem er mich instinktiv spielen ließ, niemals Einstellungen wiederholte, in dem Wissen, daß ich das Maximum sofort leiste. Aber man soll sich nicht zu sehr auf den Instinkt verlassen. Wenn man ihm zu sehr vertraut, wird man eines Tages im Stich gelassen. Außerdem arbeite ich ganz allein. Ich schreibe auf kleine Papierschnipsel Wörter, Notizen, Bemerkungen zum Film, zu den Personen, »Lina macht dies«, »Elsa macht jenes«. Ich pflege diese Eigenart seit langem.
Jacques Rouffio gab mir bestimmte Hinweise, das ist alles. Zum Beispiel in der Szene im Kabarett Rajah in Berlin, wo Elsa sich betrinkt, sich zerstört, hat er mir einfach gesagt: »Deutschland ruiniert sich, und Elsa ruiniert sich ...« Das ist toll, nicht wahr?
Ich spiele wieder mit Michel Piccoli. Jacques Rouffio hat zu uns gesagt: »Mit euch sind keine Proben nötig, das müßte auch so funktionieren.« Man fängt immer damit an, Blumen auszutauschen: »Du bist der Beste«, »Aber

nein, du bist die Beste.« Und in den dramatischen Szenen oder Halbtönen kann er »mich haben« oder besser, ich ihn. Zum Ausgleich ist er in den lockeren Passagen, in denen man lachen muß, der Boß.
Nur einmal bekam ich einen schweren Wutanfall. Eines Tages, kurz bevor wir den Drehort betraten, wollte Rouffio meinen Text ändern, was ich sehr hasse. Ich habe so lange Zeit gebraucht, meinen Text zu lernen, ihn mir anzueignen, ihn zu »besitzen« ... Ich habe mich auf eine große Tür gestürzt und gerufen: »Nein und nochmals nein, ich habe so geschuftet. Alles war darin. Nun ist es zu spät.« Mich traf ein sehr betrübter Blick von Jacques. Und alles war wieder in Ordnung.
Das war in Berlin, im Studio. Ich hatte seit »Mädchen in Uniform«, 1958, und erst viel später bei »Gruppenbild mit Dame«, 1976, nicht mehr dort gedreht. Nichts hatte sich geändert. Das war ein wenig unheimlich.
Ich glaube, daß sie mir noch nicht verziehen haben, daß sie mir niemals verzeihen werden. Mein Sohn wurde in Berlin geboren. Und ich habe dort die schönsten, glücklichsten Jahre meines Lebens verbracht.
Auf dem ersten Titel von »Die Spaziergängerin von Sanssouci« steht eine Widmung. Ich wollte sie haben. Ich habe meine Arbeit »David und seinem Vater« gewidmet. Jacques Rouffio war sich diesbezüglich nicht sicher. Aus Scham, glaube ich. Er sagte zu mir: »Ich glaube, daß dies etwas Persönliches ist.« Ich habe ihm geantwortet: »Was ist heute noch persönlich?« Man scheint doch jedem zu gehören. Also, wenn ich schon allen gehöre, sollen auch alle wissen, was mir gehörte und was ich verloren habe ... Jacques Rouffio hat mich verstanden. Er sagte mir kürzlich: »Meine kleine Romy, es ist nicht immer lustig, Schauspielerin zu sein.« Es ist ein Geschäft mit mir selbst. Für alles muß man so viel bezahlen. 1977 habe ich erklärt: »Ich bin 50 Filme«, so wie man sagt »Ich bin 50 Jahre«.
Für mich ist »Die Spaziergängerin von Sanssouci« mehr als nur ein Film. Sehr viel mehr.

Aufnahme der Dreharbeiten zur »Spaziergängerin von Sanssouci«, 12. Oktober 1981

Regisseur Jacques Rouffio
Für mich ist Romy ein Wesen, das ständig »in Bewegung« sein muß ... Die Sympathie, die sie inspiriert, verdankt sie, glaube ich, zwei Dingen: dem Bild, das sie mit ihrer Verletzlichkeit, ihrer Stimme, der Art und Weise, ihre Rolle zu interpretieren, vermittelt, und der großen Kraft, die man trotz dieser Empfindsamkeit bei ihr fühlt. Sie ist eine Frau, die niemals »nachläßt«. Deshalb lieben sie die Leute. Sie hat einen intimen, »unergründlichen« Kontakt zum Publikum. Sie gehört zu den wenigen Schauspielerinnen des französischen Films, bei denen die Leute das Verlangen verspüren, sie einfach sehen zu wollen.

Dominique Labourier
Während der ganzen Dreharbeiten war ich von Romy/Elsa ergriffen. Sie drückte ihre Angst so intensiv aus und war so innig mit ihrer Rolle verschmolzen, daß sie selbst schwach, furchtsam und empfindlich wirkte, so daß ihre Angst mir die meine nahm. Ich verspürte Lust, sie zu ermutigen, sie in meine Arme zu nehmen und ihr zu sagen: »Das geht vorbei.« Ich hatte noch niemals im Film mit jemandem gearbeitet, der sich so wie Romy bis zum Äußersten seiner Rolle hingibt ...

Unter den Mitwirkenden in diesem französischen Film Schauspieler von Rang: Romy Schneider, Michel Piccoli, Helmut Griem, Mathieu Carrière, Maria Schell. Das ist bemerkenswert, weil es sich um eine Produktion handelt, die von allen Beteiligten politisches Engagement forderte, die eindeutig ist in ihrer antifaschistischen Grundhaltung.
Der Film »Die Spaziergängerin von Sanssouci« ist nach dem gleichnamigen Roman von Joseph Kessel entstanden. Der erschien 1936 in Frankreich, in den Jahren der Volksfront, und beeindruckte durch seine Kritik am faschistischen Ungeist und dessen verbrecherischer Willkür.
Der Teil des Films, der sich mit den Ereignissen in Deutschland und dem Leben der nach Frankreich eingewanderten deutschen Antifaschisten beschäftigt, sei zweifellos der ergreifendste, schrieb die Pariser L'Humanité und würdigte besonders Romy Schneider für ihre Leistung in der Doppelrolle von Elsa und Lina. Es war ihr letzter Film, sie starb am 29. Mai 1982.
Neues Deutschland vom 21.5.1983

»La Passante ...« ist ein überwältigender Film, voller Edelmut und Humanität. Romy Schneider, deren Spiel fast Schmerzen verursacht ...
Pariscop, 1982

Romy Schneider ist umwerfend in ihrer Doppelrolle, zweifellos, weil die Wunden eines nicht erfundenen Leidens ihr die Akzente einer schmerzvollen Aufrichtigkeit verleihen.
Télé-7-Jours, April 1982

In der Doppelrolle von Lina und Elsa gelingt Romy Schneider die schönste ihrer Gestaltungen, aber auch die schmerzvollste, die sie ihrem Sohn David widmet ... Alle Nerven angespannt, ist sie eins mit ihren Gestalten ...
L'Humanité, April 1982

Nein, das ist nicht nur die Gestaltung einer Hauptrolle. Romy Schneider hat etwas sehr Persönliches eingebracht, das Bewunderung und Achtung verdient.
Le Monde, April 1982

Es ist einer jener Filme, der sich in ihr Gedächtnis eingräbt, als sei er ein Teil ihres Lebens. Das Schicksal der Hauptdarstellerin ist untrennbar von demjenigen der Heldin, die sie darstellt. Romy Schneider spielt diese Rolle nicht, sie lebt sie.
L'Express vom April 1982

Wir wissen, daß der Film für Romy Schneider mehr als nur ein Film ist. Für uns ist er es auch. Wir lieben Sie, Romy Schneider.
Jours de France
vom April 1982

Romy Schneider als Elsa und Helmut Griem als Michel Wiener in dem Film »Die Spaziergängerin von Sanssouci«

Romy Schneider und Alain Delon bei der festlichen Premiere seines Films »Pour la peau d'un flic«, Paris, 8. September 1981
Es ist das erste Mal nach dem tragischen Tod von David, daß Romy wieder in der Pariser Öffentlichkeit zu sehen ist. Neben Alain, Mireille Darc und sein Sohn Anthony. Bereits im Januar 1981 wurden Romy und Alain als »beliebteste Darsteller« geehrt

Die Franzosen setzten Romy Schneider und Alain Delon an die Spitze der Hit-Parade des französischen Kinos, weil sie sich stets an ihre Vergangenheit erinnern, ihre Verbissenheit, Erfolge zu erzielen, und an ihre Siege. Heute sind Romy und Alain wie Wahrzeichen. Das Wahrzeichen derer, die nie verleugnen.
Es war an einem Sonntagvormittag am Quai Kennedy, in der Wohnung von Alain Delon in Paris. Sie in Schwarz. Er, ausnahmsweise, in Weiß. »Siehst du«, sagt Alain zu Romy, »wir sind noch die besten. Ich hoffe, daß wir in 20 Jahren immer noch die Nummer Eins sind.«
Paris Match vom 9. 1. 1981

Romy und Laurent Petin in ihrem Landhaus in Boissy-Sans-Avoir, September 1981
Hier in Boissy-Sans-Avoir, einem kleinen Ort von 392 Einwohnern, 50 km von Paris entfernt, kauft Romy Schneider das efeuumrankte Landhaus am Rande des Dorfes. Sie erwirbt es im März 1982, treibt die Handwerker beim Umbau zur Eile an. Im August will sie einziehen. Auf dem kleinen Dorffriedhof kauft sie für David eine Grabstelle. Ahnt sie, daß es wenige Wochen später ihr eigenes Grab werden wird?

»Mammi! Wir haben ein Haus! Endlich! Ein wunderschönes Haus auf dem Land! Hier will ich endgültig leben. Hier will ich mich um meine Tochter kümmern, hier will ich Konfitüre einkochen, unter den Bäumen spazieren gehen, endlich richtig leben. Und hier will ich alt werden.«
Brief Romy Schneiders an ihre Mutter vom März 1982

Laurent Petin
Sie sucht ein Glück, welches es nicht gibt. Und weil sie es nicht finden kann, richtet sie sich selbst zugrunde.

Romy will für Sarah eine »Mutter Courage« sein. Ihr Sohn David hatte sie immer so genannt. Oft hört sie nachts seine Stimme, glaubt ihn zu sehen und kann dann nicht mehr einschlafen. Es ist um die Mittagszeit in einem französischen Landhaus, ihrer neuen Zufluchtsstätte. Laurent Petin hat einen Salat angerichtet, grillt gerade die Steaks. Ungeschminkt betrachtet Romy den Herbsthimmel. Es ist noch recht warm. Sie möchte hier in dieser Gegend bleiben. Nichts zieht sie mehr in die Großstadt. Heute, nach dem Tod von David, muß sie lernen, »mit dieser unendlichen Leere des Lebens« zu leben.
Paris Match
vom 30. 10. 1981

Tod Romy Schneiders, 29. Mai 1982
Sie war 43 Jahre alt

Romy Schneider war am Vorabend ihres Todes mit Laurent Petin in einem Restaurant und blieb nach ihrer Rückkehr noch allein auf, wie sie es in vielen Nächten tat. Der Brief an die Frauenzeitschrift, in dem sie ein Interview absagte, weil Sarah die Röteln hatte, war mitten im Satz unterbrochen. Die Beisetzung der Leiche wurde am Todestag von Staatsanwalt Laurent Davenas genehmigt, nachdem der von ihm bestellte Gerichtsmediziner Dr. Emile Deponge nach einer einstündigen Untersuchung eine Sterbeurkunde mit der Todesursache »natürliches Ableben infolge Herzversagens« ausgestellt hatte. Den Feststellungen von Dr. Deponge zufolge trat der Tod gegen 5 Uhr morgens ein.
Der Filmproduzent Paul Levi gibt vor der Eingangstür des Hauses eine kurze Erklärung ab: »Romy hat keinen Selbstmord begangen …«

Laurent Petin
Als ich gegen sieben Uhr dreißig aufwachte und Romy nicht neben mir lag, ging ich in den Salon. Dort saß sie noch, wie ich sie in der Nacht verlassen hatte, in dem antiken Voltaire-Sessel. Sie trug noch das weiße Mieder und die weiße Hose, die sie während unseres Restaurantbesuches anhatte. Wir waren gegen ein Uhr nachts nach Hause gekommen. Sie wollte nicht gleich ins Bett gehen, sondern noch einen Brief an die Frauenzeitschrift F-Magazin schreiben. Ich ging ins Bett und schlief sofort ein.

Alain Delon
Keiner von uns, nicht mal ihr Arzt, konnte das voraussehen. Man kann von ihrer schlechten Gesundheit sprechen, von einer Krise – aber in Wirklichkeit ist Romy am gebrochenen Herzen gestorben. Ihr Sterben begann mit dem Tod ihres Sohnes David.

Magda Schneider
Was, um Himmels willen, ist natürlich am Tod einer schönen jungen Frau von 43 Jahren?

Die Wohnung von Romy Schneider in der Rue Barbet de Jouy 11, Paris, 7. Arrondissement
An dem strahlenden Pariser Pfingstsonnabend versammeln sich Hunderte von schweigenden Menschen vor dem Haus, als die Nachricht vom Tode Romy Schneiders bekannt wird. Ebenso kommen Polizei und Unfallwagen, Fotografen und Journalisten. Alain Delon ist sofort zur Stelle, als er die Nachricht in einem Autoradio hört. Er wird alles organisieren: die Beerdigung, die Abschirmung. Er hat Romy beschützt, als ihre Ehe mit Daniel Biasini in die Brüche ging, er hat sie aufgenommen, als David starb und sie ihre Zufluchtsstätten wechselte, er hat sie nach der schweren Nierenoperation pflegen lassen. Zur Beerdigung ist er nicht anwesend, es erscheint sein Abschiedsbrief in einer Pariser Zeitung, worin er verspricht, daß er in aller Stille zur letzten Ruhestätte kommen werde. Er besucht Romys Grab am 14. Juni, kümmert sich auch um die Umsetzung von Romys Sohn David und sorgt dafür, daß sie später in eine gemeinsame Grabstätte kommen.
Es beginnt die lange Reihe der Beileidsbesuche. Michel Piccoli stehen Tränen in den Augen, als er das Haus betritt. Jean-Claude Brialy legt 43 rote Rosen, für jedes Lebensjahr eine, am Totenbett nieder. Es kommen Miloš Forman, Claude Berry, Romys Rechtsanwalt Jean-Michel Larrois und viele Freunde, um Abschied zu nehmen.

Adieu ma Puppele

Ich sehe Dich schlafen. Ich bin bei Dir, an Deinem Totenbett. Du trägst eine lange Tunika, schwarz und rot, mit Stickereien auf dem Oberteil. Es sind Blumen, glaube ich, aber ich schaue sie nicht an. Ich sage Dir adieu, das längste aller Adieus, mein Püppchen! So hatte ich Dich immer genannt. Ich schaue die Blumen nicht an, sondern Dein Gesicht, und ich denke, daß Du schön bist, wahrscheinlich warst Du nie so schön wie jetzt. Ich denke auch, daß ich Dich zum erstenmal im Leben so heiter und friedlich sehe. Man möchte sagen, daß eine sanfte Hand aus Deinem Gesicht alle Aufregungen, alle Ängste fortgewischt hat.

Ich sehe Dich schlafen. Man sagt mir, Du seist tot. Wie bin ich schuldig? Man stellt sich diese Frage vor einem Wesen, das man geliebt hat und noch liebt. Dieses Gefühl überflutet einen, fließt dann zurück, und dann sagt man sich, daß man nicht schuldig ist, aber verantwortlich ... Ja, das bin ich. Wegen mir hat Dein Herz in der vergangenen Nacht aufgehört zu schlagen. Wegen mir, weil ich vor 25 Jahren ausgesucht wurde, Dein Partner in »Christine« zu sein. Du kamst aus Wien, und ich wartete in Paris mit einem Blumenstrauß in der Hand, von dem ich nicht wußte, wie ich ihn halten sollte. Aber die Filmproduzenten hatten mir gesagt: »Sobald sie die Gangway herunterkommt, gehen Sie auf sie zu und reichen ihr die Blumen.« Ich wartete mit den Blumen, wie ein Schwachsinniger, mitten in einer Horde Fotografen. Du kamst aus dem Flugzeug. Ich trat nach vorn. Du hast zu Deiner Mutter gesagt: »Wer ist dieser Junge?« Sie antwortete: »Das muß Alain Delon sein, Dein Partner ...« Nichts weiter, kein Liebesblitz aus heiterem Himmel, nein.

Und dann ging ich nach Wien, wo man den Film drehte. Und dort habe ich mich wahnsinnig in Dich verliebt. Und Du hast Dich in mich verliebt. Oft haben wir uns gegenseitig diese Frage der Verliebten gestellt: »Wer hat sich zuerst in den anderen verliebt, du oder ich?« Wir zählten: »Eins, zwei, drei!« Und wir antworteten: »Weder du noch ich. Alle beide.« Mein Gott, wie waren wir jung und wie waren wir glücklich. Am Ende der Dreharbeiten sagte ich zu Dir: »Komm zu mir, um mit mir in Frankreich zu leben«, und Du sagtest mir sofort: »Ich möchte mit Dir leben, in Frankreich.« Erinnerst Du Dich, ja? Deine Familie, Deine Eltern tobten. Und ganz Österreich, ganz Deutschland. Sie nannten mich einen Usurpator, einen Kidnapper. Sie klagten mich an, die »Kaiserin« zu stehlen. Ich, ein Franzose, der nicht ein Wort Deutsch sprach. Und Du, Püppchen, die Du kein Wort Französisch sprachst.

Am Anfang liebten wir uns ohne Worte. Wir sahen uns an, und wir lachten. Püppchen ... Und ich war »Pépé«. Nach ein paar Monaten sprach ich noch immer nicht Deutsch, aber du sprachst Französisch, so gut, daß wir zusammen in Frankreich Theater spielten. Visconti führte Regie. Er sagte uns, wir glichen uns, und wir hätten zwischen den Brauen das gleiche V, das sich kräuselte, aus Zorn, aus Lebensangst, aus Furcht. Er nannte es »das V Rembrandts«, weil, wie er sagte, dieser Maler dieses V auf seinen Selbstbildnissen hatte. Ich sehe Dich schlafen. »Das V Rembrandts« ist fortgewischt. Du hast jetzt keine Angst mehr. Du bist nicht mehr auf der Lauer. Du wirst nicht mehr gejagt. Die Jagd ist vorüber, und Du ruhst Dich aus.

Ich sehe Dich an, noch und noch. Ich kenne Dich so gut und so genau. Ich weiß, wer Du bist und warum Du tot bist. Dein Charakter, wie man sagt. Ich antworte ihnen, den »anderen«, daß Romys Charakter eben ihr Charakter war. Das ist alles. Laßt mich in Ruhe. Du warst verletzend, weil Du ungeteilt warst. Ein Kind, das sehr schnell und zu schnell ein Star wurde. Daher auf der einen Seite Deine Kapricen, Deine Zornesausbrüche und Deine Kinderlaunen, immer berechtigt, sicher, aber mit unvorhersehbaren Folgen; auf der anderen Seite die berufliche Autorität. Ja, aber da ist das Kind, das nicht sehr gut weiß, womit es spielt. Mit wem. Und warum. In diesen Widerspruch, durch diese Bresche, brechen die Angst ein und das Unglück. Wenn man Romy Schneider ist und wenn man in der Blüte des Lebens die Empfindsamkeit und das Temperament hat wie Du. Wie soll man ihnen erklären, wer Du warst und wer wir sind, wir, »die Schauspieler«? Wie ihnen sagen, daß wir durch das Spielen, das »Interpretieren«, das Ein-anderer-Sein als wir wirklich sind, wir Verrückte und Verlorene werden?

Wie ihnen sagen, wie schwierig es ist, welche Charakterstärke und welches Gleichgewicht man braucht, um halbwegs aufrecht stehenzubleiben ...? Aber dieses Gleichgewicht, wie sollen wir es in dieser Welt finden, wir, die Jongleure, die Clowns, die Zirkusartisten am Trapez, denen die Projektoren den Ruhm vergolden? Du sagtest: »Ich weiß nicht, was ich im Leben machen soll, aber im Film kann ich alles ...« Nein, die »anderen« können das nicht begreifen. Daß man um so ungeeigneter fürs Leben wird, je größer man als Schauspieler ist. Garbo, Marilyn, Rita Hayworth ... Und Du. Und ich schreie, während Du Dich ausruhst, und ich weine, ganz nahe bei Dir, daß – nein, nein, nein – dieser schreckliche Beruf kein Beruf ist für eine Frau. Ich weiß es, weil der Mann, der ich bin, Dich am besten gekannt, Dich am besten verstanden hat. Weil ich auch ein Schauspieler bin. Wir waren von derselben Rasse, mein Püppchen, wir sprachen die gleiche Sprache. Aber ich, ich bin ein Mann. Sie können uns nicht verstehen, die »anderen«. Die Schauspieler, ja. Die »anderen«, nein. Es ist unerklärbar. Und wenn man eine Frau ist wie Du, können sie nicht begreifen, daß man »daran« sterben kann. Sie sagen,

Du warst ein Mythos ... Ja, sicher ... Aber der Mythos ist nur eine Fassade, ein Widerschein, eine Erscheinung. Er ist König, Prinz, Sissi, Madame Hanau, die Möwe ... Aber der Mythos geht am Abend heim. Dann ist er nur noch Romy, nur eine Frau, mit einem schlecht verstandenen Leben, schlecht behandelt, schlecht beschrieben in den Zeitungen, angegriffen und verfolgt. Da verbraucht sich der Mythos, in der Einsamkeit. Er wird zur Angst. Und je mehr das ins Bewußtsein dringt, um so mehr verfällt man den Seligkeiten des Alkohols und der Beruhigungsmittel. Das wird Gewohnheit, dann zur Regel, dann zur Notwendigkeit. Dann wird es unersetzlich, und das Herz, verbraucht, bleibt stehen, weil es zu müde wurde, zu schlagen. Es ist zu schlecht behandelt und herumgestoßen worden, dieses Herz, das nur das Herz einer Frau war, die am Abend vor einem Glas saß ...
Man sagt, daß die Verzweiflung, die der Tod Davids mit sich brachte, Dich getötet hat. Nein, die Leute irren sich. Sie hat Dich nicht getötet. Davids Tod hat Dir nur den Rest gegeben. Es ist wahr, daß Du zu Laurent, Deinem letzten und bezaubernden Begleiter, folgendes gesagt hast: »Ich habe den Eindruck, daß ich am Ende des Tunnels angelangt bin ...« Es ist wahr, daß Du leben wolltest, daß Du das Leben geliebt hast. Dennoch ist es wahr, daß Du am Samstag im Morgengrauen das Ende des Tunnels erreicht hast. Daß Du die einzige warst, die wußte, weil Dein Herz gebrochen war, daß es da war, das Ende des wirklichen Tunnels.
Ich schreibe Dir aufs Geratewohl. Ohne Ordnung. Mein Püppchen, die Du so aggressiv, so voller Wunden bist. Du hast dieses Spiel, eine Frau der Öffentlichkeit zu sein, das Du gewählt hattest und das Du liebtest, nie akzeptiert und verstanden. Du hast nicht begriffen, daß Du eine Person der Öffentlichkeit warst und daß dies von großer Bedeutung war. Du hast das Spiel verweigert, alle Spiele, die dieser Beruf mit sich bringt. Du hast Dich angegriffen, durchbohrt, vergewaltigt gefühlt in Deiner Privatsphäre. Du warst immer auf der Hut, wie ein Tier, das verfolgt wird, »gehetzt«, wie man von einer Hirschkuh sagt. Und Du, Du hast gewußt, daß das Schicksal Dir mit einer Hand nahm, was es Dir mit der anderen gab.
Wir haben mehr als fünf Jahre miteinander gelebt. Du mit mir. Ich mit Dir. Zusammen. Dann das Leben ... Unser Leben, das keinen etwas angeht, hat uns getrennt. Aber wir haben uns gerufen. Oft. Ja, das ist es genau: Wir haben uns »Zeichen« gegeben. Schließlich, im Jahr 1968, war der Film »La Piscine«. Wir haben uns wiedergefunden, um zusammen zu arbeiten. Ich bin nach Deutschland gefahren, um Dich zu holen. Ich habe David, Deinen Sohn, kennengelernt. Seit diesem Film bist Du meine Schwester, ich bin Dein Bruder. Alles war rein und klar zwischen uns. Keine Leidenschaft mehr. Besser als das: Unsere Freundschaft lag im Blut, in der Ähnlichkeit und in den Worten. Und dann gab es in Deinem Leben nur noch Unglück und die Angst, die Angst ... Die anderen werden sagen »Welche Schauspielerin! Welche Tragödin!« Sie wissen nicht, daß Du selbst diese Tragödin aus dem Kino bist, weil Du es in Deinem Leben bist und es sehr teuer bezahlst. Sie verstehen nicht, daß die Dramen Deines persönlichen Lebens auf die Leinwand zurückstrahlen, später, in Deinen Rollen. Sie können nicht ahnen, daß Du »gut« und »genial« im Kino bist, weil Du die Tragödien nebenher erlebst, und daß Du erschütternd bist, weil sich Deine persönlichen Dramen in Dir widerspiegeln. Und Du nur strahlst, weil sie Dich verbrennen. O mein Püppchen, diese Arbeit voller Schmerzen! Habe ich mit Dir oder an Deiner Seite gelebt? Bis zum Tod von David gab es »den Beruf«, der Deinen Kopf über Wasser gehalten hat. Dann ist David gegangen. Und der Beruf hat nicht mehr ausgereicht. Ich bin nicht erstaunt gewesen, als ich die Nachricht bekam, daß Du auch von uns gegangen bist. Worüber ich erstaunt gewesen bin? Über Deinen Nicht-Selbstmord. Aber daß Dein Herz gebrochen war, nein. Ich habe es gesagt: »Das war es, das Ende des Tunnels.«
Ich sehe Dich schlafen. Wolfie, Dein Bruder, und Laurent kommen ins Zimmer. Ich spreche mit Wolfie. Wir erinnern uns an dieses Haus, das ich auf dem Land hatte. An die Dobermanns, die Dir so Angst gemacht haben. Wir erinnern uns an andere Geschichten ... Es ist mehr als 20 Jahre her, in Bayern, in einem kleinen Dorf. Wolfie war 14 Jahre alt, ich 23 und Du 20. Wir haben sehr gelacht, als man uns den Besuch des Präsidenten vom »Fan Klub Romy Schneider« in Frankreich ankündigte. Wir haben ein großes junges Mädchen ankommen sehen, mit einer Brille, sehr schüchtern, sie hieß Bernadette. Als wir nach Paris zurückkehrten, haben wir sie angerufen. Sie wurde dann unsere Sekretärin, für sechs Jahre. Sie ist immer noch meine Sekretärin.
Ich sehe Dich schlafen. Gestern noch hast Du gelebt. Gestern nacht. Als Ihr ins Haus zurückkamt, hast Du zu Laurent gesagt: »Geh schon schlafen. Ich komme etwas später. Ich bleibe noch ein bißchen mit David und höre Musik.« Du hast das jeden Abend gesagt ... Daß Du vor dem Schlafengehen allein sein wolltest mit der Erinnerung an Dein totes Kind. Du hast Dich hingesetzt. Du hast Papier und Bleistift genommen und hast Zeichnungen gemacht. Für Sarah. Du zeichnetest für Deine kleine Tochter, bis Du Herzschmerzen bekamst und plötzlich ... So schön. Schön, reich, berühmt, was hättest Du mehr gebraucht? Friede, ein bißchen Glück.
Ich sehe Dich schlafen. Ich bin wieder allein. Ich sage mir: Du hast mich geliebt. Ich habe Dich geliebt. Ich habe aus Dir eine Französin, einen französischen Star gemacht. Ja, dafür fühle ich mich verantwortlich. Und dieses Land, das Du wegen mir geliebt hast, ist auch Deine Heimat geworden. Frankreich. Nun, Wolfie hat entschieden – und Laurent sagte ihm auch, daß es Dein Wunsch gewesen sei –, daß Du hierbleibst und für immer auf französischem Boden bleiben wirst. In Boissy. Dort, wo in ein paar Tagen Dein Sohn David bei Dir sein wird. In einem kleinen Ort, wo Du gerade die Schlüssel für Dein Haus bekommen hast. Dort wolltest Du leben, ganz nah bei Laurent, bei Deiner Tochter Sarah. Dort wirst Du für immer schlafen. In Frankreich. Nah bei uns, nah bei mir.
Ich habe mich um Deine Reise nach Boissy gekümmert, um Laurent und Deine Familie zu entlasten. Aber ich werde weder in die Kirche noch zum Grab gehen. Wolfie und Laurent verstehen mich. Dich bitte ich, mir zu verzeihen ... Du weißt, daß ich Dich nicht vor dieser lüsternen Menschenmenge, diesem »Spektakel«, vor dem Du immer Angst hattest, hätte bewahren können. Verzeih mir. Ich werde am nächsten Tag zu Dir kommen, und wir werden allein sein.
Mein Püppchen, ich schau Dich immer wieder an, immer wieder. Ich will Dich mit meinen Blicken verschlingen und Dir immer wieder sagen, daß Du nie so schön und ruhig warst. Ruhe Dich aus. Ich bin da. Ich habe von Dir ein wenig Deutsch gelernt. Die Worte: Ich liebe Dich. Je t'aime. Je t'aime, mein Püppchen.

Alain

Paris Match Nr. 1724 vom 11.6.1982, Seite 18/19; in deutscher Übersetzung in Quick vom 10.6.1982

Beisetzung auf dem Friedhof Boissy-Sans-Avoir, 2. Juni 1982
In der mit weißen, rosa und blauen Blumen geschmückten Kirche hält der katholische Pfarrer des Ortes die letzte Messe für Romy Schneider. Nach der Trauerzeremonie in der aus dem 14. Jahrhundert stammenden Dorfkirche Sankt Sebastian wird die weltberühmte Schauspielerin in einem hellen Eichensarg mit einem goldenen Kreuz auf dem Sargdeckel zu den Klängen eines Requiems, das eine Dorfbewohnerin auf dem Harmonium spielt, und unter den Klängen der läutenden Kirchenglocken von vier Trägern in dunkelblauer Uniform zu ihrer letzten Ruhestätte getragen. Nur die engsten Familienangehörigen und etwa achtzig Freunde aus der französischen Filmwelt geben Romy das letzte Geleit. Ihr Bruder Wolfdieter mit seiner Frau und Tochter ist gekommen. Ihre Mutter Magda konnte wegen eines Herzinfarkts nicht nach Frankreich reisen. Ferner sieht man unter den Trauergästen Romys letzten Lebensgefährten Laurent Petin und ihren geschiedenen Ehemann Daniel Biasini. Michel Piccoli, ihr Partner aus vielen Filmen, erscheint im schwarzen Anzug als erster der Trauergäste morgens um 10 Uhr vor der kleinen Dorfkirche. Ihm folgen Jean-Claude Brialy, Jean Rochefort, Bernard Fresson, der Drehbuchautor Jean-Loup Dabadie sowie die Regisseure Bertrand Tavernier, Francis Girod, Jacques Rouffio, Robert Enrico, Pierre Granier-Deferre, Roman Polanski und Jacques Deray. Hunderte von trauernden Verehrern stehen vor der Kirche.

»Wir trauern sehr um Dich, Romy – Maria und Maximilian Schell« steht auf einer silbernen Schleife eines der schönsten Blumenkränze aus weißen Lilien und weißen Gerbera. Auf einem Grabgebinde aus rosa Nelken und roten Rosen liest man auf purpurner Schleife: »A notre Romy«. Es ist der letzte Gruß der Familie.
Um 10 Uhr 20 hat ein silbergrauer Mercedes den Sarg mit der Verstorbenen aus Paris gebracht. Während der Sarg in die Grabstätte versenkt wird, hält Regisseur Jacques Rouffio vor dem offenen Grab eine kurze Gedenkrede.
Rouffios Stimme geht mehrfach im Lärm von Hubschraubern unter, die über dem Friedhof kreisen. Am Begräbnistag herrscht strahlendes Sommerwetter. In dem einzigen Lebensmittelgeschäft des Dorfes haben die Besitzer das Schaufenster mit Fotos von Romy Schneider geschmückt.

Le Matin, Frankreich
Von allen Leinwandgrößen in den letzten 20 Jahren ist sie unbestreitbar jene, deren plötzliches Ableben uns am heftigsten erschüttert.

Le Quotidien de Paris
Romy Schneider starb ganz einfach an einer großen Lebensmüdigkeit. Sie war auf dem Weg, eine lebende Legende zu werden.

Tass, Sowjetunion
Romy Schneider war eine der größten Filmschauspielerinnen der Welt.

Neues Deutschland,
Deutsche Demokratische Republik
Ihr früher Tod beendete abrupt eine bedeutende künstlerische Entwicklung. Zu den wenigen Äußerungen über den Auftrag ihrer Arbeit gehören die eindeutigen Erklärungen gegen Neofaschismus und Krieg, mit denen sie ihr Engagement kommentierte.

Diario 16, Spanien
Wie die übrigen Sterblichen sind auch die Kinostars verletzlich gegenüber den Pfeilen des Schmerzes und der Tragödie. Und diese Pfeile haben Romy mehrfach durchbohrt ... bis sie die Hoffnung verlor.

ABC, Madrid
Mit dem Tod hört jemand auf zu existieren, der für Millionen von Europäern das leuchtendste, attraktivste, widersprüchlichste, zarteste, intelligenteste und hübscheste Wesen Europas war.

Frankfurter Allgemeine Zeitung,
Bundesrepublik Deutschland
Die Laufbahn der Romy Schneider hatte Höhen und Tiefen, doch so tief war sie nie gefallen, als daß es für diesen selbstzerstörerischen Pessimismus einen vernünftigen Grund hätte geben können. In einem ihrer letzten Interviews hatte sie gestöhnt, sie sei zu kaputt, um sich richtig zu wehren; sie hat von ihrer Furcht, ihrer Einsamkeit, ihrer Heimatlosigkeit gesprochen und am Ende, als sei der Tristesse des Alltags mit einem einzigen, trotzigen Aufbegehren noch beizukommen, hinzugefügt: »Ich werde weiterleben – und richtig gut ...«

Jean Claude Brialy
Am Ende ihres Lebens strich der Tod um sie herum, und ich habe es erst im nachhinein gemerkt.
Menschen wie sie ziehen das Unglück an.
Sie hat nie aufgehört, nach der Liebe zu suchen. Nicht nach jener Art von Liebe, wie sie Delon ihr geben konnte, sondern nach einer Liebe, die mit Freundschaft und Vertrauen verbunden war.
Was folgte, waren viele Liebesgeschichten. Momente großen Glücks und großen Unglücks.
Das Leben Romys erinnert mich an ein Wort von Jean Cocteau: Man muß wissen, wie weit man zu weit gehen kann. Romy ist sehr weit gegangen. Und sie ist nicht mehr zurückgekehrt.
Zwei, drei Monate hat sie bei mir gewohnt. Sie wollte wieder lernen zu atmen, zu schlafen, zu lesen, fernzusehen, mit Freunden zu sprechen. Ich glaube, daß sie manchmal ein bißchen glücklich war, mit Leuten wie Claude Sautet oder Michel Piccoli.
Aber ihr Zustand verschlechterte sich zusehends. Sie hat zu viel Rotwein getrunken, zu viele Tabletten geschluckt.
Nicht, um sich zu vergiften oder sich langsam umzubringen, wie behauptet wurde, sondern weil sie nicht schlafen konnte, weil sie nervös war, weil sie Angstzustände hatte. Die Medikamente, die ihr die Ärzte verschrieben hatten, waren nicht allzu stark, aber sie hat zu viele davon genommen.
Man hat sie sehr geschlagen. Zu sehr verletzt. Sie war sehr schön, sehr ruhig. Zum ersten Mal hatte ich den Eindruck, daß sie wirklich schlief. Aber Romy mit geschlossenen Augen war nicht Romy. Romy, das war ihr Blick, der von Blau zu Grau wechselte, von Sonne zu Regen oder Sturm. Romy, das waren lauter Widersprüche.
Ich war ihr französischer Bruder.
Ich glaube, daß sie am Ende ihres Lebens Angst vor sich selber hatte.

Michel Piccoli
Romy ist die intelligenteste und arbeitswütigste Schauspielerin, die mir begegnet ist.
Sie begann als Star und hat erreicht, was sonst nur beim Theater möglich ist: sich eine völlig neue Form und Gestalt zu schaffen, indem sie eine eigene Persönlichkeit entwickelt und durchgesetzt hat.
Romy Schneider war ein Mensch, dem man die Haut bei lebendigem Leib abzog. Wie viele Deutsche war sie das Gegenteil von Vorsicht und Vernunft.

Jean Gabin
Für mich bist du das gute Deutschland!

François Mitterand
Ich habe sie geliebt wie eine Tochter.

Jack Lang, französischer Kultusminister
Der internationale Film hat eine der begabtesten und der im wahrsten Sinne des Wortes professionellsten Schauspielerinnen verloren.

Brigitte Bardot
Ich bin erschüttert und betäubt. In ihrer Sterbestunde hat Romy wahrscheinlich das durchgemacht, was ich oft gefühlt habe: Man zweifelt an allem, man hat niemanden, auf den man sich hundertprozentig verlassen kann. Der Film hat Romy kaputtgemacht. Die Atmosphäre in der Welt der Schauspieler ist nicht geeignet, die Moral zu heben. Wirkliche Freunde sind nicht da, um dich zu stützen. Das ist das Verhängnisvolle. Das Ende ist hart, sehr hart. Das Milieu ist oberflächlich, hart und ungerecht. Romy hat ihren Beruf geliebt. Man meint in solchen Fällen immer, daß man weitermachen muß. Ich bin noch am Leben, weil ich rechtzeitig aus dem Filmgeschäft ausgestiegen bin ...
Romy war schön und stand auf der Höhe ihres Ruhms, sie hatte alles, um glücklich zu sein. Doch ihr schweres Schicksal war stärker als sie. Der Selbstmord ihres ersten Mannes, die Scheidung von dem zweiten und der schreckliche Tod ihres Sohnes haben sie zu Boden geworfen.

Regisseur Jacques Rouffio
Romy ist die leuchtende Kraft, die die unvergeßliche Sissi, aber auch die Darstellerin in Luchino Viscontis Filmen und die starke und ausgelassene Heldin in Claude Sautets Filmen war.

Regisseur Joseph Losey
Romy war wie ein Kind. Sie ist losgerannt und hat keine Illusionen ausgelassen.

Produzent Carlo Ponti
Bei meinem letzten Zusammentreffen mit Romy vor einigen Wochen erklärte sie mir, daß sie erschöpft und krank sei. Sie erwähnte aber nicht, daß sie verzweifelt sei.
Das ist entsetzlich! Auf eine derart einsame und tragische Weise umzukommen.

Produzent Artur Brauner
Als wir im letzten Herbst zusammen in Berlin arbeiteten, war Romy einen Abend lang sieben oder acht Stunden bei meiner Frau und mir zu Gast. Sie war so emotional wie immer. Mit Harry Meyen und ihrem Sohn David hatte sie früher neben uns gewohnt. Sie entdeckte jetzt unseren weißen Porzellanhund, auf dem der Kleine damals geritten hatte. Wir lachten und weinten über die Erinnerungen, die auftauchten. Es war, als ob sie ihr ganzes Leben noch einmal durchlebte. Immer wieder sagte sie: ich muß vergessen, ich muß! Meine Frau und ich werden diese Nacht nie vergessen.

Karl Schönböck
Ich bin betroffen und verstört. Romy kannte ich schon als kleines Mädchen, als sie im weißen Kleid ihre Eltern bei Theaterproben besuchte. Mit 16, bei »Feuerwerk«, war sie irrsinnig lieb und süß. Über jeden ihrer berechtigten großen Erfolge habe ich mich gefreut, als ob sie meine eigene Tochter wäre. Privat hatte sie kein Glück. Es ist traurig, daß sie so früh sterben mußte.

Boy Gobert
Ich hatte Romy Schneider bei »Monpti« kennengelernt und sogleich ins Herz geschlossen. Vermutlich war das eine mehr einseitige Beziehung – immerhin waren wir sehr vergnügt und freundschaftlich miteinander, wenn wir uns, was nicht allzu oft geschah, im Laufe der Jahre wiedersahen. Ich habe an den Höhen und Tiefen ihres Lebens besonderen Anteil genommen, eben wohl aus dieser Zuneigung heraus. Vielleicht aber auch, weil ich seinerzeit – wohl eher zufällig – tiefe Einblicke in die Psyche dieses damals ja noch sehr jungen Menschen und seiner merkwürdigen Umgebung erfahren hatte. So verwunderte es mich nicht, daß Romys Höhen mit ihren Tiefen oft identisch waren, aber auch umgekehrt.
Wie auch immer, Romy Schneider wurde nicht nur meine Lieblingsfilmschauspielerin, sondern ich behaupte, daß sie überhaupt eine der bedeutendsten dieses Metiers gewesen ist. So kitschig oder belanglos konnten die Filme gar nicht sein, daß ich nicht doch Romys wegen hineingepilgert wäre.

Gert Fröbe
Romy mußte in ihrem Leben viele Ohrfeigen einstecken, mußte zuviel verkraften. Vor fünf Jahren kam sie zu mir ins Studio und lehnte ihren Kopf an meine Brust. Mit ihrer Geste gab sie mir zu verstehen: Schön, daß es dich noch gibt.

Lilli Palmer
Wir haben zusammen die Filme »Feuerwerk« und »Mädchen in Uniform« gedreht. Als das Unglück mit ihrem Sohn geschah, habe ich ihr einen langen Brief geschrieben. Romy war eine geniale Schauspielerin, ein wirklicher Profi.
Ich bin mehr als erschüttert, ich denke nur, daß es ihr jetzt gut geht, gemessen an all dem Schlimmen, das sie vorher durchmachen mußte. Seit dem schrecklichen Tod ihres Buben habe ich sehr viel an sie gedacht. Dieses Unglück konnte ich nie vergessen.

Hildegard Knef
Ich habe Romy und auch ihren ehemaligen Mann, Harry Meyen, sehr gut gekannt. Es ist unglaublich. Ich bin erschüttert. Sie war eine begnadete Schauspielerin. Ihr tragisches Schicksal konnte sie nicht bewältigen. Sie muß in einer tiefen Depressionsphase gesteckt haben, wo sie Folgen und Verantwortung gegenüber anderen Menschen nicht im Auge hatte. Romy wurde nie vom Intellekt gesteuert. Sie war ein den Emotionen ausgelieferter Mensch.

Luise Ullrich
Romy Schneider war der letzte gloriose deutsche Filmstar.

Maria Schell
Manche Menschen sterben nie. Sie gehen nur weg – sind nicht mehr erreichbar.
Wenn der Moment des Todes nicht in uns stattfindet, findet er gar nicht statt.
So bleibt Romy Schneider in meiner Erinnerung.
Romy war fünfzehn. Die Reinheit und die Kraft dieses Mädchens machten mich betroffen. Immer, wenn sie mich brauchen würde, wollte ich für sie da sein.
Ich hielt Romy für eine außergewöhnliche Begabung, konnte sie tief und genau verstehen, ihren Konflikt, ihre Suche, anders zu sein, anders zu werden. Fast gesetzmäßig brauchten wir uns an den Schnittpunkten unseres Lebens. – Wenn wir heiraten wollten, uns wieder haben scheiden lassen, und wenn Kinder kamen. Diese Gleichzeitigkeiten waren immer da – flüchtige Begegnungen auf einem Flughafen, ein trauriger Blick in einer großen Gesellschaft.
Und dann unsere letzte Begegnung in Berlin. In ihrem Film »Die Spaziergängerin von Sanssouci«.
Ich spielte eine Episode, hatte einige Tage zu drehen, wohnte im gleichen Hotel. Wir freuten uns über das Wiedersehen ... Wir trafen uns in ihrem Appartement – redeten bis vier Uhr früh. Das ganze Zimmer voller Bilder von David und Sarah, ohne Rahmen, aufgerollt und verbogen von der Sonne. Und Bilder von Laurent Petin, viele Bilder.
Ich ließ mich täuschen – konnte nicht spüren, daß es ihr nicht gut ging. Im Gegenteil, ich hatte das Gefühl, ich kann beruhigt sein, sie hat nach dem grauenhaften Tod von David das Schwerste überwunden. Sie erzählte von ihrer großen Liebe, von Laurent. Zeigte mir, wie aufgeschnitten ihr armer Körper war durch die Nierenoperation –. Aber ich hatte das Gefühl, es geht ihr halbwegs gut.
Als sie begraben wurde, hatte ich in Zürich Proben für den »Besuch der alten Dame«. Ein paar Wochen später war ich dann in Paris. Ich rief Laurent an. Wir trafen uns.
Im Morgengrauen fuhren wir zu dem verlassenen Dorf, in dem Romy ihr Alter verbringen wollte. Im Garten von Romys Haus pflückten wir Lilien, die sie noch selbst gepflanzt hatte ...
Wenn die Seelenkraft aufhört, erscheint das Leben wertlos. Und in einem solchen Lebensentzug ist der Tod sehr nahe.
Auch Romy war in einer solchen einsamen Dunkelheit – sie konnte das noch eine Zeitlang überdecken, zudecken, zulieben – aber sie fand nicht mehr aus dem Dunkel heraus.

Mein Testament

10.V.1982 —
Zürich

Ich bitte
~~Herrn DR. H.~~ alles
was ich — Romy Schneider —
besitze : an Laurent Petin
und meine Tochter Sarah
zu überweisen — ! —
ich meine: es ist nochmals
gesagt, mein Testament — all
mein Besitz, gehört, ist
bestimmt für MR. Laurent Petin
und Sarah! Dies ist mein Wille
und ~~[illegible]~~ bleibt
meine Entscheidung — — Romy Schneider

BOISSY
SANS AVOIR

WIR TRAUERN SEEHR UM
DICH - ROMY

DAVID HAUBENSTOCK
né à Berlin le 3 Dec 66
ROSEMARIE ALBACH
23-9-38 - 29-5-82

**»Ich muß immer bis zum Äußersten gehen,
selbst wenn es nicht gut ist. Ich liebe es,
bis an die Grenzen des Möglichen zu gehen,
im Beruf wie im Gefühlsleben. Ich bedaure nichts!
Man muß viele Leidenschaften haben
in seinem Leben. Es ist zu kurz, als daß man
so was nur einmal erleben sollte.«**

Ich will lernen, mich entwickeln, erfahren, was in mir ist.

Ich habe vor nichts auf der Welt Angst. Nur vor mir.

Erfolg macht einen immer sicherer – was die Arbeit betrifft.
Sicherer – nicht selbstsicherer. Privat bin ich oft nicht so sicher. Woran das liegt – das frage ich mich manchmal selbst. Ich kann zum Beispiel nicht durch volle Hotelhallen gehen, ohne Beklemmungen zu bekommen. Es ist schrecklich, immer so angestarrt zu werden. Man gewöhnt sich nie daran, nie. Ich möchte manchmal ganz normal sein, ohne dieses Tralala drum herum.

Ich bin wohl recht unlebbar für mich selbst – und schon gar für andere.

Es ist ein großer Irrtum, wenn die Leute glauben, ich hätte etwas vom Leben geschenkt erhalten.

Ich habe eine Art Platzangst. Ja. Tatsache, deswegen habe ich eigentlich meinen Beruf verfehlt. Jedenfalls, wenn man das ganze Drumherum mit dazurechnet.
Ich liebe meinen Beruf, er ist meine große Passion. Aber ich kann nun mal nicht viele Menschen ertragen, Menschen, die mir auf die Schulter klopfen oder mich ausfragen wollen.

Filmen –, das ist für mich das wahre Leben …

Ich kann nichts im Leben, aber alles auf der Leinwand.

Ich lebe in meinen Filmen Teile von mir aus, die ich erforschen will. Sie sind in mir drin. Jede neue Rolle ist wie eine Wette, die ich unbedingt gewinnen muß. Dafür riskiere ich alles. Leben bedeutet für mich Glück. Das größte Glück scheine ich in meiner Arbeit zu finden. Privates Glück und beruflicher Erfolg scheinen nicht zusammenzupassen. Ich habe es immer wieder versucht, aber irgendwie flutschte mir das private Glück immer wieder aus den Händen.

Eine günstige Gelegenheit ergreift man nicht zaghaft; man packt sie beim Schopf und baut sie aus, mit Fleiß … Talent ist nichts weiter als Liebe zur Sache.

Man kann nicht alles haben wollen. Für den Erfolg muß man immer zahlen.

Es gibt echte Schauspieler und es gibt falsche. Ich selbst zähle mich zu den echten. Mit allen Fehlern, mit allen Qualitäten, mit aller Kraft und mit allem Ehrgeiz, mit allen Ängsten und mit allem Lampenfieber, das bei mir niemals aufhört.

Ich scheue vor keiner Anstrengung zurück. Ich habe keine Angst vor dem Alter oder einigen Falten in meinem Gesicht. Manchmal habe ich allerdings Angst, schlecht zu spielen. Im Grunde liebe ich nur schwierige Rollen. Und die Sorge, diese richtig zu treffen, ist größer als die Angst vor Überanstrengung. Vielleicht liegt das daran, daß ich dem Bild entspreche, das man sich heute von der Frau macht.

Ich durchlebe gerade eine sehr gute Epoche und nutze sie aus. Vielleicht wird man mir eines Tages vorwerfen, daß ich zuviel drehe. Niemals aber wird man mir nachsagen können, daß ich es mir leicht mache und keine interessanten Rollen spiele.

Ich habe die Kraft, mich konzentrieren zu können, auch wenn der größte Schlamassel um mich herum ist. Ich kann so abschalten, daß ich nur noch meine Rolle sehe.

Ich möchte in jedem Film eine andere sein. Eine andere Frau in einer anderen Welt, das ist meine Devise.

Ich hatte das Gefühl, daß ganz langsam, von Film zu Film, mehr von meinem eigentlichen Ich zum Vorschein kam.

Um dauerhaften Erfolg zu erreichen, bedarf es sehr viel Talents, sehr viel Arbeit, aber auch sehr viel Glücks.

Ich arbeite und ich tue mein Bestes, das ist alles.

Ich habe in meinem Beruf immer Angst, nicht mein Äußerstes zu geben.
Jede Rolle, die ich annehme, ist für mich ein Einsatz, mit dem ich spiele, eine Wette, die ich unbedingt gewinnen muß. Ich muß mich jedesmal aufs neue selbst übertreffen.

Das Wort »Star« habe ich immer gehaßt, vor allem das Getue und Gemache drumherum.
In erster Linie bin ich eine Schauspielerin, die ihren Beruf so gut wie möglich macht seit vielen Jahren. Genauso, wie das viele andere in ihrem Beruf auch tun.

Jemand, der kein Talent, keine Persönlichkeit und nicht eine gewisse Portion Intelligenz besitzt, kann auch beim Film auf die Dauer nichts werden. Es gibt einige wenige, die Stars und Schauspieler sind.
Es gibt welche, die es weit bringen, weil sie starke Persönlichkeiten sind.
Es gibt dumme Schauspieler. Auch sie können Persönlichkeiten sein.
Ach ja, darüber könnte man lange diskutieren.

Das Nicht-Leichte ist das Reizvolle.

Es ist mein Wunsch, vor der Kamera immer wieder ein anderer Mensch zu sein, die Probleme und Konflikte, Gefühle und Regungen fremder Frauen zu begreifen – mehr noch – zu durchleben.
Das aber ist nur möglich, wenn man mit den einzelnen Charakteren auch die Milieus wechselt.

Ich glaube nicht, daß ich zuviel gemacht habe – den Leuten, dem Publikum, zuviel zugemutet habe damit, daß ich zu oft im Kino zu sehen bin. Eher habe ich mir selbst zu viel zugemutet.

Allein das Bestreben, meine Sache gut zu machen, vor dem kritischen Auge des Zuschauers zu bestehen, beschäftigt mich.

Dafür Sorge zu tragen, daß man seine Sache gut macht, ist sehr viel wichtiger, als im Spiegel die einzelnen Falten zu entdecken.

Ohne Arbeit kann ich nicht leben. Ein paar Wochen Urlaub geht, aber sechs Monate ohne Film, das halte ich nicht aus.

Ohne Rollen kann ich nicht leben.

Das Alleinsein zwischen den Filmen fällt mir schwerer als früher.

Der Film vermittelt die Intensität, die ich brauche, damit es mir gut geht.

Für mich gilt im Leben wie hier im Film die Devise: Alles oder nichts. Risikobereitschaft ist etwas, was mir immer weiter geholfen hat.

Ich hab Angst …, mit dem Film kann es vorbei sein, von heute auf morgen. Ich will filmen, solange ich kann.

Es darf nicht eintreten, daß es mal zu gar nichts mehr langt. Und das kann in diesem Beruf sehr leicht passieren.

Filmrollen zu spielen ist mein Beruf. Ob ich eine Hure oder Heilige darstelle, ich engagiere mich voll und ganz. Aber deswegen bin ich persönlich doch weder eine Hure noch eine Heilige. Jeder, der glaubt, daß ich so bin wie in meinen Filmen, ist ein Idiot.

Diese Rollen sind für mich eine Mutprobe. Manchmal habe ich auch Angst davor, so etwas zu spielen. Aber dann packt mich der Ehrgeiz. Ich will es wissen. Und der Erfolg gibt mir recht. Ich kann solche Rollen spielen, ohne mein Profil als Schauspielerin zu verlieren.

Es interessiert mich einen Dreck, was die Leute von mir halten.
Sollen sie doch reden und sich über mich den Mund zerreißen.

Wenn das Glück aufhört, kommt es auf das Können an. Ich beurteile die Rollen nach dem Drehbuch, dann entscheidet der Name des Regisseurs, und dann an dritter Stelle steht der Filmpartner. So oft habe ich mich geirrt. Ich möchte verschiedene Rollen spielen, mein Bestes dazugeben und bin auch kritisch. Ich weiß, was schlecht, mittelmäßig und wirklich gut ist. Man kann mir nichts einreden.

Ich habe Chancen gehabt, jetzt muß ich schauen wie es weitergeht. Für mich gibt es keinen Gipfel in der Karriere, ich möchte arbeiten und lernen. Immer weiter. Und dann irgendwann den richtigen Moment finden, um aufzuhören. Vielleicht habe ich bis dahin noch viel Zeit, aber ich gebe sie mir nicht. Dinge, die ich vorhabe, möchte ich bald machen.

Jeder Schauspieler hat eine bestimmte Zeit, einen Lebensabschnitt, den er nützen muß. Natürlich möglichst ohne sich zu übernehmen.

Man weiß nie, was morgen ist in diesem Beruf, man wird so schnell vergessen.

Man kann ja plötzlich aufwachen und total leer sein – kein Gespräch mehr, kein Zusammensein, kein Mut, keine Möglichkeit mehr, etwas geben zu können, weil man schon alles gegeben hat, was möglich war.

Keine Frau ist in meinen Augen aufrichtig, die das höchste Glück allein in der Mutterrolle sieht.

Wer weiß, wie lange das Glück noch dauert, ich lebe nur für den Augenblick. Es können doch furchtbare Dinge geschehen. Man könnte krank werden oder sterben.

Ich muß immer
bis zum Äußersten
gehen, im Beruf
wie im Gefühls-
leben.
Aber ich kann auch
tief empfinden für
meine Kinder, für
meine Partner.

Es ist besser,
kurz und schön,
als lange und in
Maßen zu leben.

Zu diesem Buch

Diese »Bilder eines Lebens« sind von mir so entworfen, wie ich Romy Schneider sah. Andere, die sie vielleicht näher kannten, mögen sie anders sehen. Was hier gezeigt wird, ist das Bild, wie es sich mir erschloß. Romy Schneider hat keine Autobiographie geschrieben. Ihr Leben war zu kurz – als sie starb, war sie 43 Jahre. Die Rollen in den 58 Filmen, in denen sie spielte, ließen ihr keine Ruhe, keine Zeit, keine Pause, über sich Endgültiges oder nur Vorübergehendes zu formulieren. Ich war deshalb angewiesen auf das Überlieferte und Vorhandene: ihre kurzen Notizen, flüchtig hingeworfenen Zettel während der Dreharbeiten, ihre Briefe, Tagebücher und Notate, ihre Äußerungen den Journalisten gegenüber, die Interviews mit ihren Ansichten und Meinungen. Auf die Stimmen ihrer Freunde und Kollegen, ihrer engsten Partner bei der Filmarbeit, der Regisseure und Schauspieler. Schließlich auf die Presse, ob sie nun lobend, abfällig oder enthusiastisch war. Und letztlich auf die Verehrer und Fans, die Familienangehörigen. Aus diesem zusammengetragenen und gesichteten Material, diesen Beobachtungen ihrer Arbeit, ihrer Persönlichkeit, ihres privaten Lebens entstand das Bild, das ich hier entworfen habe. Möge es dem Leser diese Schauspielerin in ihrer unverwechselbaren Einmaligkeit erschließen. Es zeigt auf der Lichtseite die hochgelobte Schauspielerin, die Erfolg und Glück hat. Auf der Schattenseite eine durch die Risiken des Schauspielerberufes und seines unsteten Lebens sich immer wieder in Frage stellende Künstlerin, die von Zweifeln, Enttäuschungen und Schmerz durchdrungen ist. Ihr Tod beraubte die Filmkunst um eine einmalige Persönlichkeit. Die Ausübung ihres künstlerischen Berufes – der für sie Berufung war – brachte ihr Ermutigung und Sicherheit, aber er zerstörte sie jeden Tag mehr. Wir werden es nicht mehr sehen, dieses glatte, von innen heraus lebende Gesicht mit dem reinen, klaren Profil, in das die Kamera verliebt zu sein schien. Wir werden auch diese ernste Stimme mit dem besonderen Akzent und dem einschmeichelnden oder metallischen Klang nicht mehr hören. Romy Schneider, die anfangs ein Idol war, wurde in den siebziger Jahren für ein erwachsenes Publikum eine moderne, emanzipierte Heldin, stark und empfindsam zugleich, Symbol einer unruhigen Zeit. Das Mosaik dieses Bildes, mit 43 Jahren in seinem verführerischen Glanz erstarrt und hier festgehalten, wird für immer in der Erinnerung weiterleben ... Bei meiner Arbeit, an deren Anfang nichts weiter stand als Verehrung und Neugier, wurde ich von vielen ermutigt und unterstützt. An erster Stelle sei mein Sohn Holger genannt, der mir aus dem Empfinden einer anderen Generation den Enthusiasmus und die Leidenschaft für Romy Schneider vermittelte und mir durch praktische Hilfe zur Seite stand. Gedankt sei den Kollegen des Berliner Verlages, vor allem Frau Betty Wieske, die mich bei der Text- und Bildvorbereitung hilfreich unterstützten. Die Mitarbeiter des Staatlichen Filmarchivs der DDR förderten mit Filmvorführungen und Fotomaterial meine Arbeit. Ebenfalls erschlossen mir die Stiftung Deutsche Kinemathek Berlin (West) und die Bibliothek durch ihre Fotos sowie durch Ausschnittsammlungen und Filmkritiken wertvolles Material; Frau Renate Wilhelmi gilt mein besonderer Dank. Die Mitarbeiter des Ullstein Bildarchivs überließen mir großzügig leihweise Fotos und Zeitquellen. Eine wertvolle Hilfe waren mir die großen Agenturen in Paris, Studio X, Gamma und Sipa-Press, von denen ich wichtige Farbfotos und Zeitdokumente erhielt. Danken muß ich Herrn Eberhard Spiess vom Deutschen Institut für Filmkunde in Frankfurt/Main, der mir vor allem Bild- und Textmaterial der frühen Filme Romy Schneiders zugänglich machte. Die französischen Quellen übersetzten mit großer Sorgfalt Herr Werner Schindhelm und Herr Gotthardt Schön. Besonders verpflichtet bin ich Rosemarie Rehahn für ihre kritische Aufmerksamkeit und ihre wertvollen Hinweise zur Betrachtungsweise.

Ich danke noch einmal allen, die mir Fotos, Dokumente, Texte zur Verfügung stellten, Fotos anfertigten, Anteil an meiner Arbeit nahmen und mir durch ihren Rat behilflich waren. Nur so konnte dieses Buch entstehen.

Renate Seydel

Texte, die nicht von der Autorin selbst stammen, wurden aus nachstehend genannten Büchern, Publikationen und Quellen zitiert:

Sylviane Pommier: »Album photos Romy Schneider«, édition PAC Paris 1983.
Frauke Hanck/Pit Schröder: »Romy Schneider und ihre Filme«, Goldmann Verlag München 1980.
Pierre J.-B. Benichou/Sylviane Pommier: »Romy Schneider. Ihre Filme – ihr Leben«, Heyne Filmbibliothek München 1981.
Rosa Albach-Retty: »So kurz sind hundert Jahre«, Herbig Verlagsbuchhandlung München 1978 (auf Seite 5, 8–9, 18).
Die auf den Seiten 10–28 zitierten Texte finden sich in der Serie »Magda Schneider: Meine Tochter Romy. Ein Mädchen wie jedes andere«, Münchner Illustrierte Nr. 4 vom 26. 1. 1957 bis Nr. 12 vom 23.3. 1957.
Die Zitate aus dem Tagebuch Romy Schneiders auf den Seiten 32–56 sind der Artikelserie »Romy Schneider: Tagebuch einer Siebzehnjährigen«, Deutsche Illustrierte Stuttgart Nr. 51 vom 17. 12. 1955 bis Nr. 4 vom 28. 1. 1956 entnommen.
Die zitierten Texte von Romy Schneider aus der Fortsetzungsserie »Romy Schneider: Nach all diesen Lügen«, Quick Nr. 16 vom 18. 4. 1965 bis Nr. 20 vom 16. 5. 1965 befinden sich auf den Seiten 88, 97–98, 101, 114, 116–118, 129, 133, 148, 150–151.
Gustaf Gründgens: »Briefe, Reden, Aufsätze«, Hoffmann und Campe Verlag, Hamburg 1967 (auf Seite 111).
Simone de Beauvoir: »Alles in allem«, Rowohlt Verlag Hamburg 1983 (auf Seite 172–173).
Maria Schell: »Die Kostbarkeit des Augenblicks«, Langen Müller München–Wien 1985 (auf Seite 327).
Brief Boy Goberts an Wolf-Dieter Böck vom 28. 5. 1983, drei Tage vor seinem Tod (auf Seite 327).
Das Fotoalbum Romy Schneiders zur Geburt ihres Sohnes David mit ihren handschriftlichen Bemerkungen stellte Christiane Höllger zur Verfügung (auf Seite 161–163, 167). Ebenso die Briefe (auf Seite 180–181, 286) und die handschriftlichen Notizen (auf Seite 177, 223, 302).

Ferner wurden Zitate aus folgenden Zeitschriften, Magazinen und Zeitungen entnommen:
Abendzeitung; Berliner Morgenpost; Bild am Sonntag; Bildzeitung; Bremer Nachrichten; Bunte Illustrierte; B·Z·; Das Grüne Blatt; Das Neue Blatt; Der Abend; Filmpress; Frau im Spiegel; Freie Presse; Funk Uhr; Hamburger Abendblatt; Hör zu; Jasmin; Lübecker Nachrichten; Münchner Abendzeitung; Münchner Illustrierte; Nachtdepesche; Neue Illustrierte; Neue Revue; Österreichische Nachrichten; Paris Match; Petra; Quick; Revue; Saarbrücker Zeitung; Schweizer Illustrierte; Spiegel; Star-Revue; Stern; Telegraf; Welt am Sonntag

Kritiken wurden aus folgenden Fachzeitschriften und Zeitungen zitiert:
Abendzeitung; Abendzeitung, München; Berliner Morgenpost; Berliner Zeitung; Cinéma 62; Cinéma 65; Cinéma Français; Ciné-Monde; Ciné-Revue; Cinématographie Française; Cosmopolitain; Der Abend; Der Kurier; Der Neue Weg; Der Tag; Deutsches Allg. Sonntagsblatt; Diario 16; Die Tat; Die Wahrheit; Die Welt; Die Zeit; Ecran; Elle; Figaro-Magazine; Filmblätter; Filmforum; Films and Filming; France-Soir; Frankenpost; Frankfurter Allgemeine Zeitung; Hamburger Abendblatt; Il Giorno; Jours de France; Kölner Stadt-Anzeiger; L'Aurore; Les Cahiers du Cinéma; Le Canard Enchaîné; L'Express; Le Figaro; L'Humanité; Les Lettres Françaises; Le Matin; Le Monde; Le Nouvel Observateur; Le Point; Le Quotidien de Paris; La Saison cinématographique; Lui; Mitteldeutsche Neueste Nachrichten; Montagsecho; Neue Berliner Woche; Neues Deutschland; Neue Zeit; Neue Zürcher Zeitung; New York Times; Pariscop; Paris Match; Paris-Presse; Positif; Première; Rheinische Post; Sächsisches Tageblatt; Spandauer Volksblatt; Süddeutsche Zeitung; Tagesspiegel; Telegraf; Télérama; Télé-7-Jours; Times; Video-News; Volksblatt Berlin; Vorwärts; Wiesbadener Tageblatt

Farbige Abbildungen, 41:
Elle/Feurer Paris, 1
Gamma/D. Claude Francolon Paris, 1
Gamma/Fizit, 1
Gamma/Michel Ginfroy, 1
Hipp-Foto Berlin (West), 6
Interpress Paris, 1
KIPA/Giancarlo Botti Paris, 4
Marion Schweitzer München, 2
Paris Match/Sauer Paris, 1
Photographic Service/Giancarlo Botti Paris, 1
Stern/Robert Lebeck Hamburg, 5
Studio X/Laszlo Veres Paris, 2
Sven Simon Bonn, 1
Sygma Paris, 4
Sygma/Alain Dejean, 1
Sygma/Chaney Biasini, 2
Sygma/Eva Sereny, 1
Sygma/Georges Pierre, 1
Sygma/L. de Raemy, 2
Sygma/Ledru, 1
Sygma/Patrice Habans, 2

Schwarzweiß-Fotos, 656:
Archiv der Autorin, 157
Stiftung Deutsche Kinemathek Berlin (West), 116
Ullstein Bilderdienst Berlin (West), 105
Studio X Gamma Paris, 75
Archiv Henschelverlag Berlin DDR, 32
Stern Hamburg, 5
Stern/Lebeck, 25
Stern/Bokelberg, 2
Stern/Newton, 1
Staatliches Filmarchiv Berlin DDR, 24
Hipp-Foto Berlin (West), 14
Sipa-Press Paris, 13
AFP Paris, 12
Interpress Paris, 10
Sygma Paris, 9
Süddeutscher Verlag München, 9
Deutsches Institut für Filmkunde Frankfurt am Main, 8
Photo Keystone Paris, 8
Marion Schweitzer München, 8
ADN Bilderdienst Berlin DDR, 7
Sven Simon Bonn, 7
Unifrance München, 2
Presse-Agentur Kövesdi München, 2
Moba-Press, 2
Akademie der Künste Berlin (West), 1
Anjou 64 Paris, 1
Photographic Service Paris, 1

Bildzitate wurden entnommen den Zeitschriften:
Bild am Sonntag; Bunte; Bunte Deutsche Illustrierte; Bunte Illustrierte; Bunte Münchner Illustrierte; Bunte Spezial »Romy«, Sonderausgabe der Illustrierten Bunte; Constanze; Deutsche Illustrierte; Film-Journal; IBZ; Münchner Illustrierte; Neue Illustrierte; Paris Match; Quick; Revue; Star-Revue; Stern; Weltbild; Wiener Illustrierte

Nicht alle Inhaber von Fotos oder sonstigen Rechten konnten ermittelt werden; sie werden gebeten, eventuelle Ansprüche geltend zu machen.